第一次世界大战史

World War I

★

[英] 利德尔·哈特 著　小小冰人 译

民主与建设出版社

·北京·

ⓒ民主与建设出版社，2021

图书在版编目（CIP）数据

第一次世界大战史 /（英）利德尔·哈特著；小小
冰人译 . -- 北京：民主与建设出版社，2021.8
书名原文：History of the First World War
ISBN 978-7-5139-3664-4

Ⅰ.①第… Ⅱ.①利… ②小… Ⅲ.①第一次世界大
战 – 历史 Ⅳ.① K143

中国版本图书馆 CIP 数据核字 (2021) 第 149605 号

第一次世界大战史

DI-YI CI SHIJIE DAZHAN SHI

著　　者	[英]利德尔·哈特	
译　　者	小小冰人	
责任编辑	彭　现	
封面设计	杨静思	
出版发行	民主与建设出版社有限责任公司	
电　　话	（010）59417747　59419778	
社　　址	北京市海淀区西三环中路 10 号望海楼 E 座 7 层	
邮　　编	100142	
印　　刷	重庆市国丰印务有限责任公司	
版　　次	2021 年 8 月第 1 版	
印　　次	2021 年 8 月第 1 次印刷	
开　　本	787 毫米 ×1092 毫米　1/16	
印　　张	32	
字　　数	500 千字	
书　　号	ISBN 978-7-5139-3664-4	
定　　价	139.80 元	

注：如有印、装质量问题，请与出版社联系。

《第一次世界大战史》序

★

　　《战争真相》出版至今已超过四年。前一篇序言解释了选择这个书名的原因。当初的目的已实现，随着时光流逝，不再需要这种目的。作为战争重大事件的总结，这部著作没有受到严重质疑，书中对相关事件的阐述，甚至得到各国核心观察人士赞同，从某种程度上说，这让我深感惊喜。现在，自战争爆发已过去二十年，成长起来的新一代对这场战争没有个人记忆。整个战争已然成为历史。因此，现在应当换个不再具有时代特点的书名，这种做法合情合理。另一个原因是书中的内容有所增加。虽然拙著仍不够完善，离我的理想也有段距离，但至少可以称为一部世界大战史，对世界大战史的发展也许不无裨益。

　　本书是《战争真相》的扩充版，就像原书是从一系列关于战争特定方面和事件的专题论文发展而来那样。个人经历让我怀疑，是否有可能以一种不那么循序渐进的方式，撰写一部令人满意的1914—1918年战争史。面对手头突然掌握的大量资料，作者可能很难保持清晰的视野，堆积如山的档案文件很容易扭曲他的观察模式。就本人而言，我找到一个很有实用价值的办法，让我在过去几年得以把每份新资料纳入不断扩充的篇幅。

　　从《战争真相》发展到本书，部分章节进行了一些修改，但内容更加充实。"力量对比和方案"现在通过不同章节加以阐述，每一章都添加了新材料。本书还增添了两个新分节，这让 1914 年的故事更加完整：一节涉及奥地利与俄国军队最初的冲突；另一节关乎当年秋季发生在伊珀尔和伊瑟河畔的战事，这场斗争决定了几座海峡港口的控制权。我还以"概论"这个标题概述了空战。但书中添加的大部分内容，是把过去四年出现的新资料纳入原有的篇章和分节。因此，就各个篇章概括地说，我在本书中更全面地描述了 1914年德国军队攻入法国，1915 年德奥联军进攻俄国及巴尔干的态势，1916 年的巴勒斯坦局势，1917 年的西线春季战局，1918 年德国发动攻势前协约国的商讨。不过，扩充的主要内容和大部分新材料，都能在各分节找到，特别是关于凡尔登、索姆河、帕森达勒、最初的突破、佛兰德的突破这些篇幅。较小程度上，我还为布鲁西洛夫、阿拉斯、梅西讷、康布雷攻势，以及第二次马恩河交战添加了新的内容。

本书需要修订之处相对较少。但过去四年出现的新证据，让我修改了自己的某些观点，例如德国在凡尔登的战略、计划对奥地利采取的措施、1917年尼维勒失败的原因、凡尔赛委员会、1918 年抗击德军攻势所做的准备，等等。从许多方面看，更全面的认知扩大了先前的观点，这虽然倾向于说明我先前犯下的错误，但也有助于阐明犯错的原因。我还修改或删除了原先对某些事件的评论，改为引用相关当事人的说法，用事实来得出结论。

《战争真相》原序

完成这部著作后，我发现还是存在缺陷，可我觉得每本值得一读的书都无法做到尽善尽美，这种想法聊以自慰。不过，拙著至少有个优点，而且与大多数战争史截然不同。就像我从没想过掩饰书中的缺陷那样，我也不打算隐瞒书里任何人物的不完美之处。因而在写作过程中，我对真相的探寻，始终没有受到伪善虚饰这种所谓的"得体"手法干扰。根据我对价值的判断，掩盖令人不安的事实，以另一场生灵涂炭的代价，维护个人声誉，远不如为公正的裁决提供资料更重要。纵观历史，我不认为少数人蒙受玷污的声誉，比国家和一代人的命运更具价值。

另一方面，我也不想为哗众取宠而夸大个人缺点，或是把应当由其他人承担的责任转嫁到他们头上。

历史学家该做的是为后代汲取经验教训，以此作为有益的警告，而不是提炼毒品。尽到最大的努力，诚实地完成这项任务，他就履行了自己的职责。如果他认为下一代会努力地吸取历史教训，那么他就是个鲁莽的乐观主义者。历史至少给历史学家上了这一课。

拙著的书名具有双重含义，这里需要简单加以说明。也许有人会说，书中描述的不是"战争真相"，真相应当从那些个体残缺的身心中探寻。忽略或否认真相的这个方面，与我的目的相去甚远。可正如我在书中寻求的那样，对那些把战争视为人类历史一段插曲的人来说，这只是个次要方面。因为战争对个体生命的影响实在太大，因为这些个体数以百万计。还因为他们的命运深深植根于过去，所以更有必要正确看待战争。这种做法可能更加可取，因为近期战争文学的趋势是，不仅仅强调个人，还把注意力集中于战争中一些军人的想法和感受。的确，决定和发动战争源于个别人的想法，而不是军队的实际冲突。但获得这些决定性印象并做出应对的是各国内阁和军事总部，而不是步兵队伍或饱受战争创伤的孤寂家庭。

书名的另一个意思是（这也是我刻意为之的），撰写一部关于战争历史"真相"的书的时候到了。各国政府公开了他们的档案资料，那些政治家和将军表现出一种前所未有的善意。可以肯定地说，与战争有关的大部分文件资料现在都已公开，或可供学者研究。但这些档案还没有整理出来供公众参阅。

大批文件、日记、回忆录公之于世有个非常显著的优点。那些经历过战时危机、参加过决定性商讨的亲历者，可以检验这些资料。再过几年也许就太晚了。不过，这种检验是历史有可能接近真相的唯一机会。任何一位历史作者，与正在形成的历史离得越近，或与历史缔造者接触得越多，越是会发现仅凭正式文件写就的历史基本上流于肤浅。另外，这种历史往往会在不经意间助长各种无稽之谈。

World War I

目录

World War I

目录

World War I

第一章

战争的起源

让欧洲爆炸的过程耗时50年，引爆却只需要5天。研究炸药的制造，也就是构成冲突的根本原因，完全不在这场世界大战短暂历史的范畴和空间内。一方面，我们必须追溯普鲁士对建立德意志帝国的影响、俾斯麦的政治理念、德国的哲学倾向、当时的经济形势，德国原本指望商业出口，不幸的是，这一点难以实现，上述多种因素的混合，促使德国的本能欲望转变为一种世界强国的愿景。我们还应当分析奥匈帝国的种种中世纪遗俗，理解这个国家复杂的种族问题，统治机构的虚伪造作，肤浅的勃勃野心掩盖了他们对内部分崩离析挥之不去的恐惧，以及他们为推迟这种不可避免的结局，不顾一切地采取的种种行径。

另一方面，我们应当审视主导俄国政策的野心和理想主义这种奇特的混合物，它在俄国境外引发了恐惧之情，尤以那些日耳曼邻邦为甚，这可能是导致最终爆炸的最致命因素。我们必须了解法国自1870年遭受侵略以来，面对新的侵略不断发出的警报，研究法国重建信心加强了他们抵抗进一步威胁的决心，还要牢记德国攫夺阿尔萨斯—洛林给法国留下的创伤。最后，我们还应该追溯英国从奉行孤立政策变为加入欧洲体系、慢慢认识到德国对自己构成现实威胁的渐进过程。

对半个世纪的欧洲历史做出上述研究，我们这次得到的概括结论，可能比最翔实的历史更加精准。战争爆发的根本原因可以概括为三点：恐惧、饥饿、傲慢。除此之外，1871—1914年间发生的国际事件只是症状而已。

总之，在战争起因的线索中探寻最重要的转折点，这不仅能做到，而且是明智的做法。这些线索贯穿了俾斯麦1871年后建立的联盟结构。不无讽刺意味的是，俾斯麦原本打算以这个联盟为保护，确保他缔造的德意志帝国和平崛起，而不是让这个联盟成为火药库。这是因为，虽然俾斯麦1868年说的"弱肉强食"这句话概括了他的理念，但通过1870—1871年战争这三顿饱餐，他消除了饥饿感。我们不能指责俾斯麦贪心不足蛇吞象，因为就像他说过的那样，他觉得德国现在已"吃饱喝足"，今后的执政理念是巩固而不是扩张。为了给巩固新德国争取时间与和平，他的目标是让法国永久处于无力发动复仇战争的状况。可结果证明，削弱法国并不等于加强了德意志帝国。

除了频频对法国构成直接威胁，俾斯麦还采用间接手段，让法国失去朋友和支持者，企图以此抵消对方令人不安的快速复苏。为此，他先是拉拢奥地利和俄国，与德国缔造一条共同的纽带，同时竭力确保巴尔干地区的和平，以免给三国联盟纽带造成任何危险。多年来，俾斯麦的政策是不为任何派别效力，仅在欧洲的外交往来中充当"诚实的中间人"。但俾斯麦与俄国首相戈尔恰科夫的摩擦，以及1877年俄土战争造成的并发症，促使他1879年与奥地利缔结了防御同盟，年迈的德皇威廉一世强烈反对，认为这是对俄国的"背叛"，甚至以退位相威胁。这种明确的承诺日后造成了无穷的恶果。不过，俾斯麦1881年巧妙地采取外交手段，通过缔结著名的"三皇同盟"，暂时恢复了自己的中心地位，俄国、奥地利、德国承诺，在涉及巴尔干的所有事务上同进共退。虽然这份协定1887年废除，但德国以秘密的《再保险条约》为补偿，加强了与俄国的关系，通过缔结这份条约，两个大国一致同意，缔约一方与第三国开战的话，另一方保持善意的中立。但这份条约不适用于德国进攻法国，或俄国入侵奥地利这两种情况。俾斯麦第二次施展高明的外交手腕，尽管这份条约的执行完全表里不一，可它还是避免了俄国与法国结盟这种迫在眉睫的危险。

在此期间，德国与奥地利的联盟，因为意大利1882年加入而扩大。拉拢意大利加入联盟，目的是确保在奥地利与俄国开战的情况下，不会挨上背后一刀，作为回报，如果意大利遭到法国进攻，两个新盟友会为她提供援助。但意大利为维持与英国的老交情，同时确保本国海岸线安全，要求在条约中添加一道特别协议，声明这份条约在任何情况下都不直接针对英国。1883年，罗马尼亚通过国王个人的秘密斡旋，也加入了新的三国同盟。就连塞尔维亚和西班牙也暂时加入，两国分别与奥地利和意大利单独缔结了条约或协定。

对英国，俾斯麦的目标似乎是让这个国家与德国友好地隔开，与法国保持不友好的分离状态。他对英国的观感，在友好与鄙视之间摇摆不定，支点是英国的政党体制。他对迪斯雷利这个"老犹太"抱有真正的敬意，却无法理解格莱斯顿自由党的观点，他很鄙视自由党来回动摇的行径。迪斯雷利掌权时，俾斯麦不太看重拉拢英国加入己方联盟，虽然维多利亚女王哀怨地声称"相信德国在任何情况下都是最可靠的盟友",但她对俾斯麦是否值得信赖不那么确定,迪斯雷利也有同样的顾虑。于是,俾斯麦继续奉行他的政策,挑唆英国先后与俄国和法国为敌,借此坐收渔翁之利。他精明地算计后,支持英国占领埃及,因为这让英国与法国产生纠纷,还构成德国同英国日后发生冲突的威胁,这就抑制了德国国内甚嚣尘上的殖民扩张呼声——"我们的殖民沙文主义者,贪婪度超出了我们的需求,根本无法满足。"不过,俾斯麦以支持英国占领埃及为手段,换取对方在海外做出让步,然后又以这些小小的让步安抚德国利益集团的殖民渴望,这些利益集团势力强大,他们的要求就连俾斯麦也无法置之不理。保守党重新掌权后,英国与法国的摩擦不断加剧,促使英国加强了与德国的联系,俾斯麦发出正式结盟的呼吁,索尔兹伯里勋爵领导的内阁热烈响应,他们似乎完全是因为担心议会反对与外国纠葛,这才退缩了。不过,俾斯麦还是能通过一份非正式协议获利,以微不足道的代价换取英国出让赫尔戈兰岛,一代人之后,这座岛屿对德国海军的作战行动无比重要。

就这样,19世纪80年代末,俾斯麦的宏大格局似乎已告完成。德国获得三国同盟支持,而俄国和英国的半独立姿态对德国有利无弊。借助这种安全之本,德国准备从事商业扩张。俾斯麦已把法国置于孤立而又局限的政治"隔离病房"。

但90年代初,这个格局出现第一道裂缝,几乎到了免除缔造者职务的地步。1888年继位的年轻德皇威廉二世,非常厌恶沙皇亚历山大三世,既不喜欢他"咄咄逼人的友善",也怀疑对方的意图。可造成裂缝的不是亚历山大,而是威廉。俾斯麦事无巨细的掌控激怒了威廉二世,大总参谋部也对俾斯麦极为不满,威廉二世是在军队里长大的,自然在军人中找到了盟友,可他没有意识到,与这些人的联系,实际上是给自己锻造的新的桎梏。

"亲俄首相"俾斯麦被解除职务的第一个影响是,他的继任者没有同俄国续签《再保险条约》。第二个影响是前者的自然延续,沙皇强忍着对共和制的厌恶,在1891年与法国缔结协议,一年后,这份协议发展为军事协定,规定两国遭受进攻时相互提供援助。这份军事协定中很重要的一点是,如果三国同盟的任何一国动员武装力量，法国和俄国就立即动员。沙皇至少不能抱怨，说他不明白这条规定的含义，因为法国谈判代表布瓦代弗尔将军煞费苦心地解释道："动员意味着宣战。"

沙皇担心英国即将同德国结盟，因而喝下了与法国缔结军事协定这剂汤药，可他的肠胃深感不适，所以，这份协定很长时间内没有给法国带来任何外交价值。

尽管如此，法国还是摆脱了"隔离区"。从这之后，欧洲大陆的政治集团不再是一个，而是两个。虽然一个集团较为松散，另一个集团更加紧密，但双方至少形成了一种均衡，尽管彼此的实力还谈不上势均力敌。

德国废止了与俄国的秘密条约，另外还有一点值得注意，负责审查德法协议的柏林议会决定反对两国缔约，理由是此举不仅对奥地利不忠，对英国也不诚实。不管威廉二世有哪些缺点，他都比俾斯麦更真诚，他那些矛盾的话语流露出的伪善，似乎是因为他过于坦率，并且拥有一颗善变的心。俾斯麦与威廉二世的根本区别是，前者以一贯的不诚实寻求安全，而后者报以间歇性的诚实，换来的却是不安全。英国对此的考虑与德皇的观点相一致。这是因为，虽然威廉二世改变了俾斯麦对待俄国的态度，但他继续秉承俾斯麦对英国的友好政策，这一点也许归功于他更多的真诚和更少的政治动机。可是，威廉二世与亲舅舅威尔士亲王（后来的英国国王爱德华七世）相互厌恶，这种个人因素造成了两国间的嫌隙。奇怪的是，俾斯麦家族居然致力于扩大这种私人恩怨。

不过，要是没有更大的原因发挥作用，私人恩怨肯定不会发展到两国分裂的地步。更确切地说，个人恩怨只是原因之一，还有各种累积因素。这些因素的根源在于德国的政策从内部发展改为对外扩张。德国的商业和影响力拓展到全球范围，势必导致德英两国的利益在许多方面产生接触。要是以俾斯麦圆滑、甚至诡计多端的手腕处理问题，这种接触也许不会造成摩擦引发火花，因为英国的政治家很不敏感。最看重大英帝国疆土的政党，恰恰是最同情德意志帝国的党派。可俾斯麦已离职，继任者缺乏他那种圆滑。就像经常发生在伟人身上的事情一样，俾斯麦的门徒忘了他的原则，只记得他的手段——武力威胁。不过，德皇本人也发挥了魅力，尽管一再触怒大英帝国，可他还是在英国保持了自己的声望，另外，他还牢牢控制了新继位的沙皇尼古拉二世。尼古拉二世是个软弱、和善的君主，因此，威廉二世一度获得了影响力，却不承担任何责任。

德国与英国的首次摩擦发生在土耳其，这给往后的日子投下一片阴影。英国自由党1892年再次执政，当时，就像格雷①说的那样："柏林突然发来份类似最后通牒的东西，要求我们在土耳其的铁路特许权方面停止同德国竞争。"接下来几年，德皇抓住一切机会，反复强调扩大的德国商业网中央盘踞着一只长着利牙的蜘蛛。1895年，他的干预让俄国从日本人手中攫夺了中日甲午战争的战利品。1896年，德国与英国发生了更严重的摩擦。不无讽刺意味的是，这起摩擦的根源是一个英国人对俾斯麦式的帝国主义的狂热崇拜②。这位罗兹先生也很钦佩威廉二世，可德皇并不领情，而罗兹主导了英国在南非的扩张方案，挫败了德国的计划，这就让威廉二世愈发恼火。他发出几次酸溜溜的抱怨，又受到德兰士瓦布尔人甜言蜜语的怂恿，而詹姆森突然袭击德兰士瓦，终于为他提供了深具诱惑的借口。1896年1月3日召开的会议上，威廉二世建议德国宣布为德兰士瓦提供保护，并把军队派去那里。首相霍恩洛厄表示反对，声称"这会导致同英国发生战争"，德皇率直地回答道："没错，但只是在陆地上。"诸大臣赶紧奉劝他采取不太激烈的做法，建议他给德兰士瓦共和国总统克留格尔发一封贺电，使用的措辞不仅要大骂英国，还要否认英国对德兰士瓦的宗主权。

英德两国民众群情激愤，一个原因是怀有难以抑制的妒忌之情，另一个原因是他们骤然发现传统的朋友成了新的对手，不免惊怒交加。德国人觉得自己的气愤合情合理，拥有那么多殖民地的英国，居然还想攫夺新领地，完全不考虑迟来者分一杯羹的期盼。而英国人早就对殖民一事习以为常，平静

---

①　这里指的是爱德华·格雷，1905—1916年担任英国外交大臣。——译者注（本书中的脚注皆为译者注，后文不再单独注明）

②　这个英国人就是塞西尔·约翰·罗兹，他开创的戴比尔斯公司，后来以"钻石恒久远，一颗永留传"这句宣传语闻名世界。

地认为这才符合"约翰牛"的形象，根本不知道除了传统对手法国和俄国，竟然还有其他国家这么渴望获得殖民地。虽然日常交往中发生了一些无意识的挑衅之举，但英国人的冷静堪称危机中的镇静剂，很大程度上避免了这场危机继续加剧。好战的措施实际上是德国下令实施的，德国还建议法国、俄国共同采取行动反对英国。但法俄两国没有回应这种呼吁，索尔兹伯里勋爵的政府也保持冷静，而德国意识到自己的海军力量薄弱，因而有所克制，这才暂时驱散了和平面临的紧迫危险。

可是，由于缺乏力量而推迟危险，不等于危险已消除。从这一刻起，德国海军的野心开始增长，德皇1897年的话表明了这一点："三叉戟必须掌握在我们手中。"而他召见蒂尔皮茨海军上将，要求打造这柄"三叉戟"的做法同样证明了这种野心。次年，德国海军首个扩建方案出台。访问大马士革期间，德皇宣称自己是全世界所有伊斯兰教徒的保护者，这是对英法两国的直接挑衅。情况不只如此，德皇还公然宣布自己担任土耳其的守护神，这就给他与俄国的协议造成了致命影响。现在，他的身影遮挡住俄国投向君士坦丁堡的目光，那是俄国梦寐以求的目标。与拿破仑嘲笑过的那些对手一样，德皇的政策失败了，因为他"同时想做到的事情太多"，致使受到俾斯麦耍弄、相互争斗的几个大国只见到一样东西，那就是德国的拳头，无论他们望向哪里都是如此。不过，英国在南非问题上蒙受羞辱后，张伯伦1898年提出与德国缔结同盟[①]，这是俾斯麦当初孜孜以求，却一直没能实现的目标。可现在轮到德国对这项建议心存疑虑了。英国一方，这份方案受到一种新的、令人不安的孤立和虚弱感推动，同时，该方案建立在英国与德国的自然亲和力这种旧有意识的基础上。某种程度而言，这份方案看上去就是承认英国虚弱无力，而虚弱是无法吸引新德国的。俾斯麦给他那些继承者留下的少量遗产之一，就是低估英国的实力、高估俄国的力量这种习惯。

1898—1901年间，德国一再拒绝张伯伦的提议，起主导作用的是个人

---

① 这里指的是约瑟夫·张伯伦，时任英国殖民大臣，二战前著名的绥靖主义者、英国首相内维尔·张伯伦是他的儿子。

因素，来自置身幕后的人物荷尔斯泰因。这个急躁、多疑而又吝啬的德国外交部官员，喜欢深藏不露，因为此举遮人耳目地扩大了他奉行"实际政策"的实权。他虽然也利用自己掌握的官方消息从事私人投机，但从来不给自己增添新行头。他以俾斯麦的门徒自居，却在背后大搞阴谋诡计，竭力让他的老师下台。现在，旁人怀着敬畏之情，把荷尔斯泰因看作俾斯麦的衣钵传人，可他只是继承了俾斯麦不道德的手段而已。最重要的是，他缺乏俾斯麦那种自信[①]。

因此，荷尔斯泰因虽然本来想接受英国的提议，可又担心德国充当替英国火中取栗的猫爪，沦为对方抵抗俄国的减震器，故而退缩了。另一方面他又认为，从德国的利益考虑，现在可以利用英国的虚弱，办法就是同英国保持若即若离的状态，竭力迫使对方做出让步，同时继续让英方对两国建立更紧密的关系保持希望。荷尔斯泰因的观点至少得到比洛首相和德皇支持，威廉二世对比洛说的话，准确地概括了他的看法："尽管英国人扭动挣扎，可我现在还是逮住他们了，这正合我意。"1900年重新扩充的德国海军，成为拧紧螺丝的工具。

接下来几年，特别是南非危机和战争期间，英国政府不得不付出沉重的代价，不是为寻求德国支持，只是乞求德国不要把威胁和欺辱付诸实施。在葡萄牙殖民地、萨摩亚、远东问题上，索尔兹伯里勋爵领导的政府一再表现出让人轻视的软弱，几乎印证了德皇对他们的评价："一群十足的笨蛋。"那几年的外交档案实在让人不忍卒读。的确，这些人对最终的冲突负有间接责任，因为德皇和他那些顾问的意图，不难通过他们惯用的武力威胁手段来确定。不能说威廉二世想把武力威胁发展到实际战争的程度，不仅因为有证据表明他厌恶战争，还因为他具有通过肤浅的表象判断问题的倾向。有限的威胁带来战争的收益，却没有真正发生战争的危害，对德皇而言，这种做法很有吸引力，这是个再明显不过的推论。

---

① 俾斯麦曾暗示威廉二世，不要与荷尔斯泰因走得太近；而威廉二世对荷尔斯泰因的评论是："非常骄傲，喜欢异想天开，从来不参加社会活动，没有任何社交关系，也不相信任何人，更重要的是他有仇恨心理，是个危险分子。"

近年来确认威廉二世对战争负有责任。这的确是个很大的责任，甚至可以说应该由他承担最大的责任应。他的好战叫嚣和态度，在各处制造不信任和惊慌，导致欧洲沦为火药桶。可是，把主要责任归咎于最终激起火花的那些人，就像调查战争的起源，却把重点集中于点燃火花的那个短暂月份，显然是不合理的。

不符合历史事实的宣传，把德皇描绘成寻求战争，甚至策划战争者，这种做法完全走向了另一个极端。承认德皇不稳定的善意，不会让我们低估他的负面影响。这些负面影响基本上源自这样一个事实：他对自己和自己的行为深感满意。他觉得自己披挂着"锃亮的盔甲"，实际上穿着套调皮的精灵装。他身体力行地证明，挑拨离间是能引发战争的。

德皇和比洛迟迟不接受英国的提议，两人觉得很安全。他们低估了对方草草选择盟友后，一种常见的不安感很可能造成的影响。两人还做出不恰当的保证，声称"鲸和熊"不可能结为真正的联盟，可他们却以自己的行为迫使对方缔结了这种联盟。回顾往事，那段时期最引人注目的特点是，德国几次拒绝了英国的结盟建议，迫使对方尴尬地投入"两国同盟"的怀抱。德国至少收到了充分的警告，因为张伯伦 1898 年和 1901 年两次提醒德国："英国光荣孤立的时期已过去……我们更愿意加入德国和三国同盟。可如果无法做到这一点，我们也会考虑与法俄两国**和解**。"[1]

德国人坚信这不可能，可事实证明，这种想法大谬不然。荷尔斯泰因的话总结了德方的观点："威胁与俄国和法国达成谅解，这纯属英国人的欺诈……依我看，必须等英国人与我们结盟的强烈冲动变得更加普遍，我们才能同他们缔结合理的协定。"他聪明过头了。他说的"合理协定"，指的不是结成地位平等的联盟，而是形成主子与仆人的关系。英国政府的表现相当软弱，而在受到"铁血"哲学灌输的荷尔斯泰因这种人看来，对方简直是软弱

---

[1] 两国同盟就是法俄同盟，是法国和俄国为对抗德国、奥匈帝国、意大利于1882年缔结的三国同盟，在1891—1893年秘密结成的军事同盟。英国加入后，两国同盟改称三国协约，而协约（Entente）这个词在法语中也有和解、谅解的意思。

至极，可这种软弱不足以解释荷尔斯泰因惊人的傲慢。的确，这说明德国真正的麻烦和麻烦的根源，不是出自真正不择手段的阴谋诡计，而是源于愤懑，用小学生的话来概括，就是"骄傲自大者的怨气"。

英国在其他方向加强自身地位的首个措施，是 1902 年与日本缔结同盟。此举对欧洲事务的重要意义是，虽然英国没有就此与德国分道扬镳，但这份盟约相当于在英国与两国同盟之间建起一道新的屏障。英日同盟源于张伯伦最初关于英国、德国、日本缔结条约，并与美国保持紧密联系的建议。德国犹豫不决，日本差不多也是这样。日本政治家伊藤博文侯爵本来更倾向于同俄国结盟，完全是因为他到访圣彼得堡获得的成果，远不及日本驻英公使林董男爵与英国外交大臣兰斯道恩勋爵在伦敦举行谈判取得的进展，他才改弦更张。尽管如此，接受英日同盟前，日本贵族院那些政客还是在伊藤博文施加的压力下发生动摇，此次结盟的间接结果是促成了日俄战争，这是英国政府不希望看到的，也不可能使之满意。

这是因为到 1904 年，欧洲的形势发生了天翻地覆的变化。就在五年前，法国还因为法绍达事件对英国充满仇恨[①]，甚至差点忘记阿尔萨斯—洛林。不过，他们对德国的忌惮更加根深蒂固，因此，张伯伦 1901 年提醒德国后，法国政治家开启了和解的大门。第一步是法国大使保尔·康邦与兰斯道恩展开一连串谈判，意图解决最敏感的海外殖民地问题，消除两国摩擦的根源。最大的障碍是埃及，雄心勃勃的法国人最看重这个目标，因此，法国承认英国对埃及的实际占领，以此换取英国承认法国占领摩洛哥的权利，不是什么外交上的重大成果。两国 1904 年 4 月签署协议。广为流传的说法是，英国国王爱德华七世一力促成了两国间的协议。这纯属传说，而德国盛行的说法更不靠谱，说他编织了一张狡猾的大网来包围德国。不过，爱德华七世到访巴黎，的确为英法两国达成协议的可能性创造了气氛。英国国王起初受到的接待很冷淡，但他的老练和对法国人的理解之情，再加上法国民众对王权抱有真正

---

① 1898年，为争夺非洲殖民地，英法两国军队在苏丹法绍达村发生武装对峙，史称法绍达事件。

的共和挚爱，让坚冰迅速消融，随后的一连串访问找到了两国的一致之处。因此，就算爱德华七世确实没有达成新协议，他也无疑促成了两国间的谅解。

实际上，德皇也助了一臂之力。一再向德国求爱却备受冷遇的老情人，居然敢另结新欢，这让威廉二世深感懊恼，于是他加大了搬弄是非的力度。他竭力破坏英法协约。此时爆发的日俄战争提供了机会。威廉二世的第一个举措失败了，因为爱好和平的沙皇没有接受他的建议，无视大英帝国的存在，派遣黑海舰队通过达达尼尔海峡。可是，俄国海军的最后一张王牌，波罗的海舰队，驶往远东期间收到一份假情报，据说日本人的鱼雷艇埋伏在北海等待他们，俄国人后来声称这份情报来自德国。俄国海军惊慌失措地朝英国拖网渔船开火，事后也没有努力补救错误，导致英国与俄国一度陷入战争边缘。一连数日，英国海峡舰队尾随俄国人，直到沙皇违背俄国好战派的意愿，发出致歉电函，紧张的气氛才得到缓解。令德皇高兴的是，倍感屈辱的沙皇现在提议俄国、德国、法国结盟，"打击英日两国的嚣张气焰和傲慢无礼"。德皇迅速递上一份德俄两国缔结条约的草案，但他叮嘱沙皇，暂时不要对法国透露此事，他认为"这份条约一旦成为**事实**，我们的联合力量就会对法国产生强大的吸引力"，他还补充道："打击英国的傲慢和霸道还有个好办法，那就是在波斯—阿富汗边界展示军力……"但沙皇再三考虑后冷静了下来。

德国的下一个举动极不妥当，但责任却不能归咎于德皇。此时，他想拉拢法国，而不是以威胁迫使法国与英国保持距离，但这为时已晚。比洛和荷尔斯泰因请他去丹吉尔，在那里发表了"威胁法国"的讲话，以此挑战对方在摩洛哥的权利要求。比洛随后召开会议，审查摩洛哥的日后归属问题。这场挑战来得不是时候，法国军队正面临他们的周期性危机，俄国卷入与日本的战争，法国总理鲁维埃对英国提供支持的保证和价值深感怀疑。于是，法国牺牲了外交部部长德尔卡塞①，接受了德国的要求。武力威胁再次得手，但这个警告促使法国和英国走得更近。

---

① 德尔卡塞是对德强硬派，摩洛哥危机期间被迫下台。

第三个举动完全是德皇自己做出的。1905 年 7 月，威廉二世在比约克岛乘坐沙皇的游艇时，突然取出一份协议草案，用他混合了"维利－尼基"①的英语问道："您会签字吗？这可以说是我们此次会晤非常好的礼物。"德皇后来回忆道，尼古拉二世说"我会签的"，"我的眼中噙满喜悦的泪水，兴奋感油然而起"。他觉得包括"爷爷"在内的所有祖先和"昔日普鲁士的天神"都赐福于自己。这一阶段的皇家外交，无论意义多么重大，都不失幽默的轻松。德皇写给"亲爱的尼基"的一封信中，就带有令人愉快的商业广告风格："复兴您那支舰队的方案现已公布，我希望您别忘记提醒贵国相关部门，记住我们在斯德丁、基尔等地的大公司。我敢肯定，他们会提供一系列战列舰的精美样本。"而他满怀委屈写给比洛的信中，则充满夸大其词的味道，比洛发现这份条约与他在摩洛哥的反法目标背道而驰，就以辞职相威胁。德皇在信中写道："您递交辞呈的第二天早上，皇帝就不在这个世上了！想想我可怜的妻儿吧。"

沙皇那些大臣见到这份条约，认为无法同俄法同盟和谐共存，故而坚决反对，他们还故意泄露了许多情报，引起法国强烈抗议。于是，这篇"杰作"被悄然丢入了外交废纸篓。

德英两国间的龃龉，固然很大程度上是威廉二世以威胁手段达成目的这种长期习惯造成的，可说句公道话，他个人对英国的不满不是没有原因的。他那种强烈的冲动遇到个对手，这就是刚刚出任第一海务大臣的约翰·费希尔爵士，此人不断谈及预防性战争，还直言不讳地提出，倘若德国不限制扩充海军力量，英国就应该以纳尔逊的"哥本哈根"模式消灭德国舰队。这种疯狂的建议，对柏林造成的影响自然远远强于伦敦。

英王爱德华七世生气的原因，同样来自社交和个人方面，而不是出于政治问题。要是他对外甥的无礼多一点宽容，可能会让两国的关系更加和睦。兰斯道恩勋爵记录道："国王谈到、写到他的外甥，使用的词语令人毛骨悚然。"

---

① 威廉二世和尼古拉二世是亲戚，维利和尼基是两人的昵称；一战爆发前，两人著名的电报往来就称为"维利－尼基"通信。

这些个人憎恶和芥蒂，对英国一方无关紧要，因为英国国王是立宪君主，也是个很有幽默感的人，而对北海另一侧的德国影响更大，因为德皇能明确影响政策，而且毫无幽默感。这种个人嫌隙怂恿德皇继续从事挑拨离间的阴谋和威胁，最终激起英国做出应对，就连坎贝尔－班纳曼领导的自由党新政府也无法对此视而不见，很不情愿地被迫投入法国的怀抱。

虽然英国政府拒不承诺与法国缔结正式联盟，但他们抱有这样的希望：如果法国遭受攻击，英国的民意可能会赞成干预。法国人合情合理地争辩道，除非想出应对办法，否则，紧急援助毫无用处。于是，坎贝尔－班纳曼授权两国总参谋部商讨研究。这些探讨虽说对诉诸战争的最终决定没起到什么作用，但极大地影响到战争的进行。同样值得注意的是，德国 1905 年的新战争方案，考虑了一支 10 万人的英国远征军（这是法国人提出的兵力数）站在法国一方参战的可能性。

德皇拉拢法国和俄国共同反对英国的企图落空了，现在他又回到就摩洛哥问题对法国采取行动的想法上。不过他觉得，"从专业军事角度看"，条件并不合适，如果与土耳其结盟，"就能让伊斯兰教徒的力量，在普鲁士军官领导下，最大限度地为我所用"。另外，确保国内安全也是必要的准备工作。威廉二世 1905 年 12 月 31 日写给比洛的信中，明确表露出他错乱的神经，他在结尾处写道："先枪毙社会主义者，砍掉他们的脑袋，让他们无法兴风作浪，必要的话来一场血洗，然后再出国作战！但先后顺序不能乱，也不能回到原有速度。"

可是，欧洲局势的下一个变化，减弱了德皇对以沙皇为代表的俄国的影响力，所以，非但没有加强，反而削弱了他的行动基础。最大的讽刺是，这种变化以最不可能的方式发生，竟然是英国新政府与他们向来厌恶的、专制的俄国走到一起造成的。英国自由党政府继续奉行兰斯道恩的政策，努力消除英国与俄国传统的摩擦根源，部分原因是受到普遍的和平主义推动，也是面对德国的威胁做出的自然反应。1907 年，双方通过协商，消除了若干方面的歧见。虽然两国没有达成明确协议，但自然而然的结果是，此举为他们在欧洲的合作铺平了道路。尽管英国没有通过任何正式协议与法国或俄国绑在一起，可忠诚的纽带无疑让她站在两国一方，这样一来，英国再也无法压制这个国家，否则就有不忠之嫌。因此，英国昔日在危机中的独立影响力就此消失。

英国外交大臣爱德华·格雷爵士意识到了这种窘况，他在 1906 年 2 月 20 日的备忘录中深刻地总结道：

我认为，世界各国会得出共识，认为我们行径卑劣，弃困境中的法国于不顾。美国会鄙视我们，俄国会觉得犯不着与我们就亚洲事务进行友好磋商，日本也会把寻求再保险的目光投向别处，我们会失去所有朋友，而且再也无力结交新伙伴，德国会兴高采烈地利用对我们不利的整体形势……另一方面，欧洲战争和我们卷入其中的前景太可怕了。

从这之后，欧洲各大国，虽说名义上没有，但实际上分成两个敌对集团。德国好斗、不明智的政策创造了一个对抗集团，接下来几年，他们与奥地利相互帮助，加强了这个奇特的联盟，就像个受到挤压后越来越硬的雪球。可德国也因自己缔造的东西而受害。英国加入新集团，这就削弱了旧集团，导致意大利成了靠不住的伙伴。因此，德国被迫更紧密地依靠另一个旧伙伴奥地利，以前，奥地利唯德国马首是瞻。如果德国想要战争，这种束缚是有利的，可如果德国想要和平，就会和英国一样束手束脚。

欧洲建立的新集团，不是昔日的力量均衡，而是各大国间的一道屏障。而且，这道屏障填满炸药——各国匆匆加强军备，不是出于雄心壮志，而是源于恐惧。另一个不良后果是，由于害怕突然发生爆炸，那些专制国家危险地授权"武器保管员"便宜行事。1914 年 7 月前很久，恐惧就已替代了理智。

第一道火花 1908 年出现在巴尔干地区。土耳其爆发革命，保加利亚趁机摆脱土耳其这个宗主国，奥地利也抓住机会吞并了波斯尼亚和黑塞哥维那的若干省份，实际上，自 1879 年以来，这些省份一直由奥地利统辖。奥地利外交大臣埃伦塔尔曾与俄国外交大臣伊兹沃尔斯基讨论过这种吞并，伊兹沃尔斯基愿意赞同此举，以换取奥地利支持达达尼尔海峡开放。可没等伊兹沃尔斯基告知英法两国，吞并一事已通告天下。意大利合情合理地认为自己受到侮辱，塞尔维亚也觉得面临威胁。而俄国的处境更加不利，德国大使蛮横地要求俄国承认这场吞并，否则就会遭到奥地利和德国联合进攻。

俄国孤掌难鸣，面对德奥两国的威胁，不得不满怀愤懑地屈服，而这种怨恨又因为他们觉得自己在巴尔干地区颜面尽失而加剧。伊兹沃尔斯基认为自己不仅受到恫吓，还被愚弄了，不久后就辞去职务，跑到俄国驻巴黎大使馆任职，就此成为几个日耳曼大国的劲敌。这又是个个人因素。而奥地利效仿德国动辄以武力相威胁的外交手段大获成功，兴奋之余决定继续从事此类勾当。

埃伦塔尔就波斯尼亚问题施展的诡计，在战争的直接起源中，具有相当突出的重要性。这种意外波折很不幸，因为1906—1914年间，德国与英法两国的关系已获得改善，至少在官方层面是这样。要不是德国海军力量不祥地继续增长，三国的关系改善本来会更显著。现在很容易理解，德皇之所以鼓励蒂尔皮茨大力发展海军的反英野心，很大程度是出于虚荣心，可随后看上去更像是一场预有图谋、始终如一的挑战。在设法修补英德关系的裂缝时，就连德皇本人也对自己当初的做法感到不快。他安抚英国人感情的方式是，1908年接受著名的《每日电讯报》采访时宣称，英国人"像三月的野兔那般愚蠢"，竟然不接受他的友谊，他可是"一片对英国不友好的国土上"的少数派。这番话没能消除英国人的恐惧，反而在德国国内引发了强烈抗议，比洛公开予以否认。所以，此举削弱了德皇本人对国内主战派的控制力。

不过，这起事件至少让德皇以好心眼的贝特曼－霍尔韦格替换比洛，出任帝国首相的贝特曼－霍尔韦格更渴望和平，哪怕这种和平难以维持。他迅速展开谈判，力求达成英德协议，通过1910年大选重新掌权的英国自由党政府，对此做出热烈回应。但这场谈判在结出实际果实时遇到阻碍，首先是蒂尔皮茨反对调整德国海军的扩军方案，其次是德国提出要求，一切协议必须明文规定，英国不得支援法国。

很明显，这是一项战略举措。爱德华·格雷爵士只能回答道："为结交新朋友而抛弃老朋友，这太不值得了。"

　　尽管如此，两国的紧张关系还是得到了缓解。德国民众、媒体、德皇（就像他批阅的文件表明的那样）仍抱有仇英心态，很大程度上源于没能达成目标的受挫感，以及大肆宣扬的说法：英国国王爱德华七世打算对德国实施一场庞大的敌对包围。最能说明问题的反应也许是德国民众坚信，英国国王1908年访问奥皇弗朗茨·约瑟夫是为了拆散奥地利与德国，而我们现在通过奥地利档案资料获悉，英王实际上是恳请奥皇协助减少英德间的摩擦，他还把联盟看作共同的纽带。不过，德国与英国进行的谈判，有助于两国外交大臣缓和关系，促成他们共同解决了一些有争议的问题。法国与德国顺利解决了摩洛哥问题，这一点也有助于缓和英德关系。

　　一如既往，法德两国解决摩洛哥问题后，新的危机接踵而至。奇怪的是，这场危机是在其他方面都很温和的德国外交大臣基德伦－韦希特尔挑起的，还遭到德皇反对，这是双头政治殊难逆料的另一个例子，而双头政治是德国政策非常危险的特点。为迫使法国在非洲做出让步，基德伦－韦希特尔1911年6月派一艘炮舰前往阿加迪尔。作为回应，布尔战争的反对者、英国内阁的主要和平主义者劳合·乔治，发表公开讲话，谴责此举对和平的威胁，以此警告德国。这番讲话，再加上英国准备支持法国的明确迹象，扑灭了战争的火花。但愤恨之情导致德国群情汹涌，甚至到了一触即燃的地步，他们还热烈支持另一份加强德国海军的方案。不过，摩洛哥问题随后获得解决，这消除了法德两国严重摩擦的根源，从而为营造更好的官方气氛做出了间接贡献，这种情况下，霍尔丹代表团1912年到访德国①。可就连霍尔丹也不得不承认，他的"精神家园"已沦为"火药库"，尽管他只把这种忧虑之情告知了内阁同僚。不过，德国国内主战派势力越来越大的同时，和平力量也得到加强，这种情况在社会主义者当中最为显著，更何况还有一位心系和平的首相，这就为进一步谈判保留了一条可行通道。

　　但此时，新的导火索已埋下，这次是在巴尔干地区。土耳其的软弱，意

---

　　① 霍尔丹时任英国陆军大臣。

大利占领的黎波里的榜样，鼓舞保加利亚、塞尔维亚、希腊提出马其顿自治的主张，以此作为把土耳其人逐出欧洲的第一步。土耳其人被迅速击败。塞尔维亚分得的战利品是阿尔巴尼亚北部。但奥地利早就对塞尔维亚的野心存忌惮，不想让一个斯拉夫国家接近亚得里亚海。奥地利动员军队，对塞尔维亚的威胁自然遭到俄国类似准备的回应。幸亏德国、英国、法国联手阻止了这场危机。可惜，他们的解决方案反而成为一场新危机的原因，这是因为他们把阿尔巴尼亚列为一个独立的国家，破坏了战利品的瓜分。塞尔维亚现在要求获得马其顿的一部分；保加利亚不仅严词拒绝，甚至诉诸武力，结果被塞尔维亚和希腊联军打垮；罗马尼亚加入后，土耳其趁机以这场"狗咬狗"卷起的尘埃为掩护收复失地。

结果，塞尔维亚成了大赢家，保加利亚输得最惨。奥地利对这种情况极为不满，1913 年夏季建议立即进攻塞尔维亚。德国阻止了这种莽撞的行为，劝奥地利保持克制，而德国自己却因为扩大了对土耳其陆军的控制权，又一次触怒俄国。俄国人觉得他们的达达尼尔海峡梦正在破灭，众大臣得出结论，只有欧洲爆发一场全面战争，这种梦想才有可能复活——这是个危险的心态。他们的当前目标是恢复俄国在巴尔干地区摇摇欲坠的影响力，力图争取罗马尼亚，以此作为构建新巴尔干联盟的第一步。这种前景让奥地利警惕起来，此时，这个国家已被多民族问题造成的内部压力弄得心烦意乱。

奥地利采取的办法是诉诸武力，压制他们吞并的省份内的塞尔维亚人和克罗地亚人，以及特兰西瓦尼亚的罗马尼亚臣民的不满。奥地利还想对外国及时采用同样的手段，外国指的是塞尔维亚，那里已成为各种不满分子的聚集地。奥地利领导人认为，在国界线外从事一场战争，是消除国内不和的最佳办法。持这种想法的不仅仅是奥地利。俄国的骚乱此起彼伏，皮鞭和流放只能解决部分问题，而在德国，要求普选权的呼声越来越高，这让两国的主战派把战争视为宣泄民愤的安全阀。

一年来，方方面面的煽动倍增，好战的演讲、文章、谣言、边境事件层出不穷。威尔逊总统的挚友豪斯上校，离开柏林时确信，德国军方只要一有机会就会发动战争，要是德皇反对，他们就会强迫他逊位。面对德国陆军的近况，法国为扭转己方的兵力劣势，通过了《三年制兵役法》，此举无疑加剧了德国军方的兴奋之情。但德国大使报告贝特曼－霍尔韦格："尽管这里的许多圈子抱有沙文主义态度，也存在收复丢失的省份这种普遍的梦想，不过，整个法国可以说是渴望和平的。"充其量就像法国总统庞加莱说的那样："法国不想打仗，但也不怕战争。"可是，欧洲大陆其他地方遍布火药，四处弥漫着听天由命的气氛。

1914 年 6 月 28 日，波斯尼亚首都萨拉热窝终于点燃了致命的火花。首位受害者的遇害标志着命运的讽刺。狂热的斯拉夫民族主义者刺杀了弗朗茨·斐迪南大公，企图以此推动他们的事业，这帮民族主义者选定的目标是弗朗茨·约瑟夫的继承人，他在奥地利深具影响力，甚至可以说是他们的朋友。因为弗朗茨·斐迪南也有自己的梦想，他想重建帝国，把多个民族以联邦的形式联合起来，而不是强行捆绑在一起。但在大多数波斯尼亚斯拉夫人看来，他完全是压迫者的象征，而对那些刺杀他的极端民族主义者来说，这位皇储更可恨，因为他在帝国内部达成和解的希望，可能会妨碍他们脱离帝国、加入塞尔维亚、建立一个更大的南斯拉夫国的事业。

少数年轻的密谋分子寻求，并获得被称为"黑手社"的塞尔维亚秘密社团的帮助。"黑手社"主要由军官组成，他们抱团对抗塞尔维亚目前的文官政府。那些大臣似乎听到了阴谋的传言，他们命令边境地区拦截密谋分子，可边防军人也是"黑手社"成员，这种防范措施自然落了空。另一个不确定的说法是，维也纳也收到了含糊的警告。可以肯定，奥地利当局在斐迪南大公的安保方面粗心得令人震惊，他们对降临在这位极不受欢迎的皇位继承人身上的厄运，表现出一种玩世不恭的冷漠。波蒂奥雷克是波斯尼亚军事总督，也是日后率部进攻塞尔维亚的指挥官，他所做的一切似乎是竭力为刺客提供方便，就算他确实纵容了刺杀行动，恐怕也无法做到更多了。因此，外界一直怀疑他参与了此次事件。

斐迪南大公前往市政厅途中，密谋分子实施的第一次刺杀失败了，于是，波蒂奥雷克笨拙地指挥车队调头，这样一来，大公的座车不得不停下。两声枪响后，大公和他备受王室轻视的平民王妃身负致命伤。斐迪南大公死于上午 11 点，这是个具有预见性的时刻。

斐迪南大公遇刺的消息在世界各国引发了恐惧和愤慨，但奥地利和塞尔维亚除外。塞尔维亚的报纸几乎毫不掩饰兴奋之情，塞尔维亚民众自不必说，而塞尔维亚政府被巴尔干战争折腾得筋疲力尽，正竭力争取和平，以巩固战争既得利益，结果却愚蠢地疏忽了对此次事件的同伙进行或提出调查。

奥地利警方的调查工作同样拖拖拉拉，事发两周后，奉命查案的维斯纳提交报告称，虽说这起案件涉及塞尔维亚的社团和官员，"但没有塞尔维亚政府参与共谋的证据……相反，有理由相信，塞尔维亚政府与这起事件无关"。

但奥地利迅速做出决定，虽然相关行动表面上看拖延了很长时间。外交大臣贝希托尔德伯爵，给埃伦塔尔遗留下的这种鬼蜮伎俩传统添加了一丝优雅的气息，他温文尔雅、心存感激地抓住机会，希望挽回奥地利和他本人下降的声望。斐迪南大公遇刺次日，贝希托尔德就告诉总参谋长，彻底解决塞尔维亚问题的时机已到，在康拉德·冯·赫岑多夫听来，这句话不啻对自己一再要求发动战争的呼应。但蒂萨伯爵给贝希托尔德制造了意想不到的障碍①，他强烈反对，这主要是权宜之计，而不是道德问题——"需要的时候，找个合适的开战理由不是什么难事"。康拉德同样考虑到权宜问题，他告诉贝希托尔德："我们得先问问德国，看他们是不是愿意保护我们免遭俄国攻击。"贝希托尔德也不想再像两年前那样搞得声望扫地，在德国面前碰一鼻子灰。于是，他说服年迈的奥皇，签署了发给德皇的备忘录，还附上一封私人信函。

但德皇根本不需要恳请，因为德国大使奇尔施基已呈交报告，汇报了他6月30日与贝希托尔德的会谈内容，奇尔施基说他已警告奥地利不要贸然行事。德皇在报告空白处潦草地写道："谁授权他这么做的？简直是愚蠢。这不是他该管的事……奇尔施基决不能再干这种蠢事了。我们必须肃清塞尔维亚人，而且就是现在。"可怜的奇尔施基，完全跟不上主子一百八十度大转变的立场。他过去积极从事煽动，这次大概想起主子两年前要求保持克制的呼

---

① 书中一直使用奥地利这个词，没有用奥匈帝国这个称谓；奥匈帝国有两个议会、两个内阁，蒂萨伯爵是匈牙利首相，而贝希托尔德是奥匈帝国外交大臣。

吁,于是改变态度,以期迎合上意,却没料到德皇一改初衷。这该如何解释呢?最有可能的是,德皇担心自己再次受到"软弱无能"的指责,皇室成员流血殒命让他出离愤怒,也许还有个值得称赞的动机:彰显他与遇害者的友谊。

因此,德皇 7 月 5 日对奥地利信使霍约斯伯爵保证,奥地利"可以依靠德国的全面支持","在德皇看来,此事决不能拖延……如果奥匈帝国与俄国发生战争的话,贵国可以确信,德国会站在贵国一方",虽然他又补充道:"俄国没有为战争做好准备。"而他确信德国已做好了准备。德皇与陆海军顾问匆匆进行了一连串磋商,随后下令采取各种防范措施。与此同时,德皇按计划出访挪威。几天后的 7 月 17 日,第一军需长瓦尔德泽①向外交大臣报告:"我留在这里准备行动。我们都准备好了。"

这张空白支票由德国首相背书,可以说在开出时就充分意识到了后果,在战争的直接起因中具有突出的主导性。奥地利急于兑现这张支票,而奇尔施基也忙着弥补自己先前奉劝奥地利谨慎行事的过错。与后来的各种决定不同,目前这个决定是在平静(如果不能说冷静的话)的气氛下做出的,这个事实在评估战争意愿方面,赋予了此项决定特殊的重要性。同样值得注意的是,德国和奥地利行事谨慎,以免外界对即将发起的一切行动产生怀疑,用康拉德的话来说:"应当伪装成和平的意图。"虽然德国政府没有建议奥地利把相关要求控制在适度范围内,但德国力图确保意大利、保加利亚、罗马尼亚、土耳其支持自己从事战争,焦虑的心态可见一斑。德国没有就打算采取的行动暗示意大利,但敦促奥地利做好准备,一旦开战,就得支付意大利提供支持的酬劳。

德国的支持已是板上钉钉,贝希托尔德的下一个问题是起草发给塞尔维亚,而对方绝对不会接受的最后通牒。思忖一番后,贝希托尔德 7 月 10 日对奇尔施基坦承,他仍在考虑"应该提出哪些塞尔维亚完全无法接受的要求"。唯一的反对声来自蒂萨,但他被告知:"外交上的成功毫无价值。"蒂萨威胁

---

① 这里指的是格奥尔格·瓦尔德泽,他是阿尔弗雷德·冯·瓦尔德泽(旧译瓦德西)的亲属。

保留自己的支持，贝希托尔德提醒他"延误会造成军事方面的困难"，还强调这样一个事实："德国不会理解我方居然不利用眼前机会发动打击的任何疏忽。"于是，蒂萨改了主意。的确，奥地利如果表现得软弱无力，可能会丧失与德国的伙伴关系。

最后通牒起草完毕，年迈的奥皇读罢后说道："俄国不会接受的……这意味着一场全面战争。"但这份最后通牒推迟到各项战争准备完成后才送交，此时，谒见沙皇的法国总统庞加莱已从圣彼得堡启程归国，派驻维也纳的俄国大使获得和平保证后欣然度假去了。但德国轮船公司已获知奥地利呈交最后通牒的日期，还收到警告：必须为事态的"迅速发展"做好准备。

7月23日下午6点，奥地利的最后通牒呈送塞尔维亚政府，塞尔维亚首相不在。这份最后通牒提出的条款，不仅要求塞尔维亚镇压一切反奥宣传，还提出奥地利有权下令解除让他们心生顾虑的任何塞尔维亚官员的职务，并以己方提名、派遣的官员入驻塞尔维亚。这种要求直接侵犯了塞尔维亚作为独立国家的主权。奥地利要求塞尔维亚48小时内接受这份最后通牒。次日，德国政府向圣彼得堡、巴黎、伦敦发出照会，声称奥地利提出的要求"适度而又恰当"（实际上，德国政府轻描淡写地撰写照会时，甚至没看过奥地利的最后通牒），还在这份照会中发出威胁："任何干涉之举……都有可能招致无法估量的后果。"伦敦方面对这份照会深感震惊，而俄国对此义愤填膺。

离最后通牒规定的时限还有最后两分钟时，塞尔维亚政府向奥地利大使递交了回复。遵照自己接到的指示，这位大使根本没有阅读这份回函，立即宣布与塞尔维亚断绝外交关系，随后搭乘火车从贝尔格莱德回国。三小时后，正式命令下达，奥地利在塞尔维亚边界实施部分动员。与此同时，德国和俄国也为动员展开准备工作。

实际上，除了绝对侵犯塞尔维亚独立性的两条外，塞尔维亚政府接受了奥地利的所有要求。回国后，德皇在7月28日读到这份回函，他批注道："仅用48小时就取得这么辉煌的成就……对维也纳来说，这是一场重大的精神胜利；可这样一来，开战的所有理由就站不住脚了。"对奥地利的部分动员，他补充道："鉴于他们动员的力量，我就不必下令实施动员了。"武力威胁又一次赢得胜利，德皇向所有怀疑者表明，他是个强人，但他渴望安于现状，毕竟皇家的荣誉得到保全。可他却不明智地建议，奥地利也许应该占领塞尔维亚部分领土，直到全部要求获得满足——这种行径是俄国绝对不会允许的。贝特曼-霍尔韦格赞同德皇的观点，7月28日上午把这个建议发给维也纳，但补充道："要是奥地利继续拒绝一切调停或仲裁的建议，在德国民众看来，一场世界大战的责任就会落在德国政府头上。"

可是，语气的这种变化来得太迟，因而深具致命性。时机最有利的时候，德国却没有提出这种建议。德国7月24日发出照会后，俄国立即得到法国支持，他们还敦促英国外交大臣格雷，赶紧宣布英国与他们团结一致。但英国议会的职责、内阁的意见分歧、公众是否支持的不确定性，导致格雷无法发表此类声明。他还担心这种做法可能会加强俄国和德国主战派的声势。相反，他设法开辟一条调停之路。格雷7月24日采取的首个行动，是通过柏林敦促奥地利放宽最后通牒的时限。柏林方面没有支持这项建议，直到离最终期限还有2个小时才姗姗来迟地把英国的呼吁告知维也纳。果然，奥地利一口回绝。7月25日和26日，格雷又提出进一步建议，呼吁德国、英国、法国、意大利联合调停，而奥地利、俄国、塞尔维亚应当放弃军事行动。巴黎和罗马立即接受了建议，圣彼得堡的萨佐诺夫①一开始就提出过这种想法，现在原则上同意，但希望先设法与维也纳直接商讨。柏林没有接受。德皇在收悉的报告上，以他一贯的煽动性语言草草评注道："这是英国式傲慢的一篇杰作。没人请我按照格雷的规定,告诉奥地利皇帝陛下如何维护他的荣誉。"许多证据表明，德国的观点受到英国政府所持态度的鼓舞，寄希望于发生战争的情况下，对方保持中立。但英国政府7月27日在报纸上发布消息，称为演习而集结的舰队，已奉命暂不解散。这种暗示，加之塞尔维亚所做回复的本意，致使柏林的官方语气发生变化。就在一天前，德国大总参谋部已经把他们起草后准备交付比利时的最后通牒转呈外交部。

---

① 这里指的是时任俄国外交大臣谢尔盖·德米特里耶维奇·萨佐诺夫。

因此，7月27日晚些时候，德国政府决定把格雷的建议告知维也纳。他们转述了格雷的话，此举暗示着他们"在一定程度上与你（格雷）的希望联系在一起"。可是，奥地利大使拜望德国外交大臣后发电报给维也纳："德国政府提供的保证极不可靠，根本不是认同对方，恰恰相反，德国坚决反对他们的如意算盘，进行沟通仅仅是为了让英国满意……德国政府这般行事，是因为在他们看来，目前不能让英国与俄法两国联合起来，这一点至关重要。"7月28日，德皇读罢塞尔维亚的回复，如前文所述，他的语气进一步降温。但贝特曼－霍尔韦格当天发给维也纳的首封忠告电函，时机太晚，也太过冷淡。

这是因为7月28日上午11点（又是11点），奥地利发来电报，宣布已对塞尔维亚开战。同一天，贝希托尔德拒绝了萨佐诺夫直接对话的提议，给出的理由是现在宣战已成既成事实！这个黑色幽默潜藏着奥地利轻率做出决定的原因和手段。从军事角度看，完全有理由推迟实际宣战，因为军队要到8月12日才能做好出动的准备。但从德国发来的电报一直在煽动奥地利尽快行事；贝希托尔德和康拉德担心，如果己方磨磨蹭蹭，可能会失去德国的支持和开战的机会。贝希托尔德7月27日冷嘲热讽地向奥皇总结了当前形势："依我看，只要宣战没有引发新的情况，协约国继续付出努力，实现和平解决还是有可能的。"为了让奥皇在宣战书上签字，他添加了塞尔维亚人已对奥地利军队发动进攻这个理由，从而消除了奥皇的一切疑虑。目的达成后，贝希托尔德删除了与这场虚构的进攻相关的字句！

奥地利在"军事需要"这部马达驱动下，朝战争深渊狂奔的速度已快到无法遏制的程度。构建庞大而又笨重的战争机器时，欧洲各国总参谋部忘记了战争的基本原则——灵活性。整个欧洲大陆在实施动员和使用应征军队方面，几乎到了难以控制的地步。相关事件很快表明，这些军队可以开动，但得不到有效指导，他们的转向角度不足。这种缺点现在对和平构成威胁，这些庞大的军队和当前的舰队，与过去那种小型专业军队形成了对比。

关键的这几天，那些将领一心想启动他们的战争机器。渴望战争，却又害怕陷入不利境地，两种矛盾的心态相互作用。因此，德国、俄国的情况与奥地利如出一辙，政治家对和平的诉求，受到急于求战的将领掣肘，这些军人还断言，如果忽视他们的技术性建议，就会造成可怕的后果。而在奥地利，那些将领和贝希托尔德共同跨过了发动战争的昏暗界线。

军人的意见在俄国也占据上风，那同样是个军事上没太大作为的国度。奥地利宣战的消息导致俄国的态度发生决定性变化，萨佐诺夫此前一直牢牢控制着鹰派将领。面对无法避免的情况，他现在不得不屈服，并建议实施部分动员，也就是说，只动员部署在奥地利边境附近的军队。俄国总参谋部认为，出于"技术原因"，这是行不通的，他们主张，只有实施全面动员，才能避免军事机器失效。萨佐诺夫不愿对军方意见低头，但也不想推翻这些观点，于是做出折中。他拟制了两道敕令让沙皇签署，一道是部分动员，另一道则是全面动员，而选择哪一道敕令的决定暂时推延。

但俄国总参谋部忙着研究第二份方案。次日上午，动员处处长接到沙皇临时签署的全面动员令，于是四处寻求各大臣会签，其中一位大臣直到晚上才找到。在此期间，德国大使下午 6 点左右拜望萨佐诺夫，传达了贝特曼－霍尔韦格的信息："如果俄国继续采取动员措施，德国也会动员，而动员意味着战争。"贝特曼－霍尔韦格还信誓旦旦地保证："这绝非威胁，而是个友好的主张。"可在萨佐诺夫听来，这更像威胁，听上去，就连俄国军队在奥地利边境实施部分动员，对方也是不允许的。萨佐诺夫对大肆叫嚣的俄国总参谋部的反对减弱了，与总参谋长亚努什科维奇商谈后，他显然同意实施全面动员，并获得了沙皇批准。

我们暂且把目光转向柏林。那里的气氛同样紧张，意见不统一的各方也在"拔河"。但德皇和他那些政治顾问现在非常惊慌，因为奥地利采取的行动，让他们看上去成了有罪的一方，不仅失去了意大利的支持，还导致英国加入反对方。因此，他们否决了大总参谋部立即实施动员的要求，当晚晚些时候，贝特曼－霍尔韦格接见英国大使。他讨价还价，力图争取英国保持中立，还提出建议，作为回报，德国绝不侵吞法国任何一处领土，但对法国的殖民地，"他不能做出这种保证"。英国大使告诉他，英国不太可能接受这种建议，事实证明，这位大使的确有先见之明。德国驻英国大使利赫诺夫斯基从伦敦发回警告，称英国的舆论日趋强硬，这让德皇惊惧不安，继而勃然大怒。他用潦草的笔迹写下"英国式伪善"这种侮辱性话语，称格雷是个"卑鄙的骗子"，还大骂英国人是"一群低贱的贩夫走卒"，鉴于贝特曼－霍尔韦格向英国大使提出的建议，德皇这种说法实在很奇怪。不过，利赫诺夫斯基的报告中谈到格雷的新调停方案，这至少促使贝特曼－霍尔韦格给维也纳发去一连串电报，奉劝奥地利人不要再公然拒绝调停，以免把德国拖入一场明显不利的战争。德皇也致电沙皇，说他正竭力说服维也纳同意进行"坦率的谈判"。巧的是，沙皇也发来类似的抚慰电报，于是，德皇在第二封复电中建议："把奥国—塞尔维亚问题交给海牙会议较为合适。我相信您的智慧和友谊。"实际上，德皇在电报空白处的批示是"废话"两字，表明他对沙皇的诚意心存怀疑。但德皇的第二封电报的确呼吁停止采取军事措施，因为这会"招致灾难……"，这封电报产生了实际效果。

当晚 10 点左右，沙皇打电话给总参谋长，尽管亚努什科维奇震惊地抗议，声称全面动员令已下达，可沙皇还是指示他取消命令，改为部分动员。

俄国总参谋部狼狈不堪，但不愿就此罢手。次日上午，为挽回局面，他们提出新论点并指出肩负的重任。他们先是打算觐见沙皇，为避开咄咄逼人的压力，沙皇没有接见战争大臣。亚努什科维奇随后找到萨佐诺夫，坚称进一步延误总动员，会"打乱"军方的组织工作，必然危及俄国的安全。他进一步指出，部分动员会给法国人留下这样一种印象：战争来临时，俄国无法帮助法国抵抗德国的猛烈进攻。萨佐诺夫现在已对必然到来的战争听天由命，他答应下午就去觐见沙皇。萨佐诺夫见到忧心忡忡、脸色苍白的沙皇，就安慰地做出保证，无论发生什么情况，绝不会让他良心不安，沙皇这才答应让步，并下达了命令。萨佐诺夫通过电话把动员令告知亚努什科维奇，还建议他"赶紧躲起来"，以防沙皇反悔。萨佐诺夫起初不打算发表任何声明，尽可能秘密地实施总动员，可他发现，从技术上说无法做到这一点，于是，次日上午（7 月 31 日）发布了沙皇的敕令。几小时后，奥地利下达了总动员令。此后，这些政治家的电报往来仍在继续，但已沦为废纸。军事机器主导了一切。

实际上，这种情况 7 月 30 日就已经发生，不仅仅是在俄国。当日下午 2 点，德国总参谋长毛奇 ① 通过奥地利武官，给奥地利总参谋部发出信息，认为俄国的军事措施继续发展，"促使德奥同盟生效……削弱了大英帝国为争取和平取得的新进展"，"一场欧洲战争是挽救奥匈帝国的最后机会，德国准备毫无保留地支持奥地利"。随后，毛奇直接发电报给康拉德："立即针对俄国实施动员。德国也会动员。提供相应的补偿，说服意大利履行盟友的职责。"就这样，毛奇的举动抵消了贝特曼 – 霍尔韦格那些优柔寡断的电报的效果。奥地利军方和政府文官不需要敦促，需要的只是德国提供支持的保证，他们也不打算接受任何调停建议，除非德国以撤回支持相威胁。"德国"这个词现在指的是德国大总参谋部。

俄国实施全面动员的消息刚一传到柏林，德国立即宣布进入"战争的危险状况"，还采取了第一部动员措施，这是个巧妙的军事策略，意图在不放弃阴谋诡计的情况下掌握先手。与此同时，他们向圣彼得堡和巴黎发出最后通牒。呈送俄国的最后通牒，要求对方"必须在 12 小时内停止针对奥地利和我国的一切战争措施……并把结果明确无误地告知我方"。萨佐诺夫在回函中指出，从技术上说不可能停止动员，但只要谈判继续进行，俄国就不会发动进攻。为强调这种说法，沙皇给德皇发去另一封电报："完全理解您必须实施动员，可就像我对您保证的那样，这些措施并不意味着战争，我们会继续进行谈判，我也希望从您那里得到同样的保证。"可是，8 月 1 日傍晚，规定的时限过后，没等俄国回复这份最后通牒，德国政府就给派驻圣彼得堡的大使发去正式宣战的通告，责成他递交俄国政府。几乎是同时，德国进行动员。

但冯·切利乌斯将军从圣彼得堡发回敏锐的报告："这里的民众实施动员，是因为担心即将发生的事情，而不是出于侵略目的，他们被这种结果吓坏了。"德皇批示道："没错，这是实情。"可德皇同样惊恐不安，他的意愿已无法阻止他的军事机器，因为毛奇坚称，"这是个异常有利的局面，应当用于进攻"，他还指出："法国的军事处境相当尴尬，俄国毫无信心，另外，一年中的这

---

① 赫尔穆特·约翰内斯·路德维希·冯·毛奇，也就是常说的小毛奇。

段时期非常有利。"俄国总参谋部的鲁莽，也许至少可以解释为"神经紧张"，可毛奇轻率行事就无法原谅了。如果要挑出三个人，为战争的爆发承担主要的个人责任，目前这三人就是贝希托尔德、康拉德、毛奇。但毛奇代表的是一家有限公司，也就是德国大总参谋部。

可是，如果说他们的举措是蓄意而为，那么，恐惧就是他们的思想背景，战争不仅仅源于军事野心。凭借巴尔干战争，塞尔维亚在领土方面大获其利，他们的军队也借此实力倍增，这让奥地利总参谋部深感恐惧，而德国大总参谋部害怕的是，俄国陆军在苏霍姆利诺夫领导下①，出人意料地从 1905 年的虚弱状况中迅速恢复。毛奇就像个纤道上负重前行的英雄，先把奥地利推入战争，随后自己加入其中，全力救援奥地利，再要求奥地利提供帮助，以此作为回报。

德国发给法国的最后通牒，想知道法国是否会在"德国与俄国的战争中"保持中立，不仅要求对方 18 小时内做出回复，还添加了一句威胁："动员不可避免地意味着战争。"德国大使接到的指示是，如果法国宣称保持中立，就提出对方不可能接受的要求：法国必须交出凡尔登和图勒要塞，以此作为保证。因为毛奇的作战方案是针对一场两线战争制定的，如果只出现一个目标，那就打乱了他的方案！可这种军事上的愚蠢行径能走得更远吗？

德国大使 8 月 1 日收到回复，对方只是告诉他，法国"会依自己的利益行事"。当日下午，法国下令动员，但共和政体的法国，文官政府仍高于总参谋部，而且自 7 月 30 日起，法国边防部队从边界线后撤 10 公里，以此作为和平姿态，也是为避免发生边境冲突，从而为战争提供借口。虽然这场后撤在军事方面造成些妨碍，但通过这样一个事实可以看出此举的政治智慧：德军巡逻队 7 月 30 日跨过边界线，获得上级批准后，7 月 31 日再次越境。因此，德国 8 月 3 日对法国宣战时，只能牵强附会地找个具体借口，声称一名法国飞行员"朝卡尔斯鲁厄和纽伦堡附近的铁路线投掷了炸弹"。这个理由完全站不住脚，因为德国宣战前，这种传言早已被驳斥过。

① 弗拉基米尔·亚历山德罗维奇·苏霍姆利诺夫，时任俄国陆军大臣。

德国为什么拖延了两天才递交宣战书呢？首先是因为格雷提出了新建议，认为只要俄国与奥地利之间仍有达成协议的可能，德国和法国就不应当发动任何进攻。这项建议措辞含糊，因此，渴望和平的利赫诺夫斯基在发给柏林的电报中详述了一番："这似乎表明，如果我们不进攻法国，英国就会保持中立，还保证法国的中立。"德皇和他的首相紧紧抓住这根稻草。前者对毛奇说道："我们前进，然后集中全部力量，只向东进军。"毛奇像他在回忆录中写的那样回答道："这是不可能的。数百万将士组成的军队的进军……是多年艰苦工作的结果。一旦制定方案，就无法改变。"德皇严词驳斥道："您的叔叔就不会这样回答我。"毛奇得逞了，继续集中力量对付法国，但奉命把跨过法国和卢森堡国界线的行动暂停 24 小时。毛奇悲哀地写道："这对我是个沉重的打击，我的内心宛如遭到重击。"但他的心痛很快就缓解了，因为当晚晚些时候，从伦敦发回的更多电报表明，英国没有答应保持中立。刹车松开了。尽管暂停令确实给毛奇的部署造成些影响，可他的部分先遣部队，实际上比计划时间提前一天进入卢森堡。

尽管如此，英国内阁还是犹豫不决。大部分内阁成员非常渴望和平，也无法确定英国民众的态度，因而没有发出明确警告，而这种警告本来也许能加强贝特曼－霍尔韦格为阻止国内主战派而付出的微弱努力。现在为时已晚，军事机器掌控了一切。7 月 31 日后，已没有什么能阻止战争了。英国内阁一直犹豫不决，这种态度无论多么情有可原，都加剧了法国的焦虑，担心英国抛弃自己。

德国赶来"营救"了。他们早就写好了发给比利时的最后通牒，要求对方允许德国军队按照己方很早以前就制订好的战争方案自由通行，这份最后通牒 8 月 2 日晚递交比利时。比利时政府严词拒绝，因为此举严重侵犯了他们的中立。8 月 4 日晨，德国军队发动入侵。实际上，采取具体行动前，德国人的威胁已起到决定性作用，促使英国下定决心插手干预，而德国大总参谋部早就正确地估计到，英国的干预不可避免。英国递交最后通牒，要求德国尊重比利时的中立，贝特曼－霍尔韦格收下这份最后通牒，可怜巴巴地抱怨道，英国"就为了一纸空文"参战。德国时间当晚 11 点，这份最后通牒到期，英国投入战争，意大利没有参战，因为他们 7 月 31 日已决定保持中立。

因此，最后的举动与先前那些行径一样，"专业军事理由"起到决定性作用。德国军队必须穿过比利时，哪怕此举肯定会促使英国加入反对德国的一方。军事技术在和平时期挑起战争是多么胜任，在战争中赢得胜利又是多么力有未逮，这一点很快就会得到证实！

World War I

第二章

力量对比

各国带着 18 世纪的传统观点和体制卷入战争，这些观点和体制仅仅因为 19 世纪发生的事情而稍事改变。

从政治上说，他们认为这是敌对联盟间的斗争，这种联盟基于传统的外交同盟体系建立；从军事上说，他们觉得这是专业军队间的对抗，欧洲大陆的征兵制形成的军队相当庞大，这是实情，但从本质上说，全凭军人在战场上厮杀，广大民众只是坐在圆形剧场的座位上，看着他们的勇士流血牺牲。德国人已窥见真相，他们在 19 世纪期间逐渐形成的"全民皆兵"理论，把整个国家想象成水库，蓄积的水（援兵）源源不断地涌入军队，而不是把整个国家想象成一条强大的河流，诸多支流（军队）汇入其中，国家军队只是其中一股——但一两种先知先觉的理念除外。德国人倾向于"全民皆兵"，而不是"举国参战"。即便到今天，"举国参战"这个基本真理仍有待于彻底把握，完整的含义还需要各国充分理解。1914—1918 年间，各参战国逐渐向科学家的研究、工程师的发明力和技术技能、产业的手工劳动、宣传人员的笔杆寻求帮助。长期以来，多种力量的融合，产生了在军队内部制造混乱漩涡的倾向，旧秩序被打破，新秩序还没有形成。初步合作的确逐渐出现，可即便到最后阶段，各种力量的配合是否达到了更高的协同水准，也就是多样性的统一方向，仍是个存有争议的问题。

1914 年的德国军队诞生于拿破仑战争时期，幼年受到格奈泽瑙和沙恩霍斯特培育，青春期又得到老毛奇和罗恩指导。这支军队通过 1870 年的战争走向成熟，他们当时面对装备拙劣、领导欠佳、服役期过长的法国军队，在这场考验中成功地脱颖而出。每个身体健全的公民都有义务参军服役，国家征募到需要的兵员数量，训练他们成为军人，让他们短期、全职服役，这些军人服役期满后回归平民生活。这种体制的特点和目的，是形成一股庞大的预备力量，从而在战争中扩充现役军队。根据军兵种的不同，士兵全职服役 2～3 年，然后在常规预备役干上 4～5 年，接下来就要在后备军服役 12 年，最后转入民兵，从 39 岁干到 45 岁。另外，德国还有一支补充预备队，由那些没有征入军队的有色人种组成。

这种组织，以及训练的彻底性，蕴含着战争中第一个重大意外的秘密，事实证明，这一点深具决定性。德国人没有把他们的预备力量视为素质可疑的部队，只适合从事辅助任务或驻军勤务，他们在动员期间完全能以预备队军加强几乎每个一线野战军，相关事件证明，他们有勇气在战争爆发时立即使用这些力量。这种意外打乱了法国人的如意算盘，致使他们的整个作战方案陷入混乱。

太多误判让德国人备受批评，可他们的许多直觉都是正确的。他们独自意识到今天已成为公理的东西：由于他们有训练有素的指挥人员，军事机器可以通过短期征兵快速建成，就像钢液倒入模具那样。这部德国模具，就是军士和军官长期服役机制，他们的技术知识和技能水准，在欧洲大陆无人能比。可是，如果说军事机器是靠训练打造的，那么，这部机器的坚固性则通过其他方式来加强。心理因素在国家军队中发挥的作用，甚至大过对专业军队产生的影响。仅有团队精神是远远不够的，强烈的道德冲动，这种刺激对作战行动非常必要，也就是说，对国家政策根深蒂固的信念，要求公民为之奋斗。为激发民众国家至上的爱国主义信念，几代德国领导人付出了不懈努力。尽管他们的对手1914年参战时，对本国事业怀有强烈的信念，可这种炽热的爱国主义，根本比不上德国多年来稳定施加的热量，因而来不及巩固那种纪律严明的组合。不仅军队纪律严明，德国民众还与他们关系亲密，并对这些士兵深感自豪，这种情形在其他国家是几乎见不到的。

这件独特的工具由德国大总参谋部掌握，经过严格挑选和培训，大总参谋部的专业知识和技能无与伦比，但受制于心理"惯例"，这些惯例具有所有职业的特征。执行技能是实践的结果，但持续练习或重复，必然会减弱思维的创造力和灵活性。专业团体中，按资历晋升也是个难以避免的惯例。不过，德国人喜欢采用的指挥体制是参谋掌控一切，实践中往往让真正的权力掌握在那些年轻的总参军官手中。就像战争回忆录和档案文件揭示的那样，集团军和军级部队的参谋长经常做出重大决定，甚至不愿装模作样地征询一下指挥官的意见。但这种体制存在严重缺陷，随之而来的"沙砾"经常损坏原本运转顺畅的战争机器。

德国人投入战争时，在战术方面有两个重要的物质优势。诸交战国中，只有德国确定了重型榴弹炮的潜力，为他们的军队大量配备了这种兵器。如果说没有哪支军队充分意识到机枪是"步兵的精髓"，进而大力发展这种压倒性火力来源的话，那么，德军对机枪的研究比其他军队更深入，因而能利用机枪的固有威力，比其他军队更快地主导战场。预估重型火炮和机枪的价值时，德国大总参谋部似乎深受霍夫曼上尉敏锐分析的影响，这名年轻武官当初跟随日本军队驻扎在中国东北。在战略上，德国人对铁路交通的研究和发展，也比任何一个对手做得更透彻。

奥匈帝国的军队，虽说模仿德国模式，可作为战争机器相当拙劣。这支军队不仅历来败多胜少，还因种族混合削弱了精神方面的一致性，这与他们的德国盟友完全不同。因此，他们以一支基于普遍服役制建立的军队替换过去那种专业军队，效力标准不仅没得到提高，反而有所下降。帝国境内的军队，通常与境外那些军队同宗同族，这种状况迫使奥地利根据政治而不是军事配置军力，以免发生同种族厮杀的情况。人员方面的这种障碍，还因为地理状况而加剧，换句话说，他们的边界线太长，很难妥善防御。

除了极少数例外，奥匈军队的领导者，专业水准难以同德国人相提并论。另外，尽管奥地利比协约国更加理解共同行动的重要性，可他们还是不太愿意接受德国人指挥。

虽说存在各种显而易见的缺点，可这个不同种族混合而成的松散集团，经受了四年的战争冲击和压力，这让他们的对手惊讶而又沮丧。原因是这种复杂的种族结构，缠绕在坚固的日耳曼和马扎尔框架上 [①]。

我们把话题从同盟国转向协约国。法国的潜在兵员只有德国的 60%，也就是 594 万对 975 万，这种"借方差额"迫使法国几乎把每个身体健全的男性都征召入伍。一名男性 20 岁应征入伍，全职服役 3 年，然后在预备队服役 11 年，最后两个阶段是在本土自卫队和本土预备队各服役 7 年。这套制

---

① 马扎尔指的是匈牙利民族。

度让法国在战争初期获得近 400 万受过训练的兵员，德国有 500 万；但法国几乎不依靠预备役人员的战斗力。法国统帅部预期和准备的是一场短暂、具有决定性的战局，所以他们只依赖第一线的半职业部队，这股兵力约有 100 万。另外，他们估计敌人也持类似观点，这就造成了可怕的后果。可除了战争初期的这种出乎意料，更大的障碍是，法国在一场旷日持久的战争中扩充军队的能力较弱，这是因为他们的人口偏少，只有不到 4000 万，而德国有 6500 万。后来成名的芒然上校曾建议在非洲发掘兵源，组建一支庞大的土著军队，可法国政府认为这种政策的危险大于好处，日后的战争经历表明，此举既有军事也有政治风险。

　　法国总参谋部，尽管从技能上说不如德国大总参谋部那般完美，可也产生过一些欧洲最负盛名的军事思想家，而他们的情报水准完全能媲美德方。不过，法国的军事思想存在这样一种倾向：获得逻辑性的同时，丧失了创造性和灵活性。战前几年，法国的军事思想出现了严重分歧，没有采取联合行动。更糟糕的是，法国新的战争哲学专注于精神因素，越来越偏离不可分割的物质因素。强烈的意志无法弥补武器方面的明确劣势，第二个因素一旦成真，势必影响第一个因素。物质方面，法国人的重要资本是他们的速射型 75 毫米野炮，堪称世界上最好的兵器，但这款火炮的优越性让他们对运动战过于自信，因而忽略了针对这种即将到来的战争样式的装备升级和训练。

　　俄国的资本在物质方面，心理和精神方面存有缺陷。虽说他们的初期力量比不上德国，但其人力资源庞大。另外，俄国士兵的勇气和耐力也很出名。可是，俄军领导层充斥着腐败和无能，普通士兵缺乏从事一场科学战争的智力和主动性，他们构成极为坚固但缺乏灵活性的军事工具，而俄国的装备和弹药制造资源，远不及那些工业强国。该国的地理位置导致上述障碍变得更加严重，这是因为结冰或敌国水域把俄国与盟友隔开，而且，俄国不得不掩护庞大的陆地边境。另一个根本缺陷是，俄国严重缺乏铁路交通，要想在军事上取得成功，不得不依靠兵力方面的优势。俄国在精神范畴的情况不太明确。这个国家的内部麻烦远近皆知，这种麻烦肯定会妨碍他们付出努力，除非他们的事业足以对俄国蒙昧、一盘散沙的民众发出圣战式的呼吁。

德国、奥地利、法国、俄国的军事制度存在密切的关系，差别在细枝末节，而不在根本。这种相似性与另一个欧洲大国，也就是英国的军事制度形成更强烈的对比。近代以来，英国基本上一直是个海上大国，通过传统外交政策和为盟友提供财政支援介入欧洲大陆事务，同时以一支专业军队的影响来加强他们的军事行动。英国维持这支常备军，主要是为保护和控制海外属地（特别是印度），为此，他们总是把这股军力保持在最低限度。英国决心维持一支实力超级强大的海军，向来忽视陆军，这支陆军实际上到了难以维系的地步。之所以形成这么奇怪的对比，部分原因在于英国是个岛国，故而把海洋视为基本生命线和主要防御圈；另一个原因是，他们从本质上对陆军有一种不信任感，这种不合逻辑的偏见，源于几乎被遗忘的克伦威尔军政府。英国陆军规模较小，但经历过各种各样的战争，实战经验丰富，这是欧洲大陆其他国家的军队无法比拟的。但与他们相比，英国陆军明显的专业障碍在于领导者，虽说在率领小股纵队从事殖民远征方面表现得得心应手，可他们从来没有为指挥大编制兵团从事大规模战争做好准备。

不过，门外汉很容易高估英国陆军实战经验的价值，以及他们的缺点。因为以往的经历表明，军队越是庞大，指挥空间越小，发号施令的次数也越少。与马尔博罗公爵或拿破仑在会战前和会战期间发挥的各种个人主动性相比，1914—1918 年间的集团军司令，做出的决定少而宽泛，他的角色更像一家大型百货商店的总经理。战争中，所有领导者很快会产生力不从心感，而且短时间内难以适应，通过实战获得的敏锐意识，远比和平时期演习期间掌握的理论技巧更重要。这些军队，特别是法国陆军，经常产生错觉，认为只要从遥远的后方下达命令，这些命令就会在前线得到执行。

最初投入战场的小型英国陆军，个性一度有较大的发挥空间。他们在很大程度上也依靠这一点。很可惜，他们的选拔程序没能让那些最适合指挥工作的军官脱颖而出。值得注意的是，英军开赴法国途中，黑格对查特里斯（黑格的军事秘书，日后成为他的情报负责人）谈起他对总司令约翰·弗伦奇爵士的疑虑，他在南非期间一直是弗伦奇的得力助手。查特里斯写道："黑格今天在我面前一吐为快。他非常担心英国远征军司令部的构成。他认为弗伦奇完全不适合在危机时期担任最高统帅职务……他说弗伦奇的军事理念不合理，此人从不研究战争，还很顽固，容不得部下指出哪怕是最明显的错误。黑格称赞了弗伦奇出色的战术能力、巨大的勇气和决心。他还认为默里除了赞同弗伦奇提出的一切建议，什么也不敢做。不管怎么说，他觉得弗伦奇不会听取默里的意见，更看重威尔逊，这更糟糕。黑格认为威尔逊是个政客，而不是军人，在道格拉斯·黑格看来，'政客'就是坑蒙拐骗和错误价值观的代名词。"这番评价与另一位将领的说法相似，此人是个著名的军事历史学家："很难找到比我们投入南非战争和1914年战争时更糟糕的总司令部了。"

可除了人选方面的错误，还有另一个问题：部分军官担任的职务是不是分配有误？1912年，弗伦奇本人表达过这样一种观点，认为黑格，可能还有格里尔森，的确"比其他人更出色，从其表现出的才干来看似乎更适合担任高级参谋，而不是指挥官"。由于对德国陆军的了解无人能及，与弗伦奇的关系也很密切，又能同下级军官打成一片，格里尔森本来会成为弗伦奇特别称职的参谋长。可是，"演习期间担任参谋长的格里尔森，对弗伦奇指出，他的某些方案无法实施，结果，格里尔森立即被阿奇博尔德·默里替换了"。格里尔森奉命赶赴法国担任军长职务。55岁的格里尔森身材肥胖，习惯于久坐不动，优渥的生活条件和案牍劳作损害了他的健康，结果病逝于赶赴前线的途中。这对英国陆军固然是个重大损失，但默里8月26日病倒造成的直接危害更大，当日适逢勒卡托交战的紧要关头。更糟糕的是，默里恢复后觉得自己可以履行职责，实际上，他的身体状况仍不适合投入工作。这只是两个最突出的例子，充分说明了相关体制造成的麻烦，这种体制下，晋升到高位的军官年事已高，不仅精力下降，对战争造成的压力也越来越敏感。幸亏交战另一方也受到这个问题的严重困扰，实际上，指挥德国军队的毛奇，近期一直在接受治疗，开战头几日，他那种病恹恹的状况让身边的随从担心不已。

英国远征军的另一位军长黑格，一向注重健康问题，所以没有引发此类焦虑。53岁的黑格，身体状况非常好。南非战争期间，做事认真细致、有条不紊的黑格成为弗伦奇理想的参谋人员，但黑格后来指挥一支快速纵队，仅有这些品质就不够了。值得回顾的是，沃尔斯－桑普森上校"这位杰出的情报官和战斗侦察员"，获知黑格出任纵队指挥官后评论道："他很不错，就是——太谨慎了！他是那么坚定不移，不给布尔人任何机会，甚至不给自己机会。"十三年后，沃尔斯－桑普森的看法得到证实。一代人过去后出版的1914年官方史修订版，披露了黑格担任军长后，首次遭遇的严峻考验：部队在黑暗中与敌人发生小规模遭遇战，他一时间惊慌失措，向上级报告"情况极为危急"，还一再向真正备受重压的友邻军队求援。书中透露，黑格率部赶往埃纳河期间过于谨慎，白白浪费了充满机会的一天，敌人趁机在河对岸建立阵地，一直坚守了四年之久。不过，尽管黑格在指挥方面能力欠佳，可他具备其他人欠缺的一些品质，一旦战线陷入静止状态，战争环境往往把指挥官变为超级参谋军官。

和执行方面的一切错误相比，观念上的错误通常会招致更大的代价。南非战争的教训一直被忽视，其实这远比选拔指挥官更重要。对比 1914—1918年的情况，再看看《皇家委员会关于南非战争的资料》，就会发现这份资料提供了惊人的证据，充分说明专业眼光也有可能只见树木不见森林。没有太多迹象表明，在下一场大战中成为指挥官的那些人，已经认识到日后的根本问题：火力防御将成为主导力量，以及穿越子弹横扫区时将面临最大困难。只有伊恩·汉密尔顿爵士给予这个问题应有的重视，可就连他也对解决问题的可能性过于乐观了。不过，他提出的解决方案方向上是正确的，因为他不仅敦促利用突然性和渗透战术抵消防御优势，还认为必须以重型野炮支援步兵。更具预见性的是，他还建议，也许应该为步兵提供"装在车辆上的钢制护盾"，以便他们穿过中间地带，在敌军阵地上站稳脚跟。

《泰晤士报战争史》的作者埃默里先生，探寻了欧洲目前盛行的军事理论的缺点，认为出色的技能比数量优势更重要，而出色技能的相应价值会随着物质进步而增加。巴登－鲍威尔将军也提出了同样的观点，他竭力主张，发展这种思想的正确道路是在那些军官年轻时就赋予他们责任，因此，他在童子军运动，而不是在陆军中寻求证明这种理论的渠道。

佩吉特和亨特将军设想了机动车辆在战争中的价值，以及日后的使用问题。而黑格也指出，与其让步兵骑马，他宁愿让他们"搭乘汽车"。鉴于

1903—1914 年间汽车的发展，下一场战争爆发时，甚至到战争结束时，在战场上使用的汽车寥寥无几，这种情况实在很奇怪。

但皇家委员会这份资料最显著的特点是，弗伦奇和黑格探讨了马刀的重要价值，暗示只要维持骑兵冲锋，就能顺利地从事战争。同样惊人的是，黑格低估了火力的作用，他预言"火炮似乎只对新兵真正有效"。他在开头处自信地宣称："日后的战争中，骑兵会获得更大的行动空间。"他继续指出："除了像迄今为止所做的这样，骑兵用于战役之前、战役期间、战役之后，我们必须预见到，骑兵的战略使用，规模会比以前大得多。"这种预期与实际情况的反差实在太大了！战争爆发时，法国人、德国人、俄国人、奥地利人的确集结了史无前例的庞大骑兵力量。可开局阶段，这些骑兵给己方带来的困难，多于给敌人造成的麻烦。从 1915 年起，除了给本国的补给工作造成压力，骑兵的影响力式微：尽管英国骑兵的规模相对较小，可草料成为运往海外的补给物资中最大的类别，甚至超过弹药，这就构成了加剧德国潜艇威胁的最危险因素；而权威部门得出结论，因为要供养大批骑兵马匹，草料运输造成的麻烦是导致俄国最终崩溃的重要因素。

英国陆军同样如此，这种错误观点造成的不幸结果是，战争爆发前几年，骑兵学校发展到顶峰，提出更现实想法的军官，职业生涯往往会大受打击，这导致大批军官缄默不语。更令人遗憾的是，骑兵的机动意识如日中天时，他们的机动手段却日落西山，过度强调旧有手段，妨碍了重新创造手段的机会。

但另一方面，南非战争的惨痛教训也带来好处，产生的影响在一定程度上抵消了僵化的思维和形式主义的做法，这些问题随着军队专业化程度的提高而加剧。1914 年前的几年内，霍尔丹勋爵为改善英国陆军的组织形式立下汗马功劳[1]，英国以受过部分训练的公民组建二线本土军队，这一点同样归功于霍尔丹。罗伯茨勋爵曾建议推行义务军事训练，但自愿原则深深植根于英国国民心中，这份提案没能通过，而霍尔丹非常明智，全力在传统政策规定的范围内寻求英国军事效力的发展。结果，英国 1914 年建起一支拥有 16 万名官兵的远征军，是世界上最训练有素的打击力量，堪称一堆镰刀中的利剑。为维持这股力量，原先的民兵转入特别预备役，随时可供征召。这股一线军力身后，伫立着本土军队，尽管只用于本土防御，可他们依然是个常备战斗组织，与他们取代的那种缺乏组织的支援部队完全不同。英国陆军在战争兵器方面没什么突出的资本，可他们开发了一种步枪射击标准，在世界各国的军队中堪称独一无二。

改革后的英国陆军纳入欧洲大陆模式，此举造成了一个缺陷，而协约国体系建立后，英法两国总参谋部建立起紧密的联系，反而加剧了这种缺陷。欧洲大陆的思维习惯对英国总参谋部产生了强烈影响，让他们对自己承担的任务产生先入为主感，实际上，他们薄弱的力量并不适合执行这种任务，也就是与联军并肩作战。这种先入为主感导致英国陆军放弃了他们的传统做法：利用英国的制海权赋予的机动性展开两栖行动。一支规模较小但训练有素的军队，出人意料地打击某个重要地点，能取得与其薄弱的兵力完全不相称的战略效果。

借助这一点，我们就势谈谈海上力量，这个问题关乎英国与德国舰队的实力对比。长期以来，英国拥有毋庸置疑的海上霸权，但近年来受到德国挑战，德国人认为，殖民帝国要想为国内的商业和不断增加的人口找到出路，关键在于掌握一支强大的舰队。冯·蒂尔皮茨海军上将这个危险的天才，打造德国舰队这件工具的同时，也培养起上述野心。面对海军军备竞赛的激励，英国民众终于做出回应，决心不惜一切代价维持他们的"两强"标准[1]。尽管这种反应更多地出自本能，而不是理性，可潜意识中的智慧，比不无道理的口号，甚至比抗击入侵的防御需求，具有更好的基础。不列颠诸岛的工业发展，导致英国不得不依靠国外供应的粮食，还得为现有工业的进出口确保海上运输安全畅通。对海军而言，这场竞赛起到改善作用，促使他们把注意力集中于一些重要问题，不再重视擦亮军舰上的铜饰物，而是发展舰炮射击技术。战舰的设计和配备的兵器获得改进；"无畏"号战舰开启了巨炮战列舰的新时代。到1914年，英国有29艘这种主力舰，另外13艘正在建造，而德国有18艘主力舰，还有9艘在建。

---

① 两强标准指的是，英国海军实力必须等于仅次于英国的两个强国的海军力量总和。

除此之外，英国海军力量的部署一向比较合理，主要集结在北海。

鉴于几个海军部门的预测，更容易接受的批评是，英国相对忽视了潜艇的威胁。德国在建，而不是已列役潜艇的数量，充分说明了他们对这个问题的看法。值得称赞的是，虽说德国缺乏海洋传统，可他们的舰队是一支人为制造，而不是自然形成的力量。德国海军的技能让他们成为英国海军的劲敌——可能还包括他们在舰炮射击技术方面的优势。

但斗争第一阶段，海上力量对比远没有陆地力量对比那么重要。因为舰队存在固有的局限性，他们只能在海上活动，无法直接攻击敌对国家。因此，海军的主要任务是保护本国海上交通线，同时切断敌国海上交通线；虽说赢得海战的胜利可能是必要的前奏，但封锁才是最终目的。封锁是一种奏效缓慢的手段，战争的胜负主要取决于陆地上能否速战速决，只有在陆军无法速胜的情况下，海上封锁才能产生决定性影响。

持有这种短期战争的想法，也是各国不太重视经济力量的原因。很少有人相信，一个现代国家能承受大规模冲突的压力达数月之久。食物和资金供应、弹药补给和制造，各国对这些问题的研究，都基于短期战争的估计。各参战国，除了英国和德国，都能在粮食方面实现自给自足，德国国内出产的粮食不够，但这种情况仅仅在战争持续数年的情况下才会日趋严重。而英国呢，倘若外部供应遭切断，不出三个月就会被饿死。

弹药和其他战争物资方面，英国的工业能力首屈一指，不过，转入战时生产是个必要的先决条件，另外，一切都取决于英国能否确保海上交通线安全畅通。法国的工业能力较弱，俄国更差，但法国与俄国不同，只要英国控制海洋，法国完全可以依靠海外运来的物资。相互敌对的两个集团，英国是其中一方的工业枢纽，德国则是另一方的龙头老大。作为制造业大国，德国也有丰富的原材料，特别是因为他们通过1870年战争吞并了洛林铁矿。但是，外部供应停止势必给德国从事长期战争造成妨碍，战争拖得越久，这种妨碍就越大，而且，他们从一开始就饱受橡胶这类热带产品短缺之苦。另外，德国主要的煤矿和铁矿，危险地靠近边界，位于东面的西里西亚，西面的威斯特伐利亚和洛林。因此，一场速战速决的进攻性战争，对中欧同盟国而言，比对协约国更重要。

财力的计算，同样是以从事一场短期战争为前提的，欧洲大陆的所有强国，主要依靠专门为战争目的积累的大量黄金储备。只有英国没有这种战争基金，可事实证明，英国银行系统的力量，以及大批商人掌握的财富，以经济学家战前没有想到的方式提供了军费。

如果说各国的战争计算忽略了经济力量，那么，除了纯粹的军事方面，心理力量也是个未经开发的领域。相对于物质因素，我们在这里不会过多地研究精神因素。1870 年战争中阵亡的阿尔当·迪皮克是个军人哲学家，揭去了英雄小说中的战争光环，描绘了普通人身处险境时的反应。几位德国评论家也通过亲身经历，阐述了1870 年战争中展现出的战斗士气的真相，还推导出战术该如何建立在恐惧和勇气这两种长期存在、相互平衡的因素之上。世纪末，法国军事思想家福煦上校指明了精神因素对高级指挥范畴的影响有多大，尽管他的教学关注的是强化指挥官的意志，而不是粉碎对手的意志。不过，这仅仅触及问题表面，没有研究民众的心理，开战头几周，新闻媒体受到管控，表明政府完全误解了民众心理——在英国，这种情况主要归咎于基奇纳，同样愚蠢的做法是发布那些隐瞒真相的公报，这导致公众舆论不再相信一切官方消息，谣言大行其道，造成的破坏也更大。精心策划的宣传，以及宣传武器的应用，其真正的价值只有在犯过多次错误后才能领会到。

注释

1. 霍尔丹曾是黑格身边的热心副手，经爱德华国王力主，他后来出任陆军大臣。

World War I

★

第三章

各方的战争方案

作为一份历史调查，合理的做法是优先考虑德国的方案，因为这份方案不仅是一根主发条，控制着 1914 年这块"战争钟表"的指针，甚至可以说主导着此后的战事进程。的确，从 1914 年秋季起，从表面上看，战争进程的性质似乎是一场中欧大国的庞大"围攻"，可这种看法与我们习惯的说法并不相符。不过，要是把日耳曼同盟说成遭围攻的一方，虽然在经济领域说得通，但丧失主动性这种说法，又与他们的战略相抵触。德国的初期方案虽然功败垂成，可就算失败，还是主导了此后作战行动的总体趋势。从战术上说，大部分交战类似于围攻，但长期犯错的陆地战略，与其说是忽视战术条件所致，还不如说是为配合这些战术条件造成的。

德国人面临的问题是，德奥联军的实力明显不如法俄联军。不过，德国和奥地利位于欧洲中部，另外，他们估计俄国的动员会很缓慢，因而无法在头几周施加沉重的压力，这就抵消了己方在兵力对比上的劣势。虽然这种设想似乎表明，他们可以抢在俄国人做好准备前，对该国施以决定性打击，但同样有可能的是，俄国人也许会把主力集结在德军的打击无法触及的遥远后方，而拿破仑的经历表明，深入俄国腹地不是个好办法，因为那里幅员辽阔，交通状况相当恶劣。因此，德国长期考虑的作战方案是，对法国发动一场快速攻势，同时阻挡俄军先遣力量，待粉碎法国后再转身对付俄国军队。但反过来说，法国边界阻挡入侵者的天然和人工障碍相当强大，这就导致德国的方案趋于复杂。那段边界线很窄，宽度只有 150 英里，机动空间受限，德国人计划用于对付法国的大股军力根本无法展开。这条边界线的东南端毗邻瑞士，在一片被称为"贝尔福缺口"的平坦地区短暂延伸后，边界线就沿孚日山脉递延 70 英里。延长这道天然壁垒的是后方一条几乎不间断的堡垒体系，以埃皮纳勒、图勒、凡尔登为支撑点，而凡尔登前方 20 英里，不仅有卢森堡和比利时边界线，还有地形复杂的阿登山区。除了贝尔福和凡尔登这两处重兵守卫的前进通道，这道屏障上唯一可供通行的缺口是图勒与埃皮纳勒之间的沙尔姆山口，但法国人故意留下这个缺口，以此作为战略陷阱，企图困住德军，然后再发动反攻粉碎对方。

面对这样一道在心理和物理上都难以逾越的障碍，合理的军事行动当然是以穿过比利时的一场大范围迂回绕过它。1890—1905 年间担任德国总参谋长的施利芬伯爵，构思并制定了相关方案，意图合围法国军队，迅速取得决定性战果，这份方案 1905 年最终成形并正式生效。为达成目的，施利芬打算把德军主力集结在右翼，实施一场庞大的迂回，同时承担风险，故意把面对法国边界的左翼力量削减到最低程度。实施迂回的主力，沿梅斯—蒂永维尔筑垒地域这个枢纽转动，编有 53 个师，后备军和预备兵团可以尽快提供支援，而部署在左翼的次要力量只编有 8 个师。这股极为虚弱的军力，有望进一步协助德军的主要打击，这是因为，倘若法军的进攻迫使德军左翼退往莱茵河，那么，德军穿过比利时，打击法军侧翼的行动就更难阻挡。这就像一扇旋转门，要是你猛推一侧，另一侧就会转过来撞上你的后背。施利芬计划真正的精妙之处就在这里，而不仅仅是在地理上兜个大圈。

遂行合围的德军主力，任务是席卷比利时和法国北部，然后沿一条广阔的弧线逐渐向东转动。待最右翼穿过巴黎以南，在鲁昂附近渡过塞纳河，他们就把法军逼向摩泽尔河，对方在那里相当于背靠洛林要塞和瑞士边界构成的铁砧，很容易遭到粉碎性打击。

歼灭法国军队的同时，施利芬计划以 10 个师阻挡俄军。他的眼光虽然不能说远大，但非常清晰，证明这一点的是，他料到英国会插手干预，还估计对方会以一支 10 万人的远征军"同法国人并肩作战"。在他看来，这正是以后备军和预备力量展开积极行动、把举国资源融入军队的原因。据说施利芬的临终遗言是："战争必不可免，务必加强右翼。"

对德国来说不幸的是，施利芬的继任者小毛奇，虽然同样无视国际道德，却缺乏施利芬那种勇气。毛奇保留了施利芬计划，但他削弱了这份方案的基本理念。德国 1905—1914 年间组建了 9 个新师，毛奇把其中 8 个师分配给左翼，右翼只获得 1 个师。诚然，他还从俄国前线抽调了 1 个师加强右翼，但这种微不足道的加强，却让他们付出了高昂的代价，因为 1914 年的俄国陆军，构成的威胁远比施利芬计划出台时大得多。结果，八月会战危急之际，德国人从法国战区抽调 2 个军加强东线。施利芬的临终遗言被他的继任者抛到九霄云外。

毛奇还对这份方案做出具有重大政治意义的更改。施利芬原本打算不仅沿比利时边界，还要沿荷兰边界展开右翼力量，直到克雷费尔德。只要穿过称作"马斯特里赫特阑尾"的那片狭长的荷兰领土，德军就能迂回列日要塞侧翼，这座要塞阻挡住穿过阿登山区北部的、狭窄的比利时门户的通道。施利芬希望德国采用外交手段获准使用这条通道穿过荷兰，要是能免遭道德谴责，他根本不想侵犯比利时或荷兰领土。因为据他估计，部分德军力量毫不掩饰地部署在那里，必然会让法国人提高警惕，诱使他们跨过比利时南部边界，在那慕尔南面的默兹河河谷占据天然防御阵地。这样一来，对方就为他进入中立国领土提供了借口。施利芬认为，就算这个狡猾的伎俩没能如愿，他仍有把握及时攻克列日，以免妨碍德军主力进击。他愿意最大限度地缩减自己的时间裕度，以便德国外交家充分施展才能，避免受到侵略他国的指控。

这篇极富想象力的杰作，完全超出了毛奇的能力，他认为战争爆发后，必须立即以突袭攻占列日。因此，为实现加强军事安全这种空想，毛奇故意招致中立国谴责，激起比利时的抵抗，还把英国的力量拉到反对德国的天平另一端。他这种诱敌之策当然与施利芬计划背道而驰。这是个关于危险，乃至军事危险的明显例子，充分说明要是让战略主导国家政策的话，就有可能发生这种危险。

如果说德国这份最终方案的缺点是缺乏勇气，那么，法国的作战计划，问题恰恰在于勇敢过头。战前几年，混乱思想的迷雾似乎笼罩着法国领导层。自 1870 年那场灾难以来，法国统帅部一直打算以边境要塞为依托，先实施初期防御，然后展开决定性反攻。为此，他们构建了庞大的要塞体系，还留下诸如沙尔姆山口这种缺口，"引导"敌人入侵，以便法军遂行反攻。但 1914 年前的十年内，出现了一种新思路，认为进攻更符合法国的特点和传统，法国陆军配备的 75 毫米野炮在机动性和射速方面独一无二，这就提供了战术可行性，而法国与英俄两国结盟，提供了战略可行性。他们忘记了 1870 年的教训，认为勇气能抵御子弹。拿破仑经常被引用的"精神对物质的比重是三比一"这句话，必须承担很大的责任，它让军人认为，二者存在分歧，但又彼此依赖。没有勇气，兵器无法发挥效力；而没有足够的兵器，即便最勇敢的将士也无法保护自己并保持士气。一旦官兵对他们的兵器丧失信心，勇气也就烟消云散了。

结果深具灾难性。这个新学派把创立者格朗迈松上校奉为先知，他们发现1912年出任总参谋长的霞飞将军，能大力推动他们的主张。就这样，这些"进攻至上"的倡导者，借助霞飞的权威控制了法国的军事机器，他们抛弃旧学说，制定了现在著名或恶名昭著的第17号方案。这份方案基于对历史经验，实际上就是对常识的否定，还建立在双重误判的基础上，这里指的是兵力和地点，而他们对地点的误判远比误判兵力更严重。

他们认为德国的确有可能一开始就投入预备兵团，还估计德军部署在西线的军力可能最多只有68个步兵师。德国实际投入的兵力相当于83个师，包括后备军和预备队。但法国人始终对这种可能性持怀疑态度，以至于敌军集中力量向前推进的关键时期，法国情报部门估计德军兵力只有45个现役师，几乎少算了一半。就算法国人的方案建立在误判得不那么离谱的基础上，对敌军实力的认知也无法得到原谅，反而进一步证明这份方案大错特错，因为历史绝不会为这种方案辩护：投入大致相当的军力，对敌人发动正面冲击，对方获得筑垒边境地区加强，而进攻方却放弃了自己的一切优势。

第二个误判是关于地点的，法国人虽然意识到德军有可能穿过比利时，但完全没料到对方这场卷击会如此广阔。他们认为己方军队很容易侵袭对方的交通线，因而坚信德国人会沿一条复杂的路径穿过阿登山区！基于立即发动总攻的想法，法国制定的方案，规定以第1、第2集团军攻往萨尔河，进入洛林。位于他们左侧的第3集团军面对梅斯，第5集团军面对阿登山区，他们会在梅斯与蒂永维尔之间投入进攻，如果德军穿过卢森堡和比利时，他们就攻往东北方，打击德军侧翼。第4集团军在战线中央地段附近担任战略预备队，预备队师组成的另外两个集群部署在两翼后方，这种消极任务说明了法国人对预备兵团战斗力的看法。

英国军队在这份方案中受领任务，不是精心策划的结果，而是过去十年英国军事组织"欧洲化"所致。这种大陆性影响，不知不觉间让英国默然接受了在法军左翼担任附属力量的任务，完全没想过利用制海权赋予他们的机动性。8 月 5 日的军事会议上，即将指挥英国远征军的约翰·弗伦奇爵士质疑"预定方案"，作为替代方案，他建议把远征军派往比利时，此举可以加强比利时的抵抗，还威胁到实施迂回的德军主力侧翼。黑格似乎也持类似看法。但作战方案没有变更，因为英国总参谋部已通过亨利·威尔逊向法方保证，任何情况下都会同他们直接合作。1905—1914 年间，两国总参谋部举行非正式磋商时，他们就为颠覆英国具有数百年历史的战争政策铺平了道路，这是任何一个英国人从来没想到的。

刚刚在紧急情况下出任陆军大臣的基奇纳勋爵，对德国的作战方案有一种非常准确的直觉，为避免危险，他主张把英国远征军集中在亚眠附近，那里的位置不太暴露。但法国人现在与威尔逊意见一致，而威尔逊全力支持对方的作战方案，迫使基奇纳做出让步，这位陆军大臣后来痛心地说，他的让步犯了大错。但基奇纳为降低风险，给弗伦奇下达的指示，导致问题更加复杂，甚至加剧了风险。因为弗伦奇受领的任务是"支援法国陆军，与他们协同行动"，可这项任务又受限于另一道多少有些矛盾的指示："参与交战时……对你部有可能过度暴露的位置，务必做出最谨慎的考虑"，另外，"任何情况下，你绝对不能听命于任何联军将领"。

英国远征军秘密而又顺利地开赴法国，主力 8 月 12—17 日间开抵，充分说明英国的运输安排和反间谍措施相当得力，如果还能说明更多问题的话，那就是德国人的短视。实际遭遇英国远征军前，德国情报机构没掌握任何消息，另外，德国最高统帅部似乎对英军的动向漠不关心。有人问毛奇，是否希望德国海军干预英国军队通行，他对这种建议一点也不上心，只是说："要是西线陆军对付其他敌人的同时，也能解决 16 万英国人的话，那就太好了。"德国大总参谋部和海军参谋部迂腐地遵守集中力量的原则，忽略了分散敌军注意力的重要性，彼此都把自己封闭在狭小的隔间，没兴趣知道对方在做什么，也不愿与另一方交流自己的意图。

大总参谋部的注意力集中于决定性会战这个目标，没想过夺取英吉利海峡各座港口；他们实施分兵措施，仅仅是为实现掩护己方进军这种消极目的，而不是出于扰乱敌军考虑，结果造成严重影响。海军参谋部的主要想法是把舰队集结在北海，为应对突发事件做好准备，几乎没想过影响整体战事。他们的积极行动，仅限于不太热情地派出几艘潜艇。德国海军似乎从来没考虑过登陆英国海岸，哪怕是一场佯动，尽管这种可能性足以牵制相当一部分英国军事力量。大总参谋部也没有制订计划，通过鼓动英国民众暴动，让英国长期陷入窘迫境地。他们对一切外部麻烦的解决方案是，在主要战区迅速击败敌军主力，很难指望他们从更高的层面考虑战争问题。

德国人在俄国战线的运气和西方战区一样，犹如万花筒那样千变万化，但他们在那里的作战方案更灵活，没有太多精心设计和策划。可预测的条件是地理上的，而不可预测的，主要是俄国军队的集结速度。俄属波兰犹如一根硕大的舌头，从俄国境内伸出，三个侧翼与德国或奥地利领土相接。舌头的北翼是东普鲁士，再往前就是波罗的海。奥地利的加利西亚省位于南翼，喀尔巴阡山伫立在更南面，护卫着进入匈牙利平原的接近地。舌头的西面是西里西亚。几个日耳曼边境省提供了一片战略铁路网，而波兰和俄国只有稀疏的交通系统，因此，日耳曼同盟在集结兵力、抗击俄国进军方面占有巨大的优势。可是，如果他们的军队发动进攻，那么，越是深入波兰或俄国境内，就越会丧失这种优势。因此，最有利可图的策略是诱使俄军进入利于展开反击的位置，而不是主动发起进攻。但这种布匿式策略存在缺点，俄国人借此获得时间集结兵力，开动他们笨重、锈蚀的战争机器。

德国和奥地利最初的意见分歧由此产生。双方一致认为，问题在于必须把俄国人阻挡六周，因为德国需要利用这段时间粉碎法国，然后东调军队，与奥地利人会合，对俄军施以决定性打击。他们的分歧在于具体方法。德国人决心全力打垮法国，因而希望在东部保留最低限度的力量，完全出于政治上的考虑，不愿国土落入侵略者手中，德国人才没有疏散东普鲁士，退守维斯瓦河一线。但奥地利人受到他们的总参谋长康拉德·冯·赫岑多夫影响，急于立即发动进攻，一举打垮俄国这部战争机器。也就是说，德军从事法国战局时，奥军牵制住俄国人的全部军力，因此，毛奇赞同这个方案。

康拉德的计划是以2个集团军向北发起进攻，进入波兰境内，另外2个集团军在他们右翼，也就是更东面，提供掩护。遂行进攻的2个集团军随后转身向东，4 个集团军合兵一处，把俄国人赶往黑海。德方为这份方案做出补充，按照最初的构想，驻守东普鲁士的德国军队向东南方攻击前进，两国军队会师后，一举切断波兰"舌头"内的俄军先遣力量。但毛奇没能为这场进攻提供足够的德军部队。

多变的心思，再加上军队的运动缺乏灵活性，给康拉德这场攻势造成损害。奥地利军队分成三个部分：编有 28 个师的 A 梯队部署在俄国前线；辖 8 个师的"最小巴尔干"集群部署在塞尔维亚战线；根据实际情况使用的 B 梯队编有 12 个师。因此，这份方案从表面上看，比其他国家制订的作战计划更灵活。不幸的是，作战意图是一回事，执行手段完全是另一回事。康拉德急于解决塞尔维亚问题，这种心态促使他把 B 梯队调往那里，尽管此举很可能招致俄国干预。7 月 31 日，他又改了主意，决定停止调动军队。但"战地铁路负责人告诉他，必须让 B 梯队开赴多瑙河边界线的原定目的地，再从那里把他们运往加利西亚，这样才能避免一场彻头彻尾的混乱"。结果，B 梯队撤离多瑙河，不仅削弱了奥军对塞尔维亚的进攻，也无助于打击俄国军队，因为这股力量到得太晚。就这样，奥军统帅部矛盾的作战目的，加剧了奥地利与盟友间利益冲突的不利影响。

另一方也是这样，一个盟友的欲望严重影响到其他盟国的战略。俄国统帅部，出于军事和种族动机，希望集中力量先对付孤立无援的奥地利，至于德国，可以留待俄国陆军动员全部军力后再收拾。但法国急于缓解德国对他们施加的压力，敦促俄国同时进攻奥地利和德国，还说服俄国人同意发动一场额外进攻，可他们在兵力和组织方面都没有为此做好准备。西南战线，俄军各编有 2 个集团军的两个集群，准备夹击加利西亚的奥军；西北战线，俄军另外 2 个集团军负责夹击东普鲁士的德国军队。俄国人的组织工作缓慢而又粗糙，这是众所周知的，所以他们一向采用谨慎的策略，可这次，他们决心打破传统，投入一场豪赌，这可是具有高度机动性、高度组织性的军队才有望做到的。

付诸实践后，所有军事指挥官的方案迅速宣告失败。从表面上看，出问题似乎是因为领导者心中的目的各不相同，没有遵守长期灌输给他们的"集中"原则。指出他们是如何失败的，这不难做到，许多军事专家的著作早已详细阐述过。但此类看法未免学术性过强。更深入的解释是，交战各方常犯这种错误。所有指挥官无一不是"集中力量"原则的虔诚支持者，可他们打算把这项原则用于现实时，麻烦来了，这种现实指的是执行战略时的政治和战术条件。他们没能让自己的方案适应实际情况，原因也许可以追溯到和平时期训练期间形成的思维习惯，特别是在兵棋推演和演习中，交战是重中之重，各种惯例过于军事化，而价值也完全以数字来计算。他们认为集中力量就是集结优势兵力，但集中力量还取决于分散敌军注意力和不受外界干扰，这两个重要因素往往被忽略。

和平时期的训练方案，通常趋于理想而不是现实。而战争和政治一样，实际上是一连串的妥协。所以在战前的准备期间，必须预见到适应现实的需要，还应具备调整情况发展的能力。1914 年，受过参谋指挥培训的领导者中，具备这些素质的人寥寥无几。成长期间，他们大量啃食各种理论，再辅以按照当前口味烹煮的历史碎片，而不是汲取真实历史中蕴含的经验教训。要做到这一点，首先要有批判性思维，但 19 世纪的军事传统不免会对这种能力大皱眉头，尽管 18 世纪许多伟大的军事领导者都具备这种才能。

I

World War I

★

★

1914 年，胶着

德国入侵法国的方案是一场有条不紊的扫荡，其间遇到一切意外阻挡都不应该打乱时间表。德国境内的铁路系统，是在军事指导和监督下开发的，各项要求非常严格，未经总参谋长批准，哪怕是一条窄轨铁路或一根铁轨也不得铺设。因此，1870—1914 年间，通往西部边界的双线铁路，从 9 条增加到 13 条。8 月 6 日，德国军队开始大规模展开，每天有 550 列火车驶过莱茵河上的桥梁。到 8 月 12 日，共计 150 万人的 7 个德国集团军已做好进军准备。战争头两周，每隔 10 分钟左右就有一列火车驶过科隆的霍亨索伦桥。这场庞大的铁路运输堪称组织工作的一篇杰作，但德国军队 8 月 17 日完成这场展开并向前进军时，战争的摩擦很快暴露出德国军事机器的不足和控制方面的缺陷。

为应对比利时军队的抵抗，毛奇修改后的作战方案，提供了一个随时可用的支队，由冯·埃米希将军指挥，任务是肃清一条穿过默兹河门户、进入阿登山区北面比利时平原的通道，为集结在德国边界线后方的主力创造有序通行的条件。列日要塞圈控制着这条进军通道，但德军 8 月 5 日初步受阻后，一个旅在各座堡垒间达成突破，旋即攻占列日镇。这番壮举的有趣之处在于，它归功于部队配属的参谋军官鲁登道夫发挥的主动性，用不了多久，他的名字就会举世皆知。比利时军队凭借各座堡垒实施顽强抵抗，迫使德国人等待他们的重型榴弹炮运抵，依靠这种火炮的破坏力，德军达成了此次世界大战中的首个战术突然性。

比利时军队的初期抵抗相当成功，不仅遮掩了德军主力的真实实力，还误导了联军情报部门。比利时野战集团军部署在热特河后方，掩护布鲁塞尔，列日要塞陷落前，德国第 1、第 2 集团军前卫力量已逼近这条防线。由于法国人的作战方案有误，再加上英国人随声附和，比利时人丧失了支援，决定退往遍布堑壕的安特卫普营地，以此保全己方军队，安特卫普所处的位置，至少对德军交通线构成潜在威胁。德军的当前通道敞开了，他们 8 月 20 日开入布鲁塞尔，同一天出现在那慕尔前方，这是最后一座堡垒，阻挡住德军进入法国的默兹河路线。尽管比利时人顽强抵抗，可德军的推进还是按照计划时间表进行，甚至有可能提前四五天。要是比利时军队立即加速撤往侧面，最终妨碍到德军的进展，这种成就会远远大于他们在战斗中付出一切牺牲所换取的战果。

在此期间，法军 8 月 7 日在另一侧发动进攻，以一个独立军开入上阿尔萨斯，此举的用意一方面是在军事上分散敌军注意力，另一方面是为了政治影响。法军的实际目标是摧毁巴塞尔的德国火车站，及其下方莱茵河上的几座桥梁。这场进攻很快停顿下来，8 月 19 日，波将军率领一股更大的力量重新发动进攻，他们实际上到达了莱茵河。但其他地方承受的灾难性压力迫使他们放弃行动，这支军队随即解散，辖内部队作为援兵调往西面。其间，迪巴伊将军指挥的法国第 1 集团军、德卡斯泰尔诺将军指挥的法国第 2 集团军，共计 19 个师，8 月 14 日发起攻入洛林的主要突击，结果在 8 月 20 日的莫朗日—萨尔堡交战中遭粉碎。法国人在这里发现，精神力量根本无法匹敌物质力量，他们满怀进攻激情，全然无视现代兵器的防御力，这是导致整个传统战争机制丧失作用的原因。但公正地说，法军这场失败的进攻，给德军作战方案造成间接影响，不过，如果掌管德军统帅部的是施利芬或鲁登道夫，而不是动摇的机会主义者小毛奇的话，这种情况也不太可能发生。

实际上，与施利芬计划相比，毛奇把自己的左翼力量加强了近一倍，这就意味着左侧的军力过于强大，已不适合从事施利芬当初设想的易于屈服、"深具诱惑力"的防御，也缺乏遂行粉碎性反攻所需要的优势。可是，法军发展对洛林的进攻时，毛奇意识到对方离开了他们的筑垒屏障，这让他一度打算推迟右翼的席卷行动，直接在洛林地区寻求一场决战。这种冲动促使他把本该用于加强右翼的 6 个新组建的补充师调到左翼。但毛奇 8 月 16 日放弃了这个新计划，重新回到施利芬的"旋转门"方案。

不过，他还是有些含糊其词地告诉左翼部队指挥官，他们必须尽可能多地牵制法军部队，巴伐利亚王储鲁普雷希特指出，他只能通过进攻实现这个目的，毛奇让他自行决定。我们猜测，德国皇太子率部进军之际，鲁普雷希特大概不愿因为后撤而丧失获得荣耀的机会。可不管怎么说，德国最高统帅部含糊其词的态度实在愚不可及。鲁普雷希特明确表示，除非接到确切的命令，否则他绝不后撤，于是，毛奇的副手施泰因打电话告诉鲁普雷希特的参谋长克拉夫特·冯·德尔门辛根："不，我们不会强行禁止你们进攻。你们必须自行承担责任。凭你们的良心自己做出决定吧。"就战略而言，良心似乎是个奇怪的依据。克拉夫特反驳道："我们已经决定了。我们要进攻！"施泰因愚蠢地喊道："不会是真的吧！那就进攻吧，愿上帝与你们同在。"

就这样，鲁普雷希特没有继续后撤，诱使法军深入，而是在 8 月 17 日

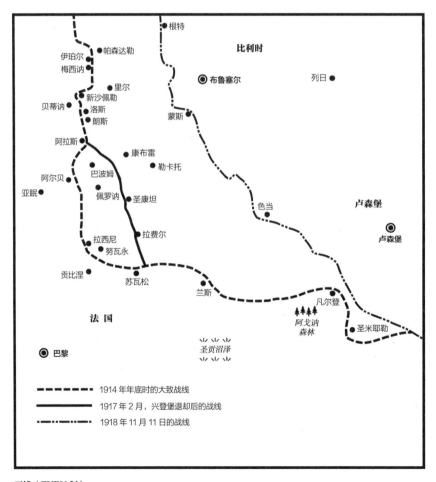

西线（ZVEN 制）

命令他的第 6 集团军停下脚步, 准备迎战法军。鲁普雷希特发现法国人进展缓慢, 于是打算率先投入进攻。8 月 20 日, 他会同位于左侧的黑林根第 7 集团军发起突击, 可是, 虽然法军猝不及防, 撤离莫朗日—萨尔堡一线, 但德军这场反击, 既没有兵力优势 (两个集团军目前只编有 25 个师), 也不占据战略位置, 无法取得决定性战果。另外, 德国人穿过孚日山脉, 企图合围法军右翼的行动开始得太晚, 最终功亏一篑。因此, 这场反攻的战略成果, 仅仅是把法军赶回筑垒防区, 这道屏障恢复、加强了法国军队的抵抗力。这样一来, 法国人得以派部队加强他们的西翼, 这场兵力再分配, 给日后马恩河畔的决定性会战造成了意义深远的影响。

德国皇太子同样无视上级的权威, 他指挥的第 5 集团军至关重要, 部署在梅斯与蒂永维尔之间, 统帅部命令他们就地防御, 这位皇太子却率部发起进攻。缺乏福煦上校说的"理智的纪律", 是德国失败的一个重要因素, 这些将领的雄心和醋意应为此承担主要责任。

洛林地区这场"跷跷板"似的交战进行之际, 西北方发生了更具决定性的事件。德军进攻列日, 让霞飞认识到德国人穿过比利时进军的现实, 但他没想到对方这场卷击的规模如此之大。列日的顽强抵抗, 坚定了霞飞的看法, 他认为德军右翼会在默兹河与阿登山区之间, 从列日要塞南面穿过。法国第 17 号方案早就料到这种情况, 还准备了反击计划。法国统帅部又一次寄希望于幻觉, 满怀热情地接受了这种想法, 甚至把这场反攻变成纯属幻想的"致命一击"。按照计划, 吕夫率领的法国第 3 集团军、德朗格尔·德卡里指挥的预备队第 4 集团军, 应当朝东北方攻击前进, 穿过阿登山区, 打击穿越比利时的德军侧后, 从而打乱对方的合围机动。朗勒扎克率领左翼的法国第 5 集团军, 进一步朝西北方攻击前进, 在济韦与沙勒罗瓦之间进入桑布尔河与默兹河形成的夹角地区。英国远征军一开抵法军左侧, 朗勒扎克就对默兹河北面的德国军队发起打击, 并与穿过阿登山区遂行进攻的法军相配合, 夹击假想中的德军主力。这是一幅美妙的景象——联军的铁钳一举困住毫无警觉的德国人! 巧的是, 德军同样抱有实施钳形机动的想法, 只是角色互换而已, 但德方的理由更充分。

　　法国人这份方案存在重大缺陷：德军投入的兵力数量，是法国情报部门估计的两倍，合围机动的规模也更大。法国人主要依靠他们的骑兵获取情报，人数多达 10 万人，"但这股庞大的骑兵力量没有发现敌人的推进……法国军队处处遭受袭击"。法国第 3、第 4 集团军（共计 20 个师），盲目地开入阿登山区，误以为德军中央战线的兵力已抽调一空。8 月 22 日，他们冒着大雾，鲁莽地冲击德国第 4、第 5 集团军（共计 21 个师），结果在维尔通—讷沙托周围的遭遇战中遭到痛击。法军士兵莽撞地执行刺刀冲锋，却被机枪火力刈倒。幸亏德国人也不太了解战场上的情况，因而没有充分利用这个机会。

　　但西北方，法国第 5 集团军（辖 10 个师）和英国远征军（辖 4 个师），按照霞飞的命令，几乎已经把脑袋深入德国人构设的绞索。德国第 1、第 2 集团军主力从北面扑来，第 3 集团军从东面而来，共计 34 个师。法国一方，只有朗勒扎克隐约觉察到潜伏的威胁。他一直对德军这场大范围机动动机有所怀疑，正因为他一再坚持，第 5 集团军才获准开赴西北方。朗勒扎克出于谨慎，对渡过桑布尔河的行动犹犹豫豫；英国远征军开抵朗勒扎克左侧，德军情报部门对此一无所知；德国第 2 集团军过早发动进攻。——这几个原因让联军得以及时后撤，逃离了对方布设的陷阱。

撤往马恩河

　　最先开抵的 4 个英国师集结在莫伯日附近，8 月 22 日开赴蒙斯，准备继续深入比利时境内，参加联军左翼的进攻行动。约翰·弗伦奇爵士刚刚到达，就听说朗勒扎克 8 月 21 日遭到攻击，丢失了桑布尔河畔几座渡场。这导致英军处于暴露的靠前位置，但弗伦奇还是同意坚守蒙斯，掩护朗勒扎克的左翼。可次日（8 月 23 日），朗勒扎克获悉那慕尔即将陷落，豪森率领德国第 3 集团军出现在他暴露的右翼，也就是默兹河畔的迪南附近。鉴于这种情况，他下令当晚后撤。8 月 24 日，英国远征军在昼间抗击 6 个德国师的冲击后，也和友军一同退却。由于德国第 1 集团军余部正向西开进，意图包围他们敞开的左翼，英军撤离的时机几乎有点过晚。[1]

　　不过，虽说英军的后撤晚于法军，可他们随后加快了退却速度，而且撤退得更远。之所以出现这种赌气式的做法，主要是因为约翰·弗伦奇爵士的想法和情绪突然发生变化。起初他匆匆前进，急于完成基奇纳交代的任务，随后脑子里又充满了那些修饰过的话语，率领部队迅速后撤。这种变化主要归咎于法国人，而不是德军。惹出麻烦的是朗勒扎克，霞飞对迫在眉睫的危险视而不见，这让他感到恼火，继而把这股无法朝上级发泄的怒火倾泻到刚刚开抵的友军头上。于盖陪同弗伦奇去见朗勒扎克，朗勒扎克的参谋长迎接他们时，对于盖说的话明确阐明了这种感觉："你们总算来了，差点就晚了。要是我们吃了败仗，就得把账记在你们头上！"朗勒扎克情绪激动地告诉弗伦奇，德国人已经在于伊到达默兹河，弗伦奇询问敌人下一步可能会采取何种行动，朗勒扎克没好气地答道："他们为什么去那里？哦，是去默兹河钓鱼。"经过翻译，这句话的讥讽意味得到些修饰。可就算弗伦奇听不懂法语，他也能觉察到朗勒扎克语气中流露出的不耐烦和无礼。待他发现法军已后撤，自己的部队陷入孤立境地，这种愤怒迅速变为惊恐的厌恶之情。此后，弗伦奇脑子里想的是，法国人完全不顾友军安危，得摆脱他们。接下来几天的经历，加强了弗伦奇独自撤往勒阿弗尔的想法，他打算在那里的半岛构设一道现代版"托雷斯韦德拉斯防线"，以此加强自身力量。威尔逊好言相劝，基奇纳也做出语气不善的紧急干预，但更重要的是事态的发展终于打消了弗伦奇深具灾难性的意图。

法军左翼匆匆退却，终于唤醒了霞飞对真实情况的认识，他意识到第 17 号方案已彻底失败。他现在打算根据现有条件拼凑一份新方案。霞飞决定以凡尔登为枢纽，把中央和左翼力量向后转动，同时从阿尔萨斯的右翼抽调部队，在左翼组建个新的第 6 集团军，从而让后撤的军队重新投入进攻。

霞飞的乐观情绪很快就减弱了，要不是德国人犯下错误，他这番构想很可能再次落空。首先是毛奇愚蠢地派出 7 个师，介入莫伯日和济韦的战斗，同时监视安特卫普，而不是像施利芬当初设想的那样，使用后备军和补充部队。更加不祥的是，他 8 月 25 日决定，派 4 个师阻挡俄军在东普鲁士的进击。这些兵团也是从德军右翼抽调的，实际上调自围攻那慕尔的军力，毛奇事后给出的理由是，德国统帅部认为己方已赢得决定性胜利！另外，德国统帅部与前进中的各集团军失去联系，这些兵团的运动很快发生了混乱。[2]

史密斯－多里恩违背上级的意愿，率领英国第 2 军坚守勒卡托，朗勒扎克在吉斯展开反击（弗伦奇不许英国第 1 军为此提供支援），这些行动共同阻挡住德军合围翼，每个行动都造成更大的间接影响。因为勒卡托的情况显然让德国第 1 集团军司令克卢克认为，消灭盘踞在此处的英军不成问题，而吉斯之战促使德国第 2 集团军司令比洛请求克卢克提供支援，于是，克卢克的军队向内转动，企图卷击法军左翼。色当是德国人梦寐以求的目标，这种心态促使他们采摘了尚未成熟的果实。德军没等到达巴黎，就过早地朝内翼转动，实际上放弃了施利芬计划，还把自己的右翼暴露在敌人的反包围下。

这场鲁莽的行动进行之际，毛奇也舍弃了施利芬的构想，转而在另一处追寻类似的"色当梦想"。他的中央和左翼力量，奉命绕过凡尔登两侧，像铁钳那样合拢，而德军右翼力量应当向外转动，面朝巴黎，构成掩护两支铁钳的盾牌。德军突然改变方向，各兵团的任务对调，这就像驾驶员干的蠢事：在滑溜溜的道路上狠踩刹车，同时猛打方向盘。这里必须提及另一个也许是最重要的因素：德军的挺进速度太快，提前于他们的时间表，导致补给运输跟不上前进步伐，这样一来，饥饿就加剧了德军官兵的疲惫。[3]的确，战机出现时，他们的战斗力却因为体力耗尽而严重下降，法军后撤期间实施的彻底破坏，致使这种情况更趋恶化。简言之，德国这台战争机器掺入了太多沙砾，稍稍震动就足以让整部机器发生故障。马恩河交战充分证明了这一点。

形势逆转

觉察到机会出现的不是下令继续后撤的霞飞，而是巴黎军事总督加列尼，新组建的第 6 集团军已集结在巴黎防御圈内。9 月 3 日，加列尼觉察到克卢克集团军朝内翼转动的用意，指示莫努里指挥的第 6 集团军做好准备，打击德军暴露的右翼，次日，加列尼好不容易争取到霞飞的支持。霞飞被说服后，他果断展开行动。整个法军左翼奉命掉转方向，9 月 6 日发起总攻。莫努里9 月 5 日已展开行动，随着他不断加大对德军敏感侧翼施加的压力，克卢克不得不从他这个集团军抽调部分力量，加强遭受威胁的侧翼，随后又把剩余力量悉数投入。这样一来，克卢克与比洛集团军之间出现了一个 30 英里宽的缺口，掩护这个缺口的仅仅是一群骑兵。克卢克之所以敢兵行险着，是因为当面英军迅速后撤，背对这片缺口地区。直到 9 月 5 日，法军两翼都掉转了方向，英军却继续向南退却了一整天。但这种"消失"无意间奠定了胜利的基础。因为英军奉命折返后，相关报告称，他们的队列 9 月 9 日开入缺口部，这促使比洛命令他的集团军后撤。克卢克第 1 集团军，由于自身的行动而陷入孤立境地，对莫努里的表面优势荡然无存，于是也在当天向后退却。到 9 月 11 日，德国各集团军或自行决定，或遵照毛奇的命令，悉数后撤。

德国人以凡尔登为枢纽，实施局部合围的企图已告破灭，德国第 6、第 7 集团军形成的下颌，啃咬法国东部边界的防御时崩掉了牙齿。鲁普雷希特第 6 集团军对掩护南锡的大库罗讷遂行的进攻，是一场代价特别高昂的失败。德军统帅部战前冷静策划方案，现在却做出临时性修改，很难理解，他们如何能心安理得地寄希望于实现这种权宜之策，也许是局势过于绝望，这才促使他们做出穿越比利时的重大决定，以此作为唯一可行的替代方案。

简言之，决定马恩河交战的是一场震动和一条裂缝。莫努里进攻德军右翼造成震动，在德军战线虚弱的结合部打开一条裂缝，这道物理裂缝不断延伸，继而给德国统帅部造成一道精神裂缝。

结果是一场战略性，而不是战术性失败，但德军右翼还是站稳脚跟，牢牢坚守埃纳河一线。联军没能利用他们赢得的胜利获得更大优势，部分原因是莫努里的侧翼攻击相对较弱，另一个原因是英军和法国第 5 集团军（目前由弗朗歇·德斯佩雷指挥），没能趁缺口敞开之际迅速穿过。他们的进军方向是跨过一片遍布河流的地区，这种障碍又因为他们的指挥官缺乏干劲而加剧，这些指挥官频频望向友邻部队，还惊恐地留意着自己的侧翼。当时的一首打油诗准确地描绘了他们这种感受：

查塔姆勋爵没有拔剑，
继续等待理查德爵士。
望眼欲穿的理查德爵士，

也在等待，等谁？

等查塔姆勋爵！

联军要是像加列尼敦促的那样，付出更大的努力打击德军侧后而不是正面，并为此把援兵派往巴黎西北面的话，也许能取得更大战果。加强这种看法的是，德军统帅部获知联军登陆比利时海岸，有可能威胁他们的交通线，立即做出神经过敏的反应。这些报告引发了慌乱，甚至导致德军统帅部没等马恩河交战开始，就考虑后撤他们的右翼。这些虚幻军队造成的精神影响，又因为实质性影响而加剧，德国人担心比利时军队从安特卫普出击，打击滞留在比利时境内的德国军队。判断的天平似乎严重倾向于弗伦奇最初提出的替代方案。按照这份方案，英国远征军也许不仅能对战事产生间接影响，还能发挥直接影响，从而让问题不仅具有消极的，还具有积极的决定性。

但从马恩河交战的发展看，27 个联军师在决定性侧翼对抗 13 个德国师，这个事实首先证明毛奇彻底背离了施利芬的意图，其次说明霞飞面对沉重的压力出色地调整了自己的军力。第三点是，这么悬殊的兵力对比，为一场远比实际企图更广阔的合围提供了空间。

正面追击在埃纳河停下后，霞飞于 9 月 17 日发现莫努里攻击德军侧翼的企图无效，因而决定组建一个新集团军，由德卡斯泰尔诺指挥，负责迂回敌军侧翼、进入敌后方的机动。此时，德国军队已恢复凝聚力，德军统帅部做好了抗击这种机动的准备，他们认为对方必然会采取此类行动。可是，联军那些首脑，行动时很谨慎，考虑问题时却很鲁莽。评论者也许会批评他们不太机灵，可他们肯定很天真。威尔逊和贝特洛分别是弗伦奇和霞飞的参谋长，两人 9 月 12 日讨论起联军跨过德国边界线的大致日期。威尔逊谨慎地估计是四周后，贝特洛觉得他过于悲观，认为这个日期可以提早一周。

变化和停滞

不幸的是，威尔逊和贝特洛都失算了，埃纳河畔的战事，再次强调防御的压倒性力量远远优于进攻，尽管如此，这里的防线与几年后的堑壕线相比，显得相当原始。接下来，交战双方不断尝试进攻、包围对方的西翼，这是唯一的选择，这个阶段被普遍但不太准确地称为"奔向大海"。这种共同的构想，产生了深具影响力的战略新特点：使用铁路线，把预备队从战线这一端横向调动到另一端。没等双方取得合理的横向战果，新的因素介入了。安特卫普和比利时野战军队，仍是插入德方的一根利刺，9 月 14 日接替毛奇的法尔肯海因决定拔掉这根刺，同时以一股骑兵力量席卷比利时海岸，延伸德军在法国境内的合围侧翼。对德方来说，这场战争最惊人的特点和失误之一是，联军全面后撤之际，毛奇却没想过占领英吉利海峡各港口，尽管这些港口唾手可得。英军已撤离加来、布洛涅和远至勒阿弗尔的整个海岸，甚至把他们的基地转移到比斯开湾的圣纳泽尔，此举不仅表明他们的悲观程度，还导致提供增援的第 6 师，推迟到埃纳河畔德军防线加强后才开抵。联军后撤期间，德国枪骑兵在法国西北部肆意逡巡，像永久居民那样驻扎在亚眠，可他们没理会那些重要港口，任由它们陷入静悄悄的隔离状态。德国最高统帅部对他们克劳塞维茨式的教条痴迷不已——"我们在战争中只有一种手段：战斗。"从这句话可以看出，赢得决定性交战前，他们无意攫夺战利品。一个月后，德国人竭力夺取他们本来不需要付出代价就能获得的东西，结果大败亏输，阵亡的官兵成千上万。

到这里，我们必须暂停一下，重新谈谈比利时境内与作战主线不同的战事脉络，就从比利时野战军退往安特卫普那一刻说起。8 月 24 日，比利时人对德军右翼后方发起打击，意图缓解英法军队左翼承受的压力，随后又在蒙斯和桑布尔河展开战斗。8 月 25 日，英法军队撤入法国的消息传来，比利时人停止了出击，但比利时陆军（编有 6 个师）施加的压力，迫使德国人动用更多的军力，除了 3 个后备旅，他们还派出 4 个预备队师阻挡对方。9 月 7 日，比利时司令部获悉，德国人从这股军力中抽出部分力量派往法国前线，于是，阿尔贝国王 9 月 9 日重新发动进攻，适逢马恩河交战的关键日子。这个行动并不是应霞飞的请求，很奇怪，他似乎对自己直接战区外的战事不感兴趣。比利时军队的这场出击，迫使德国人取消了一个师的调动计划，还推迟了另外两个师调往法国的时间，但他们很快击退了比利时军队的进攻。这个消息虽说显然能振奋德军指挥部的精神，可来得不是时候，因为适逢德国第1、第2集团军撤离马恩河。令人不快的提醒是，安特卫普险恶地靠近德军交通线，这促使他们下定决心，投入决战前先行攻克这座要塞，并沿比利时海岸占领英军有可能登陆的地点。

英吉利海峡各港口落入德国人之手对英国的威胁显而易见。奇怪的是，德国人犯下错误后，英军指挥部步他们的后尘，一直疏于防范这种危险，而海军大臣温斯顿·丘吉尔甚至在马恩河交战前，就敦促采取必要的行动。直到德军9月28日炮击安特卫普，英方才如梦初醒，姗姗来迟地承认了丘吉尔的战略眼光。他们批准丘吉尔派1个海军陆战旅和2个新组建的海军志愿者旅，驰援安特卫普守军。同时，罗林森率领正规第7师和第3骑兵师登陆奥斯坦德和泽布吕赫，展开陆地行动为安特卫普解围。英国国内还有11个本土师可用，但与德国人的态度相反，基奇纳认为这些师不适合执行积极的作战任务。英军微薄的增援力量推延，但没能阻止安特卫普投降，这座要塞10月10日陷落。罗林森的解围部队到得太晚，所能做的仅仅是掩护比利时野战军沿佛兰德海岸逃窜。

但从历史角度看，联军第一次，也是最后一次在西线利用英国两栖力量遏制德军沿海岸而下，此举确实阻止了对方在西线赢得决定性胜利的第二次尝试。这场行动为英军主力开抵争取到时间，他们从埃纳河调往联军防线的新左翼，虽然他们在伊珀尔实施了英勇防御，法国和比利时军队也沿通往大海的伊瑟河提供支援，但这道阻挡德军的血肉屏障之所以险胜，驰援安特卫普的远征军功不可没。

主战场怎么从法国转移到佛兰德了？马恩河交战后一个月，双方展开一连串动机非常明显的行动，企图迂回对方的西翼。德国一方，行动开始后没多久就换了个更狡猾的方案，奇怪的是，法国人固执己见，继续奉行与原定方案类似的作战计划。到9月24日，德卡斯泰尔诺的迂回已停在索姆河。接下来，德莫德于将军率领新组建的第10集团军，于10月2日在稍北面展开行动，但没能绕过德军侧翼，很快陷入坚守阿拉斯的苦战。英国远征军随后从埃纳河向北开进，意图缩短与英国本土的交通线。霞飞决定，以此作为

第三次迂回德军侧翼的行动的组成部分。为协调这场新机动，他任命福煦将军为副手，负责北部地区的作战事务。

福煦贯彻了霞飞的意图，劝说比利时人加入这场大规模转向，但阿尔贝国王的态度更谨慎，或者说更现实，不愿为进军内陆而放弃沿海地区，他认为这纯属蛮干。的确如此。法尔肯海因预见到联军接下来会采取迂回机动，10 月 14 日，也就是安特卫普陷落四天后，他策划了一个战略陷阱。调自洛林的部队组成一个集团军，负责阻挡预期中联军的进攻，另一个集团军，编有安特卫普陷落后腾出的部队和 4 个新建军，负责卷击比利时海岸，粉碎进攻中的联军侧翼。他甚至不许己方部队追击比利时人，以免过早惊动联军指挥部。

此时，联军这场新的进军稳步发展，他们用火车把各个军从南面运来，转身向东后形成一把逐渐延伸的"镰刀"。英国远征军目前辖 3 个满编军 [4]，依次部署在拉巴塞与伊珀尔之间，在伊珀尔与罗林森的军队相接。另外，法国第 8 集团军正在组建，比利时人继续坚守通往大海的伊瑟河一线。虽然英军位于右翼和中央的两个军遭到拦截，但约翰·弗伦奇爵士受到情报部门误导，低估了德军实力，命令黑格率领左翼军从伊珀尔攻往布鲁日。这场行动以失败告终，因为适逢德军 10 月 20 日发起进攻，但一两天内，约翰·弗伦奇爵士固执地要求继续进攻，而他的部队实际上已很难守住阵地。[5] 他醒悟过来后又转向另一个极端，焦急地敦促部下在布洛涅附近构建一座庞大的堑壕营地，"以容纳整个远征军"。但福煦更强大的意志，也许是更加始终如一的自欺，战胜了弗伦奇再次产生的后撤念头，福煦因其讨人喜欢的谦恭态度和坚强的个性，现在对弗伦奇深具影响力。福煦私下里告诉弗伦奇，基奇纳曾提出（这纯属福煦的想象）以伊恩·汉密尔顿爵士替换他，这种"告密"进一步拉近了两人的关系。这场战争期间，军队与敌人浴血奋战时，指挥官明争暗斗的情形数见不鲜。

由于高级指挥官不掌握实际情况，指挥这场交战的实际上是黑格和他麾下几名师长。他们缺乏预备力量，能做的只是从防线其他地段搜罗些预备队，用于加强摇摇欲坠的防御地段，鼓励疲惫不堪但不屈不挠的官兵坚守。因此，伊珀尔和因克尔曼一样，本质上是一场"士兵之战"。自 10 月 18 日起，据守伊瑟河的比利时军队承受的压力越来越大，他们月底打开水闸，奔腾的洪水淹没了沿海地区，这才避免了一场灾难。伊珀尔的危机来得稍晚，而且一再重复，10 月 31 日和 11 月 11 日是这场交战的转折点。联军防线遭到猛烈冲击，局面险象环生，但始终没有破裂，这归功于英军的顽强抵抗，以及法国援兵及时开抵。

伊珀尔防御战堪称英国正规军最重要的纪念碑，具有双重意义。一方面，英军官兵在这里展现出严明的纪律、高昂的士气、无与伦比的步枪射击水平等不可估量的价值，这是他们长期训练的结果，但另一方面，这里也是他们的墓碑。响应国家号召在英国建立的"新军队"接过了"低垂的手中跌落的火炬"。欧洲各国把地方军纳入国家军队，是他们普遍义务兵役制的自然产物。但对英国来说，这是一场革命，而不是进化。基奇纳灵光闪现，他对这场战争持续时间的预料，与英国政府和总参谋部的看法截然不同。基奇纳认为这意味着放弃英国传统的半脱离战略，他接受了欧洲大陆的思维习惯，觉得英国只有组建庞大的军队才能发挥决定性影响——这种观点殊为可疑。英国民众积极响应他的征兵号召，涌入一个个征兵站。到当年年底，已有近 100 万人参军入伍，大英帝国现在的总兵力达到 200 万。

决定实施这场大规模扩军后，基奇纳又打算建立一个全新的框架，而不是使用现有的本土防卫军基础。公正地说，组建本土防卫军的目的是保卫家园，起初，这股力量的成员是否接受更广泛的任务，全凭自愿。但部队和组织机构的重复，无疑会导致延误和事倍功半。基奇纳不愿以征兵制代替自愿制，因而受到责备，但这种批评忽视了自愿制在英国的传统制度中是多么根深蒂固，以及影响这种制度的持久改变是多么缓慢。如果说基奇纳的做法具有个人特点，那么，这也是英国的特点。就算这种方式不讲章法，也是为了给英国民众留下最深刻的印象，让他们知道，昔日"角斗士式的"战争与他们即将投入的民族战争完全不同。说服以驻法英军总司令部为代表的英国军方，耗费的时间更长。亨利·威尔逊写道：基奇纳"以 25 个军组成荒唐可笑的军队，成了欧洲所有军人的笑柄……任何情况下，这帮乌合之众都不可能在两年内投入战场。那么，他们有什么用呢？"因为按照他的估计，英军届时就要打到柏林了。

伊珀尔交战是一块心理里程碑，也具有重大军事意义。因为联军粉碎德国人的突破企图后，加固了从瑞士边界通往大海的堑壕障碍。现代防御的力量战胜了进攻，僵局随之而来。接下来四年的英法联盟军事史，就是一篇力图打破这场僵局的故事，采用的办法是强攻这道障碍或绕道迂回。

但东线的情况不同，交战双方的距离较远，各国军队的装备差异较大，这就确保了西线缺乏的流动性。东部战场也有堑壕线，可它们不过是掩护一片流动区域的坚硬外壳而已。打破这具硬壳并不难，一旦达成突破，传统的机动作战就成为可能。西方国家没能获得这种行动自由，但德国处于中央位置，因而有另一种选择。从 1914 年 11 月起，法尔肯海因虽然不太情愿，但还是在法国转入防御，转而寻求削弱俄国的力量。

俄国战线

东线的最初几场遭遇战，特点是运气快速变化，谁都没能赢得决定性优势。奥军统帅部投入部分军力，企图粉碎塞尔维亚，但没能成功。他们的初期进攻方案是切断波兰这根"舌头"，由于德军这支钳臂没有投入行动而告失败。实际上，德国人反而遭到俄国一对铁钳的威胁，因为俄军总司令尼古拉大公敦促麾下第 1、第 2 集团军，不等集结完毕就入侵东普鲁士，以此缓解法国盟友的压力。由于俄军兵力优势超过二比一，这场联合进攻完全有可能粉碎两个俄国集团军之间的德国军队。8 月 17 日，连年坎普夫第 1 集团军（辖 6.5 个步兵师和 5 个骑兵师）跨过东普鲁士边界，8 月 19—20 日，他们在贡宾嫩遭遇并击退了普里特维茨的第 8 集团军主力（辖 7 个步兵师和 1 个骑兵师）。8 月 21 日，普里特维茨获悉，萨姆索诺夫指挥的俄国第 2 集团军（辖 10 个步兵师和 3 个骑兵师），在他身后跨过东普鲁士南部边界，而那里的德国守军只有 3 个师。惊慌之余，普里特维茨立即打电话命令辖内部队撤往维斯瓦河后方，于是，毛奇派退役将军兴登堡替换普里特维茨，还把攻克列日的英雄鲁登道夫派去担任兴登堡的参谋长。

德国第 8 集团军司令部的霍夫曼上校，已着手制订计划并开始采取必要措施，鲁登道夫集中大约 6 个师的兵力对付萨姆索诺夫的左翼。这股力量没有俄军人多势众，无法取得决定性战果，但鲁登道夫发现连年坎普夫仍滞留在贡宾嫩附近，于是承担起计算过的风险，将除了提供掩护的骑兵力量之外的其余德军兵团悉数撤离前线，以这股力量从背后打击萨姆索诺夫的右翼。俄军指挥官用无线电传送未加密的命令，结果被德方截获，这种愚蠢的行为给鲁登道夫的大胆行动帮了大忙。

面对德军从前后两个方向施加的压力，萨姆索诺夫两翼崩溃，中央遭到包围，整个集团军几乎全军覆没。虽说德国人获得的机会是送上门来的，而不是自己创造的，但这场短暂的战役及其后续行动——后来被称为坦能堡会战——是他们运用军事技术上所谓的"内线作战"，或者更简单地说，运用"中央位置"的一个绝佳战例。

接下来，德军指挥官获得调自法国战线的 2 个新锐军，随即朝连年坎普夫缓缓逼近，把这股俄军逐出东普鲁士。这些交战导致俄国损失 25 万人，丢失了大批本来就捉襟见肘的战争物资。但俄军入侵东普鲁士，至少迫使德国人从西线抽调了 2 个军，这为法国人在马恩河畔扭转局面提供了帮助。具有讽刺意味的是，调自西线的 2 个德国军到得太晚，没能参加坦能堡会战。

但坦能堡会战的影响，因为南部战线加利西亚地区的形势对同盟国不利而减弱。奥地利第 1、第 4 集团军攻入波兰的行动，起初取得些进展，可这种进展很快被俄国第 3、第 8 集团军的突击抵消，两个俄国集团军打击的是实力虚弱、据守奥军右翼的第 2、第 3 集团军。8 月 26—30 日，两个奥地利集团军被击败，被迫穿过伦贝格向后退却。因此，前进中的俄军左翼对获胜的奥军左翼构成威胁。康拉德企图以左翼部分力量转身对付俄军侧翼，但这场进攻被对方击退。随后，康拉德的军队陷入混乱，被俄军右翼重新展开的推进逮住。9 月 11 日，康拉德被迫以一场总撤退保全力量，到 9 月底，他的军队几乎已退到克拉科夫。奥军的困境迫使德国人派出援兵，东普鲁士驻军主力编为第 9 集团军，向南攻往波兰西南角，从那里与奥军重新发起的进攻协同，一路奔向华沙。但俄国动员的力量此时已接近顶点，他们实施重组后

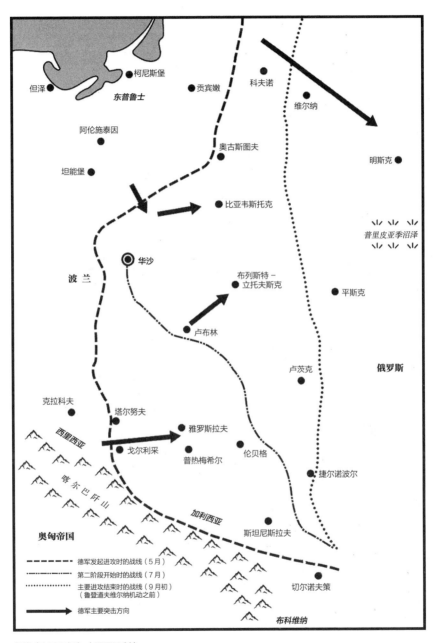

东线（1915 年）（ZVEN 制）

发动反攻，击退德奥联军后全力追击，侵入加利西亚。

尼古拉大公以 7 个集团军组成个庞大的方阵，前方部署 3 个集团军，两翼各安排 2 个集团军提供掩护。另一个俄国集团军（第 10 集团军）已侵入东普鲁士东角，正与实力虚弱的德国守军交战。久负盛名的俄国"压路机"，编有 60 个师，终于向前隆隆碾去，联军为此士气大振。为对付这台压路机，东线德军的作战行动交给兴登堡统一指挥，鲁登道夫和霍夫曼为他献上一策——基于德国境内的横向铁路系统，同时利用情报手段——很大程度上拨开了他们这一方的战争迷雾。通过持续截获俄国总参谋部发出的无线电报，德军领导人"清楚地了解到敌人对局势的看法，以及他们打算如何行事"。事实证明，信息优势弥补了兵力劣势，也为大胆的行动提供了宝贵的保险。

面对挺进中的俄国军队，德国第 9 集团军向后退却，同时系统性破坏波兰境内本来就不多的交通线，以此阻滞俄军。德国人顺利撤到本国边界线，先是转身向北，开赴波森—托伦地区，11 月 11 日突然插向东南方（左翼位于维斯瓦河畔），打击守卫俄军右翼的两个集团军的结合部。

鲁登道夫抡起铁锤砸入的这根楔子，劈开两个俄国集团军，第 1 集团军被迫退往华沙，第 2 集团军几乎被包围在罗兹，差点遭遇另一场坦能堡灾难，俄国第 5 集团军从前方折返，赶来救援该集团军。结果，遂行包围的部分德军力量，险些遭受他们为俄国人设计的命运，可还是设法突围而出，与德军主力会合。虽然德国人没能赢得决定性战术胜利，但这场机动还是堪称以少胜多的经典战例，实力相对较弱的军队，完全可以发挥自身的机动性，打击某个关键位置，导致实力数倍于己的敌军的推进陷入瘫痪。俄国压路机发生了故障，再也没有威胁过德国本土。

一周内，4 个德国新锐军从西线开抵，那里的伊珀尔进攻战役以失败告终，虽然这股力量来得太晚，没能抓住赢取决定性胜利的机会——这样的机会已然丧失，但鲁道夫还是利用这股新锐力量迫使俄军退却。到 12 月 15 日，俄国人已退往华沙前方的布祖拉河—拉夫卡河一线。这场挫败，再加上弹药补给即将耗尽，促使尼古拉大公下定决心，中止克拉科夫附近仍在进行的拉锯战，撤回沿尼达河、杜纳耶茨河构设的冬季堑壕线，把波兰这根"舌头"的顶部丢给敌人。就这样，东线和西线的战事都陷入堑壕僵局，但东线的地壳不够坚硬，且俄军的弹药消耗已到了他们这个工业化程度很低的国家难以承受的地步。

控制海洋

就时间顺序而言，海战实际上是最早发生的，但我们把海上作战放在第三位讨论，原因是最初的陆地作战方案失败后，海上力量才发挥作用，最终对这场战争起到主导性影响。要是军事领导人预期的速决战真能实现，海上力量能否影响战事，这一点值得商榷。德国如何与决定性胜利失之交臂，他们犯了哪些难以想象的错误？从历史角度看，这些问题现在已清清楚楚。尽管英国可以，而且也会在孤立无援的情况下继续从事战争，可我们必须记住，1914 年 8 月，当时的战事仍是一场获得民众支持的职业战争，而不是真正的民族战争。英国的干预仍被视为具有骑士风度的行为，目的是救援遭受侵略的比利时和受到威胁的法国，而不是为自身的生存从事生死斗争。朋友倒在猛虎的利爪下，稳妥的救援办法是瞅准机会把猛虎引开，最好不要硬夺，这只会让你的朋友被撕成碎片，显然不是为友之道。

幸亏联军 1914 年挡住这头猛虎，获得喘息之机。英国抓住机会使出她的传统武器——海上力量。海上力量对战争的影响，并不像一道闪电那样，能突然打垮对手，这是一股稳定的热辐射，鼓舞那些受援助方，同时消耗敌人的资源。

可如果这种效应得到扩展和累积，其效用就是瞬时的，几乎与推上电闸相当。这个简单的举动，也许是这场战争中最具决定性的行动，发生在战争实际爆发前。1914 年 7 月 29 日早晨 7 点，规模庞大的英国大舰队，从波特兰岛起航，驶往斯卡帕湾的战时锚地。见到这支舰队航行的人很少，更没人想到他们的目的地是北面的奥克尼群岛，这片群岛控制着英国北部与挪威之间的航道。但从这一刻起，德国的海上交通大动脉就感受到了无形的压力，直到 1918 年 11 月 21 日，德国舰队驶入这片北部水域，把自己置于英国舰队监管下，这股压力才放松。实际上，历时四年半的斗争期间，他们只是短暂地瞥了这支英国舰队几眼。

　　之所以出现这种前所未有的冲突类型，根本原因在于近期开发的新式兵器，也就是水雷和潜艇，它们在海战中重现了防御对进攻的相同优势，而进攻力一向是陆战的关键因素。但直接原因是德国海军参谋部采用的战略，部分出自他们对英国有可能采取的战略的误判。德国海军意识到自身实力不及英国舰队，也无法突然袭击预有准备的敌军，还认为对方痴迷于积极求战这种纳尔逊式的传统，于是，德国海军参谋部采用了费边战略①。他们的目的是避战，直到己方布雷艇和潜艇削弱英国海军的实力，紧密封锁的压力开始对敌人的优势舰队奏效后，也许会出现奇袭的机会，另外，待德国军队在陆地上征服英国那些盟友，英国的处境会更加困难。

　　这份方案至少有合理的地理基础，因为德国海岸的地形地貌适用于这种策略。短短的北海海岸线犬牙交错，各个河口构成错综复杂的航道，一连串岛屿形成了屏障，其中的赫尔戈兰岛构成强大的防御盾牌，掩护着威廉港、不来梅港、库克斯港的海军基地。最棒的是，从易北河河口出发，有一扇进入波罗的海的后门，这就是基尔运河。利用这条运河，波罗的海的海军力量可以迅速获得加强，而敌人要想进入这片陆地环抱的海域，不仅受限于中立国控制的航道，在穿越丹麦群岛之间的狭窄水道时，还很容易遭到潜艇和驱逐舰攻击。德国海疆防区的天然防御力，使敌人几乎不可能发动进攻，相反却为德国提供了发起突击的绝佳基地。但地理上的障碍除外，因为大不列颠的海岸线犹如一道巨大的防波堤，缩窄了用于外海行动的出口。

　　这种费边战略有个明显的缺点，它迫使德国立即放弃对外贸易，还降低了德国扰乱英国及其盟友海上运输的可能性。另外，德国的逐步消耗方案，由于英国海军部采取的策略而失效，这种策略放弃了积极寻战的直接主义，改为奉行"存在舰队"的间接学说。英国海军部意识到水雷、潜艇、德国的天然优势共同构成紧密封锁的危险，因而采用远距离监视的策略。他们把作

---

　　① 所谓费边战略就是通过避免决战争取时间，不断消耗敌人，相当于持久战。

战舰队留在控制北海的位置，做好发现敌人立即投入战斗的准备，还以轻型舰艇实施距离较近，但不是太过靠近的监视。这种策略并不像公众批评的那么消极，普通民众期盼一场新的特拉法尔加海战。海军部采用的这种策略，把英国的制海权视为协约国事业的关键，而海军力量暴露在蒙受无谓损失的危险下，相当于否定了这种最高要求。因此，虽然英国海军渴望战斗，并为此做好了准备，但海军部悄悄地把他们的主要任务定为确保海上航线的安全，应对这些航线遭受的零星威胁，另外就是掩护英国远征军平安到达法国。

利用海上力量施加经济压力的理念仍在萌芽中，直到战争后期才形成正式学说，而"封锁"这个词也有了更广泛的新定义。打击敌国海上贸易，这种理念深深植根于英国海军的传统，因此，过渡到对敌国生命线（对方的粮食和原料供应）的间接攻击，几乎是个难以察觉的演变。待德国人以新颖的形式和新式兵器（潜艇）把这种压力还施彼身，英国就发出激烈谴责，斥之为暴行，这种谴责虽然不合逻辑，却也无可厚非。一场政府政策之战演变为全民战争，公众对"奋战到底"这类克劳塞维茨式的口号心醉神迷，军事上的骑士精神，这种含糊的规则必然被他们释放出的原始本能淹没。但 1914 年间，"绝对战争"仍只是一种理论，对初期的作战行动影响甚微[1]。

这场大战的海战史必须追溯到 1914 年 7 月 26 日，鉴于国际形势阴云密布，英国海军部命令舰队集结在波特兰岛接受检阅，而且不再解散。如果说这场阅兵是个好机会，那么，利用这个契机就是战争中最果断的行动和最明智的判断之一，这是因为，虽然海军这场检阅没有受到陆军实施动员的任何影响，却让英国自动控制了海上局势。接下来的 7 月 29 日，英国舰队悄无声息地驶向北海的战时锚地，还给海外各分遣舰队发出警告电报。对研究战争和政治的学者来说，绝不能忘记这样一个教训，无论其他方面存在怎样的局限性，一支专业军队具备这种不需要刺激就能迅速准备妥当的能力，而国民军无疑缺乏这种能力。"动员"是一种威胁，创造的气氛导致和平争论消亡。

---

① 绝对战争的概念源自克劳塞维茨，可参阅《战争论》第一篇第一章。

谈判与动员之间存在鸿沟，但动员与战争之间的差别微乎其微，任何一个不负责任者的冒失举动，都有可能让整个国家跨过这条界线。

英国大舰队新任司令杰利科海军中将，急需解决一个问题：他设在斯卡帕湾的基地，缺乏抵御鱼雷攻击的防御，而罗塞斯港筑垒基地的修建工作仍未完成。英国的海上力量，历来集结在英吉利海峡沿岸，那里有许多准备充分、防护严密的港口，海军集结地迁往北海，政府却没有积极配合，修建北海基地的拨款工作拖拖拉拉。

潜在危险迫使杰利科把他的舰队带到奥克尼群岛以西，不过，运送英国远征军开赴法国期间，这支舰队也曾南下到福斯湾，海峡舰队的旧型战列舰，以及北海南部水域的分层巡逻体系，为这场运送工作提供直接掩护。远征军平安渡过英吉利海峡，这是英国海军取得的第一项直接成就。8 月 29 日，贝蒂率领的战列巡洋舰分舰队和蒂里特率领的驱逐舰支队，突入赫尔戈兰湾，一举击沉数艘德国轻巡洋舰，还证实德国人正在实施严格的防御策略，这是个更大的间接战果。但这场胜利不能说全是好事，因为赫尔戈兰湾海战促使德国人集中力量发展潜艇攻击。除了这场交战，1914 年的北海战事，可以说是一方常备不懈、另一方的小型潜艇和水雷或胜或败的记录。

地中海战争以一个错误为开始，这场战争造成了影响深远的政治后果。"戈本"号战列巡洋舰和"布雷斯劳"号轻巡洋舰部署在那里，这是德国海军航速最快的两艘军舰，他们接到柏林下达的命令，驶往君士坦丁堡。两艘军舰避开了英国人截住他们的企图，部分原因是英国海军执行海军部的指令时缺乏灵活性。

双方在公海上的角逐更加旷日持久。德国人来不及从本国水域派出破交舰，但一连几个月，数艘在海外服役的德国巡洋舰，成为插入英国海军侧面的利刺。派舰只在北海集结、巡逻，掩护漫长的海上航线，让物资和援兵沿这些航线从印度和各自治领运往祖国，协调这些需求不是件容易事。协约国海军 11 月 9 日消灭"埃姆登"号，终于肃清了印度洋，可这场胜利被太平洋上的灾难抵消，冯·施佩海军中将的"沙恩霍斯特"号和"格奈泽瑙"号装甲巡洋舰，在那里粉碎了克拉多克海军少将指挥的巡洋舰分舰队。但英国海军部很快为这场挫败报了一箭之仇，他们派出斯图尔迪海军中将，率领"不屈"和"无敌"号战列巡洋舰，全速赶往南大西洋，另一艘战列巡洋舰"澳大利亚"号从斐济而来，直扑冯·施佩舰队身后。英国海军这场精心构思的突袭，12月8日把德国分舰队困在马尔维纳斯群岛，施佩与舰同沉，和他一同沉没的是德国海军在大洋上的最后一股力量。

这场海战结束后，英国及其盟国用于开展贸易、运送物资和部队的海上交通线得到保障。但所有海上航线必然有个陆地终点，潜艇的发展导致这种安全保障逐渐失效，安全性甚至低于斯图尔迪获胜的次日。

1915年年初，海战的性质开始发生明确的变化。第一阶段，英国一直忙于肃清各大洋，维护海上交通线的安全，因而没有把重点放在利用己方制海权，以此作为对付德国的经济武器。不管怎么说，英国海军力量受到束缚，这是1909年《伦敦宣言》关于封锁的人为限制造成的，战争爆发时，英国政府带着惊人的无知宣布，英国继续遵守这份宣言，声称这是海上作战行动的基础。德国人的行为，最终帮助英国人摆脱了这些自我施加的束缚。

1914年11月2日，德国战列巡洋舰分舰队突袭诺福克海岸，这是一场侦察行动，目的是试探英国海军的防御规模。12月16日，德国人又袭击了约克郡海岸，斯卡伯勒、惠特比、哈特尔普尔遭到炮击。德国人每次都平安逃脱，但在1月24日，他们实施第三次袭击期间，贝蒂率领英国战列巡洋舰分舰队把他们困在多格尔沙洲，击沉"布吕歇尔"号，重创"德尔夫林格"号和"赛德利茨"号。虽然这场突袭没能大获成功，但德国人据此得出结论，他们的消耗策略纯属徒劳。波尔接替英格诺尔出任德国公海舰队司令，他建议法尔肯海因发动一场进攻性潜艇战役，为确保成功，必须实施无限制潜艇战。

于是，德国2月18日宣布不列颠群岛周边水域为交战地域，敌国或中立国一切舰船，一经发现立即击沉。这让英国有了放宽《伦敦宣言》的借口，他们做出回应，声称有权拦截涉嫌向德国运送货物的所有船只，并把相关船只带回英国港口检查。收紧封锁给中立国带来了巨大困难，特别是美国，但德国人1915年5月7日用鱼雷击沉大型邮轮"卢西塔尼亚"号，反而缓解了英美两国间的摩擦。邮轮上包括一些美国人在内的 1100 名乘客溺水身亡，这种惊人的残酷行径，震惊了整个世界的良知，甚至比比利时的废墟更强烈地吸引了美国的舆论。这起事件和另一些行径，为美国参战铺平了道路，尽管他们投入战争的时间比预期中的悲剧次日晚了许多。

英国早早确立制海权的结果是，他们不费吹灰之力，仅以小股力量就席卷了德国的海外殖民地。他们攫夺的战利品很有价值，因为这让协约国获得了重要资本，完全可以就战争中的不利或消极问题讨价还价。八月底，一支新西兰远征军占领萨摩亚，九月份，一支澳大利远征军占领新几内亚。澳大利亚海军还肃清了太平洋岛屿上几座重要的德国无线电报站。日本站在英国一方参战，派出一个师团和一个海军分遣舰队，围攻中国海岸青岛的德国要塞。日军 9 月 2 日率先登陆，英军一支小规模分遣队 9 月 23 日开抵，但青岛要塞的防御工事较为现代化，陆上接近地很狭窄，英日联军直到 10 月 31 日才真正展开围攻。一连炮击七天后，他们发起突击，守军进行了相当微弱的抵抗后投降。

非洲，英法联军八月份占领多哥兰；喀麦隆的赤道森林是个更大的障碍，英法联军经过一场旷日持久但相当经济的战役，直到 1916 年年初才击败那里的德国驻军。南非总理博塔将军曾以武力反抗过英国，现在却站在英国一方，组织军队征服了德属西南非洲。几乎在这同时，博塔镇压了一批心怀不满的布尔人的叛乱，为英国人的事业做出更大的贡献。除了 1916 年的爱尔兰复活节起义，布尔人的叛乱是这四年艰难岁月期间，大英帝国疆域内唯一的动乱。

德属东非是德国最大、最富饶的殖民地，由于地形复杂，再加上德军指挥官冯·莱托 – 福尔贝克将军才能出众，这片地区一直抵抗到 1917 年年底。1914 年 11 月，英国派出远征军，赶去支援当地的英国东非军队，结果在坦噶被击退。德军指挥官莱托 – 福尔贝克为弥补自身兵力不足，以当地的蜜蜂为盟友，他精湛的战术给几个印度营造成恐慌。忙于处理更大问题的英国政府，直到 1915 年年末才腾出时间和力量对付这个蜂巢。

1915 年见证了另一种新战争形式的到来，让世人认清了新的现实：军队的战争已演变成全民战争。从一月份起，齐柏林飞艇开始空袭英国海岸，这种空袭 1916 年夏末到达顶峰，随后被飞机实施的空袭取代。从空中识别军事和民用目标的困难，为战争形式的发展铺平了道路，相关争论以种种借口为开始，最后坦率地承认，一场生存之战，不仅要打击敌国军人，对方的意志也是必然的目标。虽说齐柏林飞艇 1915 年和 1916 年实施了空袭，但由于方向有误，造成的物质损失并不大，英国的人员伤亡不到 2000。不过，据估计，飞艇的扰乱"导致英国的弹药正常产量减少了六分之一"。

这场世界大战引发的第一个心理症状，似乎是让许多人长长地松了口气。欧洲民众是不是在安全的环境下待得太久了？今天的厌战心态，已无法重现漫长的和平岁月中（实际上是一种既非和平，也非战争的状态），希望与恐惧并存的紧张、焦虑、不安、压力。那种心态也许可以解读为，对日复一日的单调琐事产生的抗拒心理。昔日战争的记忆消退后，一个心理周期就此结束，为人类原始的"狩猎"本能再次出现和复兴铺平了道路。

充满热情的第一阶段结束后，取而代之的是一种激情，暴民精神加剧了战争的残酷性，而这种精神又是"全民皆兵"引发的。英国陆军的职业化特点较强，受到的影响不大，而德国陆军主要由"平民"组成，大总参谋部战争学说的冷血逻辑，加强了他们那种激情。随着秋季到来，第三个阶段的特征趋于明显，特别是在战斗人员身上。宽容精神短暂出现，以圣诞节当天交战双方表现出的友善为标志，不过，待他们再次感受到战争的压力，以及不得不为生存而战的现实，这种宽容精神也就消失了。

第一节

扭转局势的马恩河交战

没有哪场战役比马恩河交战更具争议，在这么短时间内涌现出这么多文学著作，激起民众更高的兴致，还出现了各种传说。但1914年9月这场危机，导致德国的战争方案破产，从而改变了历史进程。如果说德国因为这场交战败北而输掉整个战争的话（从某种程度上说的确如此），那么，为赢得此次交战而要求获得荣誉的人肯定很多。

首先出现的传说是，福煦把中路德军赶入圣贡沼泽，从而赢得这场交战，时至今日，法国以外的那些著名历史学家仍在传播这种说法，完全不顾这场交战的事实和时间。

一石激起千层浪，此类说法造成的涟漪仍在传播之际，法国国内一些有识之士却在激烈争论，功劳究竟该归于总司令霞飞，还是他当初的上司、如今的下属加列尼，因为克卢克集团军在巴黎前方朝内转动期间，加列尼从巴黎对他暴露的侧翼发起打击。争论一方认为，霞飞早就有反攻的念头，他们最多承认这样一个事实：加列尼积极主动地寻找战机，促使霞飞决定抓住机会。另一方则认为，法国军队沿索姆河一线发动反攻的首次尝试失败后，霞飞就放弃了尽早展开新行动的想法，要不是加列尼的坚定决心和耐心说服，法国军队肯定会继续后撤。我们现在可以做出冷静的评价了，就算承认反攻的决定与霞飞有莫大关系，但充分的证据表明，加列尼的意见决定了这场进攻的地点和及时性。另外，这些证据还驳斥了霞飞支持者的另一种说法，即加列尼匆匆发起打击扰乱了大局，因为我们知道，要是法军的行动再耽误24小时，德国人就能完成被加列尼打乱的掩护性再部署。

德国一方也有类似争论：后撤的命令是不是个错误？应当为这个致命决定负责的是第1集团军司令克卢克，还是第2集团军司令比洛，或者是最高统帅部派出的特使亨奇中校？

这么多争议至少表明，马恩河交战是一场心理上的大捷，而不是有形的胜利。因此，和历史上大多数重大胜利一样，实际战斗只具有次要影响。因为战争最深刻的真理是，交战问题通常决定于双方指挥官的头脑，而不是他们那些将士的血肉之躯。最好的历史应该记录他们的思想和情绪，再辅以突出这些思想和情绪的事件背景。可典型的军事历史培养的是相反的错觉，不仅充满各种战斗细节，还通过统计参战兵力数来评估获胜的原因。

很明显，马恩河交战是个心理问题，因此，双方指挥官的心思已得到应有的分析。可即便如此，"战斗情结"还是倾向于把思想分析缩小到发生肉体冲突的范畴。因此，某个暗示性证据一直没有得到评价。这个证据也许可以用一个惊人的问句来表述。胜利主要是因为英国一名车站搬运工兴奋的想象力，以及前往奥斯坦德的一群临时访客吗？或者至少可以问问，胜利的主要原因是这些"著名的"小人物和加列尼共同做出的贡献吗？

我们仔细研究德军指挥官的心态，就会发现这种暗示并不那么神奇。危机发生前和其间，这些指挥官频频回望，对自己的右肩担心不已，生怕协约国军队打击他们在比利时境内和法国北部不断拉伸的交通线。对协约国军队来说不幸的是，他们没有注意到对方的紧张情绪。威尔逊把英国远征军作为附属，与法军左翼绑缚在一起，这种承诺和政策，推翻了远征军登陆比利时海岸这个姗姗来迟的动议。而比利时野战军，即便在德军监视下坚守安特卫普，也至少能严重分散德国人的力量，另外，此举还能长期扰乱对方。

丘吉尔先生极具创意的大脑也发挥了作用。可用资源寥寥无几，但他还是派阿斯顿准将率领一个海军陆战旅前往奥斯坦德，还下令大肆宣传这股力量的到达。该旅 8 月 27 日登陆，在岸上待到 8 月 31 日。

我们把目光转向"山的那一边"。9 月 5 日，也就是法国军队对克卢克集团军发起打击那天，德国最高统帅部代表亨奇中校赶到遭受威胁的第 1 集团军，带来个不祥而又绝望的警告："坏消息！第 6、第 7 集团军遭拦截，第 4、第 5 集团军遇到激烈抵抗……英国不断派新锐部队登陆比利时海岸。有报告说，一支俄国远征军出现在同一地区。后撤看来是不可避免了。"我们从其他资料获知，3000 名海军陆战队员在德军统帅部的想象中成了 4 万人，而俄军据说多达 8 万人。

因此，德国侧翼集团军面临严峻考验，因为他们相信自己的后方受到严重威胁，认为最高统帅部肯定在考虑后撤事宜。至少在一段紧张的时期内，这种想法无疑悄然破坏了德军官兵的士气。就算德国最高统帅部对比利时传来的消息产生过怀疑，他们此刻也充满了撤军的念头，亨奇 9 月 9 日再次赶赴前线，全力协调"应该已经开始的"后撤行动，各部队此时不仅已开始后撤，还听说了从比利时传来的令人不安的新消息。尽管比利时野战军当日从安特卫普的出击昙花一现，可这个危险的消息，在危急时刻造成无法估量的心理影响。德军的后撤势头不断扩大，战局随之扭转。

历史应该公正评价丘吉尔先生高明的灵感，以及阿斯顿将军寥寥无几的"闲逛的陆战队员"。但"俄国远征军"这种神奇的说法同样起到帮助作用，而这个说法的起源和传播都显得无比神秘。我们知道，丘吉尔先生确实建议过，以这种方式调来一支俄国远征军。这份提案会不会泄露出去了，而且在此过程中被夸大成现实？但普遍的看法早已把这个传说归因于一名车站搬运工对简单事实的丰富想象力：夜间通过的运兵列车，车上人员说的是盖尔语①。如果真是这样，白厅早该摆放一尊"献给不知名搬运工"的塑像。

我们暂不考虑这些外部因素，先看看实际作战地区发生的一连串事情。直接的因果关系，始于英法军队逃离霞飞的方案把他们领入的陷阱。在边境

---

① 这句话的意思是，车上的人员实际上是英国人。

地区从事交战的德军各集团军司令部，发回第一批夸大其词的报告，给德国最高统帅部留下的印象是，他们已赢得决定性胜利。产生这种错觉后，毛奇兴高采烈而又毫无必要地派遣 4 个师驰援俄国前线，这是个糟糕的分兵决定，破坏了德军右翼铁拳的力量，而这股右翼力量已经因为 7 个师用于对付敌军要塞而遭到削弱。随后，德军捕获的俘虏人数相对较少，这让毛奇心生疑虑，促使他对态势做出更加清醒的评估。他对德皇的轻松乐观恼火不已："他已经在欢呼胜利了，这种劲头让我烦透了。"毛奇新产生的悲观情绪，与他那些集团军司令重新浮现的乐观态度，共同导致作战方案的修改，而灾难的种子就蕴藏其中。

位于德军最右翼（或称之为外侧）的克卢克集团军，紧追英军部队，双方的距离非常近，以至于史密斯－多里恩位于外侧的英国军不得不停下来迎战，而克卢克的友邻军队，也就是内侧的比洛集团军，正在追击朗勒扎克的法国第 5 集团军。8 月 26 日，遭受重创的英军从勒卡托向南退却，克卢克再次转向西南方。虽说这场转向的部分原因是克卢克误判了英军的后撤路线，他认为对方会撤往海峡各港口，但此举也符合他实施大范围卷击的原定计划。这场转向让克卢克集团军进入亚眠—佩罗讷地区，新组建的法国第 6 集团军从阿尔萨斯调来，先遣力量刚刚在此处下火车。这场遭遇战打乱了霞飞尽早恢复进攻的计划，迫使法国第 6 集团军匆匆退往巴黎防区。

可没等转向西南方，克卢克就被说服再次转向。这是因为，为缓解英军的压力，霞飞命令朗勒扎克停止后撤，转身打击德军追兵，比洛被这种威胁吓了一跳，吁请克卢克提供支援。没等比洛真正需要援助，朗勒扎克这场进攻就停顿下来，尽管如此，比洛还是请克卢克集团军继续转向，从而切断朗勒扎克的后撤路线。同意这个要求前，克卢克向毛奇做了汇报。这份请示送抵时，毛奇正为法军逃出他这个陷阱的方式而忐忑不安，特别是因为他的第 2 集团军（比洛）与第 3 集团军（豪森）之间出现了一个缺口，而这个缺口是豪森从西南面转向南面，赶去支援另一侧的友邻第 4 集团军造成的。因此，毛奇批准克卢克掉转方向，这就意味着不可避免地放弃了以一场大范围卷击绕过巴黎远端的原定方案。现在，转动中的德军战线，侧翼穿过巴黎近端，在巴黎防御的前方延伸。为安全起见，毛奇收缩正面，牺牲了原定方案实施大范围迂回的固有广阔前景。事实证明，他这个决定还冒着另一个风险：把自己暴露在一场致命的反攻之下。

9月2日夜间，毛奇给右翼指挥官发去电报，确认了计划的变更，还预示了一个新的变化："法国人会被迫朝东南方向退出巴黎。第1集团军应排成梯队跟随在第2集团军身后，此后负责侧翼掩护。"但第1集团军领先第2集团军整整一天行程：如果克卢克打算执行命令的后半部分，就得忽略这道指令的前半部分。因此，他决定继续前进，同时派一个不满编的预备队军和一个实力严重受损的骑兵师担任侧翼掩护。克卢克没有给侧卫力量分配飞机，也没有下令向西实施空中侦察，这同样表明他严重忽视了来自巴黎方向的威胁。

在此期间，毛奇越来越懊丧，9月4日终于决定放弃原定方案。取而代之的是，他打算对法军中央和右翼实施一场较窄的合围。他自己的中央力量（第4、第5集团军）攻往东南方，而他的左翼力量（第6、第7集团军）朝西南方攻击前进，设法突破图勒与埃皮纳勒之间的筑垒屏障，两股铁钳继而在凡尔登两侧向内合拢。与此同时，他的右翼力量（第1、第2集团军）转身向外，正面朝西，挡住法军有可能从巴黎附近发起的一切反攻。毛奇的命令依然无视这样一个事实：向南疾进期间，克卢克位于比洛前方，而且已渡过马恩河。因为他的训令不仅告诉克卢克"保持面向巴黎东端"（也就是正面朝西），还要求他留在马恩河北面，而比洛集团军在马恩河与塞纳河之间，转身进入一道正面朝西的战线。因此，为执行这道指令，克卢克不仅要停止前进，让比洛追上并超过自己，甚至还要向后转。这种体操式的运动，在某种程度上给一个大编制集团军造成混乱；这种情况下，没等毛奇的新方案付诸实施，法国人就发动了他一直希望提防的反攻。另外，克卢克也不愿丧失赢得决定性胜利的机会，9月5日率领部队继续攻往塞纳河，声称"正面朝西的运动待有空再说"。克卢克仍以3个旅和少量骑兵组成的虚弱支队掩护自己的侧翼，次日晨，从巴黎出击的法国第6集团军对他们发起打击。

这些天，英法军队仍在后撤。法国政府震惊地发现霞飞的后撤方向竟然打算放弃首都，面对压力，霞飞屈服了，8月30日以莫努里第6集团军加强巴黎驻军。派出第6集团军，意味着霞飞放弃了侧翼反攻的念头，因为该集团军是他集结起来实施反攻的力量。另外，霞飞当日起草的备忘录表明，他改了主意，寄希望于对中路德军展开反击，"希望能完成……我们原先力图实现的从默兹河出击、朝东北方的突破"。9月1日，霞飞命令联军继续撤往塞纳河、奥布河、奥尔南河以南一线。这道命令不仅把各集团军调往远离巴黎的东南方，还表明正考虑尽早发动反攻的这位指挥官，没有把他与敌人之间的河流视为障碍。霞飞次日发给几位集团军司令的训令，进一步阐明他的意图是"组织并加强"这道防线，他打算最终（但不是立即）从这里发动反攻。同一天，他回复了约翰·弗伦奇爵士坚守马恩河的建议，并通过陆军部长代为转达：

> 我认为，以我们的全部军力在马恩河展开一场全面行动是无法想象的。不过我觉得，英国军队协防巴黎，倒是唯一能带来有利结果的做法。

他对陆军部长和加列尼都重申了同样的观点。热心的辩护者称，反攻的想法在霞飞脑中酝酿。历史学家可以赞同这种说法，但一系列证据足以消除霞飞打算在马恩河从事交战，或计划发动反攻彻底扭转局面的传说。

霞飞那份回复的明确性至关重要，因为9月1日，朗勒扎克集团军的一位参谋，在一名阵亡德国军官的钱包里，发现了对方更改方向的命令，这份文件次日一早送交霞飞司令部。9月3日上午，克卢克的行军队列改变方向，朝东南方而去，英国飞行员注意到这个情况并及时上报。当日下午，这些飞行员再次报告，德军队列正渡过马恩河。莫努里傍晚时报告，巴黎—桑利斯一线以西地区已见不到德军部队。这些情况都上报给霞飞，却没有对他的计划造成任何影响，霞飞只是在9月2日夜间把他的后撤限制在**更南面**的一道防线！

但新上任的巴黎军事总督加列尼，对9月3日获得的这些情报迅速做出应对。他命令莫努里，9月4日天亮后立即展开进一步空中和骑兵侦察。这些早早送抵的报告让加列尼确信，德军正从巴黎防御前方斜向而过，他们的侧翼暴露在外，于是，加列尼迅速行动起来。上午9点，他命令莫努里集团军做好向东出击、打击德军侧翼的准备。他随后致电霞飞，说自己准备采取行动，还敦促霞飞批准发起反攻。（争取霞飞的批准很有必要，不仅是为了确保两股军力协同行动，还因为霞飞已说服新任陆军部长，把加列尼置于自己的指挥下。）

　　加列尼言辞激烈但鼓舞人心的观点，给思维迟钝的野战军总司令霞飞留下深刻印象，但也仅此而已。霞飞仍在考虑这项建议之际，为节省时间，加列尼驱车赶往默伦，对英军解释新出现的情况，争取对方提供协助。不幸的是，约翰·弗伦奇爵士不在司令部，加列尼起初甚至没找到弗伦奇的参谋长阿奇博尔德·默里。这是个奇特的场面。加列尼发现英军司令部人员不安而又沮丧，这些人毫不避讳地说，要是早知道法国军队的状况，英国根本不会参战。他们完全没心思了解加列尼的潜在素质，这个军事天才看上去一点也不像军人，他戴着眼镜，邋里邋遢，胡子拉碴，穿着双黑色系扣靴，扎着黄色的绑腿。难怪这位杰出的军人带着辛辣的幽默感评论道："没见到哪个英国军官同我这个滑稽人物交谈。"

　　加列尼对默里指出，德军右翼暴露出来，抓住这个机会至关重要，他告诉默里，巴黎集团军已做好打击德军侧翼的准备，恳请英军停止后撤，次日和他的军队一同发起进攻。可默里表现得"很不愿……赞同他的观点"，还宣称总司令不在，他什么也做不了。加列尼徒劳地等了约翰·弗伦奇爵士三个小时，下午5点不得不离去，只得到对方"晚些时候电话联系"的保证。可这通电话无法让人满意，因为电话中透露的意思是，英军次日会继续后撤。加列尼随后收到霞飞当日上午写给他的一封信，证实了英国人的决定，信中写道："当前情况下，我的意图是，继续执行我荣幸地和你交流过的计划，也就是撤往塞纳河后方，所有部队集结到一起之后，才能在选定的战线从事交战。"这封信的后一段，说明了克卢克集团军改变方向这个消息产生的影响："德军继续攻往东南偏南方的情况下……也许你会同意，你的行动用于马恩河和塞纳河之间的右岸最为有效。"这句明确的开场白随随便便提出的限制条件，表明霞飞不太鼓励英国人接受加列尼的大胆建议。霞飞思维迟钝，即便改变观点也非常缓慢，与加列尼敏锐的眼光和迅速做出的应对相比，反差极大。

霞飞当日上午收到加列尼的消息，采取的措施仅仅是中午 12 点 45 分给弗朗谢·德斯佩雷（他接替朗勒扎克指挥第 5 集团军）发去电报，电报中写道："请告诉我，你是否认为你的集团军处于发动进攻后有可能获胜的状况下？"这是一份询问函，既没指出眼前的重大战机，也没敦促对方采取行动。弗朗谢·德斯佩雷收到电报时，弗伦奇的参谋亨利·威尔逊和他在一起，两人商讨后起草了回电，称"要到后天才能投入战斗"，也就是说，第 5 集团军次日会继续后撤，9 月 6 日将发动进攻。德斯佩雷在电报中亲笔写了段不太令人鼓舞的细则说明："确保行动取得成功的必要条件是：（1）第 6 集团军紧密而又精诚的配合，9 月 6 日上午，他们必须在乌尔克河左岸投入进攻，该集团军明日必须到达乌尔克河……否则英军不会开动；（2）本集团军 9 月 6 日可以投入战斗，但情况并不乐观，无法寄希望于各预备队师。"

霞飞发出试探性询问，收到的却是这种令人沮丧的回复。这会对他造成何种影响？当然只会加剧他的犹豫。

霞飞的首席顾问贝特洛，强烈支持继续后撤并维持原定方案，这让他更加踌躇不决。当日下午早些时候，又传来德军渡过马恩河取得进展的不祥报告。就像霞飞在回忆录中写的那样："这种情况让贝特洛的意见占了上风。"的确，回忆录中辩称，霞飞只是继续推迟做出决定，但也承认，他下达了几道完全符合贝特洛意见的新指令。更值得注意的是，霞飞决定把他的司令部再往南转移 30 多英里。随后，霞飞早早地吃晚饭时，弗朗谢·德斯佩雷的电报送抵。

因果关系的下一环，伴随着"咔嗒"声就位了，这是电话交换机接通时发出的声响。如果说加列尼的敏锐眼光把握了战机，那么，就像他本人说的那样："这通电话赢得了马恩河交战"。加列尼回到巴黎的司令部，收到霞飞姗姗来迟的电报，总司令赞同他发动反攻的建议，但倾向于在马恩河以南实施。如果这场反攻真在马恩河以南展开，效果肯定远不及打击敌军侧翼和后方。

加列尼立即打电话给霞飞，他满怀热情、有理有据的观点终于说服了总司令。霞飞批准巴黎集团军对马恩河以北发起打击，以此作为左翼军队全面反攻的组成部分。霞飞还答应争取英军配合。当晚 8 点 30 分，加列尼迅速给莫努里集团军下达命令，该集团军已获得加强。延迟了几个小时后，霞飞终于下达了 9 月 6 日转入进攻的命令——这道命令下得太晚，别说 9 月 5 日，就算在 9 月 6 日也无法全面生效。这种延误造成了深远的影响，但还没到不可收拾的地步。

9 月 5 日，莫努里集团军向东开拔，朝敌军而去，而英军和德斯佩雷集团军按照原先的命令继续向南退却，远离敌人，甚至远离彼此。但在加列尼看来，两支友军之间敞开的缺口很可能非常危险。待次日折返时，他们必须收复许多地盘，无法根据情况的需要迅速返回。克卢克完全没想到英军会"消失"，这种情况让他深受鼓舞，因而把半数主力（第 2、第 4 军）从英军所在地区调回，赶去加强备受重压的侧翼，他的侧卫正全力抵挡莫努里集团军朝德军后方的推进，这种推进深具威胁。9 月 7 日，新锐兵团开抵后逐渐挡住了莫努里的挺进，为加强莫努里集团军，加列尼竭力前调搜罗到的一切预备力量。

著名的巴黎出租车故事就此发生，这是个耳朵听出老茧的传奇。一个新锐师刚刚在巴黎附近卸载，可他们离前线还有 40 英里，步行开赴战场速度太慢，而铁路运输力量只能运送半个师。当天下午，警察在街头拦下一辆辆出租车——某些情况下甚至把乘客撵走，拼凑起 600 辆出租车后，派他们驶往加尼郊区搭载士兵。加列尼赶来后见到这一幕，满意而又兴奋地惊呼道："好吧，至少这种情况不太常见！"夜间，这支未来摩托化部队的先驱，快速驶过一座座偏远村庄，从惊讶的村民面前呼啸而过，只有巴黎出租车能做到这一点，他们奔波了两次，每次运送 3000 名官兵。不幸的是，这些出租车保持了他们更看重速度而不是可靠性的传统，两趟运送工作一片混乱，9 月 8 日晨，那些"乘客"不得不耗费几个小时整顿，全师这才得以投入进攻。

法军直接打击德军侧后翼，令对方倍感压力。加列尼几天前就请求再给他调拨 2 个军，这些额外力量刚刚零零碎碎地开抵，要是及早掌握这 2 个军，他可能已切断马恩河以南的德国军队，从而让这场交战既具有战术决定性，又具有战略决定性。可即便如此，法军还是构成了严重威胁，迫使克卢克9月6日晚10点召回另外2个军，这样一来，他与友邻的比洛集团军之间就出现了一个30英里宽的缺口。填补这个缺口的力量仅仅是2个实力虚弱的骑兵军，外加几个猎兵营，更糟糕的是，克卢克没有把这股薄弱的掩护力量置于统一指挥下。这就造成了致命后果。虽然克卢克能挡住，甚至击退莫努里的军队，可他在南部防线留下的缺口，导致比洛的侧翼暴露在外。9月7日，虽说德军还没有受到弗朗谢·德斯佩雷缓慢推进的影响，但比洛对自己毫无掩护的侧翼非常敏感，因而把右翼调回小莫兰河北岸。9月9日，英军开入缺口中央的消息传来，事实证明，这就是德军后撤的信号。虽然英军9月5日继续后撤，破坏了联军赢得一场压倒性胜利的机会，但他们这场后撤却为胜利创造了条件，实在是个"塞翁失马式"的讽刺。

不过，看看战线其他地段的情况很有必要，这是因为，除非德国人的意图在其他地方也遭到挫败，否则霞飞不可能赢得胜利，反而有失败之虞。德军左翼在东面（洛林地区）的进攻受挫，主要是他们自己造成的，德军迫使对方退守堡垒防线，致使他们几乎不可能完成突破这道防线的任务。而诸多"马恩河意外"中的另一起，导致他们的退却成为必然。这是因为迪巴伊集团军和德卡斯泰尔诺集团军，在莫朗日—萨尔堡交战中遭遇败绩后，结束了仓促的后撤，他们的防线向内凹陷。德国人贸然进入对方无意间形成的这个凹陷，朝沙尔姆山口发起主要突击，而法军早几年就针对这种情况做好了应对准备。

就这样，法国人获得了对德军两翼展开有效反击的机会，因而暂时瘫痪了对方的挺进。8月27日，德军陷入停顿。这不仅让法国人获得喘息之机以加强他们的防御阵地，还让霞飞得以安全地把部队从右翼调往更紧要的左翼。法军调动的消息，促使毛奇为9月5日的行动制订了新方案，还诱使他再次对法军筑垒阵地发起徒劳的冲击，完全不顾巴伐利亚王储鲁普希特这位第6集团军司令提出的反对意见。德军展开新的进攻，正面冲击南锡大库罗讷，这道山脊构成了沙尔姆山口的侧翼支撑。德皇率领披挂着白色甲胄的胸甲骑兵到来，像个等待上场的演员，准备以胜利姿态进入南锡。可德军一连串缺乏准备的冲击，在法国炮兵精心构设的优势火力面前垮了下来，9月8日，毛奇命令鲁普雷希特停止这场徒耗兵力的进攻。炮兵专家鲍尔少校的过度自信，促使鲁普雷希特放弃了自己的判断，同意投入这场进攻，这位少校声称他的超重型榴弹炮，完全能发挥与当初攻克比利时陈旧要塞期间相同的威力。奇怪的是，鲁普雷希特现在只是连声抱怨着放弃了进攻，由此看来，1914—1918年间许多军事领导者的决断就是碰运气。

凡尔登以西的德军中路（第5、第4集团军），作为钳形攻势的右臂，没能更好地完成毛奇修改后的方案规定的任务。凡尔登地区，萨拉伊接替吕夫担任法国第3集团军司令，他收到的头几道指令，不仅要他率部继续后撤，还要求放弃凡尔登。但萨拉伊却有不同看法，他决心尽可能长久地坚守凡尔登枢纽，不能与西面的第4集团军失去联系。这种令人愉快的主动性，导致德国皇太子率领的第5集团军朝东南方的进军戛然而止，这是打乱毛奇作战方案的重要因素。萨拉伊麾下部队的顽强抵抗，更重要的是法国炮兵的致命火力，不仅阻止，而且瘫痪了德国皇太子的挺进。直到9月9日，德军才展开姗姗来迟的夜袭，企图打破僵局，混乱中，德国人互相射击，这场进攻以自杀式惨败告终。可是，萨拉伊请求上级调拨援兵却徒劳无获，如果得到增援，他也许能转入一场危险的反突击，从凡尔登向西打击敌军侧翼，因为通过坚守凡尔登，他已构成口袋的一面，另一面是莫努里集团军，德国军队贸贸然闯入这两股力量之间。

豪森率领的德国第3集团军，连接着德军中路与右翼，受领的是随时支援任何一侧友军这种不确定的任务。这项任务也许部分反映出这样一个事实：豪森集团军由撒克逊人组成，而普鲁士人一向看不起撒克逊人的战斗力。到头来，这个集团军果然一分为二。左翼力量用于协助德国第4集团军对法国第4集团军（德朗格尔·德卡里）的失败进攻——这场进攻中出现了可能是此次交战期间最激烈的厮杀，德军最终被法军炮兵击退。德国第3集团军右翼力量，与比洛集团军左翼一同进攻新组建的法国第9集团军，该集团军完全以调自德朗格尔·德卡里集团军的兵团组建而成，目前由福煦指挥，部署在法军中央。

关于马恩河交战的所有传说，涉及福煦的内容五花八门，准确性也最低。时至今日，仍被公众普遍相信的第一个说法是，福煦发起反突击，把普鲁士人赶入圣贡沼泽，从而决定了整场交战的结果。实际上，这场交战的胜负是由更西面的战况决定的，随后德国人不受干扰地撤离了。第二个说法较为谦逊，声称福煦阻止了德国人在法军中路达成突破，从而为胜利创造了可能性。这种说法也不正确，因为德军从来没打算在此处取得突破。比洛的战线改为正面朝西，他只是执行掩护任务，战线转向过程中，他的左翼撞上福煦的防线是很自然的事。

另一个悖论是，尽管福煦一再下令进攻，可他的部队实际上处于防御状态，而这种毫无必要的防御，归因于他自己违抗命令。

9月6日凌晨1点30分，福煦接到霞飞"全体向后转"这道著名的命令。与其他集团军不同，福煦及时收悉命令，完全可以奉命行事，他受领的任务是坚守圣贡沼泽南部出口，从而为弗朗谢·德斯佩雷的进攻提供侧翼掩护。可相反，福煦集中主力进攻沼泽地以北，只留实力虚弱的第11军守卫沼泽地东面广阔、易受攻击的地区。先前的艰巨后撤，导致福煦的部队疲惫不堪，减员严重，他们的进攻很快以失败告终，退却期间没能牢牢守住沼泽地南部出口。因此，福煦的主力仍留在侧面。德国人只能沿狭窄的堤道穿越沼泽，因而实现了横移，就像他们先前做的那样。9月7日，他们对沼泽地以东发起冲击，但被法国炮兵火力打垮。躲避炮火的唯一办法是发动刺刀冲锋，德国人把这场进攻安排在拂晓前，以昏暗的光线为掩护。福煦的右翼猝不及防，很快就让开通道。幸运的是，德国人没有迅速跟进，所以只缴获了少量让他们大吃苦头的火炮。尽管如此，形势依然严峻，福煦请求支援，弗朗谢·德斯佩雷派一个军加强他的左翼，霞飞派另一个军填补福煦右翼敞开的缺口。9月9日，德军继续冲击福煦右翼，取得新的进展，遭遇的抵抗很轻微，直到下午2点前不久，这场进攻才因为收到比洛那道恶名昭著的全面后撤令而停顿下来。德国人顺利撤离，甚至没被对方发现。为应对早些时候的紧急状况，福煦从完好无损的左翼抽调第42师，派该师赶往右翼，但该师开抵后只能在暮色中以炮火轰击已然消失的敌军，普遍的传说是，他们对已达成突破的德军侧翼发起决定性反突击，可实际情况完全相反。还要补充一点，虽然比洛转向期间把自己的侧翼暴露在外，但福煦想的仅仅是展开正面反突击。他对整场交战的主要影响（也是最严重的影响）是，削弱而不是协助掩护主要进攻。

我们现在把战场调研转回具有决定性的西翼。让我们把目光投向德军战线后方的各个指挥部，看看最终导致德军后撤的那些摇摆不定的观点。德国最高统帅部 8 月 30 日从科布伦茨迁往卢森堡，依靠无线电与各集团军保持联络，偶尔也派参谋军官乘汽车赶赴前线了解情况。他们没有组织正规的汽车或摩托车传令勤务，而无线电通信不仅因为加密和解密耽误时间，还受到巴黎埃菲尔铁塔的干扰。各集团军司令仍秉承 1870 年的传统，由于嫉妒心作祟，他们上报的情况很少，速度缓慢，除非是赢得胜利的报告，可就连这种捷报也是夸大其词。9 月 7—9 日，整场交战的危急时刻，前线没有发回哪怕是一份有价值的报告，直到 9 月 12 日，毛奇仍不知道克卢克集团军发生了什么情况，也不清楚他们在哪里。不过，不掌握实际情况也许无关紧要，9 月 5 日，以陆军大臣身份赶到卢森堡的法尔肯海因，在日记中写道："只有一件事是肯定的：我们的大总参谋部昏了头。施利芬的笔记再也帮不上忙，毛奇也就黔驴技穷了。"

另外，毛奇已甘于失败。以下事实充分体现出卢森堡总部的愁云惨雾：9 月 8 日，亨奇中校作为毛奇的特使动身出发，依次视察凡尔登以西的 5 个集团军，他获得协调后撤的全权，"如果后撤已然开始的话"。德国军队没有后撤，但亨奇发现第 5、第 4、第 3 集团军司令部士气低迷。他继续视察，当晚在比洛司令部过夜，发现这里的阴郁气氛有所加剧，次日晨离开时，亨奇至少确定了一点：应当尽快下达后撤令。9 月 9 日上午 9 点左右，比洛收到空中报告，称 6 支敌军队列（5 支英军，1 支法国骑兵）正逼近马恩河，对方就这样进入了缺口部。到上午 11 点，比洛已经给他的集团军下达了下午 1 点后撤的命令，还把自己的决定告知克卢克。

由于路上的拥堵和混乱，亨奇的行程受到耽搁，快到中午才抵达克卢克的司令部。据他说，他在这里发现后撤令已下达，为确定这一点，他还补充了后撤方向——朝东北方退却。但克卢克的参谋长库尔声称，发布这些命令完全是一名下属犯错造成的，由于英军几乎已进入己方军队身后，他只是命令自己的左翼掉转方向。库尔进一步指出，鉴于比洛集团军的状况，亨奇给他下达了后撤令。亨奇已不在世，自然无法反驳他的说辞。但事实是，后撤开始于下午2点，后方各条道路已肃清，库尔和克卢克都没有要求书面命令，表明他们急于撤退，这进一步支持了亨奇的说法。实际上，库尔承认，英军和德斯佩雷集团军即将达成突破，德军后撤已无法避免。由于英军的渗透，克卢克集团军不得不向北退却，这就导致缺口依然敞开。

马恩河交战期间发生的诸多意外，最奇怪的是无意间重现了拿破仑战役的完美模式，拿破仑本人几次使用过这种模式，卡蒙将军和其他学者认为，此类想法经常出现在他的脑海中。这种模式的特点是，抓住正面之敌时，可以直接针对敌军一个侧翼实施机动，这种机动本身并不具有决定性，但能为决定性打击创造机会。因为合围的威胁迫使敌人做出应对，必然拉伸他们的防线，这会形成虚弱的结合部，进攻方随后就可以对这个结合部发起决定性打击。加列尼在马恩河造成这种拉伸，英军一举楔入对方的结合部。联军相当完美地执行了这种模式，可他们完全没有意识到这一点。

因此，我们清楚地看到，英军9月5日继续后撤，9月6日和7日缓慢推进，在战略上具有重要价值，他们无意间的退却，与拿破仑刻意为之的行动如出一辙。如果英军的"果断"推进早早暴露，德军结合部就不会因为克卢克最后两个军调离而遭到削弱，即便这两个军要离开，比洛也会把他们留到9月8日晨。事实上，莫努里的进攻已遭到遏制，克卢克两个军仍朝他那个方向赶去，足以说明莫努里的进攻并不具有决定性。

但联军9月8日、9日、10日的前进依然缓慢，这就不是拿破仑战役的模式了。事实证明，这种缓慢的行进，彻底破坏了联军把德国人的退却变为一场灾难的机会，从而为历时四年的堑壕战铺平了道路。联军行动缓慢，部分原因是连续的河流构成障碍，但更重要的因素是他们缺乏干劲，指挥失误。约翰·弗伦奇爵士似乎对前景没什么信心，对盟友付出的努力更是不抱太大希望。结果，他踩了刹车，而不是油门，另外，他还把大部分骑兵置于右翼，甚至是右翼后

方，以此作为与友邻法军的连接，而不是担任追击的先遣力量。[6] 的确，直到
9 月 11 日，这些骑兵才真正展开追击。弗朗谢·德斯佩雷的进军甚至更加谨
慎：他的右翼与福煦相连；他的中路缓慢跟进，但没能追上比洛后撤中的侧
翼军队；他的左翼没有沿彻底敞开的道路全力向前。

　　但造成延误的另一个原因，是联军前进期间采用的战术。直到 1918 年，
各部队保持齐头并进的旧思想仍占据主导地位，因此，一个军或一个师受
阻，友邻兵团往往也会停下脚步。这样一来，他们就频频错失了绕开对方临
时抵抗的侧翼、保持前进势头的机会。由于英军和弗伦奇丧失了这次机会，
1918 年时，协约国只得眼睁睁地看着德国人应用"自然法则"：一切湍流或
溪流沿阻力最小的路线流淌，遇到障碍后绕开，而后方的涡流会卷走陷入
孤立的障碍物。

　　如果马恩河交战的缔造者，在战役开始时没有被剥夺指挥权，这场胜利
也许会更具决定性，从而缩短战争。霞飞本来就限制了加列尼的打击力量，
一有机会出现，他忙不迭地取消了加列尼的指挥权。要是他利用敌人的弱点
也能这么快就好了！9 月 11 日，霞飞通知加列尼，他收回莫努里集团军的直
接指挥权，这让加列尼心烦意乱地待在巴黎城内，眼睁睁看着胜利果实从他
那位思维迟钝的上司手中溜走。整个交战期间，尽管霞飞造成几次挫败，可
加列尼的主导思想始终是指挥所有预备力量向北，也就是开赴敌军后方。加
列尼失去指挥权后，这场进军沦为纯粹的正面推进，这让德国人获得喘息之
机，重组军队并牢牢坚守埃纳河一线。直到 9 月 17 日，霞飞才想到利用铁
路集结大批军力，运动到敌军侧翼后方。结果，在这场所谓"奔向大海"的
行动中，法国人始终"少一个军，慢 24 小时"，直到堑壕战线延伸到海边。

　　但在利用德军战线后方暂时出现的混乱、犹豫状况方面，霞飞不是唯一
的失败者。英国官方历史学家爱德蒙兹将军做出清醒的判断："英国本土防
卫力量有 14 个步兵师和 14 个骑兵旅，外加仍在英国的第 6 师，要是以部分
军力登陆英吉利海峡沿岸港口，打击德军交通线和后方的话，有可能赢得决
定性战术结果，从而结束战争。"

　　即便做不到这一点也没关系，因为英军前出到埃纳河时，机会依然存在，

可还是被他们错失了。的确，就像官方史指出的那样："达成突破的前景从来没有像 9 月 13 日晨这么明朗。"由于德国人疏忽大意，再加上英军下级指挥官发挥的主动性，英国人从两翼渡过埃纳河。另外，"从黑格将军获得的所有情报看，自马恩河交战以来，一直存在于德国第 1、第 2 集团军之间的缺口还没有封闭……"可是，由于"黑格指挥部没能掌握战况"，这场比赛输掉了。9 月 13 日，"各个师的推进相当谨慎而又悠闲，而总司令部下达的各道命令，完全没有提到时间的重要性"。

"到 9 月 13 日傍晚，情况彻底发生变化。英军得知德军援兵已开抵，估计对方 14 日会实施激烈抵抗。可总司令部发来的命令，只是重复了'全军继续追击'的行动方案"。"没有计划，没有目标，没有协同安排，各个师就这样投入战斗。"英军遇挫后，再也谈不上机动，一场僵局随之而来。

东面的法国军队丧失了更大的机会。这是因为，孔诺的骑兵军和一群预备队师到达埃纳河时，就位于德军防线 10 英里宽的缺口对面；渡河后，法国骑兵向北驰骋 13 英里，到达锡索讷，可随后，"上级意识到遭切断的危险，命令他们撤回河上各座桥梁处"。这种过于谨慎的防范意识，导致法国骑兵丧失了他们在西线再也没能获得的良机。因为到达锡索讷，孔诺骑兵军就位于德国第 2 集团军后撤中的侧翼北面 15 英里，德国第 3 集团军防线后方 40 英里处。"他们只要向东挺进，跨过敌军交通线，就至少能给对方造成惊慌和混乱。"

经常有人提出这样一个问题：如果拿破仑在世，是否能打破堑壕战的僵局。虽然由现代化兵器没得到重视产生的防御威力，以及 1914 年笨重的大军，共同打败了战役的机动性和决定性，但加列尼那段插曲引发了怀疑。以"拿破仑式的敏锐眼光"看待 1914—1918 年的西线战场，加列尼为这道题目提供了一个例子，不仅如此，他还以他的直觉、他的大胆机动、他迅速做出的决定，与英国、法国、德国的其他领导者形成了鲜明对比，从而表明通过机动，完全有可能在工匠[①]吞噬艺术家前，从堑壕战的口中夺走定案。

---

① 工匠指的是霞飞。

这样一个事实强化了以上的假设：加列尼在条件受到最大限制的情况下发挥了他的影响。他担任巴黎军事总督，这种要塞指挥工作受到各种限制和规则约束，严格规定他只能执行防御任务，甚至赋予他不支援野战军队的权力，这样一来，就把他局限在坚守要塞的当前责任上，使之不会有更宏大的眼界。具有讽刺意味的是，野战军总司令居然领导了全面围攻，而要塞指挥官竟然构思并发起了战争中最具决定性的机动。可战争就是依仗"大小王"的牌局，霞飞紧攥着他的王牌时，加列尼打出了手中的大小王。正如加列尼后来带着幽默而又苦涩的口气说的那样："没有什么马恩河交战。霞飞下达的指令，要求撤离塞纳河，还要从凡尔登和南锡疏散。萨拉伊没有服从，他挽救了凡尔登；卡斯泰尔诺坚守大库罗讷，他拯救了南锡。我采取了进攻行动。至于现在有人说，总司令（我向前推进时，他已远远地退往后方）指挥、预见、部署了一切……这实在让人难以置信！"

"没有什么马恩河交战"这句话千真万确。1870年也没有什么色当"会战"。小毛奇面对不利境地的愚蠢行径，堪比麦克马洪面对老毛奇时干的蠢事，甚至有过之而无不及。

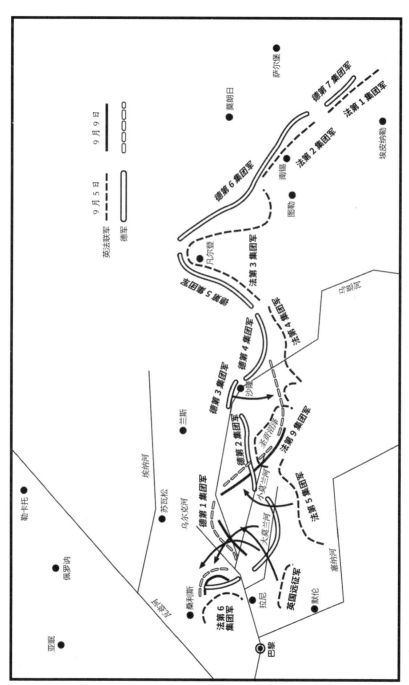

马恩河交战（1914 年）（ZVEN 制）

第二节

坦能堡传说

德国人在坦能堡赢得伟大的胜利，这个广为人知的故事，与马恩河交战一样，是一座充斥着巨大错误的丰碑。因为这座纪念碑实际上是置于泥土底座的一尊木像，再以传说为漆刷了一遍。

第一个，也是最广为流传的传说，是为一位老将军勾勒出充满浪漫色彩的画像：这位老将军退役岁月的爱好是耗费许多时间，针对俄国日后的入侵构思巨大的陷阱，他不仅研究穿过一个个沼泽的各条路径，还积极探寻这些即将让俄国游牧部落陷入灭顶之灾的沼泽的深度，随后到来的战争实现了他的梦想。第二个传说，随着鲁登道夫的影子出现在兴登堡身后而浮出：鲁登道夫乘坐火车，途中捎上他名义上的上司，一同赶赴东普鲁士，途中构思、制订了实施第二次"坎尼会战"的总体计划。唉，历史必须消除这两个传说。

对德国人来说，本质上是一群人找到了他们的加列尼，此人结合了年轻参谋的头脑和老军长的魄力。他们反过来得到俄国领导层大力帮助，因为对方犯下的错误，相当于毛奇和霞飞的结合。的确，入侵东普鲁士的简要记录，就是近代俄国军事史的缩影。

从很大程度上说，有个人必须为浮躁的执行力，以及俄军没做好准备就投入这场灾难性入侵负责。此人就是日林斯基将军，1913 年前一直担任俄国总参谋长。他与法国缔结了军事协议，俄国因而承诺，动员后第15天把80万人马投入战场。这种安排给笨重的俄国战争机器造成压力，结果，这部机器开动时，出现了大量裂纹，还发生了局部故障。俄国统帅部的工作人员也备感压力，不得不在紧张不安的状况下做出决定。但俄国人的相关部署并不仅限于这项承诺，因为他们的新方案，设想的是进攻德国人的同时，对奥地利人发起主要打击。

加剧这份作战方案弊端的是，方案执行者并非制定者，陆军大臣苏霍姆林诺夫将军甚至故意不让此人对作战方案发挥任何影响。实际上，苏霍姆林诺夫打算亲自指挥。但坚信自己的天赋适合指挥俄国大军的人，并不只有他一个。苏霍姆林诺夫的对手宣称领军出征是神授的权力。战争爆发后，沙皇提出亲自指挥，这让他那些大臣深感震惊。面对他们的压力，沙皇遗憾地任命了尼古拉大公，他至少是个训练有素的军人，但沙皇派了两名主要副手，这就给尼古拉大公造成妨碍。其中一位是亚努什科维奇将军，是个朝臣，不太受军队欢迎。第二位是丹尼洛夫，这个能干而又正统的军人真正指导了俄国的战略。

从八月初起，法国人就通过俄国外交部不断敦促尼古拉大公，请他尽快展开行动，缓解德国对法国施加的压力。因此，虽说俄国入侵东普鲁士并没有早于承诺的日期，但这确实是在俄国军队做好准备前发动的。

东普鲁士形成一根长长的陆地"舌头"，跨过涅曼河，伸向俄国腹地，北面与波罗的海接壤，南面与俄属波兰相接。连年坎普夫指挥的第1集团军（或称为维尔纳集团军），与萨姆索诺夫指挥的第2集团军（或称为华沙集团军），已沿陆地边界集结。两个集团军编成的方面军由日林斯基指挥。他打算先以连年坎普夫集团军攻往东普鲁士东端，吸引德军防御力量，两天后，让萨姆索诺夫集团军越过南部边界，横跨德军后方，把他们与维斯瓦河隔开。这个方案遭遇挫败，问题不在于构思，而在于执行。俄军构成的威胁暴露后，德国统帅部拉响了警报，实际上，德国人惊慌失措，这一点很好地证明了俄军作战方案的潜在价值。不过，除了指挥失误和军事准备不足，俄国人还遇到两个不利的自然条件。第一个障碍是，55英里长的马祖里湖区把两个俄国集团军隔开，这片湖区，再加上西面的柯尼斯堡筑垒地域，缩窄了连年坎普夫的进军路线，只留出一个宽 40 英里左右的缺口。第二个障碍是，从南面发动入侵的俄军，他们离开的边境地区是一片沙漠，铁路线很少，道路状况恶劣，这片地区是阻挡德国入侵的屏障。

8 月 17 日，连年坎普夫以 6.5 个步兵师和 5 个骑兵师跨过东普鲁士东部边界。德国人早就研究过应对这种两路突击的办法，施利芬的解决方案是，利用境内各种障碍，特别是马祖里湖区，集中全部力量，猛烈打击率先到达的俄国集团军，然后转身对付另一股敌军。但东普鲁士指挥官普里特维茨，和他的上司毛奇一样，不敢承担预期的风险。阻滞萨姆索诺夫期间，普里特维茨不愿依靠后备军和驻军部队加强天然障碍，他还把朔尔茨第 20 军辖内 2 个师留在南部战线。普里特维茨集结第 8 集团军剩余的 7 个步兵师和 1 个骑兵师，全力对付连年坎普夫。他误判了对方的状况，对入侵之敌发起正面突击，这就进一步妨碍了迅速赢得决定性战果。

这场进攻 8 月 20 日发生在贡宾嫩附近。马肯森第 17 军部署在德军中路，不得不投入最直接的冲击，结果大败亏输，这场失败至少在心理上抵消了两翼军取得的胜利。连年坎普夫正要下达后撤令，以免自己的中路陷入包围，可次日晨，他发现德国人撤走了。

贡宾嫩交战当天，萨姆索诺夫在日林斯基的催促下到达边界线，他的部下又累又饿，他们的运输工作很不完善，补给勤务杂乱无章。萨姆索诺夫此时率领 8 个步兵和 3 个骑兵师，另外 2 个步兵师正在赶来的途中。

德国第 20 军立即把萨姆索诺夫集团军出现的消息报告给普里特维茨，但他们低估，而不是高估了这股俄军的实力。虽然第 20 军满不在乎，但普里特维茨对这个情况紧张不已。傍晚时，他身边的两名参谋，格吕纳特将军和马克斯·霍夫曼中校，在奈登堡司令部（此处离南部边界线近得令人不安）的办公室外交谈，普里特维茨出现后把他们叫进自己的办公室。在场的还有参谋长瓦尔德泽伯爵，他也是个出身名门望族的动摇者。满脸焦虑不安的普里特维茨说道："诸位，想必你们也收到南方战线传来的新消息了吧？我军必须中止战斗，撤往维斯瓦河后方。"

两名下级参谋立即提出反对意见，敦促首先应该把贡宾嫩的进攻进行下去，时间完全来得及，他们还指出，任何情况下，不经战斗就仓促后撤，只会让萨姆索诺夫得到切断德军主力的机会，因为他离维斯瓦河近得多。可普里特维茨直截了当地告诉他们，做决定的是他，而不是他们。普里特维茨随后离开办公室，留下两名参谋与瓦尔德泽继续争论，最后，两人说服瓦尔德泽采取更大胆的措施。他们决定，为争取时间和空间，应当打击萨姆索诺夫的左翼（西翼）。为实现这个目的，必须从贡宾嫩地区用火车把 3 个师调回来加强第 20 军，而那里的剩余力量（预备队第 1 军和第 17 军）应当沿公路向西退却。这就构成了坦能堡机动的基础。

返回办公室的普里特维茨同意了他们的方案，没有再提起撤往维斯瓦河。次日传来的消息称，德军部队已经与连年坎普夫的战线顺利脱离接触，萨姆索诺夫集团军几乎停滞不前，普里特维茨的情绪晴朗起来。但 8 月 22 日，普里特维茨的司令部向北迁往米尔豪森时收到一份犹如晴天霹雳的电报，电报中宣布，新任总司令冯·兴登堡将军和新任参谋长鲁登道夫将军正乘专列赶来。半小时后，另一封迟到的电报通知普里特维茨和瓦尔德泽，他们已被替换。

司令部人员震惊不已，直到晚些时候才弄明白这起戏剧性事件的原因。事实是，8 月 20 日讨论情况时，普里特维茨离开办公室，他不仅打电话给马肯森和战地交通线负责人，告诉他们自己即将撤往维斯瓦河后方，还把这个情况告知了当时仍设在莱茵河畔科布伦茨的最高统帅部。他甚至对毛奇说，只有获得援兵，他才能守住维斯瓦河一线。更糟糕的是，普里特维茨干出这件神经错乱的蠢事后回到办公室，竟然忘记把这通电话交谈告诉他的参谋人员，这样一来，几名参谋也就没想到向毛奇汇报作战计划更改一事。毛奇失去了冷静，陷入悲观情绪，尽管时间紧迫，可他还是迅速对下属施以惩戒。

毛奇立即环顾四周，想找个行事果断的人，很快发现了鲁登道夫，此人刚刚在列日转败为胜。毛奇随后决定给鲁登道夫找个名义上的上司，并把鲁登道夫召到科布伦茨。鲁登道夫 8 月 22 日到达，听取了关于东普鲁士的情况简报，随后直接给倒霉的普里特维茨手下几名军长下达了初步命令，他以专列充当自己的新指挥部，在汉诺威捎上兴登堡这位顶头上司。

　　我们暂停一下，来看看德军指挥体系这幅令人愉快而又有趣的画面。他们先挑出参谋长，单独征询他的意见，而名义上的总司令待在汉诺威的"失物招领处"无人认领；参谋长随即打电话下达他的命令，然后在途中拿上他的"行李"；最滑稽的是，作战方案已然制定，还采取了必要的措施，这一切都由下级参谋霍夫曼完成，此人留在鲁登道夫手下，继续担任作战处长职务。

　　另外，这份精心策划的大胆方案，主要源于霍夫曼早期获得的相关经验。因为施利芬以他敏锐的洞察力，早就挑选这个顽皮而又杰出的年轻上尉（许多人觉得他只是个诙谐的浪荡子），作为观察员跟随日军经历了对俄战争。霍夫曼在那里了解到俄国军队的许多情况，至少知道连年坎普夫和萨姆索诺夫这两位俄国将领在奉天火车站互扇耳光的故事。因此，据他判断，连年坎普夫不会急于从贡宾嫩向前推进，以此协助萨姆索诺夫。霍夫曼还在中国东北了解到，俄国人的做事方式粗心得令人难以置信，因此，德军1914年8月截获俄国人以明码发出的无线电命令，霍夫曼认为完全可信，而他那些上级对此持怀疑态度，觉得这是对方狡猾的欺骗手段。

　　矛盾的是，鲁登道夫执行并发展的霍夫曼方案（这让鲁登道夫蜚声世界），与他本人先前下达的那些命令发生了冲突。这是因为，当初为解除普里特维茨的指挥权，鲁登道夫从科布伦茨打电话给几位军长，命令他们在他赶到前独立展开行动。连年坎普夫战线对面的预备队第1军和第17军，在向西后撤期间，利用这道命令休整了一天。影响速度的另一个因素是，整个第8集团军司令部不得不迁回马林堡，在那里迎接他们的新指挥官。

　　鲁登道夫8月23日到达马林堡，惊喜地发现集团军已展开的行动完全符合他的半成品方案，于是批准了霍夫曼的安排。次日传来明确无误的消息，连年坎普夫没有向前发起追击，鲁登道夫趁机扩大作战计划，命令贝洛率领预备队第1军加速后撤，这样一来，该军就可以打击萨姆索诺夫的右翼。8月25日，鲁登道夫通过截获的无线电报获知，连年坎普夫的行动非常缓慢，他觉得现在也可以把马肯森第17军调离，只留骑兵力量监视、欺骗连年坎普夫。这样一来，他也许可以猛烈打击萨姆索诺夫的两个，而不是一个侧翼，对这股敌军实施决定性合围。他的方案已趋成熟，不幸的是，就连强行军也无法弥补两个军休整一天损失的时间。

与此同时，萨姆索诺夫一直在日林斯基的电报督促下向前开进，日林斯基匆匆得出结论，德国人正按照普里特维茨的构想撤往维斯瓦河。他驱使萨姆索诺夫尽快切断敌军，却忘了敦促连年坎普夫加快行动，甚至下令进攻柯尼斯堡，这就分散了连年坎普夫的力量。在此期间，萨姆索诺夫集团军散布在近 60 英里宽的战线上，他的右翼、中路、左翼严重分散。如果俄军以机动性为连接，这条宽大战线也许是个优势，可俄军行动迟缓，再加上路况恶劣，宽大战线就变成了一种危险。萨姆索诺夫挺进期间试图向西横移，结果给自己制造了混乱，最终演变为自我毁灭。

朔尔茨第 20 军一直在缓慢退却，随后转身向西，这一步抢在中路俄军（第 13、第 15 军）攻往阿伦施泰因—奥斯特罗德一线前完成。鲁登道夫担心继续后撤会造成更大的压力和影响，因而命令弗朗索瓦率领第 1 军于 8 月 26 日发起进攻，在乌斯道附近突破俄军左翼（第 1 军和 2 个骑兵师）。弗朗索瓦提出反对意见，因为他的部分部队、四分之三野炮、全部重型火炮、弹药车队还没有到达。他还提出，不该展开正面冲击，应当迂回俄军侧翼。鲁登道夫立即否决了这些反对意见。他对时间的看重，可能远远超过他的战术现实感。但弗朗索瓦不想重复马肯森在贡宾嫩的遭遇，他消极抵抗鲁登道夫的命令，满足于占领一座外围山脊，从而避开俄军的积极抵抗。萨姆索诺夫的军队无所作为，这让朔尔茨第 20 军避免了一切危险，但这种情况是俄军筋疲力尽造成的，例如某ít俄国军，12 天内在深深的沙路上前进了 150 多英里。

双方 8 月 26 日展开激烈交战。位于另一侧的俄军右翼（第 6 军和 1 个骑兵师），与集团军余部相距两日行程，在劳滕附近遭遇调离东面战线的两个德国军。俄军右翼混乱地向后退却，但贝洛和马肯森的进攻严重缺乏协同，德军官兵强行军后疲惫不堪，因而没有展开追击。这样一来，俄军右翼虽说杂乱无章，可还是得以平安退走。但一个俄国师的部分力量陷入包围，背靠伯绍湖，慌乱中，一些俄军官兵落湖身亡。这起小小的事件引发的传说是，兴登堡把萨姆索诺夫集团军赶入湖泊和沼泽，淹死数千人。

整场会战中真正的危机发生在 8 月 27 日。当日晨，获得充足炮弹补给的弗朗索瓦，猛烈炮击乌斯道附近俄军左翼力量占据的阵地。饥肠辘辘的俄军官兵，无法抵挡头顶上炸开的高爆弹，没等德军步兵出现，他们就逃之夭夭。弗朗索瓦下令朝奈登堡方向追击，力图插入中路俄军后方，但俄国人对他的外侧发起反突击，迫使弗朗索瓦转身向南攻往索尔道。但8月28日拂晓，弗朗索瓦发现被击败的俄军左翼从索尔道仓促撤过边界线，于是他再次命令麾下部队向东攻往奈登堡。

弗朗索瓦8月27日损失的时间，由于这样一个事实得到补偿：俄国人自行陷入更深的厄运。虽然萨姆索诺夫知道他的右翼昨晚已被击败、左翼遭受威胁，但他还是命令中路力量再次向北进击。他之所以这样做，除了过度乐观，可能还有两个原因：要么是他在履行自己的任务时，过于死板地执行了接到的命令，要么是他在连年坎普夫这位宿敌继续前进的情况下，不愿率部后撤。他这场进攻，可能反而让德军免遭击退，因为朔尔茨已接到鲁登道夫的命令，弗朗索瓦发动进攻后立即提供协助。结果，中路俄军让朔尔茨的防线出现几条裂缝，尽管他们付出的代价是自身力量更加疲惫。这些裂缝一时间让鲁登道夫心神不宁，于是他命令弗朗索瓦派部分力量回援，同时以第1军剩余部队赶往东北方的拉纳，打击中路俄军身后。朝这个方向进军，必须穿过茂密的森林地区，势必减少弗朗索瓦切断俄军后撤路线的时间和机会。幸亏弗朗索瓦又一次无视上级的命令，继续奔向奈登堡。中午过后不久，鲁登道夫发现俄国人没打算加深那些裂缝，而是流露出后撤的迹象。于是他给弗朗索瓦下达了新指令：不仅要赶赴奈登堡，还要穿过奈登堡，向东攻往维伦堡。到8月29日夜间，弗朗索瓦的部队已守住从奈登堡通往维伦堡的道路，还构设了一连串堡壕据点，形成一道横跨俄军后撤路线的障碍，退却中的俄军陷入弗朗索瓦此前竭力避开的森林迷宫，一时间难以逃脱。后方遭封锁，各条道路严重堵塞，中路俄军（第13、第15军，第23军半数力量）土崩瓦解，沦为一群饥肠辘辘、疲惫不堪的残兵败将，他们无力打破对方的火力圈，随后就数千数千地束手就擒。

这出悲剧的高潮由萨姆索诺夫本人出演，8月27日，他从奈登堡向前而去，打算亲自指挥战斗，却发现自己陷入后撤的旋涡。萨姆索诺夫无能为力，

8月28日策马转身向南，结果在森林深处迷了路。黑暗中，萨姆索诺夫悄然转身离开，身边的参谋人员都没发现，直到传来孤零零的一声枪响：他宁愿自行了断，也不愿在这场灾难下苟活。

但萨姆索诺夫饮弹自尽时，俄军这场灾难并不像他认为的那么绝望。中路俄军只要组织起来，发起一场目标明确的突围，很有可能取得成功。因为弗朗索瓦的拦截线非常薄弱，自身还受到来自外部的威胁。这种威胁源于阿尔塔马诺夫的第1军，该军在乌斯道被击败后退过边界线，现在获得加强，重新折返赶来救援。8月29日的空中侦察报告，提醒弗朗索瓦存在危险，可他坚决不肯放弃封锁线，不过，他还是派出所能腾出的力量，在奈登堡阻截前进中的俄军。尽管如此，奈登堡还是在8月30日陷落，但鲁登道夫已派出援兵，而阿尔塔马诺夫也没打算乘胜追击，8月31日再次向南退却。

弗朗索瓦的虚弱，以及萨姆索诺夫集团军部分部队的逃脱，归咎于马肯森和贝洛没能从东面与弗朗索瓦会合。因此，这道封锁线既不坚实也不完整，没能充分发挥预期效果。由于马肯森与贝洛之间缺乏协同，上级也没有做出明确指导，两个军放弃了对俄军右翼的追击，转身向北，朝阿伦施泰因而去，他们以典型的德国风格赶往"枪炮声响起处"，而不是以汉尼拔的方式，编织一张兜住敌军后方的罗网。鲁登道夫摇摆不定，既担心连年坎普夫向前进军，又渴望歼灭萨姆索诺夫集团军，这种心态促使他下达了一连串矛盾的命令，根本无助于消除马肯森和贝洛军陷入的混乱。结果，鲁登道夫所冒的风险远大于他的收获。为结束这场会战，他耗费了太多时间，还在东南方留下个缺口，俄国第13军一部实际上就是通过这个缺口逃脱的，要不是马肯森发挥主动性，再次转身向南，竭力封闭缺口的话，该军大部很可能顺利逃脱，俄国人也不会惊慌失措。

尽管如此，还是有9.2万名俄军官兵沦为俘虏，两个半军灰飞烟灭，萨姆索诺夫集团军另一半力量严重动摇，特别是在士气方面。德国人的胜利显然得益于敌人的愚蠢，最重要的是，俄军不时以未加密的无线电报驱散战争迷雾。不过，如果我们适当地考虑了这些闪光点，那么，也应该考虑到"盲点"和这片荒野地区的复杂性。坦能堡的胜利依然是一项伟大的成就，因为这是战争史上独一无二的。但鲁登道夫并非胜利的设计者，兴登堡更算不上。这场会战的策划，主要功劳归于霍夫曼，如果说普里特维茨和鲁登道夫先后接受了这份方案，因而也有些功劳的话，那么，鲁登道夫还为霍夫曼的方案增添了更多细节。鲁登道夫甚至不是胜利的推动者，在这方面，弗朗索瓦厥功至伟。鲁登道夫的功劳必然被这样一个事实抵消：他最初从科布伦茨下达的命令，是德军没能彻底包围萨姆索诺夫集团军的初始原因、也是持续产生影响的原因。因为坦能堡会战并不像广为流传的赞誉那样，是精心策划的第二次坎尼战役。德国人的目标是粉碎俄国入侵力量，而不是包围俄国军队，合围的想法完全是事后萌生的，连年坎普夫持续保持消极被动状态，这才让德军有可能实施合围。这场胜利的名称，同样源自事后的想法。鲁登道夫 8 月 28 日下令朝弗勒格瑙展开追击，霍夫曼建议，为抹去日耳曼历史上的一个污点，不妨以弗勒格瑙前方的坦能堡镇为目标，因为 1410 年，条顿骑士团在那里遭受了一场历史性溃败。

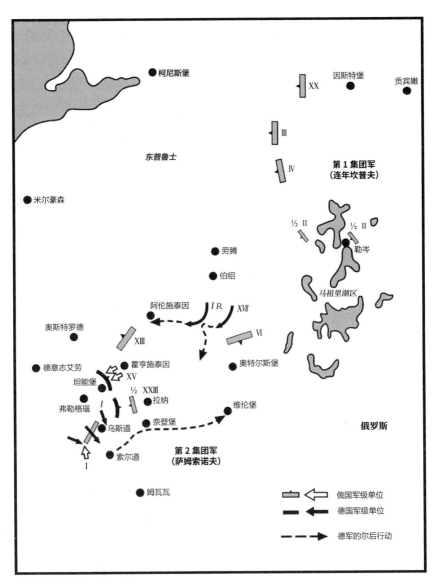

坦能堡会战（1914年8月27日态势）（ZVEN 制）

第三节

奥军破坏者和伦贝格战役

奥匈帝国军队指挥官康拉德·冯·赫岑多夫，为战争付出的努力在整个欧洲无人能及，没人比他更渴望战争。所有军事领导者中，他注定要在军队的首次冲突期间成为输得最惨的那一位。可他也许是他们当中最具才干的战略家。毛奇、霞飞、尼古拉大公是尽职尽责、缺乏想象力的军人，性格各不相同，但行事速度没什么差异。这些人行动缓慢，思维迟钝，而康拉德具有机动意识，作风大胆。他的策略融合了艺术家的气质和杂技演员的灵活。如果说他的思想受到 19 世纪战争学派这堵围墙的限制，那么，这种思想堪称该学派的最佳成果。当然，康拉德的思想也存在最严重的缺陷，他没有意识到物质因素在现代战争中发挥的作用越来越大。他缺乏战术现实感，力图发挥高超的战略技巧，而他的工具本来就不适用于这种目的。这件工具已在压力下弯曲，他却继续施加更大的力量，结果断在他手中。

奥国陆军是欧洲诸大国中装备最落伍的军队：他们的野炮不仅配置比例小，射程也较短；三分之二的步枪是沿用 25 年的老旧型号，而且储备量少得可怜，直到九月份，据守喀尔巴阡山各山口的部队，配发的仍是单发步枪；他们的运输工具也很不充足，不得不调集五花八门的农用大车作为补充，经常堵塞各条道路。虽然这些问题给积极的行动造成妨碍，但奥匈帝国军队的训练，却纯粹以进攻为目的。他们痴迷于这种力有未逮的战术，似乎受到康拉德·冯·赫岑多夫影响，他曾亲自编写过军队训练手册。

如果说康拉德作战方案中的战术工具脆弱易碎，那么，其战略基础也是空洞的。波兰突出部深深楔入奥地利与德国领土形成的上下颚之间，在地图上形成一块深具诱惑力的肥肉，任何一位业余战略家都会欣然接受一口咬掉它的想法。深感振奋的康拉德丧失了理智，为自己勾勒出一幅超级色当的战略蓝图，企图以他的军队从加利西亚向上突击，同时让德军从东普鲁士向下猛攻，一举切断波兰开阔平原上的俄国军队。但这个方案不太容易解决双头联盟从事两线战争面临的实际问题。

德国早已决定，战争初期集中力量对付法国。1909年的某次会议上，毛奇告诉康拉德，他希望六周内解决法国，然后把军队调往俄国战线支援奥地利。鉴于德国有这样的想法，康拉德也许应该明智地决定实施防御，等待援军开抵。如果他这样做的话，复杂的地理条件和缺乏主动性的俄军，本来是有利于他争取时间的。从喀尔巴阡山向北流淌的大小河流，会成为阻滞敌军的一连串障碍，而俄国军队缓慢的集结速度也能让康拉德免遭初期危险。可即便为争取时间，康拉德也只构想了一种行动样式，这就是进攻。带着这种固执的态度，俄国漫长的动员过程也成为他发动进攻的正当理由。康拉德认为越快投入进攻，遭遇的敌军就越少。据计算，动员开始后第20天（8月18日），俄国人会把31个师部署在奥地利战线，到第30天，这个数字就会增加到52个。康拉德希望到第一个日期，自己的可用兵力与俄军相当，而到第二个日期，他就会处于三比四的劣势当中。康拉德认为，这就是促使他尽快采取行动的诱因，可除了他这个军事乐观主义者，似乎没人认为仅凭一支实力相当，但素质可疑的军队，就足以发动一场自称具有决定性的进攻。

但康拉德还指望毛奇1909年含糊承诺的军力，也就是东普鲁士的德国军队届时会发动进攻。虽然毛奇当时没提到作战方向，甚至没交代作战意图，但康拉德还是认为对方会发动这样的进攻。

德国人没有点醒康拉德，如果说德国大总参谋部对此负有责任的话，那么，毛奇实际上是以孩童般的话语怂恿他："把手持皮鞭的俄国佬赶入普里皮亚季沼泽，淹死他们！"康拉德当然急于相信他愿意相信的东西，而不是放弃展示自己军事天赋的机会。他麾下实力最强的第1、第4集团军，集结在加利西亚战线左翼，准备向北突击，第3集团军掩护前两个集团军东翼，第2集团军从塞尔维亚战线"游历一圈"开抵后，就加入他们的行动。康拉德承认，俄军不一定集结在波兰突出部内，坐等德奥联军切断他们，对方也许会集中力量打击他的东翼；这种情况下，他打算让己方军队转身面对俄军，部署在穿过伦贝格的一条战线上；但这种可能性并不符合他的愿望，所以他宁可相信这种情况不会发生。做到这一点并不难，因为他获取情报的手段不足。康拉德掌握的骑兵力量超过10万，但只有42架飞机，其中可投入使用的寥寥无几。

奥地利军队8月15日的进军，"以大批骑兵为先导"，向前推进100英里，沿250英里宽的战线展开搜索。没过几天，"大量马匹背痛不已，几个师退出行动"。只有一小部分骑兵进入接敌范围，对方没有使用骑兵屏障。就这样，奥地利骑兵一头撞上俄国步兵，蒙受了惨重损失。奥地利官方史坦率地指出："远距离骑兵侦察的成果，完全抵不上伤亡成本。"

不过，康拉德收集到的些许迹象，足以让他心满意足，他觉得俄军的集结完全符合自己的计划。因此，康拉德8月20日下达了向北进攻、深入波兰腹地的重大命令。奥地利步兵在黑暗中摸索，一路赶往卢布林，康拉德怀着错误的信心，表述了他的看法："没有迹象表明，俄国人从东面对我军右翼采取了任何行动。"

康拉德的幻想很快就被粗暴地打破了，因为整整两个俄国集团军正朝他的右翼开去。与德国人相比，康拉德对截获敌军无线电命令的可能性发现得太晚，尽管他及时学会这种手段，盲人瞎马地步行一阵后，终于逃出封闭中的包围圈。

相比之下，俄军的作战计划，设计得精明而又简单。这份计划提供了两个完全不同的解决方案，但俄军最初的展开适用于任何一种方案。不管怎样，他们都打算疏散华沙和维斯瓦河西面的整个波兰突出部。俄军分为两个方面军，一个集结在西北战线，面对东普鲁士，另一个部署在西南战线，面朝东加利西亚。每个方面军辖 3 个集团军,第四个集团军掩护外翼。如果德国人集中力量进攻俄国,俄国的应对措施是 G 方案(日耳曼尼亚方案),这份方案规定,俄军撤往穿过布列斯特 - 立托夫斯克的南北向防线,必要的情况下继续后撤,直到调自西伯利亚和土耳其斯坦的援兵开抵,确保他们有足够的实力发动反攻。如果德国人全力打击法国,在东线保持消极状态的话,俄国就采用 A 方案(奥地利方案)。这份方案规定,西南方面军获得西北方面军1 个集团军加强后,对奥地利人发动进攻,西北方面军余部入侵东普鲁士。

从正统理论看,这份计划规定对两个相距甚远的目标实施双重进攻,而且针对不同方向,似乎不够明智,但这种批评不免有些过于草率。俄国人制订这份计划的理由,一是东普鲁士的德国军队实力虚弱,二是此举对分散德国加诸法国的压力至关重要——事实证明的确如此。这份计划一旦取得成功,还能掩护俄军主要突击的侧翼并缩短战线,同时为俄军主力最终攻入西里西亚铺平道路。这些理由非常充分。另外,由于交通状况恶劣,加利西亚一侧很难有效展开大股军力。这份计划的缺点在于,对北部攻势的总体规划较少,手段也很粗糙。不幸的是,法国对俄国统帅部施加压力,要求他们尽快展开行动,这就导致俄军作战方案的缺陷更趋严重。

尼古拉大公没有接受法方“无视侧翼之敌,直接攻往西里西亚”的建议,但为了忠于盟友,他着手在中路集结两个新锐集团军,以便尽快采取这样的行动。另外,他还设法加快执行目前采取的措施,这给俄国的组织体系造成更大压力,甚至超出了他们所能承受的程度。虽说东普鲁士一侧产生的后果最为严重,导致了坦能堡惨败,但加利西亚一侧更早感受到了相关影响。

俄国人和奥地利人一样,对敌军作战方案的估计,与实际情况截然相反。另外,他们获取情报、纠正己方错误看法的手段,也比奥地利人强不到哪里去。西南方面军司令伊万诺夫,认为敌人正向东开进:对方会遭遇他实力强大、向西开进的第 3、第 8 集团军,他麾下第 4、第 5 集团军随后就从北面而下,插入敌军身后。这是个如意算盘,虽说构想得并不正确,但差一点实现——对方也是如此。

可开局并不顺利。尼古拉大公施加压力后,位于最西侧的俄国第 4 集团军,没等完成动员就向南开拔，这与伊万诺夫的设想完全相反。8月23日，该集团军在没做好准备的情况下，与向北开进的奥地利第1集团军迎头相遇，双方都大吃一惊。但这场克拉希尼克交战中，奥地利军队占有兵力优势，这让丹克尔将军得以迂回俄军侧翼，随后击退对方。

俄军遭逆转的消息，让尼古拉大公和伊万诺夫震惊而又不快，可他们不改初衷，轻而易举地得出推论：奥军这场打击仅仅是侧卫力量实施的进攻。为严惩大胆的入侵者，普列韦第5集团军奉命转身向西，打击敌军侧翼和后方，从而一举切断对方。这又是个幻想。

对俄国人来说不幸的是，这场转向把他们的侧翼暴露给向北开进的奥地利第4集团军（奥芬贝格），双方8月26日展开激战。科马罗夫这场交战中，俄军遭遇的情况更恶劣，因为敌人迫使他们改为正面朝南，可他们的司令却继续敦促全军转向西面。面对这种双重压力，俄国第5集团军发生严重弯曲，特别是在两翼，到8月28日傍晚，他们已处于被奥芬贝格集团军包围的严重危险下。要不是奥军骑兵由于粗心大意而陷入恐慌，妨碍到奥芬贝格的进军，俄国第5集团军本来会崩溃得更快。收网期间的这个障碍造成了致命后果。

俄军主要突击的灰色大潮滚滚涌向伦贝格，危险地逼近奥芬贝格的补给和后撤路线。俄国军队的谨慎和笨拙，成为他们前进的制动器，可这样一来，反而让康拉德对迫在眉睫的威胁一无所知。他的性格也导致情况更趋恶化。奥军向北进击取得的开局胜利，让康拉德振奋不已，他从伦贝格附近实力虚弱的第3集团军抽调3个师，加强奥芬贝格集团军。与此同时，他还批准了这样一项建议：第3集团军余部应当从伦贝格向东进击，打击相关报告称已出现在这个方向的小股俄军。康拉德从多瑙河而来的第2集团军，刚刚开始到达战场，位于南面的斯坦尼斯拉夫。

第3集团军8月26日鲁莽地赶往佐洛塔亚利帕河，更鲁莽的是，他们随后对俄军先遣力量展开缺乏准备、杂乱无章的攻击，而对方占有五比二的兵力优势。因此，奥地利人混乱不堪地退往格尼拉亚利帕河。伦贝格位于战场后方25英里，当晚挤满了惊慌失措的溃兵。次日晨，康拉德命令遭重创的第3集团军撤往伦贝格，还带话给奥芬贝格，让他交还暂借给他的3个师。

康拉德确实打算让北进的两个集团军停止前进，可传来消息说，俄军没有展开追击。于是，康拉德又改了主意，还撤销了先前下达的命令。

伊万诺夫仍认为自己面对大批奥军，因而决定暂停前进 48 小时，以便各兵团靠拢后展开，遂行格尼拉亚利帕河交战。他要是立即进军的话，很可能像捅穿纸屏风那样击溃动摇的奥地利军队。尼古拉大公获知俄军止步不前的消息，下令立即恢复向伦贝格的进军。

身处遥远后方的总司令也许可以提出建议，但各部队的展开还是靠下属指挥官执行。俄军直到 8 月 30 日才投入进攻，决定性冲击甚至不是来自面对伦贝格的鲁兹斯基集团军，而是由布鲁西洛夫遂行的，夜间，他把第 8 集团军主力向北横移，然后以右翼军对奥军防线一片地段发起粉碎性打击。这段防线的崩溃导致奥军全面退却。通往后方的各条道路挤满残兵败将，夹杂着火炮和运输车辆。奥地利官方史坦率地指出，一声"哥萨克来了"的叫声就足以引发另一场惊慌逃窜的浪潮。但哥萨克来得不像奥地利人逃得那么快。俄国人又一次给敌人提供了喘息之机。他们用了将近三天才取得 18 英里进展，而他们的对手，不到一天就逃完这段路程。随后，姗姗来迟的俄军逐渐逼近，又给奥地利人造成新的恐慌，他们在敌军防线上打开一个个缺口，迫使康拉德 9 月 2 日弃守伦贝格。但他的敌人给了他本来不可能得到的时间。

康拉德利用这些时间，不是止损，而是加大投入，为在北部赢得胜利孤注一掷。在那里，到 8 月 30 日，奥芬贝格的两翼已绕过普列韦的两个侧翼，而丹克尔的右翼力量正在两个俄国集团军之间插入根楔子。奥芬贝格对先前的决定充满信心，请求再给他两天时间完成任务。局部指挥官提出宽限时间的要求，远比康拉德同意这种要求容易得多，这是因为康拉德统领全局，不得不面对这样一个惊人的事实：鲁兹斯基和布鲁西洛夫集团军，与他北部各集团军的交通线，仅隔 30 英里和一群惊恐万状的乌合之众。尽管形势严峻，康拉德还是批准了奥芬贝格的请求，并允许他保留额外的几个师。

就像被两个对手围住的左撇子剑客，康拉德以脆弱的柳条盾护住自己的右侧，同时全力刺向他面前的敌人。他的意志力令人钦佩：要是能确定这不是自我欺骗的产物，这种意志力必然会赢得毫无保留的赞誉。

另外，凭借兵力优势制胜的现代战争中，总司令的意志无论多么强大，都无法主导他依赖的那些人。他的意志无法奏效，除非他的想法与他们的念头相符。随后发生的事情表明，康拉德的想法，与他那些工具之间的差距越来越明显。

8 月 30 日夜间，俄国第 5 集团军面临陷入合围的威胁，普列韦企图下令后撤以求自保。要不是运气这次眷顾谨慎者的话，这道命令可能根本无法挽救他和他的军队。次日晨，形成合围态势的两支铁钳没有合拢，而是撤回了。指挥两支铁钳的是两位大公，约瑟夫居右，彼得居左。一架孤零零的奥地利飞机实施侦察，把一小股俄国骑兵夸大成朝约瑟夫身后行进的一个师，因此，约瑟夫调回很大一部分力量防御身后。另一侧，奥地利骑兵报告了类似的威胁，同样纯属虚构，于是，彼得调回全部力量掩护后方。这样一来，俄军平安撤离，只留下一片空荡荡的战场。奥芬贝格次日上午下令火速追击，可为时已晚。康拉德随后下达了相反的命令。

这些命令源于希望，而不是焦虑。不幸的是，奥军没能包围普列韦集团军，但在康拉德看来，该集团军已被击溃。公平地说，他是通过下属提供的放大镜来看待敌军状况的，这些下属急于逢迎他的期望，同时夸大自己的战功。

俄军战斗序列中，普列韦集团军肯定已不复存在，受到这种观点鼓舞，康拉德设想了新的、规模更大的合围画面。奥芬贝格应该立即转身，从北面而下，打击鲁兹斯基和布鲁西洛夫缓慢前行的集团军，新开抵的奥地利第 2 集团军，应当从南面打击敌人另一翼，同时迂回敌军后方。这是个杰出的构想，大胆得惊人，堪比拿破仑的方案。可惜，康拉德构想的画面并不符合敌军的实际状况，还受到对方变更方案的影响。伊万诺夫已命令鲁兹斯基向北倾斜，与布鲁西洛夫集团军保持一致，这样一来，他也许能打击正在追击普列韦的敌军的侧翼和后方。俄军此举让鲁兹斯基集团军面朝南下的奥军，而不是把自己的侧翼暴露给对方，这让康拉德的方案受到影响；另外，这个举动缩小了奥芬贝格在他的新旧对手之间实施机动的空间。如果康拉德的工具，也就是奥地利军队，能完成这种大胆而又迅速的机动，俄军的行动可能无关大碍，可奥军明显力有未逮，这就让康拉德的构想与现实产生了最严重的冲突。

另外还出现了新的危险。面对康拉德最左翼的是两个，而不是一个俄国集团军，因为新组建的俄国第9集团军已沿维斯瓦河而下，赶来支援第4集团军。俄国第4集团军牵制丹克尔集团军之际，第9集团军的意图是迂回丹克尔侧翼，绕到他身后。这样一来，俄国人就有可能切断全体奥军的后撤路线。因此，康拉德企图以致命的合围困住伊万诺夫大部分力量之际，伊万诺夫却打算横向移动，迂回对方左翼，直接插向康拉德身后。

两种作战方案的冲突，引出了一连串巧妙的手法，两支庞大的军队，此前或之后从来没试过这种打法，而某支军队对此完全无法适应。

奥芬贝格及时转身南下，留下约瑟夫大大公的几个师担任后卫，而他们认为已被击败的普列韦集团军，也掉转方向尾随而来。9月6日，本指望打击鲁兹斯基侧翼的奥芬贝格，惊讶地发现对方在俄罗斯拉瓦对自己发起攻击。幸运的是，鲁兹斯基也大吃一惊，这就让奥芬贝格趁机转身迎战。遥远的南面，康拉德的另一支铁钳也没能奏效，奥地利第2集团军这股新锐力量人困马乏，战斗力受到严重影响。该集团军一连串混乱的进攻没有得到火炮支援，进军势头迅速消退，这种颓势在夜间的一阵恐慌中到达顶点。

局面由混乱变得明朗后，奥地利第2、第3、第4集团军正面朝东排成一线。暴露无遗的事实是，俄国军队正向北调动。这种情况促使康拉德提出另一个进攻构想，全然无视麾下部队的状况。9月8日傍晚，奥芬贝格受领的任务是挡住当面之敌，另外两个集团军离开预有准备的防御阵地，转身向北卷击俄军战线。但9月9日昼间，幻想破灭了。布鲁西洛夫决心发起进攻，双方迎头相遇。奥军的状况抵消了他们的兵力优势，这场交战以僵局告终，双方都对敌军实力产生了夸大的印象。

康拉德怀着坚定不移的信心，夜间给麾下诸集团军下达了新训令："对伦贝格一线之敌发起向心突击。"次日晨，他赶赴前线，认为自己亲临战场能激励士气。当然，他出现在这条50英里宽的战线上的某处，或待在后方很远的地方，没什么明显区别。康拉德给第2集团军司令发出紧急指令："不惜一切代价，毫不停顿地展开猛烈冲击。"第2集团军司令觉得不能把这道命令传达给辖内部队。这场世界大战期间，此类命令在交战各方中不知道重复了多少次，好像说出这种话就能获得魔咒般的功效似的。这句简短的话语也许被赋予了太多效力。很难看出此类命令对接受命令者有什么作用，对敌人的影响就更不必说了。

康拉德执着地追寻战术上无法实现的东西，带着他的军队步入深渊，除非命运之神抛出救生索，否则他们根本无望逃脱。大发善心的命运之神真这样做了，通过一份没有沿有线线路传递的电报施以援手。

为实现康拉德的计划，混乱的奥军对伦贝格附近的俄国军队发起冲击，在此过程中变得更加杂乱不堪，隐约可见的大股敌军出现在他们身后。西北方，孤零零的丹克尔集团军竭力阻挡俄国第4、第9集团军，实力两倍于他的俄军从北面而来。9月9日，丹克尔告诉康拉德，他再也无法抵挡俄国人了，必须退到桑河后方。更糟糕的是，丹克尔的内翼与鲁兹斯基集团军的内翼之间有个30英里宽的缺口。普列韦集团军和一整个俄国骑兵军穿过这个缺口向前挺近，康拉德没发现，也没料到这种情况。

值此关键时刻，戆直的俄军司令部救了康拉德。9月11日晨，奥地利人截获了俄军通过无线电下达的一道命令，一如既往，这份电报没有加密。命令中要求普列韦的左翼力量，傍晚前到达俄罗斯拉瓦后方某处。仍抓着救命稻草的康拉德延误了几个小时，期盼自己的另一翼会发生奇迹，同时命令约瑟夫大公几个师的余部击退入侵之敌。奥芬贝格觉得无法传达这道命令。到了下午，康拉德没等来任何奇迹，终于命令各集团军脱离战斗，尽快撤往桑河后方。

作为历史上最奇特的巧合，这场后撤几乎与毛奇接受不可避免的事实，下令把右翼的后撤强行改为德军在法国境内的总退却同时发生。

但奥军这场撤退，虽然不能说是总退却，却比德军后撤得更远，也更艰难。奥地利官方史以动人的文字写道："步兵夜以继日地跟随在庞大的运输车队身后行进，他们垂头但不丧气；火炮陷入道路上形成的一处处深及车轴的泥沼……一个个骑兵团，看上去就像《启示录》里的骑士，在剧烈的混乱中择路而行，几百匹马不断溃烂的擦伤发出刺鼻的气味，从很远处就能觉察到它们的存在。"

　　幸亏道路上深深翻搅的泥浆，也给生性迟缓的俄国人造成严重妨碍。另外，奥地利人频频截获俄军通过无线电下达的命令，这指引他们避开了对方的拦截。但奥芬贝格的军队要想顺利逃脱就必须一路向南，这样一来，他们就同第3集团军的后撤大潮混杂在一起。康拉德八月份满怀信心率领前进的那支奥国军队，平安到达桑河阵地的人员不到三分之二。他们在桑河也没多耽搁。这支军队显然不适合继续战斗，9月16日，俄军先遣兵团刚刚逼近，康拉德就下令撤往西面80英里的杜纳耶茨河，丢下普热梅希尔这座庞大的要塞及守军，以此作为阻挡追兵的障碍。要是康拉德放弃伦贝格附近最后一场徒劳的突击，几乎可以肯定，他和他的国家不会吞下这杯额外的苦药。可他的乐观幻想还是让他做出了错误的决定。

　　这种幻想无疑在康拉德战后撰写的回忆录中复苏了："奥匈帝国军队没被击败。如果交战继续进行下去，很可能招致失败，为摆脱这种状况，他们不得不后撤。他们通过后撤获救了！"康拉德的军队没有覆灭，但遭到重创。90万大军折损了大约35万人，幸存者后撤了150多英里，还丢弃了加利西亚省。但这场败仗的最终影响，比眼前的结果更严重。康拉德像杂耍演员那样摆弄他的军队，结果搞砸了。尽管他拼凑起碎片，并以德国这剂"胶水"黏合，可他们再也不是个坚实的整体了。

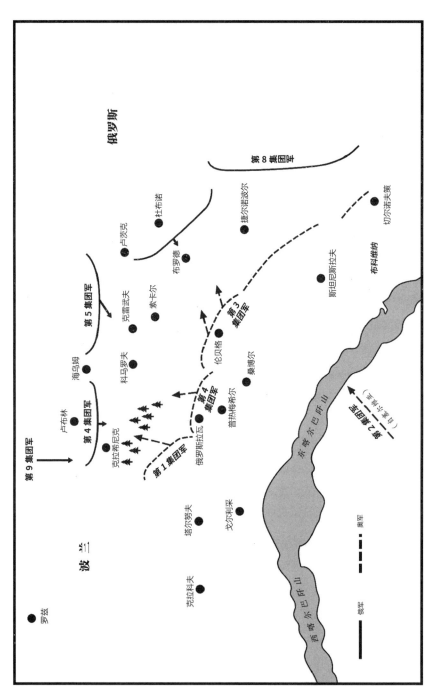

伦贝格战役（1914 年 8—9 月）（ZVEN 制）

第四节

第一次伊珀尔交战

　　战争爆发后不到九个月，情势就催生了两次伊珀尔交战。第一次伊珀尔交战本身就是两场战斗。这场交战的发生和进程，与双方沿伊珀尔到大海之间的伊瑟河同时进行的斗争紧密相关。但这场交战具有双重性质。在伊珀尔前方坚守浅浅战壕的协约国军队从事了一场战斗，而他们的两位主要指挥官，却在伊珀尔后方各自的司令部里，凭借他们的想象进行了另一场不同的战斗。后者进攻幻影时，前者却在竭力抗击最严峻的现实。战线前后方的观点存在这么大的分歧，这种情况就算曾经有过也非常罕见。

　　埃纳河战事陷入僵局后，双方都企图实施迂回，伊珀尔交战随之而来，但谈不上是真正的延续。因为霞飞和福煦继续把目光集中在法国境内德军战线的西翼，盘算下一步迂回行动时，法尔肯海因已经把注意力转移到佛兰德地区，打算实施大范围机动，实际上，海岸线有多宽，这场机动的范围就有多大。新开抵的德国第6集团军，编有调自洛林地区东翼的兵团，负责抗击霞飞下一场幅面狭窄的转向。与此同时，另一个新锐集团军沿协约国军队侧翼后方的比利时海岸席卷而下。这个集团军，也就是第4集团军，编有安特卫普陷落后腾出的兵团，外加4个新建军，这些军由充满热情的年轻志愿者组成，核心力量是25%训练有素的预备役人员。

弃守安特卫普，以及此举有可能造成的后果，没有进入福煦的视野。10月10日，他勾勒出对日后战局的设想："我建议，我们的左翼（第10集团军）应当从里尔前出到图尔奈或奥尔希的斯海尔德河河段，英军……建立一条从图尔奈到科特赖克的防线……这样一来，就把所有法国、英国、比利时支队集结在斯海尔德河或利斯河左岸。而后我们再伺机而动。"

如果实现这个意图，那么，协约国军队向东开进时，新锐德军却在他们身后南下。

10月13日，福煦就约翰·弗伦奇爵士的意图写信给霞飞："元帅希望不惜一切代价攻往布鲁塞尔，我不会拖他的后腿。"对协约国军队来说幸运的是，阿尔贝国王拖了两人的后腿，这位明智的国王不愿放弃海岸地区进军内陆。很快，德国人不仅证实了他的睿智，还对他的掣肘做出补充。

为执行这场转向卷击行动中己方的任务，英国第2军向前推进，可他们发现法军左翼正在后撤。到10月18日，英军也停止前进，甚至没到达里尔。从第2军左侧而来的英国第3军和艾伦比骑兵军也停下了脚步，10月20日，他们遭到德军攻击。前一天，德国人已经从靠近海岸的伊瑟河一线发动猛攻。

到目前为止，6个实力虚弱的比利时师，一直据守着从海岸几乎延伸到伊珀尔的防线，罗纳尔克海军少将指挥的法国海军陆战队旅为他们提供加强。2个法国本土师，在米特里骑兵军掩护下，及时接防这条防线的右半部分，直到迪克斯默伊德，不仅加强了罗纳尔克旅，还与罗林森驻守伊珀尔的部队连接起来。

进攻比利时防区的行动，由贝泽勒从安特卫普而来的3个师遂行。借助他们的遮掩，一股实力更强大的德军，直到最后一刻才对迪克斯默伊德—伊珀尔地区发起向心突击。

危机临近的这一刻，福煦仍打算执行向东进攻的计划，他最关切的似乎是英军总司令不明确的态度。约翰·弗伦奇爵士生怕部署在法军左翼，会再次遭遇八月份在蒙斯暴露在外那种事，经过长时间犹豫，他才把英军派往佛兰德地区。英国人投入行动后，福煦的圆滑手腕和刻意奉承，很快让弗伦奇乐观起来。可他随后又因为第2军赶赴里尔途中遭遇抵抗而心生顾虑，因而谈到在布洛涅建立庞大的堑壕营地，驻屯整个远征军。

弗伦奇敏感得像个风向标，到 10 月 19 日，福煦乐观鼓舞的阵阵暖风，又让他彻底改变想法。虽然罗林森当日向东攻往梅嫩的行动以失败告终，但弗伦奇依然命令黑格军开赴东北方，"目标是夺取布鲁日"，还说"敌人据守梅嫩—奥斯坦德一线的力量，估计只有一个军左右，不会再多了"。可他的情报官估计敌人的实力是三个半军，实际上，这还是低估了对方的兵力。弗伦奇手下一名军官后来解释道："老先生只相信他愿意相信的东西。"福煦目前的"建议"主导了弗伦奇的想法。一连两天，弗伦奇坚持认为自己在进攻，实际上，他的军队只是勉强守住了阵地而已。

想象中的进攻纯属虚构，因为英军的行动恰好与德国人对伊珀尔的进攻迎头相遇，同时，德军再次冲击英军防线南部。英国人在各处转入防御，还丢失了好几处阵地。但弗伦奇当晚命令黑格重新发起进攻，显然认为自己的左翼能找到对方敞开的侧翼。因此，黑格军 10 月 21 日力图向前推进，穿过罗林森的侧翼，但该军先是受阻，随后左翼遭受威胁。英军就地掘壕据守，由于他们的左翼被迫折返，成为不朽记忆的伊珀尔突出部就此形成。

当天，巡视佛兰德地区的霞飞，赶来看望弗伦奇，为鼓励他重新发动进攻，霞飞告诉弗伦奇，他已派法国第 9 军加强英军支队。但风向标现在又变回原先的方向。法国援军开抵前，这位英军总司令不愿下达任何更积极的命令，他的指示仅仅是："明日继续沿我军当前据守的总战线，对敌人展开行动。"这是确认部队转入防御的委婉说法！

福煦仍坚持进攻的想法。虽然敌军的实力现在已明确无误，但他命令自己的部队（目前构成迪尔巴尔第 8 集团军的雏形），10 月 23 日朝鲁瑟拉勒、托尔豪特、希斯特尔这三个散得很开的方向发动总攻。他还要求比利时和英国军队参加行动，请英军再次转身向东。英国人要是真这样做的话，就把自己的侧翼暴露在外了。幸亏敌人没给他们任何尝试之机。

福煦提出的请求，直到法军即将展开进攻几小时前才送抵英军总司令部。导致问题更加复杂的是，迪尔巴尔请求英军朝不同方向发起攻击，另外，迪尔巴尔给自己右翼规定的进军路线，竟然穿过英军战线。官方史以温和的口气指出，"无法认真对待"这种建议。黑格获知这个消息，立即打电话给总司令部，声称"（双方）肯定对态势有某种误解，现在没时间从事协同一致的行动，很容易发生混乱"。黑格的顾虑大可不必。法军先遣部队直到下午才出现，敌人的火力立即阻止了他们的前进企图。但对联军防线来说，这是一股深受欢迎的援兵。由于这股援军开抵，从伊珀尔到海边，交战双方都处于兵力大致相当的状态。

次日（10月24日），法国第9军奉命"继续前进"。福煦直接发电报给军长迪布瓦："第9军所有部队已卸载（这是期望，而非事实）。确保你的部署今天把所有部队都用上，这样就能让行动获得新的势头。必须有决定和行动。"结果至少证实福煦的推测不无道理，因为迪布瓦的部下前进半英里后才被挡住，而英军从事的防御作战却丢失了几处阵地。但德方记录表明，防御方的损失较小，到10月24日夜间，德国几个新锐军的战斗力已然耗损。

德国人意识到自己在白费力气，第4集团军司令寄希望于继续对伊瑟河地区采取行动，"那里似乎能立即取得决定性成果"。要是真能做到这一点，他们就打开了通往敦刻尔克和加来的通道。10月22日夜间，德军借助夜色掩护，在特尔法特附近的伊瑟河对岸夺得一处立足地。比利时军队的反突击没能驱散对方，还耗尽了所有预备队，法国第42师本来能为反击行动发挥重要作用，可惜，该师已投入在尼乌波特附近沿海走廊遂行的徒劳进攻。到10月24日，德军两个半师的步兵力量已经渡过伊瑟河，扩大了那片立足地，比利时中路军力在敌人的压力下退却了。幸亏他们设法在迪克斯默伊德—尼乌波特铁路线路堤处集结起来，法国第42师也及时调来加强他们的防御力量。罗纳尔克的海军陆战队旅，出色地顶住了敌人对迪克斯默伊德这个重要据点的一连串冲击。

但形势依然严峻，次日，阿尔贝国王批准在尼乌波特开闸放水，淹没伊瑟河与铁路路堤之间的整片地区，以此制造一道水障碍的方案。采取这些措施需要时间，但令人高兴的是，联军守住了铁路路堤一线，没有遭受太大压力。10月28日傍晚涨潮时，比利时工兵打开尼乌波特一道船闸引入海水。尽管水流很慢，可洪水每天都得到加强，直到"德国人觉得前后整片地区都沦为泽国"。带着源于绝望的动力，他们重新发动进攻，在拉姆斯卡佩勒突破了对方的路堤防线。但不断上涨的洪水终于发挥了作用，德军夜间撤过伊瑟河，以免被切断。

伊瑟河这场危机，可以说是更大的伊珀尔危机的序幕。这场危机，又一次是协约国军队新的进攻尝试造成的，而这种进攻只是徒然削弱了他们随后从事防御作战的力量。

福煦从来没有打消过进攻的念头，因此，第一次伊珀尔危机过后，他很快恢复了进攻。他再次给弗伦奇灌输信心，弗伦奇发给基奇纳的电报清楚地体现出这一点："敌人全力打出了手中最后一张牌。" 10 月 24 日夜间，弗伦奇再次发出电报，声称这场交战"实际上已赢得胜利"。

可面对德军重新布设的防御，联军 10 月 25 日的进攻几乎没取得任何进展。10 月 26 日，迪布瓦和黑格继续进攻，只前进了几百码。相反，罗林森麾下第 7 师官兵据守的突出部尖锐的南角，却被德军的进攻粉碎，一度形成个同样尖锐的凹角。幸亏进攻方没有大力发展胜利，因为他们正悄然准备一场更大规模的进攻。

德国人调来法贝克指挥的新锐集团军，在第 4、第 6 集团军之间，像根楔子那样插入伊珀尔突出部南侧。这根楔子由 6 个师构成，还获得炮兵的大力支援。该集团军 10 月 29 日投入战斗，这让德方获得了二比一的兵力优势。不无讽刺意味的是，弗伦奇刚刚致电基奇纳，称敌人"根本无力发动任何强大的持续进攻"。

尽管迪布瓦获得第三个师加强，可联军持续两天多的进攻没取得任何战果。面对德军强大的防线，再加上自身弹药不足，联军前线指挥官明智地淡化了后方发来的命令。虽然这些指令要求他们 10 月 28 日夜间再次投入进攻，但前线官兵怀疑一场风暴即将袭来。果不其然，这场风暴次日清晨 5 点 30 分落在英军战线。现在，轮到德国人离开战壕藏身处，让自己沦为对方射击的活靶了。一名训练有素的英国步兵，能以他的步枪在一分钟内"快速射出 15 发子弹"，这不仅证明了守军的火力，还激起一股铅灰色硝烟，出色地掩饰了他们缺乏机枪的事实，甚至让德军突击队员觉得对方部署了大量机枪，他们宣称"每片灌木丛、树篱、残垣断壁上方都飘浮着淡淡的硝烟，表明机枪正在喷吐子弹"。因此，当日日终前，除了赫吕费尔德十字路口，英军防线完好无损。但黑格已把麾下3个师悉数投入，手头没有保留任何预备队。

当日昼间，弗伦奇前往卡塞尔，福煦又给他注射了一剂"免疫血清"。福煦告诉弗伦奇，他对自己的军队在伊珀尔与大海之间的"进展"深感满意，但也承认自己"完全不清楚他们在做些什么"。弗伦奇返回后立即命令英军继续前进，他还致电基奇纳："如果行动继续取得成功，就能赢得决定性战果。"黑格离前线更近，因而更加实际，他命令部队掘壕据守，还补充道，他会推迟执行"恢复进攻的命令"，明日晨弄清情况再说。

与此同时，德军指挥部也下达了日训令，这道命令指出："达成突破至关重要，我们必须，也必然赢得胜利，解决持续数世纪的斗争，结束战争，对我们最憎恶的死敌施以决定性打击。我们会消灭英国人、印度人、加拿大人、摩洛哥人和其他形同废物的懦弱对手，他们只要遭到猛烈打击，就会大批投降。"

德军这场进攻，针对的是赞德福德和梅西讷山脊，企图突破突出部的南部枢纽，前出到克梅尔高地。因此，德国人的主要打击落在第7师头上，另外三个徒步作战的骑兵师构成的薄弱防线也难逃厄运，这些师把黑格的部队与第3军连接起来。果然，骑兵防线遭到严重突破。但战斗经验丰富的德军突击队员，没有像先前遭击退的志愿兵那样蛮干，而是小心翼翼地发展当前取得的战果，这就让黑格和艾伦比得以封闭缺口。黑格还向迪布瓦求援，迪布瓦慷慨地派出自己的小股预备队，加强伊珀尔以南防线，此举当然比支援北侧想象中的进攻更好些。

福煦待在卡塞尔高地，对发生的事情一无所知。直到当日傍晚，他才收到关于这些战事的首份报告，可就像他说的那样："我根本无从估计这些情况的全部意义。"当晚10点左右，他的一名参谋回来报告："英军骑兵防线的确出现个缺口，由于兵力不足，他们无法填补缺口。要是不赶紧封闭这个缺口，通往伊珀尔的道路就会敞开。"福煦立即打电话给设在圣奥梅尔的英军总司令部，希望了解更全面的情况，却被告知"一切都不确定"。于是，福煦午夜前动身，亲自赶往圣奥梅尔。为消除弗伦奇的沮丧情绪，也为了填补物理缺口，福煦承诺，只要弗伦奇坚持下去，他就把第32师的8个营调拨给英军，该师刚刚开抵法军防区。福煦直到凌晨2点左右才返回卡塞尔。他总结迄今为止自己的行动，指着地图说道："我在这里和那里贴了块胶布，然后在霍勒贝克，英国人遭突破，德国佬闯入，这里也要贴块胶布。"

又过了几个小时，拂晓后，整场交战期间最严重的危机出现了。德军以五比一的兵力优势，再次对艾伦比摇摇欲坠的骑兵防线发起主要突击。但这道防线获得英军几个步兵营加强，迪布瓦的预备队也及时提供增援，因而一直牢牢坚守到黄昏，直至敌人的进攻消退。傍晚时，福煦承诺的援兵及时开抵，尽管只有半数力量，可还是接替英军据守部分防线。

战事危机还发生在更北面，伊珀尔—梅嫩道路上的赫吕费尔德。赫吕费尔德位于掩护伊珀尔的一座低矮山脊向前伸出的山嘴处，是英军控制的最后一个据点，地面观察员可以从这里俯瞰敌军战线。面对越来越大的压力，英军第1师的防线内陷，中午前不久，赫吕费尔德沦陷。师长洛马克斯获知这个消息，策马返回他和第2师师长门罗共用的师部，简单地说了句："我的防线破裂了。"半小时后，一发炮弹钻入两人正与参谋人员开会的房间。洛马克斯和另外几人身负致命伤，只有一人毫发无损，指挥工作一时间陷入瘫痪。

与此同时，黑格离开位于白堡的军部前往梅嫩公路，"他策马徐行，身后跟着视察军情的部分参谋人员。"尽管军长的出现让道路上踯躅而行的掉队者和伤员放下心来，可见到这些人，再加上敌人的炮弹落点越来越近，无疑让黑格知道情况相当严重。返回军部后，黑格获悉了防线遭突破的确切消息，这促使他命令麾下部队，要是无法守住当前阵地，就撤回只掩护伊珀尔的后方防线，在那里坚守到底。但黑格不知道的是，迫在眉睫的危险已然消退。

德军攻占赫吕费尔德后不久，第1南威尔士边民团余部发起反冲击，夺回侧翼阵地。但很明显，只有足够的援兵开抵，他们才能守住这处阵地。因此，第1禁卫旅旅长菲茨克拉伦斯准将派出手中仅剩的零星兵力，随即回去找他的师长。洛马克斯掌握的资源已耗尽，但他已经同门罗商量好，如果第1师防线破裂，第2师的预备队就从北面而下，打击敌军侧翼，支援第1师。当日清晨，一个营（第2伍斯特郡营）交到洛马克斯手中。因此，洛马克斯在身负致命伤仅仅半小时前，为菲茨克拉伦斯提供了挽救局势的手段。菲茨克拉伦斯迅速研究地图和地形，给第2伍斯特郡营营长汉基少校下达了命令，菲茨克拉伦斯的参谋索恩上尉担任向导，跟随该营一同行动。德国人夺得赫吕费尔德后处于放松状态，英军这场反冲击令他们猝不及防，还没集结起来就被逐出赫吕费尔德。尽管德军炮兵迅速采取行动，可德国步兵似乎缺乏利用眼前机会的能力。他们的优势兵力纪律性很强、富有凝聚力，因而能突破联军薄弱的防御，可一旦进入敌军阵地，他们就无所适从，没有发挥也许能指引他们迅速穿过敌军阵地的主动性，结果沦为过于机械地遵守纪律的受害者。这是对他们战前训练体系和精神的严肃反思。

但是，敌人初期赢得的胜利，自然给守军防线的后方留下深刻印象，在那里，这种印象比事实更快地发挥作用，而且往往更具决定性。下午2点左右，约翰·弗伦奇爵士亲自赶到白堡。没有好消息驱散黑格军部的沉闷气氛，弗伦奇几乎不需要旁人告诉他形势危急，因为他从军部的氛围就能觉察到。黑格本人的情绪，让人想起英军撤离蒙斯期间，在朗德勒西度过的那一晚。所有预备队都已投入，弗伦奇手中空空如也。焦虑的弗伦奇脸色苍白，匆匆离开黑格的军部，准备驱车去找福煦寻求援助。可就在他要离开，黑格也准备骑马去前线时，赖斯准将"策马飞奔而回，面孔红得像火鸡，浑身是汗，他带来消息是已夺回赫吕费尔德，防线也重新建立起来"。查特里斯补充道："这就像我们这群被判了死刑的人，突然间获得赦免。"只有黑格不露声色，他将着胡须说道："别又是假消息吧。"赖斯一再保证，黑格仍有点将信将疑，不过，他还是派副官把这个情况告知弗伦奇。

弗伦奇正要上车，被这名副官拦住。英军获胜的消息，有没有准确传达给弗伦奇，弗伦奇在多大程度上理解了这则消息的重要性，这些问题无从回答，但他以惊人的速度驱车驶往卡塞尔。他的汽车穿过弗拉默廷厄时减慢速度，一名法军参谋认出弗伦奇，告诉他福煦就在镇里的会堂，正与迪尔巴尔和迪布瓦商讨战况。于是，弗伦奇赶去见福煦。他请求福煦提供增援，把黑格军的处境和状况描绘得漆黑一片。现实无疑是黑暗的，可由于福煦和弗伦奇一心想见到更明亮的色彩，眼前这幅画面似乎就显得更加黑暗了。弗伦奇很自然地把黑格下达的后撤令告知了福煦，福煦也很自然地把一切有限的撤退视为无异于灾难。他强烈反对任何后撤举动，喊道："要是您主动后撤，就会像狂风中的稻草那样被席卷一空。"福煦没想到德军遂行进攻后，目前正陷入瘫痪状态。

据福煦说，弗伦奇回答道，如果要求他筋疲力尽的部队继续战斗，"那我只能亲赴前线，和第1军一同战死疆场，除此之外我什么也做不了"。这种话语的戏剧性，可能在翻译过程中得到了加强。不管怎样，福煦回答道："您绝不能谈什么阵亡，只能谈赢得胜利。"他当然又采用了惯用的"疗法"，"我会在左右两侧发动进攻。"福煦承诺，第32师的6个营（比他午夜的保证少了2个营），拂晓时会在第1军右翼展开反攻，而迪布瓦军部分力量在第1军左翼实施反击。

福煦随后坐下来写了张便条："不得后撤这项原则至关重要，为此，无论您的部队在何处，都应该掘壕据守。这不会妨碍您组织后方阵地，这片阵地应当在宗讷贝克与我们的第9军相连。但大股部队朝后方实施的一切运动，都会导致敌军向前开进，势必给我方后撤中的部队造成混乱。绝对要避免这种情况……"他把这张便条递给弗伦奇时说道："拿着，要是我处在您的立场，这就是我给黑格下达的命令。"

毫无疑问，福煦对弗伦奇深具影响力。这张便条反映出这一点，弗伦奇把它发给黑格，还附上福煦的备忘录。"坚守你目前的阵地至关重要。在我看来，说这些没什么作用，因为我知道，只要能做到，你肯定会这样做的。等我返回司令部，看看能否再给你提供些支援。我随后会和福煦商量，对我军日后的任务做出最终安排。"

但此时没有证据表明，福煦对战场上的情况有什么实际影响。因为福煦与弗伦奇会谈前，第2伍斯特郡营的反击已经挽救了危局。黑格收到那张便条前，已设立起新防线。为确保战术安全性，黑格决定撤到赫吕费尔德后方一线，从而拉直第1师防线，而第2师继续坚守当前防线。敌人施加的压力消退后，福煦说的那些，仅仅是确认了已经发生的情况。那张著名的便条，我们可以钦佩它激发起的斗志，但不能视之为具有重大历史作用。

接下来十天,黑格的防线没有发生变化,更没有动摇,只是 11 月 5 日那天,为配合右侧法国军队的退却,他的右翼稍稍后撤了一些。

11 月 1 日,德军再次对突出部侧翼展开主要突击,针对突出部的南部枢纽。这一次,他们打算在凌晨 1 点的夜色掩护下遂行冲击。这番尝试获得回报,德军一举夺得梅西讷山脊。艾伦比的防线向内凹陷,深度超过 1 英里。拂晓后不久,法国第 32 师开抵后缓解了压力,尽管该师的反突击没能收复失地。法国军队在黑格左侧展开的其他进攻,没取得太大进展,但他们的出现,同样有助于阻止德军发起冲击。

福煦写道:"交战仍在继续,在我看来已平静了许多。更多部队不断开抵,再过几天,我们就能付出全力,重新发动进攻。"

11 月 2 日,法军为消灭梅西讷突出部展开的进攻,被德军一场冲击所阻。法军退却过程中,韦茨哈特丢失,德军形成的突出部更深了。但法国第 39 师主力和孔诺骑兵军半数力量从南面开抵,这就缓解了压力,而第 43 师则刚刚卸载。艾伦比的大部分防线现在由法军接防。因此,伊珀尔突出部和梅西讷反突出部形成的战线,三分之二由法军据守,黑格麾下疲惫而又混杂的部队驻守中央地段。受损最严重的是英军第 7 师,步兵数量从 1.23 万人减少到 2400 人,仅剩原先兵力的五分之一。

接下来几天,福煦继续进攻,可还是没能取得进展。虽然法军 11 月 1 日和 2 日的勇猛冲击挫败了敌人向前推进的意志,但后来的进攻行动没能发扬这种斗志,因而无法改变他们缺乏进展的事实。德军指挥部没有急于行动,而是忙着梳理战线其他地段,调集 6 个师重新发动进攻。这一次,他们的进攻点犹如一具卡钳,依次向内闭合。德国人放弃了深化梅西讷突出部的企图,把进攻点置于突出部的两个枢纽。

在此期间,福煦和迪尔巴尔鲁莽行事,执意遂行徒劳的局部冲击,结果落入敌人彀中。法国人这种白费力气的蛮干,其后果可以从这样一个事实看出:11 月 6 日,面对德军重新施加的压力,他们的南部枢纽实施了危险的退却,而对方的行动其实就是最终突击的前奏。在圣埃洛伊,灰色的德军大潮距离伊珀尔不到 2 英里,迂回到坚守突出部鼻端的英军部队身后。黑格提醒他的总司令，为免遭切断，他不得不退守穿过伊珀尔的防线。但福煦向黑格保证，次日他会发动进攻，从而收复失地。11月7日上午9点30分，福煦又发来消息，声称法军已重新建起防线。实际上，他们什么也没做到。福煦的部下筋疲力尽，根本无法执行他的命令。上级一再敦促，他们终于投入进攻，这场行动当然以失败告终，因而没能拔掉插入突出部侧翼的危险楔子。

11月8日，黑格和弗伦奇一同赶往卡塞尔去找福煦，发现他一如既往地充满信心。但福煦的犹豫不决，而不是他的保证，导致黑格和弗伦奇无法按照他们的意图退守一道更直、更安全的防线。因此，黑格没得到任何让他满意的答复，又不忍让友军陷入危险境地，不得不尽力坚守阵地，拆东墙补西墙地拼凑兵力，加强防线上一道道裂缝。令人欣慰的是，接下来两天，英军防区相对较为平静，尽管这种平静具有欺骗性。可对法国人来说，情况却不是这样。

11月10日，德军猛烈冲击突出部的北部枢纽，一直延伸到迪克斯默伊德。法军利用伊瑟运河这道天然屏障挡住对方的进攻，他们的左翼渡过运河后撤。这场交战更重要的结果是，法军司令部据此认为，他们设在伊珀尔北面的防线，是敌军最终突击的重点。于是，他们把拼凑起来的少量预备队派往那里，代价是进一步削弱了实力已然不济的南部枢纽。

但德国人的意图是，一方面打击北部枢纽，同时辅以对赫吕费尔德和南部枢纽（南延到科米讷运河）的进攻：为实施这场攻击，他们调来普勒滕贝格指挥的新锐军，该军编有一个普鲁士禁卫师和另一个精锐师。由于普勒滕贝格军没做好准备，德军推迟了他们的左路突击。

11月11日，德军在秋季的灰色雾霭掩护下，发起迄今为止最猛烈的炮火准备，随后投入进攻。可除了两个地段，其他地方的冲击都被击退。其中一处就在枢纽部，德军插入的楔子，深及后来闻名于世的60高地。法军支队请求两翼的法国和英国军提供支援，可他们腾不出任何预备力量。但一向乐于助人的迪布瓦，又一次派出手中仅有的预备队，获得这股援兵后，法军恢复了防线。另一场更深的渗透，发生在梅嫩公路北面的英军防线。德军第1禁卫旅在那里突破了英军第1禁卫旅虚弱的防线，交战双方番号相同，这是个奇特的巧合，尽管英军禁卫旅的实力仅仅是一个禁卫营的残部。普鲁士禁卫军人员被树林弄得晕头转向，没有发展已然取得的胜利，结果被对方一场侧翼反冲击逼退。第 52 轻步兵团在这场反击中发挥了主导作用，就像他们在滑铁卢战役期间，为击退帝国禁卫军的最终突击所做的那样。

虽然联军遭受的打击比 10 月 31 日更猛烈，但局势没有上次那么严峻，可能是因为德军这场进攻，没给战线后方的联军指挥官留下太深印象。德军 11 月 11 日的突击失败后（这个日期具有未卜先知的预见性），伊珀尔危机终于结束了。诚然，德军指挥部门按照他们的想法，又发起几次强有力的进攻，最后才承认行动失败。但执行这些命令的前线将士，早已无力展开积极的行动或追寻这种毫无希望的前景。因此，接下来一周，德军断断续续的进攻虽然仍在继续——主要针对迪布瓦的防线，但不过是逐渐消散的暴风雨的余波而已。英国第 1 军终于获得换防，黑格早就提出过请求，但福煦以"不可能"这个词予以否决。一段时间内，法国军队接防了整个突出部。

第一次伊珀尔交战，本质上是一场"军人之战"，堪称规模更大的因克尔曼战役。埃德蒙兹将军用一句令人难忘的话概括了相关情况："大英帝国的生死存亡系于一线，这些疲惫、憔悴、胡子拉碴的将士坚守防线，他们污秽不堪，浑身是泥，许多人简直就是衣衫褴褛。"这句话唯一的不准确之处在于，它偏离了一个简单的事实。大英帝国已展现出她的生存能力，哪怕她的远征军被赶回船上，哪怕她的敌人占领海峡各港口。无法确定的是，如果英国远征军在伊珀尔遭遇败绩，德军是否有能力紧追其后，并造成一场灾难。从接下来几年发生的事情看，我们的确有理由为这样一个事实感到遗憾：黑格没能获准按照他的想法行事，也就是率部撤到沿穿过伊珀尔的运河构设的更直、更强大的防线。此举本来可以减小损失并简化防御。另一个好处是，英军撤到此处，也许能打消联军后来在佛兰德地区发动进攻的企图，那片地区本来就不适合开展进攻行动。

福煦、弗伦奇、迪尔巴尔没有认识到佛兰德地区不适合进攻，这一点无疑加剧了第一次伊珀尔交战的危险。他们对这场交战的最大影响也在于此。实际指挥交战的是黑格和迪布瓦。由于缺乏预备队，这两位战地指挥官所能做的也不过是拆东墙补西墙，从薄弱防线的其他地段抽出兵力，加强某些摇摇欲坠的防御地段。迪布瓦不止一次冒着已估计到的风险，派自己的预备队救援友军，在这场防御作战中赢得最高声誉可以说是众望所归。

福煦无疑对这场交战有一种精神影响力，他固执己见、听不进旁人意见造成的坏影响，并不亚于他百折不挠的意志力产生的好影响。这种情形从来没有消退过。如果把这种精神影响力从变化不定的战线剥离，我们就可以毫无保留地欣然接受。接触过福煦精神影响力的人都有这种感觉。可这种影响力对身处前线的官兵毫无作用，它对作战指挥官产生的效果，似乎更多的是激怒，而不是振奋。可以肯定，福煦的意志在战线后方的联军各总部加强了另一些人的意志。虽然有人指出，福煦对比利时司令部的影响不大，特别是对阿尔贝国王，但还是不能忽视这种影响力的存在。福煦对约翰·弗伦奇爵士的影响特别大，可这种影响发挥的效用，微小得犹如弗伦奇本人对这场交战的影响。

德国人遭遇挫败，尽管联军指挥部门抱有不切实际的幻想，可前线官兵挽救了伊珀尔。保卫伊珀尔、抗击德军猛烈冲击的功臣，从最严格的意义上说是那些前线将士，他们的防御只有宽度而没有深度。浅薄的防线表明他们兵力不足，但也是对他们精神力量的最高致敬。昔日的"细红线"从来没有像伊珀尔防线这般纤细，也没有经受过如此严峻的考验。相比以往坚守的几小时，这条"细卡其线"持续承受了数周压力。

大批关于第一次伊珀尔交战的记述，声称这场交战几乎完全是英军打的，抱着爱国主义歪曲历史，很容易导致军事编年史误入歧途。他们吝啬而又不实地掩盖了我们的盟友发挥的巨大作用，就和一个世纪前，他们歪曲滑铁卢战役的实情，贬低普鲁士军队的重要性如出一辙。承认友军做出的贡献，无损于英国军队的声誉。军队的武德在于质量，而不是数量。遍翻英国历史，没有哪场战役比第一次伊珀尔交战更明确地证明了英国军队的战斗素质和价值。这场交战完全符合英国的传统——防御姿态辅以及时的反击。因此，它也符合遂行此次交战的英军部队的性质。尽管第一次伊珀尔交战并不完全贴合英军战前模仿欧洲大陆模式、以进攻为主的战术训练，可它激发起前线将士的本能，在战斗的考验中，这一点比时髦的教条更重要。与欧洲大陆国家征召的军队相比，英军的训练程度较高，他们掌握的各种技能，在任何一种战斗样式中都深具价值。最重要的是他们的步枪射击技术，这种技能在防御中发挥的作用和效力，远远大于进攻。英国步兵每分钟"打出15发子弹"的能力，让德国人误以为英军配备了"大批机枪"，实际上，开赴法国的英国军队，每个营只有2挺机枪，而他们开抵伊珀尔时，许多机枪已丢失。英军士兵操作武器的这种技能，不仅误导了敌人，还弥补了联军指挥部门产生的错觉，是取得胜利的重要因素。的确，高超的战术技能，再加上高昂的士气，这就是一支军队赢得胜利的决定性因素。

不屈不挠的精神激发起英国军队的集体耐力，这种精神怎样赞誉都不为过。从某种意义上说，这是个特殊的产物。敌人并不缺乏勇气，他们的纪律同样严明，就他们的战术效力而言，这种纪律甚至有些过于严格了。但规模不大的英国陆军有一种独特的集体意识，这支军队的规模、服役环境和传统都为此做出了贡献。就英国而言，第一次伊珀尔交战不单纯是军人之战，更是一场一致对外的"家族之战"。家族精神是这场交战的基调，也是发生奇迹的关键，一个个兵团被打散，一个个团遭重创，可残余人员仍团结在一起。从两种意义上说，他们都到达了终点。伊珀尔交战堪称旧式正规军对自身能力的最高证明，也见证了他们的最后牺牲。战役结束后，生还者寥寥，可他们的精神永存。

注释

1. 幸运的是，从8月20日起，直到最后一座堡垒8月25日陷落，攻克那慕尔的任务占用了德军6个师和500门火炮。这股力量，再加上德军留作守卫安特卫普的部队，在他们发起进攻、力图通过沙勒鲁瓦和蒙斯的交战打垮联军左翼这段关键时期，严重削弱了德军右翼。由于那慕尔的防御陈旧不堪，长期受到忽视，德军受到的延误似乎很轻微，但这场阻滞反过来帮助莫伯日这座同样被忽视的法国堡垒加强了抵抗。莫伯日要塞直到9月7日才投降，在此之前牵制了敌人两个半师，导致德军这股力量无法投入马恩河战场。不幸的是，这股德军及时腾出后，赶赴埃纳河北面的贵妇小径山脊，9月12日填补了克卢克与比洛之间的缺口，英军前卫部队几小时后才开抵。

2. 这是一起重大故障，主要因为德军上级指挥部门没领会良好通信的重要性。总司令部的设立位置，甚至没咨询过战地电报负责人的意见。没人想过使用德国民用电话、电报系统中大批训练有素的操作人员。德国官方史指出，随着军队向前挺进，"实际上没有采取任何措施毫不延误地延伸卢森堡与军队右翼之间不足的通信，也没有利用无线电、电缆、汽车、飞机这些补充技术手段改善通信状况"。另外，率领这场进军的骑兵部队也缺乏长远眼光，"鲁莽地破坏了通信线路和设施"。

3. 一部典型的团史中提到，部队为了更快地挺进，把战地厨房留在后方，导致一连四天没有面包供应。全团官兵不得不在坚壁清野的乡村搜寻所能找到的一切食物。48小时内，他们只能靠"一片面包、一碗汤、一杯咖啡、没熟的水果、一根生萝卜"维生。到达马恩河时，一个个累得筋疲力尽，这就不足为奇了。

4. 此时的一个军编有2个师，后来辖3个，甚至4个师。

5. 战斗结束后不久（这场交战本该让弗伦奇认清现实），高夫将军与弗伦奇会谈了一次，高夫的记录说明了弗伦奇动辄产生幻想的一个原因："他认为这场战争会在三个月内结束，因为面对眼前的压力，德国无法坚持得更久……这似乎表明弗伦奇的想法源于他的希望，可令人不快的是，这种想法不是对实际情况深思熟虑的产物，就像所有伟人该做的那样。依我看，这种情况在某种程度上也说明，他已精力不济。他不想再做什么了，也不想被迫在智力或意志力方面进一步付出努力。他只希望我们在这里保持被动状态，让俄国人去结束这场战争。他的希望就这样成了他的想法。"另一个原因是他身体不适。62岁的弗伦奇刚刚发过严重的心脏病，正遵照医生的叮嘱静心修养。英军先前撤离蒙斯，他的参谋长默里在勒卡托之战的关键时刻病倒。英国第2军原军长格里尔森，赶赴法国途中突然去世。这些事实说明了英国陆军晋升制度的弊端，擢升为高级将领的军人大多年事已高。

6. 9月6日的平均前进速度是11英里；9月7日不到8英里；9月8日是10英里；9月9日是11英里。官方史认为，这种情况下，"没什么可期待的"。这种观点与诸多参战军官的看法并不一致。例如，查特里斯将军的日记提到9月7日的行动时说："实际上，虽说我方官兵都很精悍，可前进速度却慢得近乎荒谬……骑兵的情况最糟糕，因为他们待在步兵身后。"他还说，黑格"从一个师部赶往另一个师部，竭力敦促他们前进"。但各师作战日志的记录却相反；可以肯定，英军渡过马恩河后，黑格9月9日下令停顿几个小时，直到他的飞机报告"一切正常"，可黑格随后又被弗伦奇拦住。高夫将军把进展缓慢归因于这样一个事实："总司令部没有设法告知军师级指挥官，这是对敌人施以决定性打击的绝佳机会。"

World War I

★

1915 年，僵局

　　1914 年年底前，交战各国的政府和总参谋部，都在不同程度上意识到西线战事已成僵局，各方都在寻求解决方案。他们做出的应对，形式和性质各不相同，取决于各个政府的心智和倾向。就日耳曼各国而言，法尔肯海因的意见是决定性因素，但法尔肯海因对作战目标的看法和指导都不明确。这种印象不仅源于他的批评者，也出自他自己的说法。

　　德军在马恩河遭遇逆转，法尔肯海因走马上任，他仍坚持采用在西线寻求决定性战果的施利芬计划，但没有遵循施利芬的设想，也就是削弱自己的左翼，从而加强至关重要的右翼。德军当年秋季在伊珀尔地区的进攻行动，主要以新组建的兵团遂行，而战斗经验丰富的部队却无所事事地待在埃纳河和孚日山脉之间。为了把 6 个军调到右翼，战地铁路负责人格勒纳上校甚至呈交了详细方案，可法尔肯海因拒不采纳。想想看，英军设在伊珀尔的防线几乎到了破裂边缘，只能说德国最高统帅部第二次拯救了联军。值此关头，鲁登道夫也请求调派援兵，以便在罗兹附近对俄军侧翼发起决定性打击，可法尔肯海因迟迟不做出决定，一直拖延到伊珀尔交战的失败成为定局，这就错失了良机。

　　法尔肯海因勉强打消了在西线重新发动进攻、突破堑壕障碍的念头，那么，替代方案是什么？他对这个问题的看法似乎很模糊。法尔肯海因认为，最终决定这场战争肯定是在法国战场，这让他对决定性地击败俄国的价值和可能性产生怀疑。因此，尽管意识到东线是不久后唯一可采取行动的战区，可他还是扣下必要的增援力量，直到奥匈帝国的战线岌岌可危，他才被迫派出援兵。即便到此时，他在派遣预备队这个问题上依然勉强而又吝啬，投入的少量援兵足以确保局部胜利，可在数量和时间上都不足以赢得决定性胜利。

　　但值得称赞的是，法尔肯海因意识到，一场长期战争已无可避免，因此，他着手为这种消耗战开发德国的资源。德军比其他国家的军队更重视挖掘战壕的技术；他们扩充了军用铁路，以便横向调动预备队；他们积极而又全面地解决了弹药和制造弹药的原材料的供应问题，从 1915 年春季起就确保了这些物资的充足供应，而此时，英国刚刚意识到这个问题。德国就此为经济组织和资源利用奠定基础，这成为他们成功抵抗英国封锁压力的秘密武器。德国对战争期间经济领域的科学掌握，主要归功于伟大的工业巨头瓦尔特·拉特瑙博士。德国在战争的心理领域也成为先驱者，早在 1914 年秋季，德国间谍就在亚洲展开宣传阴谋，诋毁英国的声望，破坏伊斯兰臣民对大英帝国的忠诚。德国人从事的宣传，缺点在于手法粗糙，用于欠发达民族的效果，不及用于欧美"文明"人士那般明显。

同一时期，德国在外交方面也取得重大成就，土耳其加入同盟国参战，尽管这种情况主要是战前的原因与军事事件共同促成的。自 1909 年起，这个国家就在青年土耳其党的控制下，该党与传统的东西格格不入，包括土耳其同英国的友谊。德国一直怀有中东地区日耳曼化的梦想（巴格达铁路就是这种梦想的象征），因而巧妙地利用这个机会，对土耳其的新统治者发挥了深具主导性的影响力。青年土耳其党领导人恩维尔帕夏，曾在柏林担任过武官，这就给德国教官渗透到土耳其军队大开方便之门。就共同采取军事行动这个问题，德国与青年土耳其党领导人之间存在明确的共识，认为有必要结成同盟，一致抵御来自俄国的危险。德国战舰"戈本"号和"布雷斯劳"号开抵土耳其，加强了德国驻土耳其大使旺根海姆施加的精神压力。10 月 29 日，土耳其终于同意采取明确的战争行动：在敖德萨对付俄国，在西奈对付英国。

法尔肯海因已阐明"土耳其参战具有至关重要的意义"，首先是给协约国为俄国运送弹药补给必须穿越的海峡设下一道障碍，其次是分散了英国和俄国的军事力量。按照德国的指示，土耳其十二月中旬就在高加索地区对俄国人发动进攻，但恩维尔过于雄心勃勃的计划在萨里卡米什战役中以一场灾难而告终。土耳其的下一场冒险是切断英国通往东方的交通动脉苏伊士运河，可还是没交到好运。西奈沙漠给大股军队的入侵造成妨碍，土耳其两个小规模支队穿过沙漠，结果在伊斯梅利亚和图苏姆被英军轻而易举地击退，幸运的是，他们得以全身而退。两场进攻虽说都遭遇战术性失败，但对德国的战略价值很大，因为土耳其人牵制了大批俄国和英国军队。

意大利抛弃了昔日三国同盟人为的纽带，加入协约国，这抵消了土耳其加入同盟国的影响。5 月 24 日，意大利对宿敌奥地利宣战，但没有同德国公开决裂。虽然意大利人的主要目的是抓住机会，把的里雅斯特和特伦蒂诺的意大利人从奥地利统治下解救出来，但他们也有恢复意大利历史传统这种精神上的渴望。从军事角度看，意大利参战无法对战事产生初期或深远影响，因为他们的军队没有为迅速实施打击做好准备，而奥地利边界的山脉，构成了强大的天然屏障。

协约国一方，堑壕战僵局的现实催生了各种不同反应。尽管法国人希望守住既占领土，从而动摇德国的战略，可收复沦丧的国土这种愿望还是主导了法国的战略。的确，他们的精神和物质都集中于西线，敌武装力量的主力部署在那里。从军事原则上说，法国人的做法是合理的，可由于没有打开障碍的钥匙，他们所能做的仅仅是徒然消耗力量。面对熟练从事堑壕战的德国军队，法军在阿图瓦、埃纳河畔、香槟、沃埃夫勒发动的冬季攻势，以高昂的代价证明，霞飞的蚕食战术通常让己方军队蒙受严重消耗。在寻求解决问题的新钥匙方面，法国人几乎没有任何创意。

英国的问题是创意太多，或者说是在选择和播种这些灵感的种子方面缺乏果断性。但这种无所作为，很大程度上是那些专家故弄玄虚造成的，他们不是给出专业性指导，而是漠然地提出反对意见。

针对战场上的僵局，英国设想的解决方案催生了两个主要派别，一派侧重于战术，另一派更看重战略。前者认为，要打破堑壕障碍，必须制造一款不惧机枪火力、能翻越堑壕的机器，这样就能恢复被防御对进攻形成的新优势打乱的战术均衡。为这种明确目的制造一款机器的想法，是斯温顿上校1914年10月提出的，萌芽期得到时任海军大臣温斯顿·丘吉尔的抚育和照料，尽管官方的反对意见造成妨碍，可经过几个月测试和检验，这款机器，也就是坦克，终于在1916年成熟了。

另一派主张的战略解决方案是绕过堑壕障碍。这些人后来被称为"东线派"，与"西线派"完全不同，他们认为应当把敌人的联盟视为整体，现代发展已彻底改变距离和机动性的概念，对其他战区实施打击，相当于以往攻击敌人的战略侧翼。另外，这种行动符合英国传统的两栖战略，能让英国充分利用迄今为止一直受到忽略的海上力量优势。1914年10月，重新担任第一海务大臣的费舍尔勋爵，敦促实施登陆德国沿海的方案。1915年1

月，基奇纳勋爵提出另一项建议，主张登陆亚历山大勒塔湾，切断土耳其通往东面的主要交通线。兴登堡和恩维尔战后所做的评论表明，此举本来会让土耳其陷入瘫痪。但这项建议不太可能产生更广泛的影响，而另一份方案已料到这种情况，这份方案部分出自丘吉尔的战略洞察力，但也是当前局势造成的压力所致。

这就是远征达达尼尔海峡，关于这场行动的争论极为激烈，以至于仅适用于丘吉尔的这个词可能会引起评论者质疑。法尔肯海因的结论回答了这个问题："如果地中海与黑海之间的海峡，不对协约国彻底关闭的话，赢得战争的一切希望就会变得十分渺茫。俄国会摆脱严重的孤立境地……而这种孤立提供了比军事上的胜利更安全的保证……这个巨人的力量迟早会被自动削弱。"错误不在于构思，而在于执行。土耳其人说得非常明确，如果英国人一开始就投入他们最终零零碎碎消耗掉的大股力量，他们本来是能赢得胜利的。

零碎投入兵力和丧失机会，是霞飞和法国总参谋部的反对意见造成的，约翰·弗伦奇爵士支持他们的观点。马恩河交战后法军无法扩大战果，德军在伊珀尔交战中遭遇挫败，霞飞十二月雄心勃勃的进攻全然无效，尽管存在这些证据，可霞飞仍满怀信心，认为他的军队能在法国尽早赢得决定性胜利。他的计划是从阿图瓦和香槟展开行动，对德军布满堑壕的防线形成的庞大突出部实施向心突击，尔后在洛林地区发起进攻，打击敌军后方。这种想法与福煦 1918 年提出的构想类似，但最重要的不同在于现有条件和采用的方法。研究相关文件就能获得这样一种印象，很少有霞飞、他负责佛兰德地区战事的副手福煦、弗伦奇这种三位一体的乐观主义者，他们的信心完全背离了理性，尽管弗伦奇的看法反复无常。相比之下，英国政府认为正面冲击根本无法攻破法国境内的堑壕防线，他们强烈反对把一个个新锐集团军的兵力耗费在这种徒劳的行动中，同时越来越担心俄国发生崩溃的危险。丘吉尔、劳合·乔治、基奇纳都持这种看法，基奇纳 1915 年 1 月 2 日写信给约翰·弗伦奇爵士："法国境内的德军防线，也许应该视为要塞，既无法攻克，也无法彻底包围，因此，也许应该以一股包围力量守住这些战线，同时在其他地方展开行动。"

劳合·乔治主张把英军主力调往巴尔干地区，既可以救援塞尔维亚，又能打击敌对联盟的后方。他在 1 月 1 日的备忘录中提出，以萨洛尼卡或达尔马提亚海岸作为行动基地。奇怪的是，加列尼同一天也向法国政府提出登陆萨洛尼卡的建议，以此作为进军君士坦丁堡的出发地，投入的军力必须强大到足以鼓励希腊和保加利亚加入协约国。占领君士坦丁堡后，他们就和罗马尼亚人一同沿多瑙河而上，攻入奥匈帝国。弗朗谢·德斯佩雷也表述了类似观点。但西线战场那些指挥官，对早日达成突破充满信心，强烈反对一切替代战略方案，他们强调运输和补给方面的困难，坚称德国人能轻而易举地调动部队应付这种威胁。[1] 他们的观点虽说不无道理，但忽略了军事史上的经验："绕行最远的路线，往往也是最短的路线。"而事实一再证明，克服地理上的困难，比直接进攻坚守阵地、已做好应战准备的敌人更可取。

"西线派"的意见最终占了上风，巴尔干方案束之高阁。但各种质疑并没有销声匿迹，随着新情况的出现，近东计划以一种新的，但有些减弱的形式起死回生，

达达尼尔海峡

1915 年 1 月 2 日，基奇纳收到尼古拉大公的请求，他希望英军展开牵制性行动，缓解土耳其人对高加索地区俄国军队的压力。基奇纳觉得无法提供部队，因而建议英国海军对达达尼尔海峡实施武力威慑，丘吉尔意识到更广泛的战略和经济问题，转而提出把这场武力威慑改为强行通过海峡。他那些海军顾问，对这项建议不太热情，但也不反对。地中海舰队司令卡登海军中将，在复电中提交了一份有条不紊地消灭土耳其炮台、肃清水雷区的方案。主要以过时舰只组成的一股海军力量，在法国支援下集结起来，实施初步炮击后，于 3 月 18 日闯入达达尼尔海峡。但漂浮的水雷炸沉了几艘舰只，英国海军随即放弃了行动。

他们立即重新展开行动的话能否成功，这个问题有待商榷，因为土耳其人的各座炮台耗尽了弹药，这种情况下，英国人也许能克服水雷障碍。但新任舰队司令德·罗贝克海军中将提出反对意见，声称除非陆军提供支援，否则他不会采取行动。一个月前，英国战争委员会已决定实施联合进攻，还着

手派遣伊恩·汉密尔顿爵士指挥的一股陆军力量。可当局逐渐转向新的作战方案，在调派必要的兵团这个问题上动作迟缓，他们只派出数量不足的军力，这些兵团又在亚历山大港耽搁了几周，目的是重新调整兵团的运输顺序以配合战术行动。最糟糕的是，这种拙劣的政策导致英军丧失了达成突然性的机会，而突然性对登陆一片几乎坚不可摧的海岸至关重要。英国人二月份实施初步炮击期间，土耳其人在海峡处只部署了 2 个师，英国海军发动进攻时，对方的兵力增加到 4 个师，伊恩·汉密尔顿最终尝试登陆时，面对 6 个土耳其师，而他手中只有 4 个英国师和 1 个法国师，兵力不及敌军。另外，防御对进攻的固有优势，因为地形条件的天然困难而加强。汉密尔顿爵士兵力不足，还负有协助舰队穿越海峡的任务，这迫使他选择加里波利半岛作为登陆地点，而不是登上欧洲大陆或亚洲海岸，岩石嶙峋的海岸线限制了他的选择。

4 月 25 日，汉密尔顿在赫勒斯角附近的半岛南端登陆，澳大利亚和新西兰部队在爱琴海沿岸向上大约 15 英里的加巴山丘附近登陆，法国师是牵制力量，暂时登陆亚洲海岸的库姆卡莱。由于土耳其人的犹豫，英军得以在布满铁丝网、机枪火力纵横的几处滩头夺得立足地。但战术突然性临时创造的有利条件很快消失了，英军的补给困难相当严重，而土耳其人控制着制高点，还能够前调他们的预备力量。入侵方竭力守住两处摇摇欲坠的立足地，但无力扩大这片滩头阵地，双方陷入停滞不动的堑壕战。英军无法前进，考虑到大英帝国的威望，他们又不能收兵。

最后，英国政府于七月份做出决定，再派 5 个师增援目前坚守在半岛上的 7 个师。这股援兵开抵时，交战地区的土耳其军队已加强到 15 个师。伊恩·汉密尔顿决定实施双重打击，从加巴山丘展开一场强化突击，同时在苏弗拉湾遂行一场新登陆，从而切断半岛中部，夺取海峡最窄处的制高点。他成功地欺骗了土耳其指挥部，8 月 6 日的行动达成突然性，但第一场打击以失败告终，而第二个行动更是错失良机，这固然是部队经验不足所致，但更重要的原因是战地指挥官的惰性和笨拙，因为敌军预备队开抵前 36 小时内，只有一个半土耳其营阻挡住英军的前进道路。待伊恩·汉密尔顿派出一批充满干劲的新指挥官，时机已然错失。英军再次陷入危险境地，不得不坚守脆弱的立足地。

随着秋雨来临，他们经受的考验愈加严峻。英国政府失去了信心，急于撤回这些部队，可又担心无功而返会造成不良的精神影响，因而迟迟没有下定决心。他们征询伊恩·汉密尔顿的看法，汉密尔顿此时仍满怀信心，说他赞成把这场行动继续下去，结果被查尔斯·门罗爵士替换，门罗随即宣布撤军。

这是个迅速做出决定的杰出例子。尽管门罗只用一个上午视察了澳新军湾、苏弗拉湾、赫勒斯角——除了滩头没再往前去，他的参谋长坐在船上起草了撤军的建议函，可就像丘吉尔说的那样："他来了，他看了，他放弃了。"基奇纳起初拒不批准撤军，匆匆赶去亲自查看情况。政府人员深感欣慰地看着他动身离去，因为他们打算趁他不在之际，解除他的职务。联合内阁虽然在是否撤离加里波利半岛的问题上意见并不统一，但基奇纳素来行事隐秘，大多数成员对他的管理方式深感不满，在解除他职务这个问题上达成一致。保守党领袖博纳·劳对这两个问题都持强硬立场。英国首相虽然担心解除基奇纳的职务会引发公众强烈抗议，但更害怕博纳·劳辞职，因而同意了博纳·劳的撤军要求，还把丘吉尔排挤出战时内阁。因此，没等基奇纳赶到加里波利半岛，撤军一事实际上已成定局。国内的新一波意见无疑对基奇纳造成影响，他提出在亚历山大勒塔实施一场新登陆，战时内阁否决了这项建议，他才勉强改变态度，同意撤军。

奇怪的是，最后阶段提出反对意见的是海军。德·罗贝克自三月份以来一直对海军继续进攻持消极态度，现在被威姆斯海军少将替换，威姆斯不但反对撤军，还根据凯斯海军准将拟制的方案，提出"强行穿越海峡，无限期地加以控制"。这个建议来得太晚。英国国内的反对声此时已相当强大，按照相关命令，各兵团撤离苏弗拉湾和澳新军湾的行动 12 月 18 日夜间执行。1 月 8 日，英军撤离赫勒斯角。这场不流血的撤军虽说堪称出色组织、完美协调的典范，但也证明这种行动在现代战争中更容易做到。最后一丝讽刺意味是，门罗和他的参谋长没有为熟练执行的行动做出任何贡献，却荣膺高等勋章。帷幕就此落下，这场行动基于出色、富有远见的构想设计，却被执行方面的一连串错误搞砸了，这些错误在英国历史上堪称无与伦比。

德国的军事行动

英国人竭力打开通往俄国的后门时，日耳曼诸国正猛烈打击俄国人。俄军的抵抗逐渐瓦解，很大程度上是缺乏弹药所致。要想解决这个问题，只能通过遭受封锁的入口，也就是达达尼尔海峡，从国外运来补给物资。俄国最强大的对手敏锐地认识到这个事实及其影响。1915 年秋季，霍夫曼强调指出，德国对俄国采取的行动，成功与否取决于能否继续"严密封锁达达尼尔海峡"。这是因为，如果"俄国发现没办法出口他们的小麦，也无法进口战争物资的话，这个国家就会逐渐崩溃"。

1914 年的东线战局表明，一支德国军队完全可以击败任何实力更强大的俄国军队，但实力相当的俄军与奥军对阵时，俄国人稳操胜算。迫于无奈，法尔肯海因派遣德国援兵加强奥地利军队，结果被拖入东线的一场攻势，这完全不是深思熟虑的结果。相反，鲁登道夫的目光紧盯着一个特定目标，从此刻起，他不断主张全力粉碎俄国。鲁登道夫秉承死板的决定性战略，而法尔肯海因想的是投机取巧的消耗战略。这两人，一个很少考虑政治因素，另一个却考虑得太多。

从这两位的意志冲突，可以看出德国由此形成的战略的端倪：极为高效，但不具有决定性。这场意志拔河的特点是以电报为武器发动"进攻"，以及不断拉动绳索，而绳索另一端的主要傀儡就是德皇。法尔肯海因不断削弱兴登堡有效打击敌军的力量，企图搞掉这个有可能取代自己的人，鲁登道夫奋起反击，鼓励兴登堡以辞职相威胁。霍夫曼很可能注意到这场钩心斗角，他在日记中写道："仔细观察这些深具影响力的大人物，看看他们之间的恶劣关系，再看看他们相互冲突的野心，你必须时刻牢记，另一方的法国人、英国人、俄国人中，这种情况肯定更严重，要不这么想的话，你肯定会紧张不安。"他的直觉是正确的。"追逐权力和个人地位，似乎毁了所有人的品格。我相信，只有自食其力者才能保持自己的尊严，他不需要阴谋诡计或钩心斗角，因为期盼好天气用不着耍手腕。"

俄国 1915 年的作战方案表明，他们吸取了去年的经验教训，这份方案显然是深思熟虑的结果，可他们缺乏执行手段，执行方案的工具也严重受损。

尼古拉大公的目的是，重新攻往西里西亚前，牢牢确保自己的两翼。从一月到四月，俄国军队冒着严酷的冬季条件，在波兰突出部南翼竭力夺取喀尔巴阡山，以及进入匈牙利平原的门户。获得德军支援的奥地利人阻挡住俄军的冲击，俄国人的些许收益完全无法与他们的损失相提并论。但长期遭受围困、由 12 万官兵据守的普热梅希尔要塞，3 月 22 日终于落入俄国人手中。波兰北部，俄军准备向上攻往东普鲁士，可鲁登道夫发起新的打击，向东攻往俄国边界，一举破坏了对方的企图。德军 2 月 7 日发动进攻，越过积雪覆盖的各条道路和冰冻的沼泽，在马祖里湖区附近的奥古斯图夫森林包围、俘虏了 4 个俄国师。而且，他们拔除了俄国人向西进攻的一根利刺。

这些行动不过是 1915 年这出大戏的序幕而已。但阐述这一幕前，我们有必要看看西线，那里的战事之所以重要，一方面因为它是指向未来的路标，另一方面因为它对东线深具影响。

英国人在加里波利半岛寻求绕过堑壕障碍的通道，同时在国内试验新式兵器之际，法国境内联军各指挥部正尝试更多的传统解决方案。当年二月和三月，法军在香槟省楔入德军防御 500 码，为此损失 5 万人，霞飞在报告中称，这场攻势"还是取得了丰硕的成果"。四月份，法军进攻圣米耶勒突出部，事实证明，这场行动以惨败告终，法军牺牲了 6.4 万名将士。英军 3 月 10 日对新沙佩勒的进攻，虽然规模较小，但更具意义。这不仅是纯粹的尝试，还是一场应当自责的行动，因为英军以并不充足的力量，沿一小段战线展开孤立的进攻。印度军、加拿大第 1 师等几个外籍人员组成的新锐正规兵团开抵法国，让英国远征军的实力增强到 13 个步兵师、5 个骑兵师外加一些精锐本土防卫营。弗伦奇手中掌握的军力得到加强，于是他把这股力量编为两个集团军，同时逐渐扩大了英军占据的防线。但霞飞一再要求弗伦奇所部接替伊珀尔突出部的法国军队，这股法军去年十一月接防了整个突出部，霞飞的目的是让弗伦奇趁此次换防之机发动进攻。约翰·弗伦奇爵士认为自己的军队不足以同时遂行两项任务，因而决定独自发起进攻。这场行动的另一个动因是，他对法国人不断批评英军"没尽到责任"深感愤慨。

不过，黑格第 1 集团军执行的这场进攻，方案设计得相当新颖，而且经过深思熟虑。英军炮兵沿 2000 码正面实施一场持续 30 分钟的猛烈炮击后，炮火向前延伸，以一道弹幕拦截敌军援兵开入他们遭到重创的战壕，而英军步兵负责迅速占领这些堑壕阵地。

英军彻底达成突然性，迅速占领了敌人第一道阵地，但第二阶段的行动开始后，正面更加宽大，英军炮兵的支援就不够了。另外，由于协同欠佳，两名军长相互等待，造成长时间停顿，这让德国人获得 5 个小时以重新组织抵抗。随后，黑格为时过晚而又错误地命令"不惜一切代价"展开进攻。唯一的结果只能是损失。导致行动失败的根本因素是，英军突击地段过窄，守军很容易封闭突破口，但这种缺陷无可避免，因为英军普遍缺乏弹药，特别是重型火炮炮弹和高爆弹。

对这种新式打法需要的弹药供应量，英国人的认识慢于德国人。除此之外，英国军工厂的交货也远远落后于合同规定的日期，主要因为工会的相关章程稀释了熟练工，这就造成严重妨碍。这些规定只能通过旷日持久的谈判才能得到修改，1915 年春季，炮弹短缺的情况变得相当突出，一时间群情哗然，这是《泰晤士报》军事通讯员雷平顿上校与约翰·弗伦奇爵士协商后掀起的。诺斯克利夫勋爵无惧外界的非难，命令他的报纸火力全开，这场抨击弹药不足的运动，以军需部应运而生达到顶点，劳合·乔治出任军需大臣，负责协调、发展军火供应和原材料生产。虽然在新闻界掀起的这场运动，没有认识到造成军火短缺的某些主要原因，也不知道前线不仅需要更多炮弹，还需要更多重型火炮，但这股风潮的总体效果具有不可估量的价值。民众的激愤之情和肃清一切障碍的决心可以说史无前例。除了炮弹，英军从事堑壕战的各种武器，与德国人的装备相比，粗糙、低劣得无以复加，这就引发了一场早该进行的彻底重组，强调这种紧迫性的是，英国新组建的国民军不久后就要开赴战场。这项任务虽然开展得较晚，但执行得积极而又彻底，不过，临时性举措用了很长时间才克服先前因为忽视而造成的不良后果。除了劳动力方面的困难，当前的主要缺陷是军事上的短视，表现在军方持续低估需求，对各种新生事物不屑一顾。

值得注意的是，早在 1908 年，一名官方观察员就在报告中指出，德国陆军配备的机枪越来越多，陆军部财务秘书很重视这份报告，他写信给军械局局长："要是内阁的军方成员希望为陆军配备更多机枪，不管怎样，陆军部财务部门都不会反对。"他收到的回复称，每个营配备 2 挺机枪已足够。陆军部顽固地坚持这种配备标准，而步兵学校早在 1909 年就敦促把机枪数量增加到 6 挺。

即便机枪在战场上明显占据主导地位，位于法国的英国远征军司令部，还是拒不改变每个营 2 挺机枪这种微不足道的战前配置数量。集团军司令黑格，宣称机枪"是一款被严重高估的兵器"，认为目前的配备数量"绰绰有余"。就连基奇纳也指出，每个营最多配备 4 挺机枪，再多就太奢侈了。支持机枪拥护者的是军需部，他们大胆地把每个营配备的机枪数量增加到 16 挺。英军配备斯托克斯炮也归功于劳合·乔治先生，这是一款轻型速射迫击炮，最终克服了官方设置的障碍，发展成战争期间出色的、普遍使用的堑壕战武器。后来，陆军部一再威胁要停止坦克的研发，军需部又一次施以援手。

尽管如此，前线弹药供应不济的最终责任，还是应该由英国民众和他们在议会中的代表来承担。虽然战争到来前，新成立的帝国防务委员会做了许多准备工作，可面对日益增长的战争危险，英国议会和民众态度消极、过分节俭，严重限制了该委员会付出的努力。各种备战工作缓慢进行，而眼前的威胁却来势汹汹。英国最严重的失误是，忽略了发生战争的情况下，组织本国工业资源转入、扩大成战时生产的重要性。增加作战部队是一种威胁姿态，有可能加快战争的爆发，但做好工业动员准备没有挑衅性，一旦战争到来，对参战国从事战争的能力来说，工业动员是个更加重要的基础。

英国 1914 年 8 月 4 日宣战，社会各界后来对政府的批评主要侧重于战前的疏忽，而不是没有增加军队预算或及时引入征兵制。但英国政府发表宣战声明时，无论意识到哪些政治和道义问题，似乎都没有想到，由于缺乏武器，他们正把这个国家的成年人推入一场可怕的生命消耗。这种情况下，任何一个政府在多大程度上有理由做出参战决定，并继续执政下去，这是个道德问题。唯一的借口在于，公众对这种需求漠不关心的态度纵容了政府。不幸的是，相关经验表明了民主政府试图克服公众意见时会遇到的实际困难。因此，最终责任还是落在英国民众身上。战争期间阻碍进步和发展的军事保守主义者也应该受到谴责，因为他们在和平时期训练、选拔军官的过程，完全背着公众。鉴于 1914—1918 年的战事，全体民众都负有杀婴的污名。

战时姗姗来迟的生产激增，无法抵消战前的疏忽造成的后果，直到成千上万的生命被无谓牺牲。就连索姆河攻势也因为弹药供应有限而受到妨碍，由于仓促生产的引信不合格，许多炮弹白白浪费了。直到 1916 年年底，弹药供应才达到一定数量，而且不断增加，最终消除了英国领导人所执行战略的一切物质障碍。

新沙佩勒之战的战术结果不太走运。很明显，这场小规模试验与成功仅隔一线，而且有继续发展的空间。但协约国指挥部错失了真正的经验：发起短时间的炮火准备，以强度弥补持续时间的不足，完全能达成突然性。他们只是部分认识到这样一个事实：突击地段必须足够宽，以免防御方以炮兵力量遏制冲击，或投入预备队封闭突破口。相反，他们得出个肤浅的推论，认为炮弹发射量才是成功的关键。直到 1917 年，他们才重新采用新沙佩勒的打法。倒是德国人利用了新沙佩勒之战的经验教训，五月份对俄国人施以打击。

但在此之前，西线的军事错误注定要增加。先是德国人寻找并滥用打破堑壕战僵局的新钥匙。他们使用了毒气，但与英国后来引入坦克不同，释放毒气赢得胜利的机会一旦丧失，就再也不会回来，因为提供解毒剂相对比较容易。1914 年 10 月 27 日，德国人在新沙佩勒地区发射了 3000 发内含鼻眼刺激物的榴霰弹，以及类似性质的炮弹。这是毒气弹的首次战地试验，但效果很差，以至于德方战后披露此事，世人才知晓。1915 年 1 月 31 日，一场在波兰的局部进攻中，德军企图使用改进后的催泪毒气弹，由于严寒抵消了毒气弹的效力，这场试验以失败告终。接下来释放毒气的尝试深具致命性，由于德国当局没能为毒气发明者哈贝尔提供足够的设备制造炮弹，这种毒气直接从容器释放。另外，先前的失望之情，也让德军指挥部不太相信毒气的价值。结果，德国人 4 月 22 日对伊珀尔的法军战壕释放毒气时，手头根本没有预备队，无法涌过毒气打开的宽阔缺口。一股奇怪的绿色烟雾，大批痛苦不堪的奔逃者，4 英里宽的缺口内没有一个活着的守军士兵，事情的来龙去脉就是这样。但加拿大官兵在突破口侧翼顽强抵抗，再加上英国和印度援兵迅速赶到，共同挽救了局势。德军没能取得突破的另一个重要原因是，他们没有可供投入的预备队。

最初使用的氯气无疑是残酷的，但伤害并不比炮弹或刺刀通常的效果更严重。改进过的毒气替代氯气后，相关经历和统计数据都证明，这是现代兵器中最不人道的一种。毒气是一款新颖的兵器，因而被这个纵容滥用但厌恶创新的世界定义为暴行。这样一来，德国就受到道德上的谴责，使用任何一款新奇的兵器必然招致这种谴责，而不会得到补偿性好处。

协约国一方，明智的做法应该是等待一段时间，直到弹药补给增加，英军新组建的集团军做好准备，可收复失地的愿望、缓解俄国压力的责任，以及毫无根据的乐观情绪，促使霞飞过早发动了进攻。他夸大德军蒙受的损失，低估对方的防御技能和力量，实施了一连串分散、毫无关联的进攻行动。这些突击主要由福煦指挥的法国军队在朗斯与阿拉斯之间遂行，结果一次次重蹈覆辙，没能有效突破敌军堑壕障碍。迪尔巴尔编有 18 个师的集团军，5 月 9 日沿 4 英里宽的正面发动进攻。但这场冲击很快遭到阻截，法军损失惨重，唯一的例外发生在贝当军战线，该军准备得非常充分，因而取得 2 英里深的突破。但突破口太窄，法军预备队姗姗来迟，而且数量不足，德国人最终封闭了缺口。福煦固执己见，继续遂行徒劳的进攻，以高昂的代价换来几英亩地盘。大批法国军队展开行动的同时，黑格率领英国第 1 集团军攻往奥贝尔岭。他的计划是在相距 4 英里的新沙佩勒南北两处达成突破，两个突击地段的正面总宽度为 2.25 英里，两股力量尔后汇聚，发展这场双重突破。但德国人也从新沙佩勒那场试验性进攻中学到经验教训，已然加强他们的防御。由于德军机枪火力异常猛烈，再加上英军炮弹不足，这场进攻迅速失败。霞飞施加压力后，英军 5 月 15 日在新沙佩勒南面的费斯蒂贝尔地区重新发起冲击，一点点向前推进到 5 月 27 日。法国军队在朗斯与阿拉斯之间规模更大的攻势，直到 6 月 18 日才被放弃，共伤亡 102500 人，几乎是守军损失的两倍。

另外，这些进攻行动的结果，让原本心存顾虑的法尔肯海因对自己部署在西线的力量充满信心，认为英法军队没有形成真正的威胁。他已经在东线发动攻势。这场进攻在战术上没有限制，而战略目标起初只是缓解奥地利战线遭受的压力，同时削弱俄国的进攻力量。康拉德提出建议，法尔肯海因接受了突破俄军中路的方案，以此作为实现上述战略目标的最佳手段。这份方案选中上维斯瓦河与喀尔巴阡山之间的戈尔利采—塔尔努夫地区，因为这片地区障碍最少，有利于进军，而且还能为一场突破提供最好的侧翼掩护。

突破任务委托给马肯森，他的参谋长和"指导大脑"是泽克特，战后负责重建德国陆军的正是此人。马肯森麾下力量编有新组建的德国第 11 集团军（辖调自西线的 8 个师）和奥匈帝国第 4 集团军。德国人打算在伊珀尔地区实施毒气攻击，同时从东普鲁士展开大规模骑兵突袭，以此掩饰他们在杜纳耶茨河集结 14 个师和 1000 门火炮、对付 6 个俄国师据守的防线的突击行动。这道防线由几条堑壕线构成，但不是特别牢固。交战双方隔着一片宽达2 英里的中间地带，中间地带的一些居民仍住在他们的农场里放牛，不受干扰，直到德国人把他们疏散，以防泄露消息。

四月份最后一周，马肯森集团军开抵前线，在两个奥地利集团军之间接管了受领的作战地区。这片突击地段宽 18 英里，也就是说，马肯森可以每隔 45 码部署一门野炮，每隔 132 码部署一门重型火炮。这种密度虽说比不上后期的标准，但足以解决突入俄军构设的阵地这类问题。更大的问题是如何保持突击势头，抢在俄军预备队开抵并占据后方阵地前，一举突破这些阵地。为满足这种需要，泽克特下达指令："所有参谋人员必须全力确保这场进攻不断向前。"上级没有给各军各师下达明确的每日目标，"以免他们紧盯着无法取得后续进展的可能性"。"某段战线迅速取得进展，能缓解遭受更激烈抵抗的其他地段的状况……纵深配置应当能让一处取得的成功扩展到友邻战线。"将不断变化的进展与灵活使用预备队相结合的概念，预示着 1918 年著名的渗透战术，主旨是加强既得战果，而不是设法挽回局部失利。俄国西方面军司令伊万诺夫不相信敌军即将发动进攻的报告，因而没有把预备队部署到合适的位置，这就进一步给德军的行动创造了有利条件。

5 月 1 日夜间，德军暴风突击队向前开进，跨过中间地带，在靠近敌军防线处挖掘战壕。一场持续 4 小时的猛烈炮击打垮俄军战壕后，德军于 5 月

2 日上午 10 点发起冲击，步兵穿过硝烟和尘埃向前而去。"到处都能见到土灰色的身影跳出战壕向后奔逃，他们丢弃了武器，戴着灰色的皮帽，敞开的大衣飘摆着。这里很快就不剩一人。他们就像混乱逃窜的羊群。"德军彻底实现突然性，迅速发展突破，尽管俄军在维斯沃卡河实施了英勇抵抗，可他们沿喀尔巴阡山延伸的整条防线遭到卷击，直到 5 月 14 日，德奥联军前出到距离他们出发线 80 英里的桑河。德奥军队在雅罗斯拉夫强渡桑河，俄军的失败几乎沦为一场灾难，但对方暂时耗尽了突击势头，预备力量严重不足。此时出现了一个新因素，意大利对奥地利宣战，但法尔肯海因艰难地说服奥地利统帅部，不要从俄国前线抽调部队，应当在意大利边界保持严密防御，那道边界线得到山脉障碍掩护。他意识到自己的军队在加利西亚地区前出得太远，已无法撤回，只有从法国调来更多部队，才有望完成把军队调回那里的目标。这是削弱俄军进攻力量，消除他们对奥地利的威胁的唯一办法。获得援兵加强后，马肯森会同奥地利军队再次发起进攻，6 月 3 日夺回普热梅希尔，6 月 22 日攻克伦贝格，把俄军防线截为两段。

但法尔肯海因和康拉德都没有料到能取得这么大的战果，因而在德奥联军长时间进击期间，没有为维持补给供应做出相应的安排。仓促的临时性举措，无法弥补准备工作不足造成的问题，随后发生的延误让遭受重创的敌军逃脱了覆灭的厄运。

俄国的人力资源的规模相当庞大，几乎已弥补被俘 40 万人的损失，因此，法尔肯海因对奥地利盟友的稳定性深感焦虑，这促使他接受了泽克特继续进攻的主张，不过，这场进攻依然是目标有限的行动，法尔肯海因还频频回望法国境内的态势。但马肯森的进攻方向发生改变，从东进改为北上，沿布格河与维斯瓦河之间的宽阔走廊向上攻击前进，俄军主力就部署在那里。为配合马肯森的行动，兴登堡奉命从东普鲁士攻往东南方，跨过纳雷夫河，直奔布格河。鲁登道夫不喜欢这份过于侧重正面突击的方案，两翼的紧逼也许能挤压俄国人，但无法切断他们的后撤路线。鲁登道夫力主再次采用他的春季方案，以一场大范围包围机动穿过科夫诺，直奔维尔纳和明斯克。康拉德也持同样的观点，但法尔肯海因反对这项方案，他担心这场行动需要更多部队，而且会更深地楔入俄国境内。7 月 2 日，德皇决定支持法尔肯海因的计划。可结果证实了鲁登道夫的预料：没等德军铁钳合拢，尼古拉大公就把他的军队撤出华沙突出部。法尔肯海因认为鲁登道夫没有为这场进攻付出出力。双方发生激烈争执。兴登堡不仅写信给法尔肯海因，还致信德皇的军事内阁负责人，声称他的东线总司令头衔已沦为"尖酸刻薄的讽刺"。法尔肯海因毫不客气地默认了他的话，调走兴登堡麾下一个集团军，组建一个新集团军群，从而削弱了兴登堡的地位。

到八月中旬，德奥联军已俘获 75 万名俘虏，还占领了波兰，法尔肯海因决定停止东线的大规模行动。保加利亚参战的事宜已做出安排，法尔肯海因打算支援奥地利和保加利亚军队对塞尔维亚展开的联合进攻，还希望把部队调回西线，迎战法军可能会在九月份发动的攻势。不过，法尔肯海因为挽回失去的机会，安抚他那些反对者，批准再次打击俄军。鲁登道夫终于获准以他的现有资源实施维尔纳方案，而康拉德打算从卢茨克向东攻击前进，重演戈尔利采那一幕，切断普里皮亚季沼泽南面的俄国军队。

鲁登道夫 9 月 9 日展开行动，贝洛的涅曼河集团军和艾希霍恩的第 10 集团军形成两个巨大的犄角，一举插入俄军防线，一个向东攻往德文斯克，另一个朝东南方攻往维尔纳。俄军朝不同方向退却，德国骑兵在两个犄角间快速挺进，远远地绕过维尔纳，逼近了明斯克铁路线。但这股德军实力较弱，俄国人得以集中力量对付这场孤零零的威胁。面对俄军的顽强抵抗，再加上自身的补给日趋减少，鲁登道夫被迫中止作战行动。眼下的关键问题是，没等德军实施拖延已久的维尔纳机动，俄国军队就向后退却，逃出了即将形成的罗网。

奥地利军队直到 9 月 26 日才展开进攻，随后遭遇惨败。康拉德极不明智地要求重新发起攻击，到十月中旬，奥军已伤亡 23 万名官兵，没能对整体战事产生任何影响。俄军遭到重创，但没有被歼灭，他们虽说再也无法对德国构成直接威胁，但还是阻滞德国人把全部军力集中到西线达两年之久，直到 1918 年。事实证明，法尔肯海因谨慎的策略，从长远看是最危险的，而且确实为德国最终的崩溃铺平了道路。

俄军实施了一连串紧张的后撤，逃离德国人有条不紊地创建并力图切断的一个个突出部，到十月份，他们终于停在拉直的防线上，这条防线从波罗的海沿岸的里加起，一路延伸到罗马尼亚边界线的切尔诺夫策。俄国军队为换取这个喘息之机，付出的代价高得离谱，他们1914年曾为西方盟友付出过重大牺牲，可这些盟友现在几乎没还以任何回报。

这是因为，英法联军9月25日发起的救援攻势，和先前的进攻行动相比并没有取得更大战果。主要突击由法军在香槟地区遂行，同时辅以英法军队在朗斯一侧的阿图瓦展开的另一场进攻。这场救援攻势有个缺点——两片作战地区隔得太远，无法相互呼应。但更糟糕的是，上级指挥部门企图调和两个无法调和的因素：他们希望取得突破，可又在突破前实施了长时间炮火准备，这就丧失了达成突然性的一切机会。霞飞的计划是在这两处达成突破，尔后沿英法军队的整条战线发动总攻，"迫使德国人退过默兹河，甚至有可能结束战争"。他真是个坚定不移的乐天派！香槟和阿图瓦的两场进攻，轻而易举地突破了德军前沿阵地，可他们随后前调预备队发生延误，这就让德军预备队封闭了突破口，英法军队的冲击正面过窄，因而简化了对方封闭突破口的任务。这些进攻取得的些许进展，根本无法弥补他们付出的高昂代价：联军损失约24.2万人，德军伤亡14.1万人。如果说联军各指挥部借此获得了更多经验，那么，德国人在防御艺术方面也是如此。值得注意的是，英军参与此次进攻，标志着一股新锐力量的出现，他们在洛斯浴血奋战，尽管经验不足削弱了他们的战斗效力，可他们的勇气和冲劲，预示着英国举全国之力临时组建的军队，完全可以媲美欧洲大陆历史悠久的军事机器。

这种努力方向激励了英国人原本低迷的信心，道格拉斯·黑格爵士接替约翰·弗伦奇爵士出任英国远征军总司令，就像当年九月，尼古拉大公把俄国军队的指挥权移交给沙皇，但沙皇只是名义上的最高统帅，是个精神象征，实际指挥权掌握在新任总参谋长阿列克谢耶夫将军手中。[2] 同时，由于亨利·威尔逊的强大影响力，英国远征军参谋长威廉·罗伯逊长期不受弗伦奇重视，他现在调回国内出任帝国总参谋长，此举的目的是为英国的总体战略确立更加明确的方向，但也导致这种战略更倾向于西线。有点奇怪的是，黑格选中自己的老朋友基格尔担任远征军参谋长，而基格尔迄今为止从来没有在法国战区服役过。

意大利的首次会战

意大利为协约国 1915 年的资产负债表做出的军事贡献，不仅因为缺乏准备而大打折扣，还因为意大利边界棘手的战略位置而受到妨碍，这道边界线既不适合进攻，也不利于防御。意大利边境省威尼斯，形成个伸向奥地利的突出部，北面与奥地利的特伦蒂诺相接，南面毗邻亚得里亚海。与亚得里亚海接壤的是伊松佐河流域相对低矮的地区，但这条边界线随后就沿朱利安阿尔卑斯山和卡尔尼克阿尔卑斯山延伸，兜一个大圈伸向西北方。意大利军队如果向东进军，势必遭受奥地利人从特伦蒂诺而下、攻往他们后方的潜在威胁。

不过，虽说前往东面的地区困难重重，可这除了能威胁奥地利的重要地区，似乎还能提供比向北进入阿尔卑斯山更大的成功前景。意大利准备参战，时任陆军总司令卡多尔纳将军制订了他的方案，这份方案的基础是向东发起进攻，在北面遂行防御。他认为，俄国和塞尔维亚同时对奥地利施加压力，能够缓解特伦蒂诺构成的威胁。但意大利宣战前夕，这种希望破灭了，俄军在马肯森的打击下向后退却，而塞尔维亚人，尽管协约国提出要求，却连一场武力威慑也没做。既然毫无压力，奥地利人就从塞尔维亚前线抽调 5 个师，派往伊松佐河，接替这些师的是新组建的 3 个德国师。另外 3 个师从加利西亚地区赶来。尽管如此，奥地利人也只有大约 13 个师抗击意大利军队，意大利的兵力优势超过二比一。

为确保北面获得良好的掩护阵地，意大利人朝特伦蒂诺展开有限的推进，这个行动取得成功，但进入边界突出部东北角，也就是攻往卡尔尼克阿尔卑斯山麓塔尔维斯的另一场行动遭到拦截。这场局部失利后来造成了不幸的结果——1917 年，奥地利人利用这个出色的战略突破口进入塔利亚门托河河谷。

意大利第 2、第 3 集团军五月底发起主要突击，可他们投入的 24 个师，只有 7 个做好了战斗准备。恶劣的天气增加了障碍，伊松佐河流域洪水泛滥，意大利军队的初步推进很快陷入停顿。和其他地方一样，伊松佐河战线陷入堑壕战。但意大利现在已完成动员，卡多尔纳 6 月 23 日发起一场预有准备的进攻。第一次伊松佐河交战持续到 7 月 7 日，意军没取得多大战果。暂停十天后，他们再次展开一连串新行动，依然没能见效。这条战线随后恢复了堑壕战的特点，双方的战斗零零碎碎，而卡多尔纳忙着为秋季发动更大规模的新攻势加以准备。这场攻势十月份发起，他的兵力优势达到二比一，但炮兵力量较弱。这种缺陷，再加上守军丰富的经验，导致这场新攻势和先前一样收效甚微。卡多尔纳顽固地要求继续进攻，因此，行动持续到十二月才终告结束，六个月的战局期间，意大利共伤亡 28 万人左右，几乎是防御方损失的两倍，奥地利人在这条战线上展现出一种强烈的斗志，而他们面对俄军时往往缺乏这种勇气。

征服塞尔维亚

虽然表面之下发生了显著变化，但俄国和法国战线再次陷入僵局，1915 年下半年，其他地区发生的流动性战事，必然对这场战争产生无法预料的影响。

协约国的战略，最显著的盲点之一是忽视了塞尔维亚的重要性。他们没有把塞尔维亚视为最敏感的地区，借此刺激德奥联盟，尔后分散他们的注意力。这种威胁会严重扰乱奥地利侧后方，对分散整个敌对联盟的力量、影响他们的计划具有无可估量的价值。如果塞尔维亚的盟友致力于在主战区赢得有效战果，那么这种分散、扰乱行动就很有必要。地理条件让塞尔维亚成为奥地利潜在的"溃疡"，形成政治和军事上的痛点。为保持这种刺激，协约国为塞尔维亚提供的援助，需要的是质量，而不是数量。也就是说，交通线获得改善前，协约国不必派遣大股援军，而应当以技术兵和物资支援塞尔维亚。塞尔维亚人本身就是出色的战士，天生就适应当地地形，他们需要的是有效从事战斗的武器。为他们提供武器，远比装备英国新组建的集团军更紧迫，也更经济。协约国忽略了这一点，实际上就是让德奥联军动手术切除溃疡：这个盲点是他们的麻烦越来越大的根源。

奥地利已证明自己有能力在伊松佐河挡住意大利军队，俄国造成的危险在德奥联军夏季攻势的压力下逐渐消退后，奥地利统帅部急于最终解决塞尔维亚问题。他们曾在 1914 年 8 月、9 月、11 月多次发动入侵，都被塞尔维亚的反击彻底击退，对一个大国，特别是对有这么多斯拉夫臣民的奥匈帝国来说，吞咽这种军事挫败是无法接受的。奥国的焦虑与法尔肯海因面临的问题如出一辙，他急于获得一条直通土耳其的铁路线，却在达达尼尔海峡遭受到沉重压力。整个夏季，两个敌对联盟为争取保加利亚的支持竞相出价，这场讨价还价的过程中，协约国在精神和物质方面都遇到障碍，前一个障碍是军事失利造成的，后一个障碍是因为塞尔维亚不愿放弃 1913 年从保加利亚手中夺得的马其顿的任何一部分。奥地利不反对把属于敌国的领土交还保加利亚，保加利亚因而接受了奥地利的出价。这股力量的加入，扩大了解决塞尔维亚问题的机会，法尔肯海因八月份做出决定，以调自俄国战线的加尔维茨集团军加强奥地利第 3 集团军。除此之外，保加利亚也提供了两个集团军。马肯森和泽克特奉命指挥这场行动。面对新的威胁，塞尔维亚手里除了本国相对弱小的军队之外，只有希腊提供援助的条约保证，以及协约国做出的一些承诺。这两个外援中的第一个，随着希腊亲协约国的总理韦尼泽洛斯下台而消失，第二个一如既往来得太迟。

1915 年 10 月 6 日，德奥联军跨过多瑙河向南发动进攻，右翼以一场迂回渡过德里纳河。塞尔维亚人以一连串阻滞行动实施顽强抵抗，再加上山区地形无比困难，德奥联军遇到了很大的麻烦。可没等英法援兵开抵，保加利亚军队就向西攻入塞尔维亚南部，横跨在塞尔维亚军队主力后方。此举相当于在塞尔维亚人与从萨洛尼卡而来的协约国援兵之间，深深地插入根楔子，导致塞尔维亚军队在北部的抵抗土崩瓦解。防线的两端严重弯曲，看上去就像一张大弓，塞尔维亚人面临陷入合围的威胁。另外，向南后撤的路线已经被切断。因此，塞尔维亚军队决定穿过阿尔巴尼亚山脉向西退却。这场后撤发生在隆冬时节，经历了各种艰难险阻的幸存者被送到科孚岛。重新装备和整顿后，这些人 1916 年春季在萨洛尼卡加入协约国军队。德奥联军征服塞尔维亚（事实证明，塞尔维亚军队没有屈服），解除了奥地利南部边界面临的危险，德国也借此打通交通线，控制了从北海到底格里斯河这片庞大的中央地区。对协约国来说，这场战局相当于挖了个军事上的集水坑，接下来三年，他们不断投入的军事资源，在这个坑里无所事事，没有发挥任何效力。但这个集水坑最终外溢，冲走了同盟国的一根支柱。

萨洛尼卡远征军

十月初，各协约国政府已经意识到塞尔维亚面临危险，他们匆匆派遣英国和法国师，从加里波利开赴萨洛尼卡，这是为塞尔维亚提供支援的唯一渠道，也就是利用铁路交通，从萨洛尼卡赶往斯科普里。这股援军由萨拉伊将军指挥，先遣部队沿瓦尔达尔河而上，跨过塞尔维亚边界线，却发现保加利亚军队这根楔子已经把塞尔维亚军队与边界线隔开。英法援军被迫退回萨洛尼卡，保加利亚人展开追击。英国总参谋部从军事角度着眼，竭力主张撤离萨洛尼卡，但政治上的原因迫使联军不得不留下。他们的威望由于在达达尼尔海峡失利而受损，巴尔干诸国认为德国所向无敌，这种情况促使保加利亚站在同盟国一方参战，就连希腊也违背了与塞尔维亚签订的条约。撤离萨洛尼卡会进一步损害协约国的声望，而坚守这座城市，他们就能遏制德国对希腊的影响，另外，如果不出所料的话，罗马尼亚会站在他们一方参战，这样一来，萨洛尼卡就可以充当支援罗马尼亚的行动基地。为此，萨洛尼卡守军获得英法新锐师加强，意大利和俄国也派来援兵，另外还有获得重建的塞尔维亚军队。可除了 1916 年 11 月占领莫纳斯提尔，以及 1917 年 4 月失败的进攻，协约国军队 1918 年秋季前始终没有发起猛烈进攻。这股力量发挥的作用微乎其微，部分原因是这片地区的自然条件相当恶劣，一道道山脊守卫着巴尔干地区接近地，另一个原因是各协约国政府把这里的情况视为一笔"呆账"。当然，萨拉伊的个性也难辞其咎，他大搞政治阴谋，名声不佳，因而无法赢得信任和合作，要想让这样一支多国军队付出全力，这种信任和合作至关重要。德国人对萨洛尼卡联军的消极状态深感满意，留下保加利亚人监视敌军，逐渐调离自己的军队用于其他战线。他们讽刺地把萨洛尼卡称为"最大的俘虏收容所"，这种嘲讽不无道理，50 万协约国官兵在这里无所作为，这种情况一直持续到 1918 年。

美索不达米亚

萨洛尼卡不是 1915 年开启的唯一一条"排水渠"。美索不达米亚也成为军事重心转移的新地点[①]，发生这种事只能以政治理由为开脱。英军入侵美索不达米亚，与达达尼尔海峡或萨洛尼卡的情况不同，既不是为了救援备受压力的盟友，也没有直接针对敌国某个要害地点。占领美索不达米亚，可能会提高英国的声望，可能会激怒土耳其，但无法破坏土耳其的抵抗力。尽管这场行动的起源不无合理之处，但相关发展却因为英国战争机器的固有缺陷而成为另一个"偏离目标"的例子。

波斯湾附近的油田，对英国的石油供应至关重要，因此，与土耳其的战争迫在眉睫之际，英国派遣一个印度师保卫这些油田。为有效完成这项任务，有必要占领位于波斯湾顶端的巴士拉省，从而控制所有接近路线。

1914 年 11 月 21 日，印军占领巴士拉，但土耳其援兵不断开抵，迫使印度政府增派了第二个师。土耳其人 1915 年春季发起的进攻被击退，印度军队的英国指挥官尼克松将军，认为最好扩大己方立足地，从而获得更大的安全性。汤曾德师奉命沿底格里斯河而上，开赴阿马拉，该师赢得一场出色的小胜利，另一个印度师沿幼发拉底河赶往纳西里耶。美索不达米亚南部是一片广阔的冲积平原，没有道路，更没有铁路，两条大河是这里仅有的交通渠道。因此，守住阿马拉和纳西里耶就能掩护那些油田，但尼克松和印度政府受到先前那些胜利鼓舞，决心前出到库特。此举让印军朝内陆挺进了 180 英里，但在军事上只具有部分合理性，因为从幼发拉底河流出的海河，在库特与底格里斯河相连，土耳其人可以借此把他们的预备队从一条河流防线运往另一条河流防线。

汤曾德八月份向前推进，在库特附近击败土耳其人，他的骑兵一路追击到阿齐齐亚，离巴格达只剩半数路程。英国政府急于消除其他战场上的失败造成的消极情绪，美索不达米亚的胜利让他们兴奋不已，因而批准尼克松让

---

① 美索不达米亚地区位于幼发拉底河与底格里斯河之间，也就是现在的伊拉克境内。

汤曾德继续攻往巴格达。但双方在泰西封进行了一场胜负未分的交战后，实力日益占据优势的土耳其军队迫使汤曾德退往库特。汤曾德在那里孤立无援，但奉命坚守下去，因为几个新锐师正派往美索不达米亚。1915 年 12 月 8 日，土耳其军队包围了库特，英国援军徒劳地猛攻土耳其军队掩护底格里斯河两岸接近地的防线。各种条件都很恶劣，再加上通信不畅和指挥欠佳，库特守军最终在 1916 年 4 月 29 日投降。无论派遣汤曾德实施这场冒险的策略是多么不明智，这场行动都强调了他的小股部队面对优势之敌取得的实际成就。汤曾德执行的这场行动，装备不足，交通条件原始落后，完全孤立在敌国腹地，但它写下了军事史上的光荣篇章。把这些障碍与最终攻占巴格达那支军队四比一的兵力优势和井井有条的补给体系进行对比，就会发现陷入土耳其人包围的汤曾德和他的部下是多么令人钦佩。

1915 年的大后方

就英国而言，眼前的斗争从一场"军队"的战争过渡到"国民"战争，最重要的标志之一也许是 1915 年 5 月成立了国民内阁。因为议会的模式放弃了根深蒂固的政党制度，统一战争指导方针，这充分证明了传统心理的剧变。自由党首相阿斯奎斯继续留任，但保守党成员在内阁占据主导地位，不过，精力充沛的劳合·乔治逐渐获得民意支持，真正的领导权落入他手中。丘吉尔的远见卓识消除了海峡港口遭受的威胁，从而让这些港有可能在日后成为打破堑壕战僵局的关键，但他和远征军创始人霍尔丹一样，都被打入冷宫。

世界各国的政治舞台普遍发生变化，这是民众重新调整态度的征兆。早期的热情消失了，取而代之的是坚定的决心，这对英国人来说是很自然的事，可并不符合法国人性情中尽管有些肤浅，但非常普遍的观念。

经济方面，任何一个国家都还没有强烈感受到压力。各国财政表现出一种出人意料的适应力，封锁和潜艇战没能严重影响粮食供应。虽说德国开始出现一些短缺问题，但与敌国相比，更多赢得胜利的明确征兆加强了德国民众的决心。不过，1915 年的歉收是四十年来最严重的一次，到 1916 年加剧了他们面临的压力。在耐力方面，对德国来说幸运的是，他们以低廉的代价在东线占领了一个小麦种植国，从而消除了危险，部分抵消了英国实施的封锁。具有讽刺意味的是，法尔肯海因在西线重新发动攻势，几乎把德国民众的战争意志溺毙在血泪中，可协约国鼓励罗马尼亚参战，不啻给德国扔了个救生圈。

第一节

达达尼尔方案的诞生

  土耳其之所以投入反对传统盟友英国的战争，主要因素是一个大块头、三艘军舰，以及对遭受浩劫的恐惧。大块头指的是马沙尔·冯·比贝尔施泰因男爵，1912年前的十五年里，他一直担任德国驻君士坦丁堡大使。对赛马中的举止，他唯一的判断标准是实力，令他钦佩的也只有实力，他所谓的"骑士精神"，仅仅是迈向强大的扩张。马沙尔·冯·比贝尔施泰因高大的身材、疤痕累累的面孔、肆意妄为的举止，活脱脱就是德国日益强大的生动写照。也许只有一个人能以英国更成熟、更平静的力量来抵消这种影响，此人就是基奇纳。奇怪的是，这个职务似乎无法满足他的欲望。相反，在这关键几年担任英国驻土耳其大使的，是个缺乏威望、没什么干劲的人，至关重要的那几周，此人甚至不在场，而是去休假了。

  三艘军舰指的是德国新造的"戈本"号战列巡洋舰，以及英国建造的"苏丹奥斯曼一世"号、"瑞萨迪赫"号战列舰。为提高自身威望，同时削弱英国海军影响力仅剩的立足地，德国于1914年年初派"戈本"号前往君士坦丁堡，长时间驻锚在金角湾入口处附近。充满战争气氛的七月下旬，土耳其长期以来对俄国觊觎达达尼尔海峡的恐惧之情，几乎发展到无以复加的程度。这种恐惧与土耳其扩大领土的野心相混合，形成的力量非常强大。土耳其大维齐尔① 已确定德国会与俄国开战，但不确定英国是否会加入，再加上亲德的恩维尔帕夏撺掇，这位大维齐尔终于对德国先前的提议做出回应，7 月 27日向德国大使提出缔结反俄秘密同盟。次日，德国接受了这份提案，双方 8月 2 日签署条约，土耳其内阁大多数成员对此并不知情。第二天，达达尼尔海峡布设了第一批水雷，恩维尔主动采取措施，动员了土耳其军队。但英国参战的消息还是让土耳其人深感震惊，与德国签订的新条约差点像个纸气球那样破裂。的确，接下来几天出现了太多"热空气"，甚至足以炸毁另一只"测风气球"——土耳其出人意料地提出与俄国结盟的建议。尽管他们承诺，俄国可以获得一条渠道接收西方盟友支援的弹药，可这份提案并不符合俄国的雄心壮志。俄国宁可处于孤立境地，也不愿牺牲吞并达达尼尔海峡的梦想，甚至没有把土耳其的建议告知盟国。

但土耳其态度的突然改变，持续的时间非常短暂，因为他们对大英帝国实力的敬畏远远超过对俄国野心的恐惧。各种烦心事为他们恢复信心帮了大忙。土耳其承受着巴尔干战争的伤痛，满怀异乎寻常的热情和自豪，一直等待英国交付为土耳其建造的头两艘现代化战列舰，因为购买军舰的经费是全国人民募集的。可 8 月 3 日，英国政府通知土耳其，英国征用了这两艘军舰，这个消息让土耳其民众群情激愤，每个捐了钱的人都觉得受到一种类似于个人背叛的伤害。8 月 10 日，这种举国愤慨之情到达顶点的情况下，"戈本"号战列巡洋舰在"布雷斯劳"号巡洋舰陪伴下，从西西里附近的英国舰队身旁溜过，出现在达达尼尔海峡入口处。

德国军事代表团的冯·克雷斯中校，把这个消息通报给土耳其陆军大臣恩维尔帕夏，同时还告诉他，海峡各要塞正请示上级，询问是否允许两艘战舰驶入海峡。随后发生了一场重要的对话。

恩维尔表示："我现在无法做出决定。我得先征询大维齐尔的意见。"

克雷斯催促道："可我们必须马上给各要塞发出电报。"

---

① 大维齐尔这个职位相当于西方君主国家的总理。

片刻的混乱后，恩维尔答复道："他们会允许两艘军舰进入的。"

克雷斯进一步提出个狡猾的问题："要是英国军舰跟在德国军舰身后，也企图驶入海峡的话，要塞会朝他们开炮吗？"

"这个问题必须留给内阁决定。"

"阁下，我们不能让下属处于这种境地，这会导致他们无法立即下达清晰明确的指令。究竟要不要对英舰开火？"

停顿了片刻，恩维尔说："要开火。"

就像这场重要交谈的德方见证者坎嫩吉塞尔将军说的那样："我们听见达达尼尔海峡前端放下吊闸的叮当声。"

将两艘德国军舰卖给土耳其的假交易规避了国际法，英国的反对无效，土耳其的自尊心得到满足，恩维尔顾虑重重的那些同僚也放下心来。土耳其此时没有为战争做好准备，也没有就参战一事达成一致，英国更是尽力让土耳其置身事外。

因此，接下来几周，由于英国以消极态度应对越来越多的挑衅，土耳其人得以大胆地一步步走上通往战争的道路。德国舰员继续留用，德国海军分舰队司令获得任命后指挥土耳其海军。英国海军代表团丧失了指挥权，随后被迫离境；英国船只遭扣留，船上的无线电设施也被拆除；德国士兵和水兵进入君士坦丁堡，海峡关闭。与此同时，土耳其那些大臣时刻准备做出巧舌如簧的保证，他们对英国的轻信庆幸不已，而英国保持克制，实际上是出于强烈的无力感，因为他们统治着数百万穆斯林臣民。可英国采取的怀柔措施愚蠢至极，海军部原本打算任命利姆普斯海军少将指挥英国达达尼尔海峡分舰队，他原先是英国驻土耳其海军代表团团长，由于害怕触怒土耳其人，海军部放弃了这个想法。后来不再需要怀柔政策，英国又展现出一种不合时宜的骑士精神，坚决不任用了解土耳其人、通晓达达尼尔海峡防务的利姆普斯。

土耳其对埃及边界的一连串袭击没能诱使英国开战，就连德国人也担心起来。于是，德国海军分舰队司令，在恩维尔默许下，率领土耳其舰队驶入黑海，袭击大英帝国更敏感的盟友，炮击了敖德萨和另一些俄国港口。达伯农勋爵亲身经历了这起挑衅事件，他战后披露的故事很能说明问题。土耳其批准此次行动的正式函件送交德国大使馆，封好的信封上写着呈交德国海军分舰队司令。德国大使馆一名官员发挥了主动性，他拆开信封取出函件，为保险起见，只给德国海军分舰队司令发去一份副本。君士坦丁堡收到的第一份报告是"戈本"号已沉没，因此，土耳其人认为他们那道命令肯定和军舰一同消失了，大维齐尔安抚性地回应俄国的抗议，矢口否认下达过任何此类命令。德国大使馆立即联系他："您否认下达过命令，因为您认为那道命令和'戈本'号一同沉没了，可它存放在安全处……就在德国大使馆……请不要再否认土耳其政府下令进攻俄国的事实了。"因此，害怕战争的大维齐尔被迫袖手旁观，眼睁睁地看着德国十月底巧妙地消除了协约国避战的一切借口。

对英俄两国来说，现在是立即开战的最佳时机。达达尼尔海峡的防御已过时，而且不够完善。土耳其仅有的两座弹药厂，就在靠近君士坦丁堡的岸边，很容易被突破到那里的军舰摧毁。滥用这个机会，实际上是关于英国几乎令人难以置信的随意性，以及俄国的短视行为的故事。

11月3日，联军舰队短暂炮击了达达尼尔海峡的外围炮台，此举的唯一作用是帮助德国当局设法克服土耳其在防御方面的惰性。六周后，土耳其人故态复萌，一艘英国潜艇从水雷下方驶过，在海峡最窄处附近击沉一艘船只，艇长为此获得维多利亚十字勋章，这相当于对土耳其发出新的警告。可这些警告的效果被高估了，土耳其人的消极程度，几乎不亚于英国人的愚蠢。直到二月底，土耳其人才在加里波利半岛派驻超过一个师的兵力。到三月份，他们才完成海峡接近地防御的改善工作。从某种程度上说，防御的虚弱状态似乎是因为土耳其人觉得阻止敌舰队通过纯属白费力气，如果敌舰队强行通过，他们根本无法阻止。少数见多识广的德国或土耳其专家，对己方是否有能力阻止敌国一场纯粹的海军进攻心存疑虑，对抵抗对方的海陆联合进攻更是缺乏信心。土耳其总参谋部官方史坦率地指出："截至2月25日，（联军）完全有可能在半岛任何一处实现成功登陆，以地面部队夺取海峡本来是件相对容易的事。"

协约国一度能找到这样一支大股地面部队，而不需要动用自己的资源。因为八月中旬，希腊总理韦尼泽洛斯正式而又毫无保留地把本国军队交给协约国指挥。但协约国没有接受，主要因为爱德华·格雷爵士不想激怒土耳其，这个国家对希腊的仇恨，远甚于 1912 年的其他任何对手。可这种希望（如果不能称之为强烈的愿望的话）很快开始消失，月底前，俄国问希腊是否愿意派遣一支远征军，协助协约国强行穿越达达尼尔海峡。康斯坦丁国王同意派遣军队，但附带条件是必须确保保加利亚恪守中立，以免该国在背后捅刀子。希腊的作战方案非常详尽，他们打算以 6 万名官兵登陆半岛外端，进入守卫海峡的各座炮台后方，另外 3 万名官兵在布莱尔附近登陆，夺取并据守地峡。但土耳其参战后，康斯坦丁国王收回他勉强做出的承诺，认为保加利亚已投靠德国。

在英国，只有丘吉尔自始至终认识到打通达达尼尔海峡的重要性。从八月份起，他一再设法引起陆军部的兴趣，可陆军部几年来甚至不愿敷衍了事地审核这个问题。土耳其参战三周后，丘吉尔在新成立的战争委员会首次召开的会议上再次提出这个问题，可所有人的目光仍集中于法国战线，他没有获得基奇纳的支持。因此，土耳其人又度过了一段高枕无忧的时期。但十二月间，许多英国人意识到西线战事毫无前景可言，一些法国人也持这种看法。同时，英国组建了一个个新集团军，这自然引出了如何使用这些军团的问题。两个因素相结合，虽说没能消除，可至少净化了先前的气氛。几方都提出采用新战略方针的建议。

战争委员会秘书莫里斯·汉基中校撰写，12 月 29 日呈交的文件，包含了最明确也最实际的建议，他在强调法国战场上的僵局、敦促大力研发新式机械化装甲设备强行穿越铁丝网和堑壕的同时，还提出这样一个建议：对付德国的盟友，特别是土耳其，是打击德国的最容易的办法。他主张以新组建的头三个军进攻君士坦丁堡，可能的话，与希腊和保加利亚军队协同行动——此举不仅能打垮土耳其，把巴尔干诸国的力量拉入协约国阵营，还能打开通往俄国的交通线。这样一场行动还有其他好处，例如可以降低小麦的价格，还可以腾出 35 万吨航运能力。汉基的观点说明了他对大战略的把握，而大多数军人，特别是那些高层将领，视野仅限于战术层面。

当然，约翰·弗伦奇爵士反对在他指挥的法国战区以外采取任何行动，但此时，尼古拉大公请求英国实施武力威慑，缓解高加索地区俄国军队的压力。具有讽刺意味的是，没等英国收到他的呼吁，这场危机已结束。更加讽刺的是，这种紧急情况是他反对从主要战线抽调部队造成的。

基奇纳对此提出建议，他认为实施这种武力威慑，达达尼尔海峡是最佳地点，"同时可以大肆宣扬君士坦丁堡遭受威胁的消息"。费舍尔也发表了意见，他建议不要搞什么武力威慑，应当展开一场大规模陆海军联合进攻，同时动用旧型战列舰"强行穿越达达尼尔海峡"。他以自己典型的风格做出很有预见性的总结："就像伟大的拿破仑说过的那样，'兵贵神速，反之必败'。"丘吉尔知道，实施这种大规模进攻，投入陆军部队的希望很渺茫，但他急切地抓住了动用海军力量的可能性。1月3日晚些时候，丘吉尔征得费舍尔同意，发电报给身处达达尼尔海峡的卡登海军中将："你认为仅使用军舰强行穿越海峡的行动可行吗？"卡登回电称："我不认为能冲过达达尼尔海峡，可如果投入大批舰只展开大规模行动，有可能强行通过。"

卡登的详细方案1月13日呈交战争委员会。致命的决定在致命的气氛下做出。战略不再从属于政策，摇身变成主人，而且是个盲目而又残暴的主子。从许多方面看，英国现在迫切需要一种明确的政策。步履蹒跚的俄国还没有走上正轨；塞尔维亚差一点沦亡；希腊和罗马尼亚退缩，保加利亚前倾，似乎想握住德国伸出的手；意大利骑在墙上看风头。能抽调部队的唯一战区是法国，可弹药情况却不是这样，因为那里配备的弹药，虽说足够其他战区使用，却无法打破法国战场上的堑壕障碍。可就像约翰·弗伦奇爵士表现的那样，战略妨碍到国家政策的期望，基奇纳对弗伦奇的支持，更多地出于忠诚，而不是理性，内阁其他成员虽说不是哑巴，却被一种麻木、绝望感说服，这种情况因为他们的业余身份而加剧。因此，他们不顾一切地抓住"专业意见"这根救命稻草，以免陷入束手无策的境地。相关决定使用的措辞，就是他们混乱思想的缩影："为二月份实施一场海军远征做好准备，炮击并夺取加里波利半岛，最终目标是君士坦丁堡。"用军舰"夺取"部分陆地的建议幼稚得可笑。

几天后，丘吉尔设法强化自己的方案，他建议尼古拉大公，俄军应当协同行动，同时对博斯普鲁斯海峡发动一场陆海进攻。从战略上说，这是个很

好的建议。荒谬的是，这项建议全然无效，因为政治方面的问题主导了俄国
军事家的思想！他们占领君士坦丁堡的愿望极为强烈，不想与盟友共同夺取
这座要塞。俄国政策的基石是吞并君士坦丁堡和达达尼尔海峡。为了让盟国
欣然接受俄国的要求，外交大臣萨佐诺夫建议君士坦丁堡国际化，交换条件
是达达尼尔海峡由俄国控制，可俄国军方就连这种部分让步也不答应，他们
的意见最终占据上风。因此，俄国军方怀着嫉妒而又疑虑的心情看待盟友对
本属于俄国的目标采取行动，没有提供任何支援，这不足为奇。就连萨佐诺
夫也写道："达达尼尔海峡和君士坦丁堡有可能被我们的盟友，而不是俄国
军队攻占，我很不喜欢这种想法……我们的盟友终于决定派出加里波利远征
军……我很难在他们面前掩饰这个消息给我造成的痛苦之情。"俄国不会提供
协助，哪怕这场行动是帮助俄国清理自己的喉咙。俄国宁可喘不过气来，也
不愿吐出卡在喉咙里的一小块野心。最后，俄国窒息身亡，死因应当定为自杀。

　　英国也出现了新的并发症。丘吉尔争论道，目前这个方案规模太小，而
费舍尔认为这份方案有可能变得太大，会影响他的波罗的海计划。这种分歧
发展成海军部政治领导人与专业领导人之间的争吵。战争委员会再次召开会
议，费舍尔提出辞呈，但基奇纳介入其中，他把费舍尔拉到一旁，劝他与多
数人的共同意见保持一致。因此，这份折中方案，即便获得众人接受也是个
妥协的结果。阿斯皮诺尔－奥格兰德将军在他那部官方史中得出的结论最为
贴切：西线战事是一场投下英镑的赌博，有可能赢得些便士，而东线"投下
的是便士，不抱赢上几英镑的乐观希望"。

　　海军这场进攻，始于 2 月 19 日对达达尼尔海峡外围炮台的炮击，巧的是，
当天适逢达克沃斯海军中将 1807 年成功穿过这条海峡的周年纪念日。恶劣
的天气接踵而至，一连持续了五天，英国海军 2 月 25 日恢复炮击，海岸炮
台的射程无法触及英国军舰，因此，土耳其人放弃炮台撤离。次日，英国舰
队展开第二阶段的行动，粉碎对方中部防御、打击这些目标更加困难，因为
它们位于海峡口内部，难以观察到。虽说炮击成果不尽如人意，可英国人抓
住机会，派若干爆破组登陆半岛顶端，炸毁了废弃的外围炮台内的火炮。审
视历史至少可以做出充满戏剧性的对比，因为在同一地点，2 月 26 日这些海

军陆战队员来去自如，两个月后他们阵亡了数千人。次日和 3 月 3 日，英国海军实施后续登陆，但 3 月 4 日遭遇轻微抵抗，他们随即撤回舰上。

在此期间，英舰持续实施的炮击漫无目的，部分归咎于恶劣的天气。拖船为肃清第一片雷区展开了几次很不得力的尝试，但是，他们缺乏用于观察并纠正射击的飞机是个很大的障碍。卡登 3 月 9 日在报告中称，空中勤务获得加强前，他没办法采取进一步行动，只能集中力量肃清雷区。

几周时间就这样流逝了，英国海军部不由得认为，卡登的谨慎与他这项任务的重要性不相称。因此，海军部 3 月 11 日发出电报，敦促卡登采取果断行动，还对他保证，倘若遭受严重损失，不追究他的责任。卡登立即行动起来，安排舰队利用已肃清水雷的水域发起总攻。主导这场进攻的原则是，战列舰只能驶入已肃清水雷的水域，从那里开炮射击。就在这时，卡登病倒了，他的副手德·罗贝克接手指挥工作。

英国海军 3 月 18 日这场进攻以失败告终，原因不在于敌人的抵抗，而是他们自己的疏忽大意。为躲避海上巡逻的英国驱逐舰，一艘土耳其小汽轮在主要雷区外布设了一条新水雷线，投下的水雷与埃伦凯乌伊湾海岸相平行，而联军舰队已在先前的炮击期间占据此处位置。

联军舰队没有发现这条新水雷线，更没想到会发生这种情况，他们驶过水雷线，赶去与海峡炮台交战。到下午 1 点 45 分，几座炮台已被打哑，联军战列舰几乎毫发无损，扫雷艇赶去肃清主雷区，位于前方的法国分遣舰队暂时撤回。这支舰队穿过埃伦凯乌伊湾退却时，传出一声剧烈的爆炸，"布韦"号腾起浓烟，没过两分钟，这艘战列舰就发生倾覆，带着几乎所有舰员沉入海中。接替法国舰队的英国战列舰，继续实施近距离攻击，几座炮台暂时恢复了炮火还击，可随着这些火炮被埋入废墟、电话线被炸断，还击火力越来越弱。但下午 4 点左右，"不屈"号和"无阻"号战列舰几乎同时发生严重倾斜，突然发生的神秘事件加剧了对士气的不利影响。

没人想到这里有一条新水雷线，众人猜测纷纭，有人认为是一批水雷松脱后随海潮漂流而下，撞上几艘军舰，也有人觉得是敌人从岸上某个隐蔽处发射的鱼雷击中了军舰。对不明情况的担忧，促使德·罗贝克海军中将做出决定，下令全舰队后撤。执行命令的过程中，赶去救援"无阻"号的"大洋"号战列舰也撞上同一条水雷线，夜间，这两艘军舰双双沉没。虽说整个英国舰队只伤亡61人，可物质损失非常大，因为18艘联军战列舰沉了3艘，还有3艘遭到重创。但更严重的损失是，海军当局丧失了对付敌人的勇气和想象力。实际上，对方的状况更加不堪，而且理由更充分。他们的弹药已消耗大半，也没有水雷储备。许多炮组士气低落，土耳其和德国军官普遍认为，如果对方重新发动进攻，他们实施有效抵抗的希望微乎其微。

可出乎他们意料，英法联军再也没有恢复进攻。撤出行动时，德·罗贝克一心想恢复进攻，英国海军部也是如此，甚至通知德·罗贝克，他们已派出5艘战列舰，赶来弥补他的损失，还补充道："重要的是不能让敌人修复炮台，或因为我军作战行动的明显中止而鼓舞敌军。"但德·罗贝克3月23日发出的电报，不仅表明他的观点发生重大改变，还扭转了海军部的看法，丘吉尔除外，可他不得不屈从于所谓的"专业意见"。德·罗贝克现在认为，陆军不提供援助的话，舰队无法穿过达达尼尔海峡，一切后续行动必须推迟到陆军做好支援准备。实际上，这种观点意味着海军把整个进攻重任移交给陆军，自己袖手旁观。陆军在一次次徒劳的进攻中耗尽实力，海军却没有为支援陆军展开新的进攻。造成这种情况的潜在因素，也许是军人的心理倾向，他们在情感上更看重物质而不是生命，这种倾向的基础可能是图腾崇拜，但也因为和平时期的物质短缺，以及遭受任何损失都会受到处罚而加剧。炮兵对他们的火炮钟爱有加，宁愿献出自己的生命，也不愿蒙受损失火炮的耻辱，这与水兵崇拜他们的军舰如出一辙，哪怕是达达尼尔海峡行动中使用的这些老旧过时的军舰。这种倾向妨碍了他们以平常心看待军舰，其实，军舰和炮弹一样，仅仅是用于谋取利益的一款兵器。另外，水兵做出的决定，还有个强有力的辅助因素：陆军赶来了，他们愿意承担重任。

巧的是，海军为进攻行动加以准备时，英国政府已倾向于发动陆地进攻。但这种想法不是源于对达达尼尔海峡问题更广泛的盘算，而是出自单独的考虑：为替代法国战场，新组建的军队应当用于何处。战争委员会呈交的报告支持萨洛尼卡——在此处用兵可以立即支援塞尔维亚，尔后沿多瑙河而上，最终对同盟国的后背捅上一刀。战争委员会 2 月 9 日的会议上，这个观点不仅获得支持，还因为保加利亚与德国签订贷款协议的消息，以及英国鼓励希腊支援塞尔维亚这种愿望而得到强化。基奇纳曾宣称他无法为达达尼尔海峡方案提供任何部队，现在却宣布他打算把正规军第 29 师派往萨洛尼卡，与一个法国师协同行动。可是，投入两个师的承诺，不足以缓解希腊的顾虑。希腊不愿接受这种援助，除非说服罗马尼亚加入，而罗马尼亚见到俄国遭受的一连串挫败，不由得退缩了。

但事实依然是，第 29 师完全可以使用，基奇纳神秘而又权威的面纱再也无法对内阁隐瞒这一点。他现在也没打算继续扣留这股力量。因此，战争委员会 2 月 16 日决定，该师应当"尽快出发，会同调自埃及的部队"开赴爱琴海的穆德罗斯港集结，目的是"在必要情况下，让所有部队可用于支援海军进攻达达尼尔海峡"。可没人建议推迟海军的进攻，从而让陆海军联合行动达成突然性并取得更好的战果。这股陆军力量似乎仅仅是去看护海军赢得的胜利果实。

第 29 师立即成为"东线派"与"西线派"的拔河绳，在西端拉扯绳索的不仅仅是派驻法国的英国远征军司令部，霞飞也加入其中。霞飞的远见总是在自己的利益受到侵犯时迅速出现，也只有这种情况能激发他的先见卓识，他认为新组建的第 29 师派往东线而不是西线，是个令人不安的征兆，说明英国日后很可能把新组建的军队都派往那里。基奇纳可以狠下心来应付弗伦奇，可他不能这样对待法国人。他对法国忠贞不贰的本能早于他对东线的重视，事实证明，这种情感远比他对东部战区的信念更强大。战争委员会三天后召开的另一场会议上，基奇纳一改初衷，声称无法腾出第 29 师。他以陆军大臣的身份建议，从埃及派出澳大利亚和新西兰这两个缺乏经验的师。他甚至背着丘吉尔告诉海军部，不会派出第 29 师，这就打断了为运送该师集结运输船只的工作。

当天，海军展开进攻，隆隆的炮声震荡着整个近东。外围炮台陷落的消息传来，土耳其政府准备逃往小亚细亚内陆。德国人认为联军舰队不仅会直抵君士坦丁堡，他们的出现也是土耳其人爆发叛乱反对恩维尔的信号，土耳其随后就会签署和平协定。因为君士坦丁堡是土耳其唯一的弹药来源地，一旦这座要塞陷落，土耳其人无论如何都无法把战争进行下去。意大利和希腊越来越强烈地倾向于参战，而保加利亚对这场战争避之不及。韦尼泽洛斯3月1日提出建议，以3个希腊师登陆加里波利半岛，但俄国人就这个问题做出致命的干预，他们通知雅典方面："任何情况下，我们都不允许希腊军队参加联军对君士坦丁堡的进攻。"

这些有利的消息，只有中立的那部分内容传给伦敦的战争委员会，可这些信息足以鼓励相信者并说服怀疑者。最初的构想是，这场海军进攻只是一次试验，遭遇困难就会放弃，这种想法现在发生了变化，除一人外，与会人员一致同意必须实施这场进攻，必要时以陆军遂行。唯一的反对声是劳合·乔治发出的，他不赞成陆军"替海军火中取栗"。奇怪的是，只有他一人发出具有先见之明的警告：既然先前的进攻已受挫，沿相同路线重新发动进攻毫无道理，最好把新付出的努力转移到其他方向。虽说他这个反对意见的合理性没有立即得到证实，但这是因为土耳其人在充分利用英国人的警告方面懒懒散散造成的。

相反，基奇纳强调指出，"既然参与了强行通过海峡的计划，就不可能有放弃作战方案的想法"。可直到3月10日，他才下定决心投入第29师，更糟糕的是，他3月12日才为这场远征任命指挥官。法国却不是这样，虽然霞飞不肯抽调野战军的力量，但还是从国内拼凑了一个师，3月3日就开始登船。而伦敦的英国陆军部却没有采取哪怕是一项准备措施。由此造成的后果是，伊恩·汉密尔顿3月13日动身出发时身边没有可用的行政人员，他不得不独自上路。另外，他手中掌握的信息只有一本1912年的土耳其陆军手册、一份战前关于达达尼尔海峡炮台的报告，外加一张不准确的地图！为弥补这种不足，一些参谋人员在书店里搜罗了君士坦丁堡旅游指南。

这段犹豫不决的时期，伊恩·汉密尔顿赶赴达达尼尔海峡算是唯一的快速行动。一连串专列和快速巡洋舰把他送到那里，比和平时期乘坐东方快车旅行还要快。3月17日，也就是海军发动进攻前夕，他赶到舰队驻锚地。汉密尔顿首先发现，利姆诺斯岛缺水，穆德罗斯港缺乏码头和隐蔽处，并不适合充当基地。他随后又发现，已登船部队的运输工作安排得很不妥当，他们必须先下船，重新安排后再次登船，然后才能开赴一片开阔的敌对海岸实施登陆。因此，汉密尔顿3月18日采取的首个措施相当不幸，他把基地迁往亚历山大港，命令所有运输船只驶往那里。最初的装船方案考虑不周，而且相当混乱，几个营没有首批运送，大车与马匹分开，火炮和弹药没放在一起，就连炮弹和引信也不在同一艘船上。第29师一个步兵营分散在四艘船上。尽管亚历山大港有足够的码头和营房，可卸载和装载工作还是进行得慢慢腾腾，迟迟到达的行政人员也没能加快这场作业。

海军发起进攻后的3月22日，伊恩·汉密尔顿在赶往亚历山大港前带着他的主要助手同德·罗贝克召开会议。"我们入座后，德·罗贝克告诉我们，他非常清楚，要是没有我的部队提供帮助，他无法穿过海峡。"即便另有想法，陆军也无法反对海军已做出的决定，因此，双方根本没有讨论陆军是否受领这项任务的问题。相关任务就这样交给了陆军。尽管伊恩·汉密尔顿礼貌地建议德·罗贝克，应当"有条不紊地推进"，攻击海峡各座炮台，丘吉尔也说过类似的话，可身处海军部和达达尼尔海峡的海军将领消极抵制，态度极为顽固。此后，舰队一直致力于贯彻丘吉尔恰当地称之为"不行"的原则，这是一道"难以克服的心理障碍"。登陆加里波利这个"婴儿"的诞生，源于混乱的战略，受到海军拒不采取行动的阻挠，交付时又被技术拙劣的陆军"助产士"搞砸。这场混乱期间，唯一的清晰声调发自莫里斯·汉基3月16日为首相起草的备忘录。他在这份备忘录中强调指出："与其他任何类型的军事事业相比，联合作战需要更为精心的准备。纵观我们的历史，但凡准备工作不充，分此类进攻都以失败收场，而成功的行动，几乎都归功于事前最细致的准备。目前情况下，战争委员会的职责是确保这些准备工作得到充分安排。"汉基继续指出，现在已不可能达成突然性，这让相关任务变得更加艰巨。因此，他罗列了一份全面的实际问题清单，要求战争委员会就这些问题仔细询问陆海军部门。他最后得出结论："除非实施登陆前彻底解决这些细节问题……否则可能会发生一场严重的灾难。"这番话也许会让历史学家想到，英国政府的专业顾问中，只有汉基考虑过战略基础问题。因为首相不愿质疑看似无所不知的基奇纳，只是试探性地问问是否制订了什么方案，基奇纳回答"这些问题必须交给战地指挥官解决"，就此结束了一切讨论。没人关注作战方案更广泛的方面：兵力、火炮、弹药、补给物资的当前和潜在需求。结果，远征军只能勉强度日，运来的补给物资总是数量太少，抵达得也太迟，总需求远远超过最初的估计。

第二节

功亏一篑——登陆加里波利半岛，1915 年 4 月 25 日

英国人已然干了一连串蠢事，他们对达达尼尔海峡发起姗姗来迟的陆地进攻时，还有成功的机会吗？历史的结论是：肯定有。英国人丧失的机会，土耳其人交还他们一部分，但不是全部。

英国海军的进攻让土耳其人惊慌失措，他们觉得无法阻止对方强行穿越海峡，因而下令做出新的军事部署，用德国军事代表团团长利曼·冯·桑德斯的话来说："这场再部署放弃了利用制高点对加里波利半岛外侧海岸进行防御的一切企图，还取消了达达尼尔海峡口部对亚洲海岸的防御，这种防御措施，虚弱得简直令人不敢相信。"这番安排没有付诸实施，可能是因为利曼·冯·桑德斯提出反对意见（不过，恩维尔说他不同意桑德斯的看法），但更有可能是土耳其人懒懒散散造成的。

3 月 18 日的行动失败后，英国海军没有重新发动攻击，土耳其人做出正确判断，认为这是对方准备实施陆地进攻的标志，来自地中海各港口（特别是亚历山大港和塞得港）的大量报告证实了这种看法。这一点不足为奇，因为英军在亚历山大港和开罗公开举行阅兵式，伊恩·汉密尔顿身边一名工作人员，收到国内通过民用邮局寄送的官方函件，收信人地址写的是"君士坦丁堡野战军队"。由于部队必须在埃及下船，根本无法做到保密。

　　因此，为守卫达达尼尔海峡，恩维尔组建了一个独立集团军，交给利曼·冯·桑德斯指挥。利曼匆匆查看相关情况后对他的下属汉斯·坎嫩吉塞尔喊道："英国人只要给我八天时间就好了！"实际上，他们给了他四个星期。利曼写道，一个月的宽限期"足以完成最至关重要的安排，并把尼古拉上校指挥的第 3 师从君士坦丁堡调来"。这个师开抵后，利曼手中掌握的力量达到 6 个师，六倍于英国海军发动进攻前加里波利半岛上的守备力量。

　　但利曼发现这些军队"作为海岸警卫力量"分散开来，他采取的首个措施就是集中兵力。为有效实现这一点，利曼必须确定对方会在何处登陆。他认为亚洲海岸是最危险的地点，敌军很容易在那里运动并开入他的身后。于是他把两个师部署在贝西卡湾附近，掩护这一侧的炮台防线。欧洲那一侧，他最担心英军登陆布莱尔附近的半岛颈部，那里的萨罗斯湾水域，与马尔马拉海水域仅隔一道 3.5 英里宽的陆地地带。英军如果在此处登陆，就会把半岛守军与色雷斯和君士坦丁堡隔断，这种情况下，守军倘若没有惊慌失措，也许可以跨过海峡最窄处，从亚洲海岸运来补给物资，以此维持抵抗。但这只是一种可能。因此，利曼把另外两个师部署在布莱尔附近。还有两个不太危险的地点：一处位于半岛 6 英里宽低腰部的加巴山丘附近，一道宽阔的山谷从这里通往海峡最窄处的迈多斯；另一处是半岛南端的赫勒斯角附近，阿奇巴巴高地渐渐上升的山坡，可能会被英国舰队的火力覆盖。利曼·冯·桑德斯派一个师守卫半岛整个南部，穆斯塔法·凯末尔中校指挥另一个师，作为总预备队部署在半岛腰部附近。这份防御方案主要依靠机动性，为了让相关部署发挥最大效力，也为了抵消英国人随心所欲的海上运动，利曼集中力量增加并改善道路。

　　利曼·冯·桑德斯的战役布势，充分证明伊恩·汉密尔顿的作战方案合情合理。主导这份方案的因素是英军规模较小，执行的任务也很有限。他们只有 5 个师，以 7.5 万人对付 8.4 万名土耳其官兵。他们的任务是为舰队打开一条穿过海峡最窄处的通道，而不是为赢得战略大奖独自从事一场交战。基奇纳的指示简明扼要，虽然没有多做解释，但"强烈反对"在亚洲一侧向前进击，因为除了初期登陆阶段，舰炮在那里根本无法提供支援。萨罗斯湾显然是最脆弱的战略要地，可就像利曼·冯·桑德斯指出的那样，"只要不被炮火直接命中，那里的海峡防御完全能承受得住"。另外，英国人发现对方在布莱尔附近的海滩充分做好了防御准备，而在海湾西侧登陆的话，离保加利亚边界太近，还要穿越复杂的地形。这两种情况，都会导致一支小股军队处于敌人从色雷斯大陆对己方侧翼和身后发起攻击，从而被夹在两个魔鬼和深海之间的危险下。

伊恩·汉密尔顿权衡了这些情况和面临的障碍，决心对半岛南半部实施双重打击。第 29 师登陆半岛脚趾部的四片海滩，夺取阿奇巴巴高地，法军做好提供支援的准备，同时派一个团登陆亚洲一侧的库姆卡莱，这是一场佯动，目的是分散敌军注意力。澳大利亚和新西兰军（番号的缩写是 Anzac，这个词丰富了词典和历史条目）辖内两个师登陆加巴山丘北面，而皇家海军师在布莱尔附近展开佯动。

虽说英军登陆半岛脚趾部的决定似乎是出于保险起见的想法，可他们还是希望达成突然性。为实现这一点，他们的确挖空心思。昂温海军中校的灵感出自近在咫尺的特洛伊，他提出重建不朽的木马这种恰当的建议，因地制宜，以海马替代木马。昂温建议以运煤船"克莱德河"号在 V 海岸抢滩，部队通过两侧的巨大开口卸载。伊恩·汉密尔顿也补充了另一个计策，与沃尔夫当年攻陷魁北克的策略有些相似，他打算派 2 个营组成的支队，在海岸更上方登陆，那片地段看上去难以接近，因而不太可能戒备森严。夺得这处滩头，英军就能威胁守卫南部海滩的土耳其军队后方。此处地点命名为 Y 滩。另外，法国运输船假装在贝西卡湾登陆。伊恩·汉密尔顿还希望增加实现局部突然性的机会，降低遭受损失的风险，因而决定夜间登陆，哪怕这意味着放弃舰炮支援。但第 29 师师长亨特－韦斯顿宁愿昼间实施登陆，以免发生混乱。鉴于海潮造成种种困难，海军支持他的观点，这样一来，亨特－韦斯顿的意见占了上风。至于澳新军的登陆行动，该军军长伯德伍德明智地选择接受一切显而易见的风险，尽管他们的登陆行动出现混乱（主要是缺乏训练，而不是在黑暗中迷失方向造成的），可该军没有遭受第 29 师那么惨重的损失。

到 4 月 20 日，这场冒险的准备工作已完成，部队集结在穆德罗斯港一艘艘运输船上。不利的天气一连持续数周，这是深具决定性和最不确定的因素。直到 4 月 23 日，天气才有所好转，作战方案终于得以实施。相关机制就像一部闹钟，从出发到实施登陆需要 36 小时。

4 月 24 日黄昏，运送皇家海军师的 11 艘船只驶往萨罗斯湾，当日拂晓炮击布莱尔一线的战舰为他们护航。傍晚时，一条条载有士兵的小舟，招摇地离开运输船，朝岸边划去，夜幕刚刚降临，他们又返回运输船。夜间，B.C. 弗赖伯格海军少校从距离海滩 2 英里的一艘小舟泅渡上岸，随即沿海滩发射信号弹。他的壮举出色地证明了一点：战争中，一个人发挥的作用有时候抵得过千人。

为登陆加巴山丘，3 艘战列舰搭载着 1500 人的掩护部队，驶往距离海岸 5 英里的会合点。凌晨 1 点 30 分，月亮下沉时，这些士兵攀下战舰进入一艘艘小舟。随后，战列舰拖曳着这些小舟，尾随其后的 7 艘驱逐舰载有掩护部队其他人员。这些船只悄无声息地朝海岸驶去，直到还剩半数航程。随后，12 艘小舟与军舰脱开，在蒸汽哨艇拖曳下驶向岸边。但黑暗和湍急的海潮导致这些小舟到达预定登陆点北面 1 英里的滩头，他们就这样踏上了一片更加崎岖的海岸，四周都是悬崖峭壁，与陡峭的沟壑相接，还覆盖着灌木丛。清晨 4 点 25 分，天光放亮，岸上的一些小型哨所对眼前的情况深感震惊，零零星星地开火射击。48 艘小舟划过最后 50 码到达滩头，澳大利亚士兵随即朝内陆匆匆冲去，几乎没有人员伤亡，可部队建制极为混乱，情况很快变得更加糟糕。利用驱逐舰登陆的下一支部队，遭遇更激烈的抵抗，至少在左侧是这样，可他们还是朝内陆前进了 1 英里。一支小股部队挺进得更远，甚至已看见下方熠熠生辉的海峡。

登陆赫勒斯角的行动不太走运，尽管那里的兵力稍多些。整个阿奇巴巴以南地区只驻有 2 个土耳其营，英军选中的五个登陆地点，只有两处布设了铁丝网和机枪，也就是赫勒斯角两侧，位于中央的 W 滩和 V 滩。英军掩护力量编有黑尔第 86 旅的 4 个营，该旅以半个营的兵力登陆 V 滩、W 滩、X 滩，1 个营登陆 S 滩，2 个营登陆 Y 滩威胁敌军身后。因此，最初的登陆行动投入 7.5 个营，主力部队的 5 个营尾随其后，最后是法国师。清晨 5 点，在舰队猛烈炮击掩护下，一艘艘小舟朝岸边划去。猛烈的海潮造成第一个坏运气，拖缓了赶往东翼 S 滩的进展，导致前往三个主要登陆滩头的船只，不得不推迟到清晨 6 点左右才投入行动。不过，驶向 X 滩的船只绕过半岛西端，在一处低矮的悬崖下登陆，没有人员伤亡，土耳其人对英军的到来深感意外，他们部署在这里的兵力仅仅是一支 12 人的巡逻队。但在东面的 W 滩，登陆部队落入敌人精心布设的死亡陷阱。英军船只靠近期间，对方没开一枪，他们登陆时却遭到猛烈打击，跳入水中的士兵被水下的铁丝网缠住。尽管损失惨重，可英军竭力向前，驱散了守军，在悬崖上站稳脚跟。过于英勇的黑尔暴露在外，结果负了伤，导致英军付出的努力有所减弱。

V 滩的登陆行动更糟糕，这处海滩位于赛迪尔巴希尔古炮台旁边。登陆部队像角斗士那样，冲入大自然设计、土耳其人安排的一座缓斜竞技场，准备展开厮杀，而土耳其人隐蔽在周围的看台上。受到海潮阻挡的那些小舟，很快被"克莱德河"号超过，这艘运煤船抢滩时，地狱之门敞开了。密集的弹雨袭向驶来的一艘艘小舟，被打断的船桨犹如投火飞蛾的翅膀。小舟载着死伤者，无助地漂浮在海上。许多士兵跳下小舟，结果在鲜血染红的海水中溺毙。有些人冲上滩头，藏身于一处低矮的海岸下，这就是当日取得的最大进展。冲出"克莱德河"号的士兵，企图跨过驳船搭成的渡桥冲上滩头，可这次的运气不太好，一群群跌落海中。海滩上的少数幸存者和上千名仍待在"克莱德河"号上的士兵，只能等待夜幕降临后再展开行动。部署在 V 滩与 W 滩之间的两个土耳其连，阻挡住英军的主要登陆。

但莫尔托湾另一侧的 S 滩，和 X 滩一样，土耳其人认为对方不太可能在这里实施登陆，因而只派驻了一个排。遂行登陆的英军营平安踏上海滩，随后就遵照预先收到的指示，耐心等待另外几处海滩的行动取得进展。虽说这种惰性是亨特－韦斯顿批准的，但显然是过高估计土耳其人的实力造成的。实际上，两个营完好无损地登上 S 滩和 X 滩这两片侧翼海滩，实力四倍于 V 滩和 W 滩的土耳其守军，他们要是朝内陆挺进，本来是可以进入敌军身后的。

很快，英军的兵力优势继续增加，但没有加大对敌人施加的压力。第 87 旅辖内两个营（另外两个营已用于 S 滩和 Y 滩的初期登陆），9 点前顺利登上 X 滩，可他们的任务是担任师预备队，除了挖掘战壕，旅长无权动用这两个营，除非接到亨特－韦斯顿的明确指示。但这种指示一直没有下达，就这样，X 滩的部队始终处于消极无为的状况。

与此同时，英军在 V 滩再次展开徒劳的登陆，行动中，第 88 旅旅长阵亡，之后，主力部队剩余的两个半营在 W 滩弃船登岸。正如官方史以温和的口气所写的那样："与当日清晨的英勇壮举相比，战线这一地段的部队似乎产生了一定程度的惰性，这股力量目前至少有 2000 人……面对夺取滩头这项明确的任务，第 29 师在历史上留下了不可磨灭的印记。可一旦任务完成，排长，连长，甚至包括营长，就待在各自负责的地段，等待上级下达明确无误的新指令，没有发挥主动性，发展当日晨取得的战果，或与敌人保持接触。"相反，他们被当面之敌弄得进退不得，而这股敌军"实际上已被逐出战壕，虽然不了解实情，但他们至少处于一比六的兵力劣势当中"。

但英军在海岸上方 3 英里的 Y 滩错失了更大的机会。"2000 名官兵在那里顺利登岸，没有遭遇任何抵抗。接下来 11 个小时，他们就这样无所事事地待在那里，没受到敌军滋扰，这段时间里，他们的兵力相当于阿奇巴巴以南的所有土耳其部队。可 4 月 25 日一整天，他们还是没有发展先前取得的战果。夜间，部队英勇击退了敌人对他们的防线发起的一连串猛烈冲击。但次日晨，整个行动突然放弃，这群官兵重新登船离开，而此刻，他们的敌人正全面后撤。"

置身海上的伊恩·汉密尔顿倒是意识到了眼前的机会，可他已经把执行登陆的任务委托给第 29 师师长，自己手中没有任何预备队。所以，除了提出建议，他似乎不太愿意横加干涉。不过，他比置身前线的指挥官更快地意识到南面的行动已受阻，上午 9 点 21 分就致电亨特－韦斯顿："你打算派更多部队登陆 Y 滩吗？如果是的话，这里有一些拖网渔船可供使用。"可惜，亨特－韦斯顿的注意力全放在那些浴血的滩头，虽然敌人在这些地段准备得更加充分，但他宁愿集中力量对付这些滩头。

英军登陆 Y 滩未开一枪，也没有发现一个土耳其人，但指挥官马修斯上校消极地等待上级下达后续指令。"大批官兵……坐在峭壁边缘"，直到下午晚些时候才着手挖掘战壕。傍晚前后，土耳其人调来一个营，对两个英国营发动一连串反冲击。这些进攻一再被击退，清晨 7 点后不久，土耳其人混乱逃窜，可他们的夜间突击给英国守军造成损失和混乱，恐慌蔓延开来。一连串危言耸听的消息发回船上，大批散兵游勇涌向海滩，挤上运送伤员的小船。土耳其人消失后，这种状况仍在持续，马修斯发现自己增派援兵的紧急呼吁没得到回应，无奈地决定效仿那些散兵游勇。到中午 11 点 30 分，全体官兵已重新登船。几小时后，凯斯海军少校率领一群海军人员登上滩头，长时间搜寻遗漏的伤员，没有遭遇任何敌人。

不过，要说有什么借口能为马修斯的举动和他先前的不作为开脱的话，那就是他的上司亨特－韦斯顿彻底忽略了他。待在岸上的整整 29 个小时，"他没有收到师部发来的只言片语"。师部没派人来查看他这里的情况，也没回复他请求增援的紧急呼吁。4 月 26 日清晨，伊恩·汉密尔顿再次介入，提供了一个法国旅（6 个营），亨特－韦斯顿不假思索就命令该旅登陆敌军正面的 W 滩。官方史对 Y 滩的行动得出慎重的结论："伊恩·汉密尔顿爵士决定以一股军力在此处登陆，似乎掌握了整体情况的关键……可以肯定，如果我方部队 4 月 25 日晨从 Y 滩大胆进击，当日上午必然能肃清南部海滩，从而确保第 29 师赢得决定性胜利。"

英军在澳新军湾也错失了大好机会，但这里的情况不太一样，英军受挫是因为对手发挥了主动性，此人就是当时籍籍无名的穆斯塔法·凯末尔。清晨 5 点前，4000 名澳新军官兵出敌不意地登上滩头，上午 8 点前，另外 4000 名澳新军官兵登陆，此处的守备力量仅仅是一个土耳其连。另一个连在南面 1 英里开外，担任局部预备队的 2 个步兵营和 1 个炮兵连位于内陆 4 英里处，凯末尔麾下 8 个步兵营和 3 个炮兵连组成的总预备队，部署的位置更远。就在他外出视察某团的训练工作时，几名没戴军帽也没拿武器的宪兵突然拼命地朝他跑来，嘴里喊着："他们来了，他们来了！"

"谁来了？"

"英国人，英国人来了。"

凯末尔转身问道："我们带实弹了吗？"

"带了。"

"那好，前进！"

凯末尔亲自率领一个连赶往丘努克巴伊尔这道巨大的分水岭，团里的余部尾随其后，上午10点左右，他及时越过山脊，阻挡住攀登西面陡坡的澳大利亚先遣部队。凯末尔手中只有500名土耳其士兵，却要阻挡8000名澳大利亚官兵，但守军随后获得稳步加强，截至傍晚，已有6个营调来（5000人左右）。从下午4点起，土耳其人就以一连串反冲击逼退澳军，但没能突破对方漏洞百出的防线。交战双方伤亡2000来人，虽说土耳其人的损失更大，可身处异域的澳军新兵首次经历实战，炮弹炸开后纷飞的弹片对他们的士气造成严重影响。土耳其人的火炮并不多，但澳军根本没有火炮提供支援。到下午6点，虽然已有1.5万名官兵登上滩头，可他们的防线稀疏而又混乱，海滩上挤满无人领导的士兵，许多人向后退却是因为迷失了方向，而不是丧失了勇气。眼前的情形无疑证实了各级指挥官的担心，这些军官待在后方，发给伯德伍德的报告沮丧至极。伯德伍德当晚10点登上滩头，在发给伊恩·汉密尔顿的电报中写道："我那些师长和旅长对我说，他们担心部下的士气会被敌人的炮火彻底摧毁……如果部队明晨再次遭到炮击，很可能发生一场惨败……要是我们打算登船撤离的话，就必须马上行动起来。"所有可用船只奉命开赴澳新军湾。

这封电报最终送达总司令手中纯属偶然，因为伯德伍德匆忙中没有填写收电人。不过，电报落入滩头指挥官手中，他正赶往舰队的旗舰，到了舰上，他把电报交给瑟斯比海军少将。读罢电报，瑟斯比决定上岸，与伯德伍德商讨重新登船事宜，可就在此时，伊恩·汉密尔顿乘坐的"伊丽莎白女王"号战列舰，意外地从赫勒斯角驶来，于是，瑟斯比向总司令汇报了情况。就这样，经过一连串小小的不幸，伯德伍德这封令人不安的电报终于及时交到伊恩·汉密尔顿手中。

伊恩·汉密尔顿身边没有任何指导或安慰者，也没时间得到这些，全凭自己的洞察力做出异常艰难的决定。他在回电结尾处简要地写道："你们已渡过难关，现在所要做的只是挖掘、挖掘再挖掘，直到你们安全为止。"

　　这道明确、充满信心的命令犹如一股清新的微风，吹散了海滩上的各种传言和抑郁气氛。后方不再谈论疏散事宜，而前线并不知道后方一直在商讨此事。拂晓到来后，真正的敌人也停止了进攻，因为穆斯塔法·凯末尔没有更多预备队重新发起反冲击，寥寥几门火炮射出的炮火，已无法让挖掘了战壕的澳新军官兵惊慌失措。英国舰队的舰炮，特别是"伊丽莎白女王"号战列舰射出的 15 英寸大口径炮弹，严重挫伤了土耳其人的士气。

　　英军是否重新获得了丧失的机会呢？历史的回答是："是的！"原因在于伊恩·汉密尔顿最初的方案给敌军总司令留下了深刻的印象。利曼·冯·桑德斯在英军登陆首日的 4 月 25 日写道："当日清晨，跑来报告情况的军官，许多人脸色苍白，很明显，虽然早就料到敌人会登陆，可对方在这么多地点实施登陆，还是让他们震惊而又不安。""我们当时无从辨别，对方究竟要在何处取得决定性突破。"最后一句话比较委婉，因为利曼·冯·桑德斯的真实看法是，英国人看似虚张声势的地点，就是他们寻求决定性战果的地方。他虽然保持镇定，但已丧失了明确的目标。

　　利曼·冯·桑德斯采取的首个措施是命令第 7 师从加里波利镇开赴布莱尔。他的第二个举措是亲自策马赶往那里。他待在那里，而至关重要的战斗正在半岛另一端进行。直到傍晚，他才从驻守在布莱尔附近的两个师抽调 5 个营，开赴真正的作战地域。英军登陆超过 48 小时后，他才投入两个师的余部。

　　但机会的扩大，对英国人毫无用处。部分原因是他们缺乏新锐部队，相比之下，大批兵团留在西线"保险箱"里。另一个原因是，已登陆的部队没有全力以赴。伊恩·汉密尔顿的乐观态度固然不无道理，可 4 月 26 日上午，他那些下属指挥官并不这么看。保持消极状态的不仅仅是澳新军。在赫勒斯地域，亨特－韦斯顿觉察到辖内部队的疲惫，而不是敌军的虚弱无力，因而放弃了向前挺进的一切想法，等待法军援兵开抵。他估计土耳其人会发起猛烈冲击，对相关后果担心不已，于是下达命令："所有人必须死守自己的阵地，绝不能后退。"土耳其人非但没有发动进攻，反而退守克里希亚前方一道新防线。这是因为截至 4 月 27 日，他们的总兵力只有 5 个营，如果减去伤亡，他们的实际兵力大概只比原先的 2 个营稍多些。英法联军直到 4 月 28 日才展开新的进攻，此时，他们几乎已丧失兵力优势，除了向右转动的联合进攻导致任务复杂化，不了解地形、口干舌燥、疲惫加剧这些不利因素也给他们的行动造成影响。联军取得的些许进展，很快被土耳其人的反冲击夺回，海岸附近的战线来回推移，千疮百孔。不过"伊丽莎白女王"号战列舰射出的一发炮弹，消除了此处面临的危险。这枚炮弹炸开，2.4 万块弹片在展开冲锋的大群土耳其士兵中四散飞溅，烟雾消散后，已见不到一个土耳其人。但夜幕降临前，第 29 师已退到当初的出发点。在此期间，澳新军湾的部队实施重组并坚守己方防线。土耳其军队也这般行事，因此，澳新军被关在一间只有 1.5 英里长、半英里深的"牢房"里，而土耳其人从被捕的入侵者上方的"屋顶"俯瞰着他们。

联军这份资产负债表，贷方栏几乎空白一片，他们现在因土耳其人的慷慨捐助而松了口气。恩维尔下达了蛮横的命令："把入侵者赶下大海！"受到这道指令敦促，利曼·冯·桑德斯 5 月 1 日和 3 日夜间发起大规模刺刀冲锋。数千名土耳其官兵阵亡，联军防线前的尸体堆积如山，而这种自杀式冲击仅仅给法军防区造成暂时性威胁。

土耳其人损失的东西，英国人很快给予补偿。他们从澳新军湾调来两个旅，还从埃及派来一个新的本土防卫旅。即便如此，联军在赫勒斯地区的战斗兵力也只有 2.5 万人，而土耳其人的实力现在加强到 2 万人左右。另外，联军援兵的战斗力没有经受过考验，定于 5 月 6 日发动的进攻，各方面的条件都很不利。这纯粹是一场正面冲击，沿 3 英里宽的狭窄战线遂行，对付的是没有探明的敌军阵地，而联军严重缺乏炮弹，也没有飞机观测弹着点，而且刚一接到命令就投入进攻——亨特－韦斯顿直到清晨 4 点才给各个旅下达命令，上午 11 点就发起冲击。伊恩·汉密尔顿再次把战斗控制权和最后的预备队交给亨特－韦斯顿，就像官方史指出的那样："总司令这个要职留给他的仅仅是承担责任。"

挫败联军这场进攻的是疲惫，而不是对方的抵抗。持续承受压力，以及缺乏睡眠，让联军官兵疲惫不堪，根本没力气厮杀，甚至没能击退土耳其人的前沿哨所。亨特－韦斯顿下令次日晨重新发起进攻，以此作为治疗部队缺乏休息的最佳方法。可这场行动除了把弹药消耗一空，没产生其他效果。于是，他下令第三日上午展开第三次冲击。这场进攻在昼间遂行，以实力虚弱的 4 个新西兰营对付 9 个土耳其营扼守的阵地，至少把损失控制在较小范围。伊恩·汉密尔顿找到仍担任预备队的 3 个旅，随后亲自介入。整条联军战线"上刺刀、枪上肩，下午 5 点 30 分朝克里希亚进发"。除了造成严重伤亡，这场行动一无所获。三天内，突击部队的兵力折损了三分之一。联军占领了两片小小的立足地，随后，他们的战线不可避免地重新陷入停滞状态，随着土耳其人把他们仓促构设的防御强化成有组织的堑壕体系，这条战线很快彻底陷入僵局。

到这个地步，伊恩·汉密尔顿不得不向上级请调援兵，想让政府知道自己的处境和燃眉之需。到目前为止，他虽然意识到自己兵力不足，但非常忠于基奇纳，也很了解老上级独断专行的做事方式，因而不愿以急切的需求让他烦神。离开英国前，基奇纳告诉伊恩·汉密尔顿，7.5 万兵力肯定够了，就连第 29 师也只是暂借而已，基奇纳确实提醒过埃及指挥官麦克斯韦，为伊恩·汉密尔顿增派部队，尽管下达了这种明确的指示，可麦克斯韦没有同伊恩·汉密尔顿联系过。缺乏弹药是另一个难题，伊恩·汉密尔顿提请上级注意这个问题，陆军部的回复只是告诉他"继续前进非常重要"。5 月 6—8日，一连三天徒劳无获的进攻期间，伊恩·汉密尔顿只使用了 1.85 万发炮弹。几乎是同时，黑格在奥贝尔岭一天就消耗了 8 万发炮弹，他们的目标更有限，战果乏善可陈，伤亡却两倍于伊恩·汉密尔顿的行动。迄今为止，加里波利之战的惊人特点是，伊恩·汉密尔顿以他处于劣势的兵力和资源，居然能取得离成功咫尺之遥的战果。

伊恩·汉密尔顿选择的登陆地点经常被人诟病，实际上，就算他有法力，预先得知敌人的作战构想和部署，也很难改善相关情况。他避开了敌人预计的登陆地区，那里堪称平庸将才的陷阱，同时，他把敌军注意力分散到那里，从而确保己方部队在实际登陆地点获得巨大的兵力优势，尽管他的总兵力少于土耳其人。敌军指挥官的注意力完全集中于布莱尔，英军登陆 48 小时后，仍不肯给英军当面的守军派遣充足的援兵。这个事实是对"伊恩·汉密尔顿应该进攻布莱尔"这种常见批评的最佳回答，在英国国内的所有人看来，布莱尔是个显而易见的目标，奇怪的是，敌人也认为这个目标非常明显。另一个常见的批评是，伊恩·汉密尔顿把麾下力量分散在过多的登陆地点，应该集中力量于一小片地段。对此的回答不仅仅是利曼·冯·桑德斯所说的"许多人脸色苍白"，接下来三年，西线的行动一再受挫，充分证明"集中力量于一小片地段"的做法并不可取，只是，为获得这种经验付出的代价太大了。

如果以防御力量薄弱的苏弗拉湾作为替代登陆地点，也许能为伊恩·汉密尔顿没太多缺点的选择提供更大优势。可当年四月，他并不掌握确切的情报，而且过于信赖海军炮击赫勒斯地区的效果。

另一个合理的批评是，英国本该更充分地利用在海上快速运动的能力，赶在地面部队深深卷入交战前，把他们撤离受阻地段，以这些部队加强没遭遇抵抗的登陆行动，或在新地点实施登陆。他们利用这种迅速调动部队创建生力军的能力，也许能部分弥补缺乏预备队的窘况。实际上，英军登陆前一天，总参军官阿斯皮诺尔上尉曾对参谋长布雷思韦特提出过这种建议。他敦促修改作战方案，以防出现登陆澳新军湾、赫勒斯地区的行动受挫这种意外情况。这份方案还有另一个缺点，也许是更大的弊端，也就是没有为部分成功提供解决方案，而部分成功是战争中最有可能出现的状况，总司令手头不掌握任何机动预备队，无法迅速扩大登陆滩头最具胜利前景的战果。不幸的是，作战方案和具体执行都缺乏灵活性，而灵活性是战争中不可或缺的要素。第一阶段的两场登陆都取得部分成功，这导致相关方案更加僵化，最终彻底陷入僵局。

多年来，围绕达达尼尔海峡作战构想的孕育期，以及由此诞生的作战方案，一直争议不断。更令人沮丧的是，据事后披露，英军登陆后丧失了许多良机，迄今为止，这些失去的机会一直被浪漫的光环所掩盖。

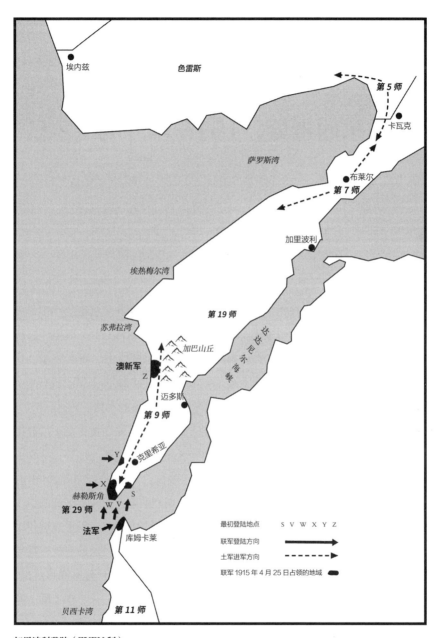

加里波利登陆（ZVEN 制）

第三节

伊珀尔的毒云，1915 年 4 月 22 日

　　伊珀尔迎来日落。昼间，唤醒生机的春光射入这座死气沉沉的小镇，以及护卫该镇、已然坍塌的堑壕线。之后一个月，伊珀尔镇只剩一具空壳，犹如一座更大的古罗马斗兽场，在诡异的月光下显得庄严宏伟。此后三年，这个镇子沦为一座废墟遍地的巨大蚁丘。但 1915 年 4 月 22 日，伊珀尔只是个没有完全放弃、凄凉沉寂、偶尔被春日阳光的芬芳打破的小镇。

　　那股淡淡的香气随着残阳消退，就连火炮也沉默下来，黄昏洒下的静谧仿佛在敬畏地等待一场赐福仪式。虚假的静谧纯属魔鬼诅咒的序幕，这种诅咒伴随着管风琴的轰鸣和香炉的晃动而来。下午 5 点，可怕的炮声隆隆响起，大口径炮弹击中伊珀尔和周边许多村庄，发出剧烈回响，这片地区此前很少或从未遇到过这种情况，靠近前线的人闻到一股邪恶的香气。而更靠近伊珀尔北面堑壕的人，看见两股怪异的青黄色烟雾，犹如幽灵般向前蔓延，随后融为一体，接着继续向前递延，形成一股蓝白色薄雾。这片薄雾漂移过来，悬在两个法国师防线上方，这两个师（一个阿尔及利亚师，一个本土师）和英军一同守卫着突出部左侧。很快，英军防线后方和运河桥梁附近的军官，震惊地看着惊恐万状的人潮向后方涌来。最靠近英军防线的非洲士兵，奔逃时剧烈咳嗽，还指着自己的喉咙，他们很快就和马匹、大车队混杂在一起。

法军的火炮仍在射击，但当晚 7 点，这些火炮突然不祥地沉默下来。

逃散的士兵在他们身后的防线留下个超过 4 英里宽的缺口，缺口处只有死者和氯气中毒后处于窒息痛苦中的那些人。除此之外，两个法国师几乎彻底消失了。借助毒气，德国人消除了突出部北翼的守军，巧妙得就像从颌骨一侧拔掉颗臼齿。突出部正面和南翼剩余的牙齿是奥尔德森指挥的加拿大师，该师最靠近缺口部，另外还有布尔芬指挥的第 28 师、斯诺指挥的第 27 师，这几个师共同组成普卢默的第 5 军。德国人只需要向南推进 4 英里，前出到伊珀尔，就能通过从后方施加的压力撬松这些牙齿。当日傍晚，他们前进了 2 英里，随后就奇怪地停了下来。加拿大师防线破裂的边缘，与形成突出部弓弦的伊瑟运河之间，有一片 4.5 英里的空间，这里只仓促部署了几个小型哨所，由迄今为止一直担任预备队的少量法国和加拿大士兵据守，哨所之间三个无人守卫的缺口，宽度分别达到 2000 码、1000 码、3000 码。但 5 月 1 日，德军只推进了几百码。五月底，这场交战终于平息下来，战线唯一的外在变化是，突出部的"鼻子"扁平了，这主要是英军主动后撤造成的。但与常规经历形成鲜明对比的是，防御方的损失极为惨重。英军伤亡 5.9 万人，几乎比遂行进攻的德军高出一倍。

毒气为什么能达成这么彻底的突然性？德国人为何没有利用这种突然性？英军没有发现法军的崩溃，为何能逃脱毒气的灾难？德军丧失优势后，英国却付出了高得异乎寻常的伤亡，这又是为何？这就是第二次伊珀尔交战的几个关键问题。

临近三月底，法军仍守卫着突出部南翼，他们抓获的俘虏交代了毒气罐存放在战壕中的细节，以及施放毒气的方式。可能因为即将换防的缘故，法军指挥官没有针对这种警告采取措施。奇怪的是，和毒气相关的细节描述出现在法国第 10 集团军 3 月 30 日的公告里，该集团军当时驻扎在皮卡第地区。

4 月 13 日，一名德国逃兵在朗厄马克附近，向据守该地区的法国第 11 师投诚，带来更完整、更局部性的警告，声称"灌满窒息性毒气的气罐已交给各炮兵连，沿整条战线，每隔 40 米摆放 20 罐"，"预定信号是炮兵发射 3 发红色信号弹，然后就打开气罐，有利的风向会把释放的毒气吹向法军战壕……为防范己方人员中毒，每个德国士兵都获得一包浸在氧气里的粗麻纤维"。这名逃兵交出一副初期的防毒面具，以证明自己的供词。第 11 师师长费里将军对此极为重视，特地提醒自己左侧的法国师，右侧的英国第 28 师，以及加拿大师，该师两天后接防了第 11 师部分防线，防线剩余部分交给阿尔及利亚师。更重要的是，费里还就此事提醒军长巴尔富里耶，以及从霞飞司令部赶来拜望他的联络官。

这两位关键人物作何反应？巴尔富里耶认为费里是个轻信传言的傻瓜，因而没有理会他的建议：炮击德军战壕，摧毁毒气罐，同时减少暴露在毒气危险下的前线士兵数量。而那名联络官不仅把这个警告视为荒诞不经的传言，还严厉申斥费里，理由有两点，首先是费里直接对英军发出警告，其次是他擅自减少前线守军的做法违背了霞飞的原则。按照法国陆军的惯例，费里随后因为自己做出的正确决定而被解除职务。

普茨将军率领两个师，从巴尔富里耶手中接管了突出部左翼的防务，虽然 4 月 16 日从比利时传来新的警告，但他并不比巴尔富里耶更相信关于毒气的说法。普茨语带讥讽地对史密斯-多里恩第 2 集团军派来的英国联络官提及此事，但他显然认为没必要把这件事告诉自己的部队。就这样，法军一无所知地等待着，直到窒息性毒气出现。

英国人倒是采取了措施。他们派飞机实施侦察，但没发现任何异常情况，普卢默向麾下几位师长通报了毒气警告，但他"不确定是真是假"。上级既没有建议，也没有下令采取防范毒气的措施，于是，接下来几天，就连毒气警告这件事也被遗忘了，这很容易做到，因为施放毒气这种事听上去太过离奇，"毫无绅士风度"。但是，德国人 4 月 17 日发表公报："昨日，伊珀尔以东，英军使用了灌有窒息性毒气的炮弹和炸弹。"英军指挥部立即对这份公告的险恶用意产生怀疑，因为他们很熟悉德国人先行掌握话语权的做法。

但没有任何迹象表明德军正为进攻行动集结预备队，这个因素无疑减弱了英国人的疑虑之情。之所以缺乏这种迹象，不是因为德军采取了特殊的预防措施，而是因为他们缺乏预备队。因此，德国人丧失了战争期间最彻底的突然性创造的机会。

和对手一样，德国最高统帅部在科学技术方面墨守成规，对新式兵器没什么信心。由于上级部门漠不关心，毒气发明家哈贝尔缺乏设备，只好以金属罐，而不是炮弹施放毒气。从金属罐施放的毒气必须依赖有利的风向，由于佛兰德地区盛行西风和西南风，德国人只好听天由命。为赢得微不足道的战果，他们过早暴露了己方的新式兵器，在他们制造出足够的毒气炮弹以取代毒气罐前，为对方提供了报复的机会。

无论德国人对新式兵器多么缺乏信心，他们没有为施放毒气有可能取得的成功做好准备，这一点实在令人难以置信。实际上，法尔肯海因没给这场进攻调拨新锐预备队，甚至否决了提供更多弹药的要求。他的想法仅仅是把毒气作为一种试验性武器，以此辅助进攻，而这场进攻完全是为掩饰计划中对俄军发起的打击。要是能消灭伊珀尔突出部，那最好不过，但他没有任何更长远的战略意图。

德方最初的方案，是以第 15 军打击突出部南侧，毒气罐 3 月 10 日前已部署就位。可是，由于风向不利，这场进攻一再推延，临近三月底，他们才准备对突出部北侧实施替代性进攻。行动日期定于 4 月 15 日，但又因故推迟了一周。预备队第 26 军辖内两个师随后发起冲击，预备队第 23 军一个师在他们右侧投入进攻。为支援主要突击，预备队第 23 军辖内另一个师攻往斯滕斯特拉特，那里既是突出部的枢纽，也是法军与比利时军队的结合部。没获得毒气支援的这场辅助突击进展不大。集团军预备队只有一个师可用，这个师直到次日才投入，交给预备队第 23 军，而不是提供给前方已出现缺口的预备队第 26 军。

不过，如果说缺乏预备队是德军进攻受挫的根本原因，那么，部队害怕己方施放的毒气就是行动失败的直接原因。他们只配发了最简陋的防毒面具，许多人甚至没有佩戴，这场冲击也没有考虑采用特殊战术，他们穿过倒在法军战壕中、痛苦地喘着粗气的敌军士兵，只愿服从上级下达的有限命令，刚一到达受领的短距离目标，就立即就地挖掘散兵坑。昏暗的光线也造成妨碍，他们没有意识到自己取得的战果，也没有发现阻挡前进道路的少量勇敢的加拿大士兵是多么虚弱。接下来几天，他们心甘情愿地充当炮兵的跟班，仅仅稍事向前推进，占领并加固火炮和毒气已肃清守军的小幅地域。德军头几日的行动相当消极，可机会出现时，这种围攻战还是发挥了作用，并预示出一年后凡尔登发生的情况。联军变相帮助了德国人，这一点归咎于福煦。

福煦当时作为霞飞的副手，不仅指挥佛兰德地区的法国军队，还负责协调法国、英国、比利时军队的作战行动。他刚刚获悉德军取得突破的消息，立即命令普茨坚守阵地，也就是运河防线，并组织一场反突击收复失地。可法军炮兵损失殆尽，只能执行前一项任务。多亏比利时军队阻挡住德军攻破突出部枢纽的冲击。但普茨告诉英国人，他打算发动反突击，希望英军午夜时以两个加拿大营展开反冲击，配合他的进攻。英军如约行动，一举突破德军新战线，还夺得基奇纳林地，可法国军队没有发起进攻，他们稍后不得不撤离。次日，英军拼凑了少量预备队，再次展开小规模反冲击，这些进攻在昼间遂行，法军和炮兵提供的支援微不足道，结果以失败告终，还付出了沉重的代价。但到 4 月 23 日傍晚，通往伊珀尔和英军后方的宽阔道路，被 21.5 个遭到严重削弱的英军营（包括 12 个加拿大营）挤得满满当当，而他们面对的是 42 个德军营，对方的火炮优势高达五比一。

约翰·弗伦奇爵士下令 4 月 24 日继续实施这些徒劳无益的行动，但德国人抢先一步。凌晨 3 点，他们猛攻比利时人据守的枢纽部，结果大败亏输，此后，他们再也没能拓宽或加深运河对面那片小小的立足地。清晨 4 点，德军借助毒气，猛烈冲击加拿大军队防线锯齿状的角落。加拿大官兵没有配发防毒面具，只能借助手帕、毛巾、棉质子弹带，以战壕中很容易找到的液体浸湿后捂住口鼻，以此充当防护。许多人倒下了，防线起初只出现个小小的缺口，但渐渐扩大。联军出色的炮火一度阻止了德军对缺口部的试探，但当日下午，德国人蜂拥而上，越过圣朱利安。局面看上去相当危急，两个约克郡本土营发起反冲击，几个加拿大炮兵连也以直瞄火力提供支援，这才把德军先遣部队逐回圣朱利安。这场轻微的挫败，足以打消德国人当日取得更大进展的企图。但整体局面的混乱状况，导致英军指挥官没有注意到对方的犹豫不决。各师各旅的加拿大士兵、英国正规军士兵、本土军士兵混杂在一起，其中甚至还有阿尔及利亚士兵，他们横跨德军前进路线，无论被挤到何处都就地据守，就像一块块贴到破裂墙壁上的水泥。德国人施加的压力，把突出部压缩成一块狭长的舌状地带，虽然深达 6 英里，可宽度只有 3 英里。因此，竭力坚守突出部的守军挤在一起，沦为德军火炮唾手可得的打击目标。

但福煦和普茨的乐观情绪蒙蔽了约翰·弗伦奇爵士，他们还信誓旦旦地称两个新锐法国师即将收复失地，因此，弗伦奇不愿批准任何后撤行动。4 月 25 日一早，也就是登陆加里波利半岛当天，英军前调一个新锐正规旅，盲目地投入圣朱利安附近的进攻，"机枪的纵射火力，像割玉米那样把他们一片片刈倒"。2400 名官兵就这样以令人震惊的速度阵亡了，损失远远超过伊恩·汉密尔顿为夺取加里波利各片滩头付出的代价。当日傍晚，加拿大师主力撤离前线转为预备队，他们以步枪对抗敌人的毒气和重炮，在这场英勇的斗争中伤亡 5000 人左右，火炮为他们提供的支援少得可怜，官方史指出，这些火炮"是南非战争期间使用的老旧过时货"。这场毫无希望的斗争的重负，并没有随着加拿大师换防而缓解，而是更彻底地转移到其他兵团肩头。交战又持续了一个月，面对德军有条不紊的冲击，英军还以颜色，但这些进攻毫无章法。为了不让读者觉得我过于强调这些进攻徒劳无益，我在此引用官方史冷静而又阴郁的语句：

> 当时的作战理念是，法军必须恢复他们丢失的防线，英军应当提供协助……福煦将军命令立即展开反突击，普茨将军却无法执行；而英军一心以进攻手段履行自己的责任，大体而言，这种冲击既不是真正的反突击，也不是预有准备的进攻，不仅招致严重损失，也没能恢复态势……身处前线的英国军官认为，他们付出牺牲是为法国人争取时间，以便他们为大规模行动做好准备。可就算法国人有过这种意图，他们也一直没能付诸实施。

要探寻酿成悲剧的原因，我们必须把目光从前线转移到后方。4 月 26 日，印度拉合尔师和英国诺森伯兰郡本土旅再次发起徒劳无益的冲击，损失 4000 名官兵后。史密斯－多里恩意识到，这种进攻纯属徒劳，法军不太可能协同行动。因此，他 4 月 27 日写信给英国远征军参谋长罗伯逊，请他把真实情况告知弗伦奇，他还写道："为收复法军失地，牺牲更多将士是否值得，我对此深表怀疑，除非法国人正在做某些真正的大事。"他进一步建议，明智的做法是做好准备，撤往伊珀尔附近一条更平直的防线。他得到的回复仅仅是罗伯逊打来的电话："总司令认为情况并不像你信中描述得那么严重。"实际上，史密斯－多里恩信中所写的状况，远比严峻的战场实情乐观得多。从舒适而又安全的后方做出这种"安抚性"答复后，英军总司令部随即发出措辞严厉的电报，这份以明码发送的电报通知史密斯－多里恩，让他把伊珀尔地区所有参战部队的指挥权移交给普卢默将军，并且派他的参谋长米尔恩将军赶去协助普卢默。自 1914 年 8 月，史密斯－多里恩违抗弗伦奇亲自下达的命令，坚守勒卡托，挽救了法军岌岌可危的态势以来，两人的关系一直很差。现在，弗伦奇像法国人那样行事①，抓住机会惩治做出正确判断的史密斯－多里恩，以明码电报通知"交权"的做法让史密斯－多里恩别无选择，他只能提出，如果需要的话，他可以辞去职务。弗伦奇立即接受，命令他交出所剩无几的指挥权后回国。

尽管如此，弗伦奇下达的头几道指令，却是命令普卢默按照史密斯－多里恩的建议，做好后撤准备。弗伦奇随后赶往卡塞尔见福煦，回来后彻底改了主意。福煦强烈反对后撤，声称现有部队完全可以收复失地，他主张"严禁后撤"，还恳请弗伦奇"支援法军不惜一切代价夺回朗厄马克地区的进攻，这场行动 4 月 29 日中午发起"。接下来几天，对后方来说是一出喜剧，而对身处前线的部队而言则是一出悲剧。日复一日，弗伦奇从战斗中的下属那里听到的消息，都是关于英军将士的伤亡、法国人承诺的进攻始终不见踪影。于是，他又打算后撤，可福煦的保证、恭维、恳求又一次打消了他的念头。

我们再次引用官方史的说法：

> 福煦将军的进攻精神，虽说是去年战事的福气，现在却成了祸害……

---

① 弗伦奇和法国人的拼法都是French。

约翰·弗伦奇爵士起初全心全意地迎合福煦的意愿，但很快意识到法军的行动收效甚微，或者说，他们最初付出的努力很小，而他自己的部队挤在狭窄突出部内一片小小的"检阅场"上，遭受了严重损失……约翰·弗伦奇爵士随即坚信，必须撤出自己的部队，他的心态也从乐观转为悲观。对他那些下属来说，揣摩他的心思非常难，特别是因为他的想法处于两个不同阶段之间，福煦将军一再恳求，约翰·弗伦奇爵士多次同意暂缓后撤，还下令发动一场反攻。

可是，他抓住的是一根风中的稻草，5 月 1 日晚些时候，福煦承认，霞飞非但没有派来援兵，还要求从伊珀尔地区抽调兵力，加强他即将在阿拉斯附近发起的进攻。弗伦奇立即批准了策划已久的后撤，英军夜间分阶段撤兵，退守距离伊珀尔不到 3 英里的防线，这样一来，防线仍形成个突出部，但较为平坦。与原先的突出部相比，新突出部的防御和控制麻烦得多，这个突出部的头颅暴露在外，很容易遭到来自四面八方的打击，而伊珀尔形成的狭窄喉部极其危险，严重不利于补给和交通。从政治和情感方面说，约翰·弗伦奇爵士不愿让出地盘，特别是比利时的领土，可从军事角度看，他又希望协助法军完成他们姗姗来迟的进攻，因此，他否决了前线指挥官的建议：撤往伊珀尔城墙和运河构成的笔直的天然防线。就这样，英军坚守这座缩小的突出部，这是个"硕大的炮击目标"，不断遭到炮火和毒气攻击，守军原本就不充足的弹药逐渐耗尽。五月份第四周，情况终于得到缓解，因为德军也用光了他们充裕的炮弹。对德国人来说，需要在节约步兵兵力和节省炮兵弹药之间做出选择时，他们至少能明智地停止进攻。这段间隔期，法军所做的只是 5 月 15 日肃清运河西岸，而英军在伊珀尔东面持续实施的刺刀冲击，竟然无法阻止德军从英军作战地区抽调兵力，遏制法军的小规模进攻，这的确有点虎头蛇尾。英国人付出牺牲 6 万名将士的代价，换来的战果微不足道，随后据守一座逼仄得令人极不舒服的新突出部，或称之为"炮靶"，这一守就是两年多。

想捞回损失，结果蚀了老本，这很愚蠢。可把部下的性命投入毫无胜算的战场，这就是犯罪。战斗最激烈的时候，指挥出错无可避免，也情有可原。而明知进攻纯属徒劳，却还是命令部队实施这种行动，仅仅因为"也许"能取得成功，这才是真正应该谴责的指挥方式。犯下这种"过失杀人"罪，无论是出于无知，基于错误的战争理念，还是缺乏道德勇气，指挥官都应该对国家负责。

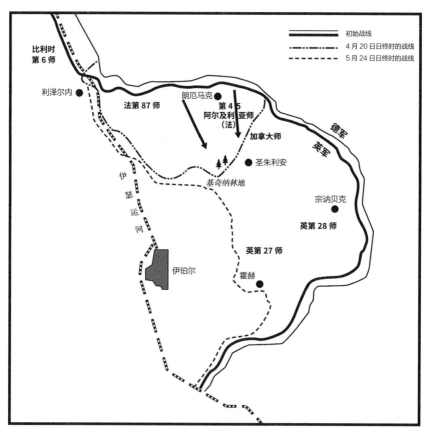

第二次伊珀尔交战（1915 年）（ZVEN 制）

第四节

不必要的洛斯交战，1915 年 9 月 15 日

九月初，法军战线后方传言四起，据说英法联军即将以一场大规模攻势粉碎德军防线。尽管战斗部队的气氛很紧张，可他们对胜利满怀信心的情绪令人振奋。这是英国新组建的集团军和本土军首次在行动中挑大梁，很少有人认为英法军队的联合进攻会失败，他们觉得至少能打破持续近一年的静态堑壕战。可英军高级指挥官的看法，与这种自信的气氛形成了强烈的反差。

命运多舛的洛斯交战，并不符合黑格的想法，可他作为英国第 1 集团军司令，又不得不执行这场进攻。黑格认为，重型火炮和炮弹的供应依然不足，充足的火炮和弹药对眼下的战事至关重要，解决这个问题前，制定进攻计划没什么作用。六月份，英国陆军只有 71 门重型火炮和 1406 门野炮，国内工厂的炮弹日产量不超过 2.2 万发，相关报告称，法国每天能生产 10 万发炮弹，而德国和奥地利的产量高达 25 万发。

持这种观点的并不只有黑格一人，英国远征军参谋长罗伯逊完全赞同他的看法，可他对上司的影响力被亨利·威尔逊爵士削弱，威尔逊对弗伦奇军事判断力的正确性笃信不疑，而罗伯逊甚至被排挤出约翰·弗伦奇爵士的私人食堂。在此期间，弗伦奇的朋友和知己威尔逊，却建议基奇纳把英军分成两个集团，其中一个部署到遥远的洛林，这样一来，就能让弗伦奇无法在法国人面前秉持独立自主的态度！

黑格麾下的亨利·罗林森爵士也持悲观态度，如果发动进攻，他的军就要受领主要任务。罗林森在日记中写道："我的新战线和我的手掌一样平坦，几乎没有任何地方可供遮掩……黑格告诉我，以我这个军遂行进攻，法国人也采取同样的行动，并付出最大努力。这场进攻会让我们付出惨重的代价，但不会取得太大进展。"可是，罗林森别无选择，只能硬着头皮从事这场有可能让部下付出重大牺牲的行动。因为有充分的证据表明，英军指挥官更好的判断力遭到了霞飞压制。

另一件出人意料的事情是，霞飞施加压力居然是通过基奇纳勋爵之手。这很奇怪，因为基奇纳是英国领导人中第一个意识到西线战事陷入僵局的人，他大声疾呼，认为打破这种不可逾越的障碍的企图愚不可及。基奇纳一月份的顾虑得到应验，就像庞加莱写的那样，他六月份尖刻地说道："霞飞和弗伦奇爵士去年十一月告诉我，他们打算把德国人赶过边界线；去年十二月和今年三月、五月，他们又对我做出同样的保证。可他们做了些什么？一次次进攻付出了高昂的代价，结果一无所获。"可他现在成了这场零加零行动的决定性因素。

这种奇怪的因果关系是如何形成的？从精神层面说，霞飞和他的下属福煦犹如一对双胞胎，都是坚定不移的乐观主义者，春季的艰苦经历没有吓住霞飞，他打算秋季再试一次。按照他的计划，两股力量从相隔甚远的阿图瓦（阿拉斯—朗斯）和香槟（兰斯—阿戈讷）地区发起大规模向心突击，前一股力量原本担负主要突击任务。请读者注意这一点，因为它不仅具有重要影响，而且发生了重大变化。

香槟和阿图瓦的行动成功取得突破，就是英法联军在西线发起总攻的信号。霞飞自信地宣称，此举"会迫使德国人退过默兹河，有可能结束战争"。

可实际情况是，一又三分之一个德国师足以粉碎 6 个英国师在朗斯北面的进攻，而在朗斯南面，14 个法国师面对 5 个德国师，竟然没取得太大进展。霞飞这个计划的构想可以说雄心勃勃，却完全不符合现代战争的物质条件。这个痛苦的证据表明，专业策略很可能纯属"业余"。

霞飞草拟的方案，6 月 4 日发给约翰·弗伦奇爵士，这位英国远征军总司令看罢后同意了。而他的下属黑格吹来一股基于常识判断的强风，于是，弗伦奇这个军事风向标又转往相反方向。

黑格亲自侦察过拉巴塞运河以南地区（拉巴塞—朗斯），因而明确宣布，这片地区"不利于进攻"。事实证明，他这个判断非常准确。黑格认为德军的防御相当强大，除非大幅度增加重型火炮的数量，否则只能以围攻的方式攻克对方的防御。"那里的地面大多无遮无掩，相当开阔，德军战壕和战壕后方诸多筑垒村庄射出的机枪、步枪火力完全能覆盖这些地面，因此，不可能取得快速进展。"他提出建议，如果一定要在法军左侧发动进攻，就应该在运河南面遂行一场辅助突击，主要突击应当跨过运河，在北面实施。可就像上文提到的那样，他的结论犹如一盆兜头冷水。

不过，霞飞不会接受推迟进攻或更改进攻地点的主张。他甚至摆出深具权威、永远正确的姿态说道："你们的进攻会在洛斯与拉巴塞之间找到特别有利的地形！"事后看来，霞飞倨傲的态度可笑至极。他以简单而又专横的方式，把黑格提出的不利证据扫到一旁，尽管黑格亲自勘察过地形。

在此期间，德国人虽说没料到对方会发动进攻，但一直忙着加强己方防御，在前线后方建立第二道防御体系。七月底，这道防御几近完工，获知这个情况，再加上黑格重申自己的观点，约翰·弗伦奇爵士的顾虑加剧了。为此，他 7 月 27 日在弗雷旺会晤福煦，可福煦固执己见，一再强调不管地形多么不利，也无论敌人的防御多么强大，黑格集团军必须从朗斯北面发起主要突击，与法国第 10 集团军从朗斯南面展开的进攻紧密配合，一举夹断这个迷宫般的采矿镇，这一点至关重要。

以黑格和弗伦奇为一方，霞飞和福煦为另一方的这场拉锯战继续进行，约翰·弗伦奇爵士甚至想仅以炮火配合作为解决之道。基奇纳的介入否决了他这种想法，也结束了双方的拉锯。基奇纳八月份赶来看望弗伦奇，他告诉这位远征军总司令："此次进攻，我们必须全力以赴，尽最大努力帮助法国人，哪怕我们有可能遭受极为严重的损失。"

基奇纳这种说法，与他先前的态度截然相反，俄国战线正在发生的灾难显然对他造成了影响，他认为急需救助俄国盟友，另外，基奇纳态度的转变，也可能是他对达达尼尔海峡的行动深感失望引发的。但两个错误不等于一个正确，正如他早就宣称的那样，他认为难以在西线取得进展，这就让人很难理解，他怎么会觉得在这里发动一场毫无希望的进攻，能带给俄国人新的希望呢。

不过，基奇纳可能认为，这场进攻会表明任命一位协约国军队最高统帅的必要性，并为此铺平道路。官方史的陈述小心翼翼地揭开了历史面纱的一角："据信，基奇纳勋爵本人期待出任这一职务。"他大概觉得，当前情况下在洛斯问题上对法国人及时做出让步，也许能让他们更容易接受晚些时候提出的另一项建议。

我们再次引用官方史，就会发现此举造成的直接后果：

> 出于对联军总体局势的考虑，基奇纳勋爵从国内施加压力，而鉴于法国的局部状况，霞飞和福煦将军从法国施加压力，因此，英国远征军总司令被迫在做好准备前，不顾他本人和黑格将军更好的判断，克服最不利的地形条件，以不到四分之一的兵力，也就是9个师发起进攻，而他认为实施一场成功的进攻需要36个师。

我们很快会看到，这场行动取得成功的最后希望，是法国人自己扑灭的。他们对作战方案做出最终修改，导致最后也是唯一的希望荡然无存。霞飞决定把他的主要突击放在香槟，而不是阿图瓦，理由是在香槟地区遂行突击，途中的障碍和村庄较少。突然间偏重战术而不是战略的考虑，与他对英军进攻地域的看法形成了鲜明的对比。

这种变更，再次给英军的进攻造成有害影响。英国和法国的官方记述都明确指出，法军在朗斯南面对阿图瓦的进攻行动，以17个师沿12英里宽的正面遂行，420门重型火炮提供支援，即便守军发挥防御的威力，也不会造成太大麻烦。另外，法军的重型火炮数量，是相邻不远的英国军队（共计117门）的两倍多。而香槟地区的法军为实施进攻，在18英里正面集结了27个法国师和850门重型火炮。因此，这片地区的火炮支援比例更高。

进攻洛斯的决定明确做出后，黑格的第一个念头是，为减少投入的兵力和有可能蒙受的损失，起初只以 2 个师进攻。但英军以一排金属罐施放氯气的操演极为成功，这让黑格改变了看法，他认为风向有利的话，施放毒气甚至有可能实现"决定性战果"，于是决定投入 6 个师，沿更宽的正面遂行冲击：罗林森第 4 军部署在右侧（南面），辖第 47、第 15、第 1 师；高夫第 1 军位于左侧，辖第 7、第 9、第 2 师。

黑格对机会做出合理判断后，提出自己的主张："没有毒气协助，我们绝不能发动进攻。"但弗伦奇和福煦否决了他的建议。不过，黑格获准把自己的决定保留到最后一刻，根据天气情况选择大规模进攻或有限进攻。造化弄人，9 月 15 日的风向非常有利于施放毒气，当天也是福煦定下的进攻日期，这个事实鼓舞了黑格的希望。不过，由于他保留了两种进攻方案，炮兵力量沿整条战线部署，而不是集中在三分之一的战线上。

灌有近 150 吨氯气的 5000 多个毒气罐，已运抵前线战壕，安全地放置在特殊的凹坑里，没有一罐被敌人的炮火击中。尽管如此，也只有半数气罐能持续施放 40 分钟。另外，英国人认为气罐施放毒气的时间，必须超过敌机枪手使用的氧气设备提供的防护时间。因此，一个个气罐不得不间歇地打开、关闭，英军士兵在这段间隔期使用发烟罐模拟毒气，无意间制造了战争中的第一道烟幕。

炮兵 9 月 21 日展开炮击，每门重型火炮每日配发的炮弹限制在 90 发，每门野炮得到 150 发炮弹。结果无法令人鼓舞，英军指挥官也没发现炮击取得了什么成果，这促使他们更加专心地研究风向。

进攻前一晚最让人紧张焦虑。黑格反复研究气象观测员发回的新气象图。傍晚 6 点的预测是，风向"会介于有利与不利之间，稍稍偏向于有利"。当晚 9 点的预测更加乐观，据说风向可能会变成西南风，甚至是西风，这样一来，就会把毒气吹向德军战壕。因此，黑格毫不犹豫地下达了命令，以毒气发起全面进攻，不过，为保险起见，各军参谋人员奉命站在电话旁。黑格随后收到一份不太令人鼓舞的气象预报，凌晨 3 点，他把日出时刻（清晨 5 点 50 分）定为施放毒气的时间。拂晓前这几个小时，风向的变化不出所料，可充其量只是西南风，更糟糕的是，风力弱得几近停滞。

清晨5点左右，天色微明，黑格走到外面。他只觉察到一丝最微弱的风，于是，他让身边的高级副官点燃香烟，一股股烟圈飘向东北面。

这种情况值得冒险吗？毒气会不会悬在英军战壕上方？很快，风力稍事加强，黑格5点15分下达了"继续进行"这道具有决定性的命令，随后攀上他的木制瞭望塔。可风力的改善让人无法适从，几分钟后，黑格身边一名参谋打电话给第1军军部，问现在是否有可能停止施放毒气和进攻行动。为应对这种紧急情况，负责放毒的军官早就做好了妥善安排。可军长高夫却说，现在取消进攻为时已晚。情况是不是紧急到非施放毒气不可的地步，这一点值得怀疑，特别是鉴于高夫以往的记录——他是个积极进取的斗士，施放毒气一事，虽然不能说出自他的想法，可至少得到了他的大力支持。

清晨5点50分，英军施放了毒气，右侧的毒云理想地飘到德军战壕上方，但从整体效果看，速度太慢，浓度也不够，而左侧的情况不太好，某些地段甚至往后飘，扰乱了进攻。霍恩第2师作战地域，在第6旅战线负责放毒的军官，不肯承担打开毒气罐的责任。这个情况上报给师部，霍恩以一道命令做出回复："无论如何必须执行相关方案……"这种固执己见造成的后果是，许多步兵被己方的毒气熏倒，而向前冲锋的士兵很快也停下脚步，被没有中毒的德军机枪手射杀。尽管如此，霍恩还是下令重新发起冲击，几位旅长反对"白白牺牲部下的性命"，这道命令才取消。

英军步兵6点30分展开总攻，除了局部预备队，英国第1集团军的兵力悉数投入。黑格和遂行突击的两位军长都没有保留预备队，因为他们知道总司令希望达成突破，会以他手中掌握的总预备队及时为他们提供支援。

位于最右翼的第47师，差一点完成设立防御性侧翼的任务，可这种"差一点"对友邻第15师初期推进取得的出人意料的进展造成严重影响，导致该师进攻方向发生偏差，最终放弃了几乎就要在70高地前方达成的突破。基奇纳组建的新军，这些苏格兰人的推进又快又深，迫使德军指挥部准备匆匆从整片地区撤离，就连远在后方的杜埃也有"一眼望不到头的马车队排成两列，准备离开"。

另一个不利影响是第 1 师的进攻拖得太久，而且只得到部分挽回。该师部署在左侧的旅，遭遇的情况与霍恩师类似，另外，该师没有派预备队穿过侧翼出现的缺口，整个上午浪费在重新发起正面冲击这种徒劳的行动中。英军中央地段的停滞，妨碍了整个进攻的突击势头。左翼第 7、第 9 师取得不错的进展，但第 9 师不仅丧失了机会，人员伤亡也很大——这完全是军长高夫错误地要求左侧旅重新发起徒劳的正面冲击造成的。相比之下，第 7 师师长卡珀更聪明些，面对左翼受阻的情况，他迅速派出预备队，穿过右翼力量成功推进打开的缺口。

但成功的迹象能否兑现，取决于能否迅速投入预备队，这是决定战斗态势的关键，也是决定成败的主要因素。就连霞飞也说过，如果弗伦奇把他的预备队师留在后方太远处，"就会冒上他们到得太晚，无法发展先遣部队取得的战果这种风险"，"进攻发起前就把这些预备队师交给黑格将军掌握，这一点至关重要"。黑格一再提出，至少要把这些预备队调到他身后。弗伦奇做出的保证非常含糊，既无法令人满意，又具有误导性。一如既往，他对战事的看法，似乎受到过度乐观和悲观这种矛盾的冲动主导。

弗伦奇的总预备队编有骑兵军和第 11 军。现代条件下，除了受过骑兵训练的指挥官仍把骑兵视若至宝，没人认为这个骑兵军有什么价值。第 11 军编有新组建的禁卫师，以及新近开抵法国的第 21 和第 24 师。弗伦奇做出的决定很奇怪，他把那些久经沙场的师闲置在平静的索姆河前线，挑了两个缺乏经验的师用于这场交战的关键阶段。另外，他一方面告诉黑格，这两个师立即交给他使用，另一方面又把这两个师部署在后方 16 英里处。弗伦奇随后发出电报，很不诚实地宣称这股预备力量 9 月 25 日上午 9 点 30 分交给黑格使用。而黑格直到下午 1 点 20 分才获知此事，而且是通过间接渠道。不久后，黑格痛苦地说道："要是当时哪怕只有一个预备队师赶上来，我们也能取得突破。总司令部拒不接受关于掌握预备队这种战争教训。"他的自信可能有些夸大，特别是因为他打开的突破口非常狭小，发挥不了太大作用，接下来的七月，他本人也犯了类似错误。但黑格的愤恨情绪，自然因为弗伦奇派遣援兵时不诚实的态度而加剧，先是导致一场激烈的信件往来，随后引发了无法和解的争吵。更让黑格恼火的是，福煦对弗伦奇的影响力，驳回了他的合理建议，这种情况已发生过不止一次。弗伦奇反过来指责黑格愚蠢至极，企图以预备队穿过这么狭窄的缺口。这番争吵的后果是，黑格亲自写信给弗伦奇，还在霍尔丹面前就弗伦奇的失败和无能告了一状，最终促成弗伦奇下台，他自己取而代之。

至于这些师漫长而又缓慢的进军，除了他们缺乏经验，导致总司令的错误部署造成的问题进一步加剧，更应当为此负责的是拙劣的交通安排。埃德蒙兹将军语带挖苦地说道："这就像设法让市长大人的游行队伍穿过伦敦各条街道，既没有清理路线，也没有管制交通。"让这种愚蠢的安排雪上加霜的是一出闹剧：贝蒂讷郊外，一名宪兵拦住第72旅，因为该旅旅长拿不出进入这片地区的通行证。

毫无疑问，从来没有哪个菜鸟师以更困难或更荒谬的方式，在对各方面情况做出更严重误判的情况下，贸然投入一场至关重要的进攻。这充分解释了他们随后遭遇的挫败。9月26日上午11点，这些师终于发起姗姗来迟的进攻，还纠正了当时四处传播的对他们做出的仓促判断——污名渐渐消除。他们显然不缺勇气，同样明显的是，由于缺乏经验，特别是指挥、参谋人员经验不足，他们的战果大打折扣。

这些师和新建军辖内其他参战师，确实遇到经验不足的问题，可这种情况似乎被过度夸大了。就整体而言，除了个别营，正规师并没有展现出更强的战斗力，有时候甚至还不如这些菜鸟师。作战技能是一种罕见的品质，是天赋和创新领导才能的产物，如果没有这种技能，只要向前猛冲就行，往往比所谓的经验更有效。

法军在朗斯南面更大规模的进攻没取得太大战果，这一点也给英军获胜的机会造成影响。英军投入进攻后，法国人等了6小时15分钟才向前推进，而且没取得什么进展，纯粹是一场武力威慑。春季和秋季的惨痛经历，似乎让前线指挥官不太相信福煦达成突破的信心，他们在各个地段以种种借口违抗他严厉的命令。作为上级的霞飞也给福煦施加了阻力，第二天上午，他打电话给福煦，要他"谨慎行事"，随后又发出警告："停止第10集团军的进攻，但不能让英国人产生这样一种印象——我们丢下他们独自进攻。"霞飞之所以这样做, 显然是把希望寄托于香槟地区的进攻, 那里的首日进展造成一种的确能达成突破的假象。

值得一提的是, 法军在香槟地区和阿图瓦的进攻, 起初取得部分成功, 很大程度上归因于法尔肯海因固执的自欺, 他对来自各个方面的诸多警告视而不见, 也没理会下属请调预备队的要求。就在联军发动进攻两小时前, 法尔肯海因还向德皇保证, 前线漆黑一片, 几位集团军司令"没发现任何情况", 法军没有进入进攻状态。

9 月 25 日的几份报告, 也让黑格高估了自己取得的初步战果, 上午 10 点 30 分就命令第 3 骑兵师向前挺进。该师师长很快发现黑格的判断出了错, 而黑格认为骑兵师仍在前进, 刚一获得第 21 和第 24 师的使用权, 就匆匆命令这两个师开进。可没等他们到达, 已知的情况就发生了变化, 两个先遣旅奉命加强先前的进攻占领的防线。黑格仍希望突破德军完好无损的第二道防线, 为此, 两个师的余部(4 个旅)继续前进, 在黑暗中冒雨穿越这片情况不明的田野。饥饿、疲惫的士兵和他们的指挥官一样, 都对眼前的状况一无所知。次日晨, 他们在没有得到火炮有效支援的情况下投入进攻, 冲击敌军第二道防线, 这条防线比第一道防线构筑得更强大, 防御也更严密。遂行防御的德军不仅获得援兵, 还在夜间布设了密集的铁丝网。面对这道没有被打破的障碍, 英军的冲击失败了, 幸存者转身向后退却。这场败退给洛斯与于吕什之间参差不齐的英军战线留下个缺口, 禁卫师奉命赶来填补缺口。与此同时, 德军的反突击加剧了危险, 特别是在两翼。9 月 28 日, 福煦终于缓解了态势, 不仅派部队接防洛斯附近的英军侧翼地段, 还在维米岭赢得一场局部胜利, 此举迫使新开抵的德国禁卫军调集主力拦截法军。福煦与约翰·弗伦奇爵士达成一致, 决定 10 月 2 日重新发起总攻。香槟地区也采取同样的行动, 一连三天, 法军在那里徒劳地冲击德军第二道阵地, 蒙受的损失极为严重, 要不是第 2 集团军司令贝当违抗上级命令停止进攻的话, 他们的伤亡本来会更加惨重。

可是, 暂停行动后, 联军很快要在同一地段重新展开进攻, 这让德国人获得时间加强自身力量，还在后方集结起资源。德军反突击造成的局部混乱，再加上联军部队疲惫不堪，进一步导致延误，重新发起的攻势一再推延。联军最终在不同日期实施了三次进攻，最后一次是英军 10 月 13 日遂行的。用官方史的话来说，这场冲击"无论从哪方面看，都没能改善总体态势，除了白白消耗步兵力量外一无所获"。很奇怪，值此最后阶段，黑格的现实主义感消失了，更确切的说法也许是，这种现实主义感屈从于他斗牛犬般的固执，这是因为，虽然霞飞放弃了努力，但黑格致力于 11 月 7 日发起新的总攻，这场行动不可避免地付出代价，可似乎没有任何充分的理由让部队承受这些代价。幸亏"冬将军"和"天气将军"及时介入。但英军已伤亡 50380 人，要是加上黑格集团军的辅助突击，这个伤亡数就高达 60392 人，反观德军，他们虽然遂行了代价高昂的反突击，但只损失 2 万人。法国人在香槟地区和阿图瓦损失 191797 名官兵，给德军造成 12 万人的伤亡，这个比例表明，法军获得更强大的炮兵力量支援，在进攻行动的实际处理方面优于英军。联军虽说在智慧方面没什么进步，可还是得到了经验，不过，德国人通过挫败这些进攻获得了更好的经验。1916 年，进攻和防御方面的经验教训让德军获益匪浅。

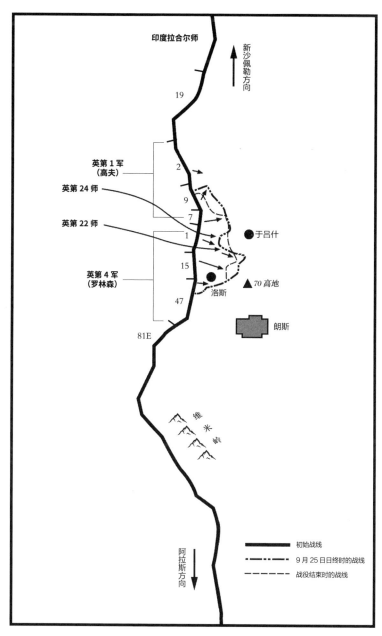

洛斯交战（1915 年）（ZVEN 制）

注释

1. 相反，德国人指出，按照他们的参谋人员所做的计算，联军经海路把部队运往巴尔干地区，比他们通过铁路运送部队容易得多！事实证明，从法国经海路运送部队到萨洛尼卡，平均需要一周，从英国出发的话，大约需要12天；而德国人从法国把一个军调到俄国边界需要9天，把任何一支实力可观的军队调往巴尔干地区，耗费的时间都超过一个月。如果有足够的船只，联军本来可以通过海路更快地派出一股军力。

2. 俄国最杰出的指挥官布鲁西洛夫将军，把阿列克谢耶夫描述为"出色的战略家，主要缺点是优柔寡断，缺乏道义上的勇气"。"我认为，要是他在一位真正的总司令身边担任参谋长，就不会受到批评。但在沙皇身旁，阿列克谢耶夫不得不完善这位最高统帅的想法，还要加强他软弱的意志，所以，阿列克谢耶夫不是个合适的人选。"托洛茨基更是轻蔑地把阿列克谢耶夫描述为"阴郁的庸才，陆军中最年迈的军事文员，仅毅力这一项就把他弄得筋疲力尽"。

I

World War I

★

★

1916 年，平局

1914 年，这场世界大战的重心一直在西线；1915 年，转移到东线；1916 年，这个重心再次回到法国境内。虽然协约国部分力量分散到萨洛尼卡和美索不达米亚，但英国新建军队和弹药供应量日益增长，预示出他们有能力付出规模远胜以往的努力，打破堑壕战的僵局。他们还采取各种措施，确保这些新师达到满编。到 1915 年年底，随着"基奇纳的新军"和本土防卫师投入战场，法国战场上的英军实力上升到 38 个师。虽说自愿入伍的原则还没有放弃，但采用的办法更具条理，而且基于一种全国登记制。经德比勋爵大力倡导，英国 1915 年 10 月实施了这份方案，旨在调和陆军征兵和工业生产的需求，根据需要征召不同年龄段的人员，单身男性优先。但单身男性对此的反应，不足以维持这种累进原则，1916 年 1 月，根据《兵役法》，征兵制替代了名不符实的自愿制。

1915 年年底，联军为采取统一行动，首次付出了认真的努力。12 月 5 日，法国、英国、比利时、意大利军队领导人在霞飞的司令部召开会议，日本和俄国也派代表出席。通过此次会议，他们接受了法国、英国、俄国、意大利 1916 年同时发动总攻的原则。鉴于英国军队缺乏经验，他们认为必须腾出时间让这些新军接受训练，另外，俄军也需要时间重新装备，这样一来，联军就无法在 1916 年夏季前发动进攻，不过，他们还是希望实施一些初期进攻，以此消耗敌军实力。1916 年 1 月，霞飞和福煦明确告知黑格，这项先期任务交给他执行，黑格完成任务前，他们不打算发动进攻。

英军悉数投入进攻，但行动没能充分发挥作用，德国人采取的反制措施破坏了这项方案，因此，法军被迫以间接方式执行消耗行动。法尔肯海因即将遂行他期盼已久的计划，在西线发动攻势，但这场进攻较为有限。他一直是消耗战略的信奉者，现在把这种主导思想转化为战术，由此形成一种新的进攻样式：这场攻势分为一个个有条不紊的阶段，每个阶段都赋予有限目标。1915 年圣诞节期间，法尔肯海因意识到，英国才是敌对联盟的中坚力量，他指出："英国反对荷兰、西班牙、法国、拿破仑的战争历史正在重演。只要英国仍抱有实现目标的希望，哪怕这种希望微乎其微，德国就无法指望这个敌人大发慈悲。"可除了发动潜艇战，德国人无法触及英国及其军队，因为对方据守的防区不适合德军发动进攻。"战争中的这个死敌的确让我们深感头痛，可如果我们意识到，英国在欧洲大陆从事的战争……从根本上说是次要的，这就可以忍受了。英国在这里真正的武器是法国、俄国、意大利军队。"法尔肯海因认为俄国已陷入瘫痪，意大利取得的军事成就不太可能影响全局。"只有法国尚存，但法国付出的军事努力几乎已到尽头，要是法国民众清楚地认识到，他们在军事上已没有什么可期望的，断裂点就出现了，英国手中的利剑就会折断。"他补充道，大规模突破毫无必要，相反，德国的目标应该是让法国失血过多而亡，要实现这一点，就必须选择一个进攻点，迫使"法军统帅部为守住此处，不得不投入手中一切有生力量"。这个进攻点，要么是贝尔福，要么是凡尔登，德国人最终选择了凡尔登，因为此处对德军主要交通线构成威胁，也因为这里形成个突出部，大批守军集结在此地，还因为凡尔登非常著名，一旦丢失，会给法国人造成严重的心理影响。也有人认为，德方选择凡尔登，是受到日耳曼人奇特的道德或不道德考虑的影响，因为凡尔登自古以来就是西方的门户，当初的日耳曼游牧部落就是穿过这扇门户攻击高卢人的。同样，德国人喜欢以尼伯龙根的英雄命名他们的堑壕阵地，例如西格弗里德、布伦希尔德等等。而德皇选择小毛奇指挥他的军队，德军总司令部和 1870 年一样，最初设在同一个镇（科布伦茨）的同一座旅馆，这些更清楚地表明了迷信的脉络。

德军对凡尔登采取的行动，战术方案的基调是一连串有限进攻，此举构成的威胁，会把法军预备队诱入德国炮兵构成的绞肉机。德军的每次进攻，都辅以短暂而又猛烈的炮火，以此降低自身损失。通过这种手段，德国人认为完全能攻占目标，并赶在对方调集预备队发动反攻前巩固既占地域。虽然法军总司令部情报处就德军从事准备一事发出预警，但作战处忙着策划自己的进攻方案，对这种警告充耳不闻。另外，比利时和俄国的一些要塞轻而易举地陷落，造成"要塞已然过时"的普遍看法，霞飞说服法国政府，不再把凡尔登视为要塞，还削弱了那里的火炮和驻军。凡尔登堡垒现在只充当掩体，取而代之的堑壕线数量不足，构筑得马马虎虎。

2 月 21 日早晨 7 点 15 分，德军沿 15 英里宽的战线实施炮击，下午 4 点

45 分，步兵向前推进，不过，他们首日的战线只有 4.5 英里宽。从此时到 2 月 24 日，守军设在默兹河东面的防线，像遭到潮水侵蚀般逐渐瓦解。

霞飞终于醒悟过来，赶紧把防御任务委托给贝当，还集结预备力量供他使用。3 月 6 日，德军的进攻拓展到默兹河西岸，但法军的防御越来越顽强，双方的兵力旗鼓相当，德国人对凡尔登构成的当前威胁遭到遏制。

这场交战稍事平息，在此期间，法国的盟友为缓解法军压力采取了相应措施。英军从法国第 10 集团军手中接过阿拉斯防线，这样一来，他们的防线就从伊瑟河一路延伸到索姆河；意大利军队在伊松佐河战线发起第五次进攻，但徒劳无获；俄军匆匆投入没受过训练的大批新兵，在维尔纳附近冲击纳罗奇湖的德军防线，他们取得的些许战果，很快因为对方的反突击而丢失。这些行动没能阻止法尔肯海因在凡尔登遂行他的消耗攻势。德军的进展微乎其微，但具有一种累积效应，损失比绝对不利于防御方。6 月 7 日，沃堡陷落，向前奔涌的德军大潮进一步逼近凡尔登。而在阿夏戈地区，康拉德也对意大利的特伦蒂诺侧翼发动进攻。

俄国军队又一次提供了支援。1916 年春季，俄军有 130 个师，但还是严重缺乏装备，他们面对 46 个德国师和 40 个奥地利师。为承担协约国当年进攻行动的部分任务，俄军一直忙于准备和重组，凡尔登发生的紧急情况打断了这些工作，为缓解法国盟友的压力，俄军三月份在纳罗奇湖发动代价高昂、旷日持久的进攻。这场冲击最终停止后，俄军重新为他们的主要攻势加以准备。行动定于七月份发起，适逢英法联军遂行索姆河战役。与此同时，西南方面军司令布鲁西洛夫还打算以自己的现有资源发起另一些进攻，从而把敌军注意力从俄军的主要突击上分散开。但分散敌人注意力的行动 6 月 4 日发起，这未免有点过早，实际上，这是意大利呼吁俄国阻止奥地利人加强他们在特伦蒂诺的进攻造成的。由于没有专门为这场行动实施集结，俄军取得出敌不意的效果，布鲁西洛夫的军队攻向卢茨克附近的奥地利第 4 集团军、布科维纳的奥地利第 7 集团军，首轮冲击就打垮了对方的抵抗。

这是战争期间俄军最后一场大规模攻势，产生几个重大后果。首先，它阻止了奥地利对意大利的进攻，尽管意军的反攻已经给对方的攻势造成破坏。

其次，它迫使法尔肯海因从西线撤兵，放弃了对英军发动反攻的计划（英军正准备在索姆河展开进攻），以及继续在凡尔登实施消耗策略的希望。另外，布鲁西洛夫这场攻势还促使罗马尼亚做出加入协约国参战的重大决定，导致德皇解除了法尔肯海因的总参谋长职务，派兴登堡取而代之，正式出任第一军需总监的鲁登道夫继续担任他的军师。法尔肯海因下台，虽说罗马尼亚加入协约国一方是直接原因，但另一个潜在原因是他 1915 年含糊的战略，这导致俄国军队的实力获得恢复，继而破坏了他 1916 年的战略。法尔肯海因堪称历史上行事不彻底这种愚蠢行为的最新例子，他是个能干、细致、严谨的将领，但"贪小利吃大亏"，由于不愿承担合理的风险，他甚至毁了自己的国家。1916 年，法尔肯海因把注意力转回西线，寻求他长期渴求的目标，他的战略忠实地奉行了传统军事学说，把敌人最强大的军队和防御最严密的地点定为自己的目标。此举的确达成了目的，迫使法国人把他们的预备队悉数投入凡尔登浴血战，但德方没有取得任何决定性战略成果。

康拉德曾建议集中力量打击意大利，就像先前联手对付塞尔维亚那样，可法尔肯海因没接受。康拉德的理由是，对意大利这个宿敌施以打击，肯定能振奋奥匈帝国军队的士气，另外，德奥联军从特伦蒂诺向南突击，攻击在伊松佐河从事战斗的意大利军队后方，有助于在这片战区赢得决定性战果。德奥联军 1917 年在卡波雷托相对轻微的打击赢得的战果，有力地证明了康拉德的观点。但法尔肯海因对这份方案的价值和可行性深表怀疑，甚至不愿满足康拉德的请求：借给他 9 个师，替换加利西亚地区的奥地利师。康拉德没能获得支援，可他固执己见，决定独自实施自己的方案，他从加利西亚抽调了一些精锐师，结果，加利西亚战线暴露在布鲁西洛夫的攻势下，而康拉德也没有足够的力量遂行他的意大利方案。法尔肯海因对康拉德不顾自己的反对，执意展开行动深感不满，加利西亚地区的惨败更是让他怒火中烧，于是向维也纳狠狠告了一状，最终导致康拉德下台。不无讽刺意味的是，康拉德去职后不久，法尔肯海因也黯然下野，这实在是恶有恶报。

布鲁西洛夫攻势持续了三个月，大获成功，可他手中没有预备队，无法立即发展胜利，没等俄军预备力量从北面开抵，德国人就封闭了防线上的缺口。布鲁西洛夫后来付出的努力，没能造成这么大的危险，却消耗了俄军所有可用的预备力量，随后蒙受的巨大损失导致俄国军事力量土崩瓦解。

布鲁西洛夫这场攻势，对德国的战略影响极大，但对凡尔登战局的影响不太直接。不过，联军策划已久的索姆河攻势伸出了援手，由于缺乏补给，德军的凡尔登攻势逐渐消退。德国人虽说在凡尔登没能实现目标，但在精神和物质方面严重消耗了法国军队，导致法军只能在联军 1916 年的作战方案中受领最轻微的任务。英军现在承担起斗争的重任，由此造成的结果是，协约国战略的规模和效力都受到限制。

经过历时一周、旷日持久的炮击后，罗林森指挥新近组建的英国第 4 集团军，以 13 个师在索姆河北面沿 15 英里宽的正面发起进攻。法军也以 5 个师沿 8 英里宽的战线展开行动，这条战线主要位于索姆河南面，德军在这里构筑的防御体系不太强大。毫不掩饰的准备工作，以及长时间的炮击，致使联军丧失了达成突然性的机会，德军兵力虽少，可组织得很好，面对他们的顽强抵抗，英军战线大多数地段的冲击都以失败告终。由于采用密集而又死板的波次队形，英军蒙受的损失相当惨重。他们只在战线南部的弗里库尔和蒙托邦附近，通过进攻在德军防御阵地夺得一处真正的立足地。法军遭遇的抵抗较弱，由于事先就没抱太大希望，他们取得的战果反而更大些。

这场挫败打消了联军突破到巴波姆和康布雷的企图，黑格一度想重新采用消耗战略，也就是以有限的进攻消耗德军实力。霞飞希望黑格再次攻往蒂耶普瓦勒，但黑格没有接受，他先以右翼力量单独恢复进攻。7 月 14 日，英军突破德军第二道阵地，提供了发展胜利的机会，可他们没有抓住这个机会。从此刻起，联军继续展开有条不紊但代价高昂的推进，虽然取得的进展很小，但给德军的抵抗造成巨大压力，十一月，早早到来的冬雨中止了联军的进攻。不过，联军这场行动的战果可能被夸大了，因为他们没能阻止德国人从西线抽调部队，用于进攻罗马尼亚。

但从某个方面说，索姆河战役为日后的战争提供了重要启示，因为 9 月 15 日，第一批坦克出现在战场上。英国人没等大批坦克做好准备，就早早使用了部分坦克，这是个错误，此举让他们丧失了取得巨大战略突然性的机会。

另外，因为战术不当和某些技术故障，这些坦克只取得有限的战果。虽然高级军事部门对坦克丧失了信心，还有人主张放弃这款新式兵器，但更多明眼人意识到这是一把钥匙，运用得当的话，有可能打开堑壕障碍这把大锁。

索姆河进攻战役还造成另一个间接影响，它缓解了凡尔登的压力，法军得以准备他们的反攻，芒然军 10 月 24 日和 12 月 15 日发起进攻，以较小的伤亡收复了大部分失地。这些人力成本很合算的战果，归功于：①法军部分恢复了突然性；②更灵活地采用有限目标的打法；③炮兵力量高度集结，以少量步兵占领炮火摧毁的敌军防御。但法军的成功主要得益于兴登堡的决定，出于声望的考虑，他错误地主张坚守既得战果，而不是把疲惫的部队撤到后方更安全的防线。可他至少通过这番经历学到些教训，1917 年春季给联军造成破坏。

支持协约国事业的罗马尼亚，为加入他们一方参战，一直在等待有利时机，布鲁西洛夫取得的成功鼓励罗马尼亚迈出决定性的一步。罗马尼亚统帅部希望，布鲁西洛夫攻势，再加上联军在索姆河和萨洛尼卡施加的压力，能牵制德军预备队。但罗马尼亚的状况有许多潜在缺陷。这个国家的战略位置很糟糕，主要地区瓦拉几亚夹在奥匈帝国与保加利亚之间。罗马尼亚军队徒具现代化外表，实际上存在严重问题。她那些盟友，只有俄国能提供直接支援，可俄国没伸出援手。面对这些不利条件，罗马尼亚发起一场攻势，攻入特兰西瓦尼亚，结果把自己的侧翼暴露给保加利亚。

协约国拙劣地做出反应时，德国人采取了行动。他们的作战方案源自法尔肯海因，兴登堡和鲁登道夫 8 月 28 日接掌最高统帅部，进一步发展了这份方案。一股军力集结在特兰西瓦尼亚准备发动反攻之际，一个保加利亚集团军获得马肯森率领的德国军队加强，穿过罗马尼亚"后门"，侵入多布罗加。此举导致罗马尼亚在特兰西瓦尼亚的攻势戛然而止，他们还迅速调走了预备力量。九月底，德奥联军的反攻把罗马尼亚人杀得大败，指挥这场反攻的正是法尔肯海因。罗马尼亚人死死据守西部山区边界几座山口，一直坚守到十一月中旬，但法尔肯海因在大雪封山前取得突破。马肯森西调麾下主力，渡过多瑙河逼近布加勒斯特，两股大军朝这里汇集。12 月 6 日，布加勒斯特沦陷，尽管俄军终于发起姗姗来迟的救援，可罗马尼亚军队还是被敌人逐入北面的摩尔达维亚。德国人通过出色协同的战略，重创了他们的新敌人，占领了罗马尼亚大部分地区，攫夺了该国的石油和小麦，还给俄国人增添了 300 英里长的防线。萨拉伊将军在萨洛尼卡没能成功牵制保加利亚的预备力量。

　　奥地利军队的特伦蒂诺攻势，打断了卡多尔纳在伊松佐河重新展开进攻的计划，但奥军暂停进攻后，卡多尔纳又把他的预备力量调回伊松佐河。准备这场进攻期间，从萨博蒂诺山到海边的整片地区都由奥斯塔公爵的第 3 集团军负责，该集团军集结 16 个师，对付 6 个奥地利师。意军 8 月 4 日在靠近海边的地区实施初期佯动，两天后发动进攻。戈里齐亚北面，卡佩洛军越过长期难以克服的萨博蒂诺山，这条山脉护卫着伊松佐河接近地。8 月 8 日夜间，该军渡过伊松佐河，占领戈里齐亚镇。此举迫使奥地利人撤入南面的卡尔索地区，但面对奥军的新防御阵地，意军向东发展胜利的企图失败了。当年秋季，意军又发起三次进攻，虽说给奥地利人带来消耗和压力，但自己蒙受的损失更大。这一年，意大利军队伤亡 48.3 万人，给奥军造成 26 万人的损失。

　　协约国当年的战局，在攻城略地方面唯一的战果发生在遥远的美索不达米亚，他们占领了巴格达，可就连这个战果也是到新年才实现的。英军满怀热情地赢得了这场具有精神象征性的胜利，但从军事上说没什么必要。昔日的惨痛经历，挫伤了英国政府和新任帝国总参谋长威廉·罗伯逊爵士的热情，他们反对向美索不达米亚进一步派遣军力，认为这会削弱西线的可用力量。但美索不达米亚地区的新任指挥官莫德，不知不觉间采用了巧妙的措施，把这里的防御改为一场新的进攻。莫德全面整顿美索不达米亚驻军，修理交通线，1916 年 12 月 12 日发起一场向右转动的进军，把他的战线扩展到库特上方和下方的底格里斯河西岸。通过这些有条不紊的堑壕战，莫德做好了春季在土耳其人的后撤路线上渡过底格里斯河的准备，因此，敌军这条后撤路线与他的战线相平行。然而，尽管莫德掌握四比一的兵力优势，可他的右翼却没能牵制敌军，他的骑兵力量也没能截断对方的后撤，导致一场决定性胜利功亏一篑。不过，这场行动促使上级批准他进军巴格达，莫德 1917 年 3 月

11 日攻入美索不达米亚首府。英军随后实施了一连串巧妙的作战行动，迫使土耳其人沿不同的后撤路线退却，从而彻底控制了这片地区。

早在 1915 年年初，土耳其入侵埃及的企图失败后，英国就在那里部署了一股相当强大的军力，即便远征达达尼尔海峡的行动急需兵力时也是如此。英军撤离加里波利半岛，土耳其得以腾出军队，构成再次入侵埃及的新威胁。为避免这种危险，开罗当局获得基奇纳批准，准备登陆亚历山大勒塔附近的阿亚什湾，但英国总参谋部反对这份方案，该方案随后因为法国在政治上反对英国插手叙利亚事务而作废，因为法国已经把叙利亚视为自己的部分战利品。因此，整个 1916 年，派驻埃及的英国军队（一度超过 25 万）始终处于无所事事的状态，而土耳其人，除了在西奈半岛动用几千兵力，还在西部沙漠煽动塞努西教团叛乱，他们在两翼制造的麻烦，导致埃及境内动荡不安。

不过，英国也设法拉拢红海东侧的一位阿拉伯盟友。此人就是麦加谢里夫，他已经给英国人帮了大忙，因为他拒不接受土耳其人的命令，没有在圣城宣布和英国开战，致使土耳其人团结穆斯林、对英国人宣战的企图就此破灭。1916 年 6 月，谢里夫在汉志率众起义，反对土耳其的统治，从而分散了土耳其人的注意力，到目前为止，英国一直没有为此投入自己的力量。这场起义的第一个受益者是英国人，他们现在决定进军阿里什地区，这能让他们控制西奈沙漠，恢复对边境地区的掌控。不过，虽然土耳其人七月份在罗马尼发动另一场入侵时遭到惩罚，但阿奇博尔德·默里爵士不得不耗费时间，在沙漠中铺设铁路和水管，因而进展缓慢。直到圣诞季，英军才占领阿里什并攻击土耳其人设在迈杰泽贝和拉法赫的外围哨所。

这场新的"出埃及记"，鼓舞英国政府以最小的代价入侵巴勒斯坦。沿海加沙地带的各个城镇，以及内陆 25 英里的贝尔谢巴，护卫着巴勒斯坦接近地。默里 1917 年 3 月 26 日进攻加沙，但这场行动功败垂成。黄昏时，加沙已陷入重围，可英军胜利在望的态势逐渐消失，不是因为敌人施加的压力，而是英军战地指挥官根据错误的情报以及由此产生的误解、以过于急躁的心态下达命令造成的。相应的损失并没有到此为止，默里向政府报告，他的行动取得胜利，没有暗示随后就会撤军，因此，英国政府鼓励他再接再厉。默里没展开充分侦察，也没得到火力支援，4 月 17—19 日贸然发动进攻，代价高昂的失败仅仅证实敌军加强了防御。

不过，英国新结交的阿拉伯盟友，通过分散土耳其人的注意力，抵消了对方取得的战果，除了少数技术顾问，英国方面并没有派遣部队支援阿拉伯人。取得初期胜利后，谢里夫的起义一直处于崩溃的危险下，但费萨尔突然从侧翼沿红海海岸而上，攻往韦吉，不仅挽救，甚至改变了局势，阿拉伯人在那里不断扰乱汉志铁路。这种行动是一位临时从军的年轻考古学家促成的，他就是 T. E. 劳伦斯上尉。劳伦斯熟读历史和战争理论，以灵活的心态把自己的知识应用于眼前的特殊环境，并以自己的人格魅力把阿拉伯人"零散的火花凝聚成坚定的火焰"，这股火焰消耗了土耳其的资源。1917 年 5 月，他和一群阿拉伯人动身出发，展开单枪匹马的远征，在叙利亚撒下反抗的新火种，这场远征以攻入亚喀巴到达顶点。他们夺得红海北部这座沿海基地，消除了西奈半岛英军交通线上的一切危险，还为阿拉伯人成为与英军对峙的土耳其军队侧面的一根杠杆铺平道路。为守卫长长的汉志铁路线和铁路线以南地区，土耳其投入的军力，远远超过在巴勒斯坦与英军对峙的力量。

1915—1916 年的海战

协约国一直把德国的潜艇战与冯·蒂尔皮茨海军元帅的名字联系在一起，他们认为蒂尔皮茨就是冷酷无情的代名词。但德国的首次潜艇战完全是一场失败，取得的战果微不足道，在道德方面给德国造成的损害极大，非常得不偿失。美国与德国政府之间往来的一连串照会，以威尔逊总统 1916 年 4 月发出近乎最后通牒的通告到达顶点，德国放弃了不受限制的潜艇战。无法使用这种兵器，促使德国海军首次，也是最后一次试图执行他们最初的方案，战争当初就是依据这份方案开始的。1916 年 5 月 30 日晚，英国大舰队驶离基地，执行穿过北海的定期巡逻任务，但也做好遭遇敌舰的准备。5 月 31 日清晨，德国公海舰队离港出海，希望击沉英国舰队某些落单的舰只。

针对这种遭遇战，英国海军上将杰利科早在战争初期就制订了计划纲要。这份方案的基础是，确保大舰队不受损失和至高无上的地位至关重要，杰利科认为大舰队不仅是交战工具，也是实施大战略的手段，是联军在经济、精神、军事等诸多领域采取行动的关键。因此，尽管杰利科渴望在有利条件下与德国舰队交战，可他决心不被诱入遍布水雷和潜艇的水域。

5 月 31 日下午早些时候，贝蒂率领他的战列巡洋舰和一个战列舰中队，向南实施巡逻后转身向北，准备与杰利科会合，就在这时，他发现了 5 艘德国战列巡洋舰。初步交战期间，贝蒂的 6 艘战列巡洋舰，2 艘被击中重要部位，相继沉没，实力遭到削弱之际，他又遇到舍尔海军中将率领的德国舰队主力。贝蒂转身向北，诱使德国舰队靠近杰利科位于 50 英里外的主力舰队，杰利科正火速赶来提供支援。雾色和昏暗的光线结束了这场不具有决定性的交战，但英国舰队此时位于德国舰队与他们的基地之间。夜间，舍尔突破了英国驱逐舰设立的封锁线，英舰发现这个情况却没有及时上报。就这样，舍尔率领舰队平安溜过英国人布下的罗网，杰利科没敢把这张大网织得太密，一方面是考虑到他的指导原则，另一方面是担心遭遇对方的鱼雷攻击。

尽管德国人在日德兰海战中赢得战术优势，可这没能改善他们的战略处境。英国的严密封锁丝毫没有松懈。德国再次回到潜艇战的老路上，第一个发展就是扩大了潜艇战的范围。当年七月，德国一艘巡洋潜艇出现在美洲海岸，击沉了几艘中立国船只。

地中海这种狭窄水域，是潜艇大显身手的战场，但当年夏季，英国承受的直接压力反而有所缓解。这是因为舍尔对德国政府屈从于威尔逊总统的威胁深感震怒，不肯命令他的潜艇遵照临检法规行事。因此，有限潜艇战的重任落在佛兰德分舰队肩头，对英国人来说幸运的是，德国海军首脑迟迟才意识到充分利用比利时海岸作为行动基地的好处。德国人疏于组织一座基地，因而白白浪费了六个月时间，这种损失一直没能得到充分弥补，他们部署在此处的力量，远远无法实现从这个近距离位置威胁英国的可能性。舍尔先前做出的决定遭否决，10 月 6 日的命令要求他以几个潜艇分舰队加强全面潜艇战。重新发动全面潜艇战的想法，主要出自海军参谋长冯·霍尔岑多夫海军上将和佛兰德分舰队司令冯·巴滕巴赫海军上校。此举的间接后果是剥夺了舍尔指挥的潜艇，他需要这些潜艇护卫舰队出航，并给英国舰队构设陷阱。

德国公海舰队的行动，此后陷入停顿，这不是日德兰海战的结果，而是德国人采用另一份方案造成的。不过，他们并没有把北海控制权拱手让给英国大舰队。因为德国潜艇 8 月 19 日实施的伏击，虽说以失败告终，但给英国人的士气造成严重影响，此后，大舰队就像昔日关在舰队监狱里的债务人，被严令禁止进入北海南半部。杰利科和英国海军部一致同意这种自我监禁很有必要。当年秋季，德国入侵丹麦的危险隐约可见，英国海军部和陆军部研究一番后得出结论："鉴于海军方面的原因，根本不可能支援丹麦人。"制海权这个词几乎成了笑话。潜艇的阴影甚至比纳尔逊舰队的影子还要长。英国海军官方史坦率的说法深具启发性："只有获得 100 来艘驱逐舰护航，大舰队才能出航，没有小型舰只护送，主力舰无法离开基地，德国潜艇死死困住我们一个个中队，就连最专业、最具远见的海军军官也没料到这种情况。"矛盾的是，自战争爆发以来，这些海军军官就宣称战列舰威力强大，潜艇起不到什么作用。

1916 年秋季，由于护卫力量减少，大舰队受到更严重的束缚，因为轻型舰只调去对付德国潜艇对商船的新一轮袭击了。尽管英国采取各种反制措施，可德国这场潜艇战非常成功，每个月击沉的商船吨位，从 1916 年 6 月的 10.9 万吨稳步上升到 1917 年 1 月的 36.8 万吨，其中近半数是英国船。这场"蒙面"交战期间，地中海是一片不受欢迎，但又深受德国人欢迎的水域，因为此处不仅易于潜艇寻找目标，还简化了规避他们给予美国的保证这个问题——在地中海，发生误击、损害美国船只或利益的风险较小。仅一艘潜艇在五周巡航期间就击沉 6.5 万吨运输船只。

事实证明，英国采取的反制措施，完全无法遏制德国潜艇击沉船舶吨位数的上升趋势，即便投入更多驱逐舰和其他小型舰只也无济于事。1916 年 9 月的一周内，97 艘驱逐舰和 68 艘辅助舰只巡逻的一片水域，2 艘、最多 3 艘德国潜艇击沉了 30 艘商船。英国人的解决办法包括使用秘密航线、悬挂假国旗、派出诱饵船等等。最后一招由所谓的 Q 船执行，这些诱饵船配备了鱼雷发射管、深水炸弹、隐藏在可折叠舷墙后的火炮，伪装成商船。船员的行为进一步加强了伪装，在大多数人不需要这样做的情况下，这些船员沉着

地装出惊慌失措的模样，诱使实施骚扰的潜艇在近距离内浮出水面。这些 Q
船击沉 11 艘潜艇，他们的行动虽说堪称海战期间最浪漫的故事，可到 1916
年年底，几乎已发挥不了太大效力，唯一的结果是让敌潜艇更加警惕，这些
潜艇自然不太愿意对武装和明显没有武装的船只做出仁慈的分辨。英国人武
装普通商船，加剧了 Q 船给德国潜艇构成的威胁，导致航速缓慢、结构脆弱、
处于半盲状态的潜艇陷入危险境地。这些潜艇越是抱有妇人之仁，自身面临
的危险就越大；越是不关心目标的性质，不救援被击沉船只上的人员，就越
能确保自身的安全和行动的成功。因此，德国方面要求执行击沉一切的政策，
这种呼声变得越来越强烈是很自然的事。

　　另外，如果说英国觉察到经济压力，那么，德国同样如此。德国领导人
担心，在陆地上赢得决定性胜利与经济崩溃之间的角逐，最终会对他们不利。
德国海军宣布重启无限制潜艇战，随着潜艇数量增加，这场潜艇战会更加猛
烈，最终有可能迫使协约国屈膝投降。鲁登道夫接受了这个观点，同意采取
他此前一直反对的措施——陆海军的共同看法压倒了帝国首相的反对意见。
德国提出和平谈判的建议，不出所料地被协约国拒绝，这就让德国占据了道
德高度，完全可以公然放弃对海上临检做出的限制，并撤销给予威尔逊总统
的承诺。1917 年 2 月 1 日，德国宣布了"无限制"政策，也就是不加警告地
击沉运送乘客或货物的一切船只，他们充分意识到，此举很可能把美国推向
反对德国的一方。德国国内对这项政策是否明智的怀疑，被军事必要性的借
口、一定能赢得胜利的承诺、此举不可避免的观点彻底压倒，不可避免指的是，
美国注定会帮助协约国，以此确保对方有能力偿还欠美国的债务。但德国人
估计，没等美国的力量发挥作用，德国大概已赢得胜利。

第一节

凡尔登绞肉机

    众所周知，1914—1918 年的战争，从军事意义上说，改变了一切时间概念，特别是在战斗期间。因为数千年来的历次战役，无论规模多大，也就是几小时的事。直到 20 世纪初，这种情况仍是普遍现象，尽管自拿破仑战争以来的几场会战把时间跨度延长到几天，例如莱比锡战役和葛底斯堡战役。真正的变化始于日俄战争，其间的几场战役不得不以几周来计算。眼下这场世界大战，时间标准以月为计量单位，因为一场场会战通常沦为围攻，这是事前没料到，也没有认真对待的情况。交战双方都希望这种变化是暂时现象，因为数量不等于质量，而交战时间持续得太长，意味着停滞不动和犹豫不决，无疑是对指挥才能的否定。因此，无论从军事科学还是从兵员消耗的角度看，旷日持久的交战都可以说是场败仗。

    长时间交战也导致军事历史学家的任务趋于复杂，因为除非他想以大量细节填满手中的长篇巨著，否则很难挑选突出的特征，而这种交战要么没有特征，要么就是特征太多，很容易交织成一团无形的混沌。大战期间的所有会战，凡尔登战役的时间长度创下纪录，从1916年2月21日持续到12月15日。即便把德军停止进攻作为此次战役的结束日期，把法军的反攻视为另一场行动，凡尔登战役也长达七个月之久。

不幸的是，很难挑出个具体日期来描述这场会战，因为整个战争期间，没有哪场战事比凡尔登会战更英勇，更充满戏剧性，或者说，没有哪场会战如此生动地引发了其他国家的同情心。这是法国付出的最大牺牲，也是他们赢得的最大胜利，全世界都对法国取得的辉煌成就充满敬意。

从 1916 年 2 月 25 日到 6 月 23 日，战场上出现了一连串危机，许多法国权威人士认为前一个日期至关重要。可是，难道有谁比德国人更了解战场态势真正发生逆转的时刻吗？备受尊敬的评论家冯·茨韦尔将军认为，真正的转折点发生在 3 月 9 日，德军没能攻占普瓦弗雷高地。3 月 4 日，德国皇储号召他的集团军全力夺取凡尔登，那是"法国的心脏"。实施了两天炮击后，德军于 3 月 6 日重新发起的进攻，但没能达成目的。到 3 月 9 日，这场进攻彻底失败。

确定这样一个参照点，实际上也受到德国最高统帅部决心进攻凡尔登的影响。德国大总参谋部参谋长冯·法尔肯海因将军是此次会战的负责人，他明确指出，选定的进攻地点，必须迫使法军统帅部不得不为之战斗到最后一兵一卒，这样一来，就能把法国的力量消耗殆尽。他还引用了 1915 年圣诞节期间拟制的文件，表明他认为实现这个目标，不需要达成大规模突破。

尽管法尔肯海因战后发表了这种观点，可他最初的目标是什么，这一点仍值得怀疑。著名的德国评论家弗尔斯特上校指出，很难把法尔肯海因的说法与德军的进攻方式联系起来，他还宣称，德军最初的行动显然是为达成突破而实施的快速突击。弗尔斯特的判断，是基于法尔肯海因 1916 年 1 月 27 日亲自下达的指令，以及法尔肯海因 3 月 31 日针对皇储司令部解释进攻失败的原因做出的严厉申斥。这些证据表明，法尔肯海因要求的是一场毫不停顿的持续挺进。

包括贝当在内的另一些人认为，德军这份方案的真正意图，是重演 1914 年 9 月他们在色当实现的合围。1916 年，实现这种方案的机会更有利，因为突出部目前的形势比马恩河交战期间更严峻，这是圣米耶勒楔子插入突出部东翼造成的。而突出部横跨默兹河两岸的事实，妨碍了守军阻挡德军铁钳。另外，这种假设提供了合乎逻辑的解释，因为德军的首次进攻只在默兹河东岸遂行。从表面上看，这个错误犯得莫名其妙，可如果德国人的目标是一场色当式合围，那么就有理由认为，他们在东岸的行动是为了把法军预备队吸引到那里，尔后沿西岸展开进攻，从而卷击法军身后，以默兹河充当狱墙。这样一来，不仅部分法国军队会遭切断，就连其余部也会被切成两段，由此出现的巨大缺口会导致法国境内整个堑壕防线土崩瓦解。

不过，德方档案和另一些重要证据，就这场神秘的会战提出了新的见解。赫尔曼·文特在他的书中整理的相关证据深具启发性。从这些新资料看，法尔肯海因的目的似乎可以解释为源自他的投机主义，而德军奇怪的作战行动，也可以解释为他们的内部又一次发生冲突，这些冲突毁了许多作战方案。

法尔肯海因脑中显然没有明确的指导方针，他似乎寄希望于某些有可能发生的事情，"某些事情"指的大概是物质萧条，再加上推波助澜的宣传，也许会导致法军战线后方的士气土崩瓦解。不过，尽管他比其他战略家更明智地意识到政治影响的重要性，可如何才能产生这种政治影响，他似乎没有明确的主张。另外，对法尔肯海因来说不幸的是，他那些战地指挥官完全从军事角度看待问题。威廉皇储的参谋长施密特·冯·克诺贝尔斯多夫拟制的方案，完全背离了法尔肯海因的思路。这份方案提出，实施一场猛烈的两翼夹击，一举切断凡尔登，"从而避免旷日持久的消耗战，这种消耗战耗费的兵力无可估量"。

这种豪赌并不符合法尔肯海因的设想，因此，他缩小了这份方案的目标，只沿东岸发动进攻，显然是想牢牢掌握预备队，以防这些战地指挥官冒进。和追寻更大的目标时一样，法尔肯海因这次也没能成功。失败的原因，究竟是他为达成目的而调整手段时发生误判，还是他无力让下属的观点与自己保持一致，这一点难以确定。他那些身份高贵的下属，一个个桀骜不驯，法尔肯海因的地位很不稳固，根本无法施加强大的压力。另外，无论法尔肯海因遭遇怎样的挫败，值得肯定的是，他至少在战术方面确立了新的原则。

德军这场进攻基于火力，而不是人力，主要手段是实施猛烈的炮击，他们打算以炮兵连的数量和射速来弥补炮火持续时间的相对不足，从而获得突然性这个至关重要的优势，而长达数日乃至一周的炮火准备，必然会丧失突然性，就像联军在洛斯、在香槟地区，以及目前仍在索姆河采取的做法。为增加达成突然性的机会，德国人一反常规，没有在靠近敌军防线处构筑出发堑壕，他们确信己方的猛烈炮击能让步兵跨过半英里宽的中间地带，而不会遭遇有效抵抗。由于后方准备工作欠佳，德军的行动不太成功。不过，虽然法军总司令部情报处据此推断出德军的意图，但作战处没太重视相关警告。2月1日，法军派出2个本土防卫师，直到最后一刻，足够的援兵（2个军）才奉命开赴那里。第一个军到达前线时，默兹河右岸只有3个师，左岸驻有2个师，另外3个师部署在要塞南面，正面朝东，这里没有任何预备力量。如果第一个法国军开抵前，德军就按计划在2月13日发起进攻，会发生些什么不难预料。恶劣的天气从两个方面挽救了守军，一是德军没能如期发动进攻，二是给德国人前调重炮造成妨碍。

不过，这个初期阶段还有另一个重要方面，知道的人不太多。面对比利时和俄国要塞轻而易举的陷落，法国人仓促得出结论，对凡尔登地区随后变得至关重要的阵地产生了巨大影响。法国各座要塞原本不在野战军控制下，霞飞以列日和那慕尔为例，说服法国政府把凡尔登要塞降级，1915年8月获得控制权后，他调离了此处的守备力量和武器装备。拆除火炮的工作一直持续到1916年1月30日，一座座炮台仅仅充当部队的容身所。这里没有构设环形防御，只在堡垒前方筑有一道堑壕阵地，堡垒后方也只有一条辅助堑壕线可用。

指挥官埃尔将军没有足够的人力或物力，无力据守这条绵亘防线，也无法确保防线处于有效防御状态。这里布设的铁丝网不够完整，几乎没有任何防弹掩体。德军的打击落下后，这片堑壕阵地被夷为平地也就不足为奇了。相比之下，几座堡垒异常坚固。杜奥蒙堡和沃堡落入德军手中，法军十月份收复两座堡垒，他们发现历时数月的猛烈炮击几乎没对这些堡垒造成破坏。地下掩体完好无损，没有一座野炮炮台被摧毁，几乎每座炮台都能正常使用。法国人草率地认为要塞没什么价值，丢掉他们的盾牌冲向目标，这实在是命运的残酷玩笑。

凡尔登地区原先的军事长官库唐索将军并不赞同这种观点，他在议会代表团面前大胆阐述了自己的意见，这种看法与集团军群司令迪巴伊将军的观点相矛盾，结果，库唐索不仅受到申斥，还被解除职务。关于凡尔登防御不足的说法一度流传到巴黎，十二月间，陆军部长加列尼写信给霞飞，询问相关情况并要求加强凡尔登的防御。霞飞的回复完全可以装裱起来，悬挂在世界各地各个官僚机构。他驳斥了这些意见，还补充道："但是，因为这些担忧都基于声称防御状况存在缺陷的报告，我请求您……详细说明这些报告的作者的情况。我无法赞同我麾下的官兵，通过等级制度以外的渠道，把关于执行我命令的抱怨或抗议送交政府……这严重破坏了军队的纪律精神。"敌人很快打破了霞飞的"一贯正确"，就像1917年的兵变证明，法国将领的无能和他们肆意挥霍兵力，才是对纪律精神最大的破坏。可报应来得太慢。德里昂上校是南锡议员，也是个著名的军事小说作家，他早早发出警告，却沦为上级忽略这种警告的首批受害者之一，德里昂和他那些战友的英勇牺牲，一度为霞飞赢得了新的赞誉。

2月21日寒冷而又干燥，清晨7点15分，德军对默兹河两岸和一条15英里宽的防线发起炮击。堑壕和铁丝网被炮火有条不紊地夷为平地，或在地面混乱的翻腾中隆起。"一颗颗硕大的炮弹炸出的弹坑，让整片乡村看上去就像月球的表面。"这种炮火准备后来成了司空见惯的事，但1916年2月，如此猛烈的炮击前所未见，因而更令人震惊。炮火就这样不断持续，直到下午4点，这场钢铁风暴的怒火终于到达顶点。又过了45分钟，德国步兵排成稀疏的散兵线向前冲去，几乎没有引起注意，炮兵和喷火兵尾随其后，这股先遣力量的任务是在其余步兵投入进攻前试探法军阵地。这种做法节约了兵力，还暴露出德军炮击的不等效性，这是法国炮兵致命的反炮兵连火力造成的。另外，德军的初步进攻只投入6个师，而且仅沿河流东岸奥蒙树林与埃尔贝布瓦树林之间4.5英里宽的战线遂行。如此狭窄的战线上，幸免于难的法国居民遗弃的少量包裹造成了延误，效果远比德军沿宽度更合理的正面发动进攻时遭遇的抵抗更突出。德军占领法军最前沿的堑壕，随着夜幕早早降临，他们停止了进攻。但次日，他们沿更加宽大的正面遂行冲击，这场进攻一直持续到2月24日，守军防线逐渐瓦解。

法军战地指挥官请求上级批准他们撤往沃夫勒平原，把防线拉回到右岸的默兹河高地。他们认为即便如此，也只是疏散整个默兹河右岸（东岸）的初步措施。可后方几乎没有意识到情况的严重性，作战处仍断言敌人在凡尔登发动的是佯攻，目的是掩护他们对香槟地区的真正打击。尽管传来防线崩溃的消息，可霞飞不为所动，更谈不上不安了。最后，2 月 24 日傍晚，德卡斯泰尔诺将军采取主动措施（他出任法国总参谋长以来，一直被霞飞身边那些永远热情，但充满妒意的亲信随从误导），他直接找到霞飞，获得批准后，派贝当集团军接管凡尔登地区的防务。晚些时候，前线送来更惊人的报告。当晚 11 点，德卡斯泰尔诺大胆地命令执勤军官敲响霞飞锁上的房门，把他叫醒。霞飞随即批准德卡斯泰尔诺前往凡尔登，并授予他全权处理相关战事，然后，这位大人物又回去安然入睡了。

德卡斯泰尔诺连夜离开尚蒂伊，驱车匆匆赶往集团军群司令德朗格尔·德卡里的指挥部。在此期间，霞飞发出电报，严令不惜一切代价坚守凡尔登以北防线："所有下令后撤的指挥官……送交军事法庭审判。"他让德朗格尔·德卡里自行决定是否把右翼撤到默兹河高地，德卡里获得批准后采取了行动。

德卡斯泰尔诺到达凡尔登的第一天就没什么好兆头可言，因为杜奥蒙堡 2 月 25 日发生了奇怪的事件，这场长期交战的首个危机随之而来。与大多数堡垒一样，杜奥蒙堡没有守军，只有 23 名炮手守卫着一座炮台。可是，德军大潮逼近这座堡垒时，负责右侧地带的克雷蒂安将军下达命令，以堡垒防线充当主要抵抗线，这道命令是 2 月 24 日午夜前不久下达的。可惜，他的参谋人员打算在命令中添加几份草图，因而拖延到 2 月 25 日上午 9 点 45 分才发出这道指令。在此期间，勃兰登堡人组成的德军巡逻队，发现杜奥蒙堡的吊桥放下，没见到任何守军的踪影，那些炮手仍在呼呼大睡。于是，德军巡逻队不费一枪一弹就占领了这座堡垒。德军呈送德皇的胜利公报，宣称他们以"突袭"夺得杜奥蒙堡。但官方这种自吹自擂，与 3 月 9 日的公报相比不免相形见绌，由于误解了通过电话传达的消息，他们在公报中宣布已占领沃堡，比实际情况提早了三个月。最滑稽的是，提交报告的师长和那位并没有夺取堡垒的军官，双双获得德皇颁发的普鲁士最高等级功勋勋章！这就是一通不实的电话带来的奖励。

　　2月25日，贝当接掌凡尔登地区指挥权，一个后备集团军的核心力量集结在后方。他面临的首要问题不是防御，而是补给。德军的重型火炮封锁了所有大路，只剩一条轻便铁路，以及巴勒迪克通往凡尔登的道路，这条道路后来以"神圣之路"而著称。如果无法供应食物和弹药，增派部队毫无用处。持续不停的交通造成的压力，导致路面开裂，为此，法国人前调了一批批本土守卫部队，负责修葺工作，并铺设平行的路面加宽这条道路。此后，交通流量不断上升，每日通行的卡车多达6000辆。贝当在前线地区把防线分成一个个地段，每个地段都配有重型火炮，而且反复展开反突击。这些进攻虽然没能收复失地，但扰乱、阻挡住遂行冲击的德军。另一个辅助因素是，德国人沿东岸推进得越远，就愈发暴露在河对岸法军火炮的侧射火力下。德军这场进攻丧失了势头，随即放缓速度，茨韦尔告诉我们，德国一方"已出现严重的悲观情绪"。

　　虽然法尔肯海因只投入4个师，但他还是设法拓宽了进攻正面。德军持续实施两天炮击后，威廉皇储3月6日在默兹河西岸发起进攻。3月8日，河东岸的德军部队加入这场重要的行动。德军取得的战果无法弥补相应的损失，而他们对西岸死人山和东岸普瓦弗雷高地的冲击徒劳无获。达成突破的希望逐渐消失，因为守军的防御现在得到加强，他们的兵力与德国人旗鼓相当。无论我们怎么看霞飞的眼光，他沉着冷静的性格无疑在平息那些日子的焦虑之情方面发挥了重要作用，他委派贝当应对紧急情况是个正确的选择。众所周知，命运女神往往对勇者青睐有加，因此，两个好运落在法国人头上。首先是法军远程火炮摧毁了德国人所有17英寸口径榴弹炮，其次是德军设在斯潘库尔附近的庞大火炮营地发生爆炸，那里堆放着45万发大口径炮弹，很不明智地装好了引信。权威人士帕特将军认为，这两个因素挽救了凡尔登。

　　毫无疑问，从3月9日起，德国人采用的策略主要是消耗，至于凡尔登，他们认为这只是个精神层面的目标。相关宣传赋予凡尔登的象征性价值，远远超过其军事价值。必须承认，他们这种策略差一点取得成功，但经历的时间相当长，而且采用了新的手段。在此期间，德国人付出高昂的代价，几乎没取得什么战果。不过，他们也给法军造成惨重伤亡。贝当采用快速轮换的办法，尽可能缩短每个师承受猛烈火力的时间，以此缓解压力。但相应的结果是，法国陆军很大一部分力量卷入这部绞肉机，预备队遭到严重消耗，几乎无法执行即将发起的索姆河攻势。

德国一方，令人失望的战果早早产生了反作用。法尔肯海因三月底询问，"合理的时间内，是否有取得进展的机会"，他还考虑在伊珀尔发动替代进攻。但威廉皇储自信地宣称，大部分法军预备队已消耗殆尽，他"毫无保留地认为，凡尔登会决定法国陆军的命运"。他还指出："应当投入兵力、兵器、弹药，彻底摧毁法军预备力量。"这番话暴露出战地指挥部陈旧而又致命的理念。法尔肯海因接受了这个请求。

就这样，威廉皇储在施密特·冯·克诺贝尔斯多夫撺掇下，继续挥霍部下的生命，而法尔肯海因利用这段时间潜心研究可行的替代方案。但到四月底，由于不断蚕食的进攻没取得太大战果，德方做出决定，恢复先前的大举进攻。

事实证明，大规模进攻同样徒劳无获，就连施密特·冯·克诺贝尔斯多夫也承认，继续进攻毫无希望。可他怀着这种悔恨心情赶去拜望法尔肯海因，却发现这位总参谋长也改了主意——与他的想法截然相反。于是，施密特·冯·克诺贝尔斯多夫改弦更张，继续遂行进攻。但交战双方现在的伤亡不分伯仲，这是霞飞"务必收复杜奥蒙堡"的错误指令造成的，他还擢升贝当为集团军群司令，派尼维勒直接负责凡尔登的作战事宜，这就排除了贝当的掣肘。尼维勒反复发动进攻，此举正中法尔肯海因下怀，结果，法军没能转败为胜。

经过英勇抵抗，沃堡6月7日真正陷落了，德方再次发生电话误传消息的事件，涉事军官同样获得了奖励，德军大潮随后淹没大片地区，在焦虑的观察者看来，席卷而来的势头看上去好像来自大自然，而非人类的力量。6月11日，贝当被迫请求霞飞尽快发动索姆河攻势，缓解凡尔登的压力。6月20日，德军使用了双光气毒气弹，这款新式兵器具有惊人的效果，一举打垮法国炮兵的支援。6月23日，德军取得重大进展，几乎到达贝尔维尔高地，那是凡尔登最后一道外围工事。芒然不断发起反冲击，只是稍事阻碍对方的推进而已，贝当已为东岸的疏散做好一切准备，但在麾下官兵面前，他没有流露出任何焦虑的迹象，不断重复现在已成为名言的那句话："我们必胜！"霞飞匆匆调给他 4 个师，此举进一步削弱了索姆河的预备力量。

但德国人使用他们的新杠杆为时过晚。从战略上说，守军的防御现在固若金汤，这是法尔肯海因 6 月 24 日停止向凡尔登运送弹药间接造成的，因为英军当日在索姆河发起炮击，这是他们为策划已久、定于 7 月 1 日展开的进攻所做的准备。从这一天起，凡尔登地区的德国军队没再获得新锐师，由于实力不足，他们的进攻渐渐陷入停顿。这为法军的反攻铺平了道路，当年秋季的这场反攻，一点点收复了先前丢失的土地。我们无意贬低法国军队，他们的英勇防御是举世公认的，可我们必须指出，是索姆河挽救了凡尔登。其次，德军沿过窄的正面发动进攻，丧失了他们的最佳机会，四个月后，这场进攻已非常接近他们的目标。

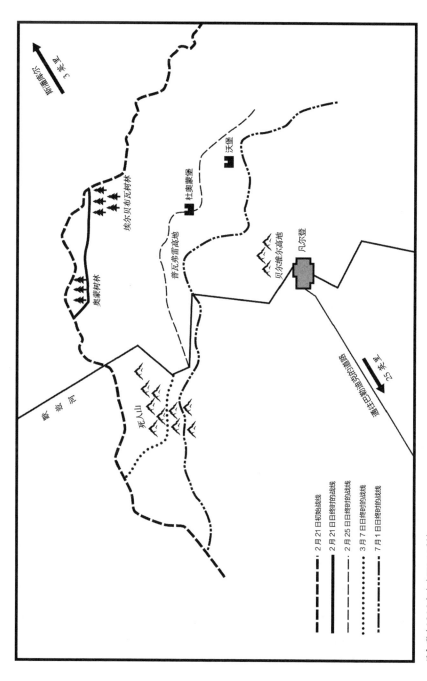

凡尔登（1916 年）（ZVEN 制）

第二节

布鲁西洛夫攻势

　　1916 年 6 月 5 日，俄军在东线发动攻势，事实证明，这是俄国最后一次真正有效的军事行动。这场进攻普遍称为布鲁西洛夫攻势，取得的初期战果极为惊人，甚至恢复了许多人对不可阻挡的俄国"压路机"的热情梦想，但这也许是战争中最大、最危险的神话。相反，这场攻势的最终成就是敲响了俄国的丧钟。不仅这场进攻的结果自相矛盾，其发展过程更是如此，完全是妄想的目标、阴差阳错的胜利，以及胜利最终导致灭亡的缩影——这场攻势也许是历史上最古怪的战役。1915 年，协约国把他们的希望寄托于俄国，可俄国军队在这一年的战事中遭到重创，他们筋疲力尽，实施了看似无休止的后撤，差一点没能逃脱彻底毁灭的厄运。1916 年，法尔肯海因把注意力转向凡尔登，没再理会损失惨重，但没有瘫痪的俄军，俄国人以惊人的速度恢复过来，这种恢复虽然可能只是表面现象，但还是打乱了德国 1916 年的军事方案。当年三月，俄国军队就对波罗的海侧翼的纳罗奇湖发动进攻，为减轻法国的压力付出了英勇的牺牲。俄军指挥部门随后为七月份的主要攻势加以准备，这场进攻也在北面实施。但准备就绪前，盟友的需求再次促使俄国过早投入行动。就在凡尔登承受的压力越来越重之际，奥地利人抓住机会，在特伦蒂诺地区进攻意军，意大利赶紧呼吁俄国盟友，阻止奥地利人从东线腾出更多军力加强对特伦蒂诺的威胁。

在此期间，沙皇4月14日同几位方面军司令召开军事会议。此次会议安排埃韦尔特将军的西方面军遂行主要突击，库罗帕特金将军的北方面军朝内翼转动，提供支援；建议布鲁西洛夫的西南方面军严格保持防御状态，因为他那条战线不适合进攻。但布鲁西洛夫认为这恰恰是发动进攻的理由，因为这有助于达成突然性，他还指出，过去屡屡失败，就是因为俄国军队没能同时发动进攻，让敌人得以利用他们所处的中央位置。经过一番商讨，布鲁西洛夫获准按照自己的意愿、以手头现有资源发动进攻，把敌人的注意力从俄军计划在北面莫洛杰奇诺附近展开的主要突击上引开。布鲁西洛夫知道，取得成功的最佳方式是获得突然性，于是，他着手在二十多个地段加以准备，就连逃兵也说不清俄军真正的突击地段。因此，布鲁西洛夫不仅没有集中，反而分散使用预备力量。

盟友的紧急呼吁加快了布鲁西洛夫的行动。5月24日，阿列克谢耶夫打电话问他最快能在何时发起进攻。布鲁西洛夫回复称，他准备6月1日展开行动，前提是埃韦尔特方面军也投入进攻。但埃韦尔特没有做好准备，最终达成的决议是，布鲁西洛夫6月4日遂行突击，埃韦尔特十天后投入进攻。6月3日夜间，阿列克谢耶夫又打电话给布鲁西洛夫，对这份一反常规的方案的明智性深表怀疑，他建议布鲁西洛夫集中麾下力量，沿狭窄的正面发起冲击，不要把兵力分散在宽大的战线上。布鲁西洛夫没有接受这项建议，阿列克谢耶夫最终做出让步，他说道："上帝与您同在，随便您怎么做吧。"

夜间，俄军为这场明显的赌博向前调动，除了有可能达成突然性，每个因素都不利于他们取得成功。布鲁西洛夫的实力与当面之敌旗鼓相当，38个师对37个师，而且俄军的布势散得很开。但是，由于俄军没实施集结，奥地利人没有意识到对方即将采取行动。6月4日，卡列金指挥的俄国第8集团军，以只比侦察队稍强些的小股力量前出到卢茨克附近，把奥地利人打得措手不及。双方刚刚发生接触，奥军防线就像点心的酥皮那样破裂了，俄军几乎没遭遇抵抗，在奥地利第4集团军与第2集团军之间长驱直入。到次日，他们已俘获4万名俘虏，布鲁西洛夫扩大攻势后，俘虏人数激增。虽然萨哈罗夫指挥的俄国第11集团军在捷尔诺波尔附近受挫，但南面的两个集团军迅速取得胜利，顺利得就像卢茨克发生的情况。谢尔巴乔夫指挥第7集团军，把奥地利人逐过斯特雷帕河，列奇茨基将军指挥的第9集团军，在布科维纳达成突破，一举夺得切尔诺夫策，那是奥军防线最南端的阵地。到6月20日，布鲁西洛夫已俘获20万敌军官兵。

自耶利哥之墙在约书亚的号声中坍塌以来，从来没有过如此成功的范例。德奥联军两翼崩溃，只要俄国人充分利用眼前的机会，南部这股敌军就难逃一场更大的坦能堡危机。但俄军所有预备力量都集结在北面，准备用于计划中的主要突击，而这场进攻没能如期发起。埃韦尔特先是推说天气恶劣，要到6月18日才能投入进攻，随后又称，即便发起进攻，也无法指望取得成功。沙皇和阿列克谢耶夫缺乏决断，没有严令埃韦尔特或干脆撤换他，反而批准他为其他地段的进攻加以准备，这就意味着进一步造成延误。但埃韦尔特和库罗帕特金都不愿发动进攻，阿列克谢耶夫指挥不动这两位，于是打算调离他们的预备力量。可恶劣的横向交通线导致俄军预备队没能及时抵布鲁西洛夫的作战地域，德国人得以匆匆调来援兵阻挡俄军大潮。德军指挥部又一次展现出他们一贯的聪明劲，林辛根将军率领第一批援兵发动反攻，打击"卢茨克突破口"北部边缘，此举至少在最关键时刻阻挡住了俄军的推进。南面的布科维纳地区，俄军继续挺进，直到被喀尔巴阡山这道天然屏障挡住。

七月下旬，俄军恢复进攻，首先是萨哈罗夫在中央地段攻往布罗德和伦贝格，尔后俄国近卫集团军在北面攻往斯托霍德河和科韦利，他们为这场大规模进攻准备已久。可是，机会已然错失，虽说这些进攻行动整个八月份仍在继续，但其取得的战果无法弥补高昂的损失，俄军在灿烂艳阳下付出的这番努力，渐渐消退于秋日的昏暗里。

不过，这场攻势的间接影响大于直接作用，虽然并不全是好处。俄军的进攻迫使法尔肯海因从西线抽调7个师，因而放弃了反击英军索姆河攻势的方案，以及在凡尔登继续消耗法军的企图。这场攻势还促使罗马尼亚做出重要决定，加入协约国一方参战，结果陷入亡国境地。而"贪小利吃大亏"的法尔肯海因也因为这场攻势黯然下台。

但俄国人为这些间接影响付出的代价相当大。布鲁西洛夫夺得布科维纳和东加利西亚的大部分地区，俘虏的敌军官兵多达 35 万，可俄军错失良机后继续遂行旷日持久的进攻，损失的兵员超过 100 万。这种损失严重破坏了俄国军队的战斗力，精神上的影响远甚于物质损失。即将到来的后果是革命和崩溃。俄国最后一次为盟友牺牲了自己，不能仅仅因为随后发生的事情就抹杀这笔债务。

第三节

索姆河攻势

1916年7月1日在皮卡第地区开始的交战（战略上更准确的说法是一连串局部行动），构成了英法联军1916年的进攻战役。英国军队这一年在西线付出的努力，悉数投入此次交战，经历了漫长的凡尔登防御战役后，筋疲力尽的法国军队也把可用力量投入其中。事实证明，这场交战堪称"基奇纳军队"的荣耀和墓地，这些公民志愿者1914年响应号召参军入伍，组成了英国第一支国民军。

索姆河攻势源于联军指挥官1915年12月5日召开的尚蒂伊会议。霞飞以他对形势的了解，声称香槟和阿图瓦地区（包括洛斯）的秋季攻势取得了"出色的战术成果"，还把战术胜利没能发展成战略胜利归咎于两个原因，一是天气恶劣，二是弹药暂时短缺。他认为下一步行动的关键是"高级指挥部门绝不能再为弹药问题烦神"，出于这个原因，三个月内无法发动新攻势。到1916年2月初，霞飞意识到，如果有必要和俄国军队同时展开行动，而英军以他们新组建的军队承担重任的话，那么这场新攻势的发起日期还得往后推。霞飞在会晤黑格期间强调了以下观点：维持宽大进攻正面是确保胜利的手段。为此，他希望英军和法军"携手"发动联合进攻，就这样，一个盟友的进攻线延长了另一个盟友的战线。按照霞飞的设想，法军投入40个师，沿拉西尼到索姆河这条 25 英里宽的战线展开冲击，英军以 25 个师或尽可能接近这个数字的兵力，沿索姆河到埃比泰尔讷这条 14 英里宽的战线遂行进攻。

英国官方史指出，霞飞对西线"防御最强大的地区"发动进攻的决定，"似乎是他独自做出的，因为英军势必加入其中"，"霞飞将军提出的理由根本经不起推敲"。就连一贯不考虑战术困难的福煦也不喜欢这个决定，他认为这片作战地域是个战略死胡同。黑格宁愿在佛兰德地区展开进攻，就像他 1917年采用的进攻路线，那场进攻获得登陆比利时海岸的另一股英军支援。

霞飞还敦促英军四月份在索姆河北面遂行初步进攻，五月份再来一次，以此吸引敌军预备队，从而为英法联军的主要突击铺平道路。黑格倾向于等待联军充分做好准备，投入所有力量展开大规模进攻。虽然黑格手中的资源不够完备，去年秋季实施的初步进攻以失败告终，都证明他的意见合情合理，但评论家不得不承认，霞飞的决定符合历史经验——以往的战争经历表明，如果不能把敌军预备队引到其他地方，发起决定性进攻纯属徒劳。可黑格坚持认为，这种初步进攻要想达成目的，只能在总攻开始前十天或两周内执行，这种观点无疑是正确的。

黑格提出，如果法军承担其他进攻任务，英军可以执行这种初步进攻。这个建议对霞飞毫无吸引力，据庞加莱说，霞飞"满脑子都是消耗战，这种消耗战必须主要由我们的盟友英国、俄国、甚至意大利来执行"。于是，双方继续扯皮。英军参谋人员的托词很可笑："英国军队已做好全力以赴的准备，可我们对付不了那些政客，除了德国人，他们是我们最大的敌人。"

最后，双方在 2 月 14 日召开的会议上达成一致，黑格接受了霞飞的索姆河进攻方案，这场攻势定于 7 月 1 日发起，而霞飞不再要求英军遂行初期进攻。

联军一再推延他们的进攻，无论是否不可避免，结果都是把主动权拱手让给德国人。德军 2 月 21 日起对凡尔登发起的进攻，破坏了联军 1916年的整个方案和作战行动。而 2 月 14 日召开的会议上，与会人员甚至没提及这种可能性。

2 月 22 日，霞飞请求英军帮忙替换北面的法国军队。于是，黑格加快了接替法国第 10 集团军的工作，这个集团军部署在阿拉斯周围，夹在英国第 1、第 3 集团军之间。艾伦比第 3 集团军朝北面横向调动，罗林森指挥新组建的第 4 集团军，接管了法国第 10 集团军从马里库尔到埃比泰尔讷的防线。英军目前据守的绵亘防线长达 80 英里，从伊珀尔起，几乎一路延伸到索姆河。

法军在凡尔登耗尽实力，因而削减了他们在索姆河进攻方案中承担的份额。最后，他们的进攻正面从 25 英里缩窄到 8 英里，使用的兵力也从 40 个师减少到 16 个师，7 月 1 日只有 5 个师投入进攻。从此刻起，英国挑起西线战局的主要重任，仅凭这个事实，1916 年 7 月 1 日就堪称战争史上的里程碑。

尽管如此，黑格没有因为资源缩减而调整目标。他继续为进攻梅西讷加以准备，还制订了一份替代方案，如果索姆河的进攻行动彻底失败，就把预备队调往梅西讷。可他似乎没有预见到胜负参半的情况，战争中出现这种状况的可能性总是很大的。他的方案在这方面缺乏灵活性，因此执行得非常艰难。另外，他的方案也不够现实。英军指挥部的如意算盘是：第一阶段突破马里库尔与塞尔之间的德军防线；第二阶段夺取巴波姆与然希之间的高地，法军负责攻占赛利和朗库周边地域；第三阶段转身向左，朝阿拉斯方向卷击德军侧翼，从而扩大突破——为实现这个目标，包括骑兵在内的一切可用力量，都从巴波姆—米罗蒙一线向北突击，同时以一场辅助进攻打击阿拉斯西南面的德军防线；第四阶段是朝康布雷—杜埃这个方向的总进军。意图与实际成果之间的差距太大了！总的说来，这是一份精心策划的方案，黑格很明智，目光放得比较远，但他似乎没有看清眼前的状况。黑格坚信有可能实现如此深远的目标，表明他没能正确判断实际情况。这份方案有一个重要的不现实之处，它放弃了"突然性"这把永远管用的万能钥匙，却没有提供替代品。

英军在马里库尔与塞尔之间，沿 14 英里宽的战线实施的主要突击，由罗林森第 4 集团军辖内 18 个师遂行，其中 11 个师率领冲击，5 个师担任近距离预备队，另外 2 个师和 1 个骑兵师充当集团军预备队。另外，为发展胜利，黑格还把高夫麾下 2 个骑兵师，以及编有 2 个师的另一个军交给罗林森。第 3 集团军辖内 2 个师负责在戈默库尔周围遂行辅助突击。英军总共集结了 1537 门火炮，包括 467 门重型火炮。这意味着每隔 20 码部署一门火炮，虽说无法与后来集结的火炮数量相提并论，但在当时是创纪录的。英军投入的火炮数量，是德国人大举突破杜纳耶茨河期间的两倍，不过，俄国军队一年前的防御，无法与索姆河遍布铁丝网和堑壕的战线相比。另一个显著对比是，法军有900门重型火炮，英军的重炮不及半数，战线却宽得多，也就是说，每隔57码才能部署一门重炮。

英国官方史指出："联军面临的问题，实际上就是冲击一座要塞，从历史和先例看，应当对最大的缺口（或最薄弱处）遂行主要突击，同时对那些较小的缺口实施辅助突击，这些辅助突击必须强大到足以转为主要突击并达成突破。除此之外，还应该实施佯攻。"相反，英军的兵力配置就像千篇一律的进攻样式那样均匀。原本就不充裕的炮兵力量平均分布在整个突击正面。"必须承认，总司令部没意识到这个问题。"他们对此视而不见的原因是什么？这一点必须追溯到战前。"不得不指出，总参谋部没有在实践中研究过半围攻战的问题，以及大量集中火炮进攻强大野战防御的必要性。受到 H. H. 威尔逊将军（后来的亨利·威尔逊爵士）影响，总参谋部乐于接受法国人对下一场战争的性质做出的判断，情报部门掌握了关于德国人进行战争准备，以及一次次演习中的操练方式这些情报，可总参谋部对此置之不理，甚至不愿听取这方面的报告。"

要想了解此次战役的问题和过程，简单地阐述地形很有必要，因为整个西线的战事，没有几场战役如此严重地受到地形影响，或者说，地形问题很少像索姆河战役那样，给参战人员留下这么深刻的印象。索姆河在佩罗讷形成个直角后转向南面，从佩罗讷起，一列山丘向西北方延伸，形成索姆河与斯卡尔普河、斯海尔德河盆地之间的分水岭。这道山脊与昂克尔这条小河狭窄的河谷相交，自 1914 年 10 月"奔向大海"起，就一直控制在德国人手中。这片高地让德军得以居高临下地控制并观察联军防线，以及防线后的地域。战争第一年，这个劣势无关紧要，因为英军 1915 年 7 月接替驻守在这里的法国军队时，这条防线呈现出平静的气氛，这种状况让习惯了伊珀尔或拉巴塞的枪炮声不断的官兵深感惊讶。相关报告指出：防线上的某些地段，法军士兵甚至跑回村里吃午饭，战壕中只留下哨兵，这些靠近前线的村庄完好无损；位于中间地带的另一个村子，交战双方达成夜间分享睡觉处的默契。我敢肯定，英军接管这条防线头几个月，几个营不受干扰的演练被德国人尽收眼底，而六个月后，就连防线后方数英里的部队营地也遭到炮火侵扰。除了从事积极交战期间，法国人的作战政策是"人不犯我我不犯人"，现在回顾起来，这一点无疑比英军不断开枪动炮的策略更高明。因为德军控制着制高点，他们的弹药和装备也占有优势，英国人这些令人担忧的策略，给己方部队带来的伤亡大于敌人，这种消耗位于资产负债表错误的一侧。另外，他们还促使德军加强堑壕防御，充满创造性地发展此处防御的天然优势。这样一来，英军在进攻中遭遇近乎坚不可摧的堡垒，而不是1915年秋季那道相对虚弱的防御体系。

梅斯菲尔德在《旧战线》一书中恰如其分地阐述了这种情形：

在这条旧战线几乎每一个地段，我们的人不得不攀上山丘发起冲击……敌人设有瞭望哨，具有俯瞰法国的良好视野和居高临下感。我们的人都在下面，除了一个个位于上方的据点，什么也看不到，这些据点每天都在加强。

今天，索姆河战场满目疮痍的场景不复可见。虽然梅斯菲尔德低估了时间的影响，但他的直觉准确无误：

一道道堑壕被填平，耕犁从上面翻过，战争留下的痕迹很快就会荡然无存。一个夏季，盛开的鲜花会覆盖人类制造的大部分废墟，然后，这些地方，也就是敌人开始败退处，即便使用地图也难以溯寻了。中央路、皮尔战壕、曼斯特小径和其他通向荣耀的路径会深深埋入玉米地下，拾穗者在死骡角唱着歌。

虽说就连记忆也很难重现战时的情形，但静静地探访昔日的战场，就会对陡峭的坡度和山脊上方的居高临下感产生深刻印象，甚至远甚于以码计算进展、从战壕和弹坑偷偷朝外张望的那些日子。对炮兵而言，仰攻较为有利，因为德国人的战壕更清晰地暴露出来，可从其他方面说，仰攻造成身心压力，受害者不仅仅是进攻中的步兵。

面对这种居高临下的阵地，很难实现突然性，这种困难又因为进攻方不掌握荫蔽准备工作和伪装的技艺而加剧。二月份，英军在昂克尔河两侧修建新营房，给德国人提供了第一个线索，此后，各种迹象不断增多。法尔肯海因考虑过先行打乱英军进攻的方案，却发现腾不出必要的部队。就算庞大的准备工作没有暴露英军的意图，那么，持续一周的炮击无论如何都宣布了他们即将发动进攻。甚至更早些时候，英国人的审查制度出了纰漏，导致劳工大臣亚瑟·亨德森6月2日对军火工人发表的讲话被公之于世，德军统帅部据此得知，英国人会尽早交付弹药。一个具有弥补性的因素是，尽管德国第2集团军司令部和国外的特工准确预测到敌人的进攻并发出警告，可法尔肯海因仍认为这不过是个初步措施，对方会在更北面发起真正的打击，他显然觉得英军的准备工作太堂而皇之，不像是真的。结果，他扣住援兵不放，直到7月5日才确定索姆河就是黑格选中的战场。在此期间，法尔肯海因解除了第2集团军参谋长的职务，因为此人做出正确判断，还"要求提供更多兵力"。

德军统帅部这种意见分歧，让英方重新获得了同样因为意见分歧而丧失的机会。这种分歧的程度及其影响，直到近些年才公之于众。因为这场战役刚刚进行了几周，获得官方授意的人士就散布了以下说法：黑格的目标自始至终都是消耗战，从来没梦想过"突破"。战争结束后，这种否认坚定不移地维持了多年，构成对已知历史真相最煞费苦心的歪曲。真相粒子不诚实地混合而成的这道烟幕，最终被1932年出版的官方史驱散。

官方史披露，霞飞一门心思考虑消耗战，罗林森倾向于同一策略，位于他们之间的黑格，笃信并寻求突破。他的意见决定了英国的目标。但罗林森对此持怀疑态度，导致英军作战方案沦为一种折中的计划，很大程度上既不适合消耗战，也不适合突破战。鉴于自己的炮兵力量"相对较弱"，再加上德军的防御纵深较大，罗林森主张实施旷日持久的炮击，辅以有限的分阶段推进。这种做法，首先不可避免地减少了达成突然性的机会——突然性是对作战资源不足最有效的补偿，其次给发展一切既得战果造成妨碍，让敌人获得时间恢复并前调预备队。黑格正确地认识到这种做法存在缺陷，因而倾向于实施一场短时间炮击。但作为一名不太考虑技术问题的骑兵，黑格忽略了切断铁丝网的问题，这些铁丝网遍布于敌军阵地前方的接近地。两人商讨一番后，罗林森获准实施长时间炮击，但黑格命令他一口气吞掉德军第一道阵地和第二道阵地的一部分。

官方史指出，一场突破很难取得决定性战果，甚至认为这种突破也许只会形成个危险的突出部，但又暗示有可能实现突破，只是不能以目前这种方式来达成。为取得突破，黑格实际上只依靠一种办法，而来自各方面的建议又让他在采用这种办法时束手束脚。黑格的炮兵顾问说他过度拉伸了炮兵力量。罗林森也表达了自己的顾虑，他认为黑格对现有部队"提出的要求太多"，炮兵力量分散得过于稀疏，因而无法发挥效力，他还觉得一口吞掉德军第二道阵地的一部分纯属"赌博"。尽管如此，黑格还是决定让下属和他们的部下投入这场豪赌。

虽说法军投入的力量，以及他们在此次战役中承担的任务，由于凡尔登会战的消耗不断减少，可随着战役发起日逐渐临近，黑格表现得"越来越乐观"。更值得注意的也许是他的几名主要下属加入这场乐观主义大合唱，嘹亮的歌声似乎淹没了他们冷静考虑问题时产生的疑虑。他们不仅遵从黑格的意见，还把这种意见视为自己的观点。他们的忠诚简直到了无以复加的地步。

罗林森"私下里认为黑格的指示基于错误的前提和过度乐观的态度"，可他"在各次会议和其他场合给所有人留下深刻的印象……'炮击结束后，炮火覆盖的地区不会再有任何生命存在'，步兵所要做的仅仅是走过去占领敌军阵地"。这种乐观情绪一路向下传递，结果，事实证明这场炮击没什么效果，几个营"报告敌人的机枪没被打哑，师部人员却告诉他们，敌人肯定被吓坏了"。官方史记录下的这些可怕的话语，是对那些即将因为自己的报告受到漠视而献出生命的官兵说的。

因为造成了灾难性影响，所以需要分析产生这种不切实际的乐观态度的原因。从很大程度上说是一些军官，而从某种程度上说可能是绝大多数军官，对自身利益的考虑产生了影响。公平地说，这不是专门指责军人，因为任何一个行当，一旦涉及自己的职业生涯，每个人都会听从上级的指示，这是人类的本性。[1] 但更广泛的原因似乎是一种真正的自我欺骗。某些情况下，这种自欺可能是糊涂的忠诚观（愚忠）造成的，这是 19 世纪军制的产物。第 4 集团军下达的训令，省略了许多至关重要的战术要点，却竭力强调"下属不得批评上级下达的命令，否则一切后果自负"。但从另一个角度说，乐观情绪发展得如火如荼，根本不需要上级鼓舞。例如，黑格担心麾下一个军准备不足，因而授权查特里斯将军赶去取消这个军的进攻，"因为该军几乎没有彻底取得成功的机会"。查特里斯找到军长，却发现对方"非常满意"，还兴奋地说他觉得自己"就像奥斯特里茨战役前的拿破仑"。查特里斯只好顺从军长的愿望，没有取消进攻，尽管他"回来后心情很不好"。

官方史表明，英军高级指挥部门这种致命的乐观情绪，其根源也许可以追溯到这样一个惊人的事实：他们没有掌握以往经历中的主要教训，而大多数团级军人早就学到了这些经验教训。"过去的失败，归咎于敌人大量使用机枪、他们系统地部署防御以外的原因。"专家的这种"推论"无疑是有史以来最典型的"只见树木不见森林"的例子之一。

合理地说，英国人本来指望炮火准备会让敌军战壕内不剩任何活物，这一点似乎令人费解。因为除了罗林森最初的怀疑，实际上，就是他本人把有限的炮兵力量平均分布在整条战线，"没有考虑某些特定地段的强度和重要性"，结果"他们的炮火势必过于分散，根本没有打击到敌人的许多据点和机枪巢"。另外，英军使用的重型火炮，很大一部分是陈旧过时的型号，射程较近，还有许多炮弹是次品。因此，他们射出的炮弹没能穿透对方的掩体，德军机枪手隐蔽在掩体内，等待英军步兵发起冲锋。但是，只有基于炮击有可能取得压倒性效果这种假设，我们才能理解英军指挥部采用的所有战术。很难相信稍具常识或对过往经历有所了解的人，会以这种方式让部队投入进攻，除非他对炮击的效力深具信心。这种做法无疑是最重要的反面教材。

官方史继续写道："先前的讨论中，黑格曾说过，军长确定彻底摧毁敌军防御前，各军不得投入进攻，可这个先决条件似乎随着时间的流逝而被抛弃了。"英军忽略了所有交战，特别是围攻战的基本条件，这是另一个非同寻常的事实。应该受到指责的肯定是指挥官。

公正地说，我们也见到了原本有可能预防这种情况的补救措施。黑格曾试探性地提出，大批步兵投入进攻前，是否可以派巡逻队或小股部队察看炮击效果，试探敌军防御状况，就像德国人在凡尔登做的那样。可他那些集团军司令否决了这项建议。

那么，是否有可能挽救危局，或至少降低伤亡呢？当然有，条件是英军步兵抢在守军开火前到达对方的战壕。有两种办法也许能实现这一点：要么在敌人发现目标并开火前，要么在敌人准备开火前，穿过中间地带。没有雾气或人为制造的烟幕，唯一的机会是在夜间，或在拂晓前昏暗的光线下发起突击。我们得知，"一些指挥官……希望至少应该在晨光初现，敌机枪手发现猎物前遂行突击"。我们还获知，"罗林森本人接受了"这项建议，"还敦促友邻法国军队也这样做"。可法军的重炮数量是罗林森的两倍，因而希望己方炮兵获得良好的观察视野。因此，罗林森同意把进攻时间推迟一小时，他显然对此不太担心。

剩下的问题是，英军步兵能否在弹幕延伸前越过中间地带。这是一场与死亡的赛跑，也是此类竞赛中规模最大的一场，参加预赛者多达 6 万人。他们无可救药地遭到重创。一拨拨密集人潮组成的整个突击队列，奉命共同发起冲击，根本不知道先前的炮击是否真的打垮了敌人的抵抗。按照第 4 集团军下达的指令，这些进攻波次必须以"稳定的步伐"前进，排列得整齐对称，就像一排排准备被击倒的保龄球木瓶。"指令中没有提到迅速穿过中间地带，赶在敌人之前到达战壕胸墙的必要性。"但这一点根本无法做到，因为最大的障碍是"步兵负重太大，除了步行，没办法以更快的速度前进"。这些步兵的负重达到 66 磅左右，超过自身体重的一半，"这让他们很难爬出战壕，而且只能慢步走，不可能提高速度，就连迅速卧倒都难以做到"。看看军骡这种公认的天生驮畜，它们也只能承受三分之一体重的负载！

这场"赛跑"还没开始，英军就输掉了，激战随之而来。弹幕仍在持续，步兵却无法继续前进，而弹幕又不可能被召回，提供增援的步兵还开进到了前方步兵受阻的地方，这真是一场错上加错的悲剧！

英军 6 月 24 日开始炮击，打算 6 月 29 日投入进攻，由于天气暂时发生变化，进攻日期推延到 7 月 1 日。应法军要求做出的延期，不仅涉及维持更长时间的炮击需要变更弹药数量的分配，以及炮击强度会随之降低这些问题，还给部分突击部队造成更大压力。面对即将发起的进攻，这些士兵的精神处于高度紧张状态，现在不得不在逼仄的战壕里再待上 48 小时，己方炮火和敌人还击发出的轰鸣令他们筋疲力尽，雪上加霜的是，倾盆大雨淹没了他们的战壕。

7 月 1 日破晓，闷热的一天到来了。早晨 7 点，英军的炮击到达顶点。半小时后，英军步兵从一道道战壕出发向前冲去，还没到达德军前沿防线，已有数千人倒下，他们的尸体堆满了中间地带。因为他们的对手是 1916 年的德国兵，都是最顽强、最娴熟的战士，炮弹夷平他们的战壕时，这些德国兵隐蔽在掩体或弹坑里，弹幕刚一延伸，他们就拖出机枪，朝密集得不像话的进攻波次倾泻毫不松懈的弹雨——1916 年是步兵突击的最低点，英国人竟然以他们的形式主义重现了类似 19 世纪编队的那种阵容，完全缺乏机动力。各个营分为 4 个或 8 个波次遂行冲击，每个波次相隔不到 100 码。各波次的士兵几乎肩并肩地前进，排成衣着光鲜的对称队列，奉命以缓慢的步伐稳步向上推进。他们斜端着步枪，刺刀朝上，以此吸引善于观察的敌人的目光。这是对腓特烈大帝那些机器人似的步兵的出色模仿，不同之处在于，他们面对的不再是有效射程只有 100 码的火枪。夜幕降临前，许多营只剩一百来人，这种情况不足为奇。只有在直立行进的突击波次被敌军火力粉碎后，才有可能取得进展。因为人类的本性和天生的狡猾此时再次显现出来，而且不再理会上级安排的战术；那些更具进取心，而且没被吓倒的幸存者形成一个个小群体，通常由天生的领导者率领，以短距离冲刺向前推进，从一个弹坑爬到另一个弹坑，逐渐逼近敌人的机枪，通常取得相当深的进展，而且几乎没遭受更多损失。但在许多地方，这些奋勇前进的英国步兵没有肃清一群群敌人和他们的机枪，而是把他们丢在身后，结果，同样以密集队形赶来支援的英军后续波次伤亡惨重。

因此，除了南面，英军突击大潮的势头逐渐减弱，后来就退潮了。但中间偏右处的弗里库尔，出现了战线和当日运气的转折点。索姆河南面和北面直到马里库尔的法国军队，以轻微的损失实现了他们的所有目标。法军之所以取得成功，部分归功于他们采用了更灵活的战术，以及火炮的部署更加集中，另一个原因是德军在此处的防御力量较弱。实际上，法军的突击实现了战术突然性，德国人原以为进攻只会在英军战线发起。马里库尔与弗里库尔之间，英国第13军（辖第30、第18师）虽然损失较大，但还是到达预定目标，并且占领了蒙托邦。位于该军左侧的第15军，部分完成了切断弗里库尔村堡垒和树林的任务。第7师夺得马梅茨，这样就在一侧掉转了方向；另一侧，第21师楔入德军防线约半英里，不顾自身暴露在外的侧翼，竭力守住这片已占领的狭长舌状地带，直到弗里库尔次日陷落。

但第21师标志着成功的界线，北面的一切行动都以失败告终。当日英军蒙受的损失，超过战争期间任何一个其他战斗日的伤亡。一个重要原因是中间地带宽度太大。第3军辖内第34师一部穿过布瓦塞勒，攻往孔塔尔迈松，但被敌军逼退。第8师冲击奥维莱尔的一个个波次几乎徒劳无获。该师当日下午奉命重新发起进攻，"但更明智的决定占了上风"。第10军辖内第32师再次向北突击，结果在蒂耶普瓦勒的防御阵地前撞得头破血流，"当日只有刀枪不入的士兵能攻克蒂耶普瓦勒"。但第36阿尔斯特师深深楔入德军防线，绕过蒂耶普瓦勒攻往格朗库尔，以此庆祝博因河战役周年纪念日。可惜，该军军长把预备队用于加强另一个毫无进展的师，而没有为开了个好头的阿尔斯特人提供增援。结果，第36师先遣部队遭切断，夜幕降临时，只有一小部分德军前沿堑壕仍控制在英军手中。第8军（辖第29、第4、第31师）在左翼的进攻突然被德军粉碎，尽管这里也有些孤立的小股部队取得突破并攻往博蒙阿梅尔和塞尔。一枚地雷的爆炸导致重型火炮在步兵发起突击前10分钟就延伸炮火，这造成严重后果，混乱的争论随之而来。至于第7军在戈默库尔的辅助突击，第46师的失利导致第56师取得的初期战果全然无效，全军付出重大牺牲的价值，也被主要突击的失败抵消。

各军当日俘虏的敌军人数，从某种程度上反映出他们取得的初期战果：康格里夫第13军俘虏934人，霍恩第15军俘虏517人，普尔特尼第3军俘虏32人，莫兰第10军俘虏478人，亨特－韦斯顿第8军俘虏22人。相比之下，法军以较小的代价，俘虏了 4000 多名德军官兵。位于英军侧面的法国第 20 军，以河上腾起的薄雾为掩护，穿过中间地带，这场突击迅速打垮了德军第一道阵地。法军随后打算继续前进，但听闻友邻英军奉上级的命令停止行动，于是也放弃了这个念头。法军在索姆河以南的进攻，以殖民地军 2 个师和第 35 军 1 个师遂行，比其他地方的行动晚两个小时展开，因而获得了突然性。他们不仅实现了所有预定目标，甚至超额完成任务，夜幕降临前已逼近德军第二道阵地。

对法国人来说，鉴于他们取得的这些战果，完全可以认为 7 月 1 日的行动大获成功。但主要突击由英军遂行，所以德国人也可以宣称他们赢得了胜利，这种主张不无道理，因为他们的可用力量只有 6 个师，也就是说，每个英国师的进攻地段，德军只能投入大约一个团的兵力据守。面对 13 个英国师的冲击，他们只被俘 1983 人，丢失的地盘也不太多。英国人先前的期望彻底落空，他们经历了几个月的准备和播种，收获的却是苦果。不过，虽说这是一场军事挫败，可 7 月 1 日是一篇英雄主义的史诗，更重要的是，这场交战证明了英国新建军队的道德素质，他们为这场战争付出重大牺牲，以不可动摇的勇气和坚定不移的毅力经受了最激烈、最血腥的考验。

沿整条进攻线，这些昔日的平民遭受的损失，是以往历次战争中那些职业军队无法承受的，而且，作为一部有效的战争机器，他们没有被粉碎。这种艰巨的斗争，他们继续进行了五个月。作战经验会改善他们的战术行动，但这种行动更多地由上级指挥部门主导。不过，他们后来的壮举无法超越 7 月 1 日的道德标准："那是个美丽的蔚蓝色夏日，从早到晚，充斥着暴力的咆哮，以及死亡、痛苦、胜利的混乱。这一整天，我们的人从己方堑壕血腥的掩体冲向中间地带。有些人没离开战壕，许多人没能穿过那片绿色的中间地带，许多人死在敌人的铁丝网旁，还有许多人不得不退回。其他人穿过中间地带一路向前，迫使敌人从一道防线退到下一道防线，直到索姆河战役以敌人的后撤落下帷幕。"但这场后撤拖得太久，德军退却时，进攻方固然如释重负，可更强烈的却是一种不适感。

既然开局的伤亡如此惨烈，黑格为何放弃了他为北面的行动准备的替代方案，仍要坚持遂行索姆河攻势？官方史指出："梅西讷的进攻行动，1917年执行得非常成功，如果1916年加以遂行，特别是与一场沿海突击相配合，取得决定性战果的机会，无疑远胜于沿索姆河两岸发动进攻。"直到6月5日，黑格还提醒罗林森，要是第4集团军的突击"遭遇顽强抵抗，他可能会决定停止进攻，转而执行梅西讷作战行动"。7月1日的经历无疑满足了黑格提出的先决条件。他性格中具有强烈的"斗牛犬"特质，这也许是对他决定把索姆河攻势进行下去的最好解释。一旦咬住对方，他就不愿因为暂时受挫而松口。如果处处受挫，黑格可能会把预备力量调往北面的梅西讷。但咬住德军部分防线后，黑格显然想更进一步，咬得更深。那他为什么不更快地咬住对方的柔软部位呢？从某种程度上说，人类面对事实产生的弱点，加强了战争迷雾的浓度。

后方的英军高级指挥官，提交的报告远比黯淡的事实乐观得多，甚至比他们原先的预想还要好。"他们通常报告的是俘虏多少敌人，己方伤亡不大等内容。"这种情况下，不了解前线实情是很自然的事，但欺瞒就不可原谅了。与此同时，没人关心在南面发展胜利的机会。

7月2日晚些时候，黑格面对困难的局面，决定在已取得战果的地段继续进攻，而不是从奥维莱尔向北突击，对德军完好无损的防御发起新的正面冲击。后来几年的实战经验和更早的经历都证明了他的智慧，唯一的问题是，他为什么没有迅速发展南面取得的战果。密集的步兵力量牺牲在中间地带，要是以其中一部分加强预备队，然后发展南面的战果，可能会收到更好的成效。即便做不到这一点，德军也已发生严重动摇，如果说英军的预备队师很少，那么，德军的预备力量更少，他们迟迟不发起反突击证明了这一点。可英国第4集团军没打算以预备队穿过德军抵抗最薄弱的地段，仅在7月1日晚10点命令辖内各军"继续进攻"，而且是沿整条战线平均实施。按照罗林森的指示，高夫接掌了失利最明显的两个左翼军（第10、第8军），在高夫这位最适合发展胜利的将领看来，"这项任务毫不值得羡慕"。几位军长指出，如果不做好充分准备，重新发动进攻纯属徒劳，高夫也明智地表示赞同，于是，罗林森撤销了进攻令。几个军没有再次进攻德军完好无损的防御，因此，

7月2日没发生战斗。与此同时，在最右翼真正达成突破的第13军止步不前。这种消极状态实在令人遗憾，因为该军已经与法军协同，粉碎了一个德国师粗糙而又拙劣的夜间反突击，这个师从康布雷匆匆赶来，是德军目前唯一可用的预备队。

英军的机会进一步丧失，因为7月3日罗林森只命令麾下左翼和中路力量重新发起进攻。黑格批准了这份方案，但做出修改，不过结果并不尽如人意。他现在把目光转向右侧，减小了次日进攻的规模，仅以小股部队冲击蒂耶普瓦勒和奥维莱尔。这番再部署加剧了指挥权分散的缺陷，因此这场进攻不仅规模较小，执行得也很混乱，只是进一步造成人员伤亡，没取得任何成果。在此期间，位于右侧的第13军辖内部队进入贝尔纳费树林，几乎没遭遇抵抗，可上级命令他们不得继续深入。法国第20军位于第13军身旁，也被迫停止前进，但法国人在索姆河南面攻占了德军第二道防线，以及俯瞰佩罗讷的高地。

黑格现在坚信，集中努力于右侧是明智的做法。可他遇到法国这块绊脚石。霞飞和直接负责这场攻势中法军作战行动的福煦，都主张黑格应当在中央地区夺取从波济耶尔到蒂耶普瓦勒的山脊，以此作为在右侧或隆格瓦勒地区发起一切进攻的初步行动。黑格争辩道，他没有足够的弹药，无法有效掩护沿整条战线重新发起的进攻，而隆格瓦勒山脊的防御弱于蒂耶普瓦勒。可他这番说辞没能奏效，霞飞声称，英军要是冲击隆格瓦勒的话，肯定会大败亏输。另外，他还直接命令黑格在中央地带遂行攻击，黑格反驳道，自己只对英国政府负责，虽然他准备遵照霞飞的总体战略行事，但在战术方面，他自有主张。这就解决了问题。

可是，经过很长一段间隔期，第4集团军才准备进攻敌军第二道防线。这段间隔期之所以这么长，是因为黑格认为展开主要突击前必须肃清对方所有外围据点，并力图以一连串夹击攻克这些据点。与此同时，位于左翼的英国第10、第8军，从罗林森第4集团军转隶高夫的预备队集团军，后来改称第5集团军，可用预备队和火炮悉数集结在实力遭到削弱的第4集团军战线上。

因此，7月1日之后几天，德军在蒙托邦、布瓦塞勒这些南部地域的防御严重动摇之际，英军重新发起的进攻力度并不大，而且断断续续。德国人获得喘息之机，重组并强化了抵抗，还加强了对然希—波济耶尔山脊这个制高点的控制，他们的第二道防线就设在这里。英军的进展极为缓慢，马梅茨树林构成特殊的障碍。第38师历时三天的进攻以失败告终，此处的延误妨碍了英军的主要突击，但更大的障碍来自上级。

如果说英军高级指挥部门7月1日前一直抱有过于雄心勃勃的目标和过度乐观的态度，那么，他们现在可能又滑向了另一个极端。但罗林森始终认为，采取大胆而又迅速的措施至关重要，这样才能阻止德国援兵和劳工赶在英军到达前，在后方重新构设一道强化防线。如果等己方战线靠近德军第二道防线后再发起近距离突击，英军很可能面临与7月1日那场进攻时同样强大的障碍。罗林森拟制了方案，打算进攻并突破德军左起小巴藏坦树林、右到德尔维耶树林这条4英里宽的防线。他的右翼与德军第二道防线相距四分之三英里，中间隔着具有战术重要性的宝座树林，这片树林仍控制在德国人手中。从此处通往他左翼的中间地带逐渐缩窄，到马梅茨树林前方，这一地带的宽度只剩300码左右，但德军可以从宝座树林对大部分前进路线实施纵射打击。如果采用这么明显的进军路线，而且只从侧面发动进攻的话，成功的前景极为渺茫。因为1915年的经历表明，沿狭窄正面冲击配备大量火炮的敌军，有可能取得初期战果，但狭窄的正面也有助于敌人集中炮火，粉碎他们丢失的防区。

罗林森没有采用这么明显的路线，而是以另一种方式取而代之，虽然有风险，但确实是更安全的做法，还能节约兵力。他打算派出部队，在夜色掩护下穿过暴露在外的地域，一场仅持续几分钟的炮火急袭后，部队就在拂晓时发起冲击。这份方案重新强调了突然性，而英军在这场战争中的大多数时间里一直没利用这个重要因素，直到从康布雷起的最后一年，他们才开始重视这个问题。

1916年，部队在夜间行进，以及炮火准备这么短暂，以传统观念看，这些理念新颖得令人震惊，不啻一场赌博。罗林森还打算以新组建的军队执行这份方案，不到两年前，这些官兵还是平民百姓，这就让他的方案显得更加草率。总司令强烈反对，宁愿采用更保守的进攻方案，可罗林森坚持己见，而各级部队指挥官对自己执行夜间行动的能力满怀信心，这反过来加强了罗林森的信心。霍恩通常倾向于赞成黑格的观点，在其他方面也对总司令忠心耿耿，但这次一反常态，转而支持顶头上司罗林森，这个事实也许起到决定性作用。罗林森达成了自己的目的，他打算 7 月 13 日投入进攻，可这个已拖延的进攻日期，又因为总司令部的勉强同意而推迟到 7 月 14 日，一天的耽搁会造成严重后果。另一个不利因素是，英军这场行动没有得到法军配合，因为法国人对此次进攻的前景不抱信心。

突击部队编有右侧第 13 军辖内第 9、第 3 师（分别由 W. T. 弗斯和 J. A. L. 霍尔丹指挥），左侧第 15 军辖内第 7、第 21 师（分别由 H. E. 瓦茨和 D. G. M. 坎贝尔指挥），最右翼，马克西第 18 师受领的任务是肃清宝座树林。最左翼，英国第 3 军在小巴藏坦树林与孔塔尔迈松之间形成一道掩护侧翼。几个骑兵师调到前线，编入两个突击军的战斗序列。

据守德军防线的仅仅是施泰因将军几个混编师拼凑的 6 个营，第 7 师在巴波姆南面担任预备队。"棕色阵地"的堑壕从德尔维耶树林、隆格瓦勒、大巴藏坦树林、小巴藏坦树林前方穿过，而位于堑壕后方的高地树林，"犹如天际线上的一片阴云"，控制着整片接近地。德国人从此处把英军 7 月 1 日旧战线后方数英里的情况尽收眼底。

右侧，7 月 13 日的夜幕降临几小时后，一切可供辨识的标志物消失了，英国人拉起白色布带，引导部队沿 1000 码长的接近路线前进，他们还把布带铺成直角，以此标出前线，各部队在这里整装列队，以便平行地朝他们的目标出击。这项危险而又困难的任务执行得非常顺利，午夜过后不久，各个营集结在毛虫山谷隐蔽处，各连各排组成单列纵队，长长的队列像蠕虫那样向上涌去。凌晨 3 点 20 分，英军弹幕砸向德军战壕，5 分钟后，英军沿整条战线发起冲击。英国人敢于尝试这样一场突袭，这种想象力获得出色的参谋作业支持，事实证明，他们的愿景不无道理。英军迅速打垮了德国人的第二道防线，突击部队突破防线继续向前。从左到右，第 21 师穿过小巴藏坦树林到达小巴藏坦村，第 7 师肃清了大巴藏坦树林，沿斜坡而上，攻往高地树林，第3师夺得大巴藏坦村，第9师遇到些困难，但还是竭力穿过隆格瓦勒，到达德尔维耶树林边缘。

这片右翼地带，英军每前进一码都会遭遇激烈抵抗。接下来几天，南非官兵在德尔维耶树林深处付出了战争期间的最大牺牲。今天，这里伫立着一座宁静而又美丽的白色石廊作为纪念，与1916年那片血腥的战场形成了鲜明对比。

但在左翼开阔地区，机会女神敞开了怀抱。中午过后不久，德国人在英军第7师前方的抵抗显然已土崩瓦解，虽然损失了几个小时，但该师还是尽力利用眼前出现的机会。下午6点后不久，第7师向前挺进，两个骑兵中队部署在两翼，这是自1914年以来英军首次在战场上动用骑马的骑兵。乐观的期待勾勒出地平线上一场顺利战事的画面，可事实再次证明，这幅画面不过是军事沙漠中的海市蜃楼而已。杰出的第7师，辖内官兵疲惫不堪，各部队遭到严重消耗，补充的新兵根本没经历过战斗考验。无论出于什么原因，该师的推进明显缺乏活力，虽然他们傍晚前后肃清了大半个高地树林，但侧翼战壕的北角仍控制在德军手中。更糟糕的是，他们的行动推延了24小时，这让德国人得以前调新锐预备队。德军的实力稳步加强，更严密地守住阵地，而英军却松懈下来。7月15日晚些时候，面对德军反突击的压力，英军撤离这片树林，直到两个月后才重新占领此地。英军7月14日这场突击，几乎已到达赢得一场战略性胜利的边缘，可他们随后付出的努力又一次沦为消耗战。

7月14日的突袭迎来令人失望的结果，黑格减小了赌注。已然透支的弹药补给让他担心不已，可除了以猛烈的炮火打开敌人严密据守的防线，他想不出其他办法。黑格六月初考虑过，如果德军预备队把自己的攻势阻挡在索姆河，他就把主要突击转向佛兰德地区的梅西讷。澳新军已做好开赴那里的准备。可黑格7月7日决心把手中的预备队投入索姆河，付出全力在此处直接展开进攻。对德国人来说，这条战线完全在他们意料之中。

但黑格也下令在北部发起一些局部进攻，从而让敌人的注意力和预备队远离索姆河。随之而来的是一场最离奇的军事欺骗，因为模拟一场大规模进攻的准备工作，无疑会让敌人心生顾虑，可沿狭窄正面发动局部进攻，只会暴露出虚张声势的真相。由此造成的结果是，澳大利亚第 5 师大肆张扬地进攻弗罗梅勒，被德军一举粉碎，这场进攻堪称混乱得令人难以置信的因果关系链的最后一环。

澳新军余部已开赴索姆河，黑格目前在此处的目的是扩大英军在主山脊上的立足地。尽管原定条件没能实现，可他赞成设法执行自己原定方案第三阶段的想法，也就是向北卷击德军防线。不过，黑格没有足够的空间展开充足的兵力。这场行动背离了与法军相配合的方向。因此，黑格决定继续以自己的右翼施加主要压力，向东攻往法军的汇聚路线，而左翼的高夫设法夺取山脊尽头的波济耶尔—蒂耶普瓦勒，从而扩大英军对这座山脊的控制。

为此，黑格把伯德伍德指挥的澳新军交给高夫，7 月 23 日，高夫以澳新军部分力量进攻波济耶尔，配合第 4 集团军辖内 3 个军沿狭窄正面（从吉耶蒙到小巴藏坦）重新发起的突击。这场进攻彻底失败，左侧，澳大利亚第 1 师在波济耶尔夺得一处立足地。黑格恢复了蚕食，这种方式现在被誉为明确、高明的消耗战略，英国人乐观地高估了德军的损失，因而认为这种策略非常合理。

近两个月的苦战随之而来，这段时间，英军损失很大，却没取得太大进展，交战双方的步兵沦为炮火打击下密集的炮灰。英军左翼，澳新军是执行"有条不紊地推进"这种新方案的主要力量。措辞谨慎的澳大利亚官方史出色地描述了这场行动的效果：

总司令，甚至英国内阁无疑认为，使用这些暗示从容推进的术语，能在节约兵力和弹药方面带来些令人放心的保证。可在前线部队看来，这种做法似乎只是投入一具破城槌，对敌军防线的同一地段冲击10 ~ 15次，意图在敌人预有准备的防御上取得1英里，甚至2英里突破……

即便承认有必要保持压力，相关学者也很难以自己的才智理解英军实际采用的战术。一个军分成几部分投入，一个旅接一个旅……一连二十次冲击敌军防御最强大的地段，这种做法也许可以称为"有条不紊"，可要说这能节约兵力和弹药，那就纯属胡扯了。

　　持续六周的作战行动，英军伤亡 2.3 万人，最终战果仅仅是获得一片狭小的舌状地带，深度略超过 1 英里。这一仗造成的精神影响呢？

　　虽然大多数澳大利亚官兵是乐观主义者，许多人从原则上反对发表意见，甚至不愿心怀不怨，但这一仗让某些聪明人痛苦地确信自己被白白牺牲了，这种情况不足为奇。"看在上帝的分上，写一本关于步兵经历的书吧……这样一来，就能迅速避免这些惊人的悲剧。"（其中一人说道）J. A. 罗斯中尉从事了英勇而又高贵的战斗，他在阵亡前的最后一封信中，谈到他的许多朋友"死于身居高位者的无能、麻木不仁、个人虚荣心"，他这番话道出的实情的确不能作为证据，但说明上级指挥官确实犯下许多错误……"我们刚刚离开那个可怕的地方，就连最疯狂的疯子也无法想象过去十三天有多恐怖。"（一名头脑最冷静的前线指挥官写道）

　　历史表明，伯德伍德没有对高夫急功近利的冲动和欠考虑的做法提出反对意见，这一点严重损害了他在加里波利半岛赢得的声誉。这可能也是澳军官兵否决伯德伍德亲自发出的呼吁的原因，当时，他们投票反对军长召集其他人再次经历他们先前的可怕遭遇。

　　波济耶尔与另一侧的吉耶蒙相似，这个村子如今静静地伫立在玉米地里，当年却充斥着恐怖和神秘的混乱气氛。从宝座树林沿山坡而下，再爬上另一道山坡，现在也就是沿农用道路走上几百码，可 1916 年 7 月和 8 月，这段路程似乎永无止境。一个个师企图越过这片地区，取得些许战果后，又因为无法巩固既得成果退了回去。英军 9 月 3 日终于占领波济耶尔，可几百码外山坡上的然希又成为类似的障碍，直到 9 月 9 日才被攻克。除了蒂耶普瓦勒仍在德军严密防御下，英军夺取其他村庄时没有付出太高的代价。

　　英军终于拉直了战线，这条 7 英里的直线从勒泽树林伸向西北方，俯瞰着孔布勒，在这里与法军战线相连。法国人刚刚把索姆河南面的进攻行动向南延伸，在绍讷附近的德军旧战线取得 3 英里深的突破，俘虏 7000 名德军官兵。罗林森在 8 月 30 日的日记中写道："总司令急于投入所有可用力量，

9 月 15 日前后赌上一把，目标是打垮德军的抵抗，一举攻入巴波姆。"他又有点不合逻辑地补充道："除了疲惫不堪的部队，我们届时就不再有预备队，可这次行动成功的话……有可能迫使德国佬投降。"尽管黑格宣称对消耗战充满信心，可他现在把赌注压在一场突破上。

这场进攻以左翼的高夫集团军为枢纽，罗林森遂行主要突击，他的主要目标是突破德军设在莫瓦尔与勒萨尔之间的最后一道防线，与法军在孔布勒与索姆河之间向南发起的突击相配合，一举夹断孔布勒。英国人打算，如果开局取得成功，就向北扩大进攻，夺取库尔瑟莱特和马坦皮什。他们为初步进攻展开 8 个师，2 个师明确用于"发展胜利"。这场进攻的一大特点是首次投入了坦克，英国人发明这种装甲越野战车，是为了解决机枪和铁丝网构成的防御障碍。英军高级指挥部门当初对坦克发明者提出的意见深表赞同，现在却未加理会，而是决定以手头可用的这款战车为赌注，挽回索姆河攻势逐渐黯淡的前景。他们做出这个决定时，英国初期制造的 150 辆坦克，只有 60 辆运抵法国。而实际投入的坦克仅有 49 辆，这些坦克三三两两地分成若干小队，这又违反了斯温顿上校规定的原则。准备工作仓促而又草率，再加上这些早期型号的坦克发生机械故障，进一步减少了可投入战斗的坦克数量，因此，只有 32 辆坦克到达进攻出发线。其中 9 辆跟随步兵冲在前面，另外 9 辆没跟上步兵，但协助肃清了既占地域；9 辆坦克发生故障，还有 5 辆陷入战场上的弹坑。冲在最前面的 9 辆坦克提供了很有用的帮助，特别是为夺取弗莱尔发挥了重要作用，但这场大规模突袭取得的重大战果，对挽回索姆河战役颓势的作用极为有限，因而可以说为此付出了沉重代价。

经过一场历时三天的炮火准备，英军 9 月 15 日拂晓在薄雾中发起进攻。雾色和硝烟导致德国炮兵在许多地段没看见他们的步兵发出的灯光信号，因而没提供炮火支援，这就为英国步兵的前进创造了条件。中央地段第 15 军早早取得不错的进展，到上午 10 点，该军辖内左翼师已越过弗莱尔。这个师取得的进展，很大程度上得益于坦克，德国人的几部团史显然对这款新式兵器印象深刻："坦克开抵战场，我方官兵震惊不已。他们觉得根本无法对付这些钢铁怪兽，一辆辆坦克沿战壕顶部爬行，还用机枪火力不停地扫射战壕，紧随其后的小股步兵朝战壕内的幸存者投掷手榴弹。"但右侧第 14 军损失惨重，到达莫瓦尔和莱斯伯夫前被阻挡了很长一段时间。左侧第 3 军也没能到达目标，尽管辖内第 47 师终于肃清了他们长期寻求的高地树林。最左翼，英军按计划发展进攻，一举攻克马坦皮什和库尔瑟莱特。当日的战果是，英军夺得山脊顶部（右侧除外），从而获得了德国人长期占据的居高临下的观察点。

右翼的失利 9 月 25 日获得补偿，英法军队携手展开大规模进攻，迫使德军撤离孔布勒。次日，高夫集团军辖内 4 个师发起冲击，终于攻克蒂耶普瓦勒。德方记述明确指出，他们的防线遭到决定性突破，"是因为 3 辆英国坦克……出现在蒂耶普瓦勒村外"。黑格要求麾下部队"毫不停顿地"施加压力，随着英军继续赢得一个个小战果，到十月份第一周，德军已退到他们的最后一道完整防线，这条防线右起赛利 – 赛利塞尔，穿过勒特朗斯卢瓦，直到巴波姆前方，他们忙着在后方修筑新防线，但这些防线还没有竣工。另一方面，这几日的战斗也证明，德军的抵抗不断加强，英军取得有限的战果，但达成真正的突破或发展胜利的希望很小，早早到来的秋雨导致这种希望变得更加渺茫。雨水和炮击把地面弄得泥泞一片，给火炮和运输工作制造了巨大的困难，就连装备较轻的步兵也只能勉强而又缓慢地向前跋涉。在这种状况下遂行进攻，无疑会遇到很大障碍。大多数进攻的失利不可避免，即便从敌人手中夺得一道战壕，加固战壕的难度也让这种战果得不偿失。

到 10 月 12 日，黑格似乎终于相信，年底前无法突破敌军防御。可霞飞和福煦继续敦促他前进，黑格做出些回应，命令部队重新投入进攻，穿过泥泞攻往勒特朗斯卢瓦，直到第 14 军军长卡文勋爵发出强烈抗议，他想知道黑格是不是为帮助法军左翼，故意牺牲英军右翼，还明确指出："没去过前线的人，不会真正了解将士的疲惫状况，这种状况已造成严重减员。"另外几位军长不太敢直抒胸臆，罗林森支持卡文的看法，但他屈从于总司令的决定，没有陈述自己的意见。就这样，第 3 军和澳新军继续实施了一连串毫无希望的小规模进攻，直到 11 月 16 日。但这些全然无效的作战行动得到弥补，因为高夫集团军最后一刻赢得令人欣喜的胜利，掩盖了两个军的无能。

高夫集团军这根楔子缓缓向东，插入昂克尔河与索姆河之间，导致德军设在昂克尔河北面的防御出现一个明显的突出部。一段时间里，高夫集团军一直准备进攻这个突出部，天气暂时好转后，该集团军投入 7 个师，11 月 13 日发起冲击。他们夺得博蒙阿梅尔和昂克尔河畔博库尔，俘获 7000 名敌军官兵，但左侧的塞尔防御再次证明自己坚不可摧。黑格很高兴，因为这场胜利会在即将于尚蒂伊召开的联军军事会议上"加强英国代表的影响力"。于是，索姆河攻势终于可以在荣誉感得到满足的前提下告一段落了。

从 9 月 25 日起的攻势最后阶段，英军终于夺得山脊顶部和居高临下的观察点，可接下来他们干了蠢事，冲下山坡、杀入前方山谷，抛弃了先前赢得的优势。因此，部队注定要在雨水淹没的战壕内过冬。"索姆河泥泞"很快变得恶名昭著。

就这样，被误称的索姆河战役，在令人失望的气氛中落幕。英军耗费的大量军力，掩盖了他们给德国人造成的压力。这种压力很大程度上源于德军高级指挥官的僵化，特别是第 1 集团军司令冯·比洛将军，他下达命令，任何军官，哪怕是放弃一英寸战壕，都会受到军法审判，哪怕丢失一码战壕，都要以反冲击夺回。尽管德国人的错误无法让英国人的错误得到原谅，可至少造成德军官兵无谓的牺牲，严重影响到士气，这有助于平衡英军蒙受的损失。直到 8 月 23 日，根据兴登堡—鲁登道夫这个新指挥机构下达的指示，比洛才被迫撤销这种命令，改变了他的抵抗方式。

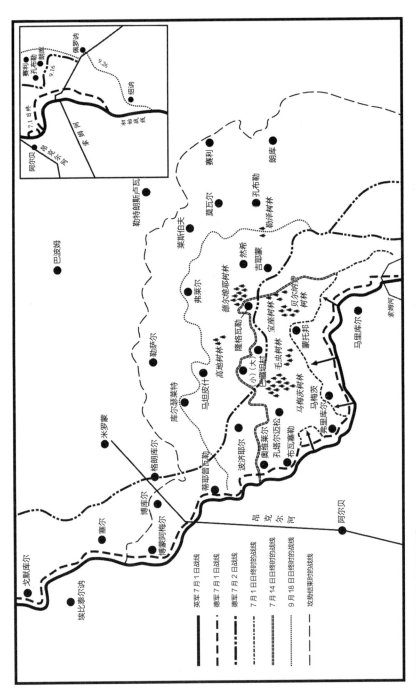

戈默尔 塞尔 博库尔 博蒙阿梅尔 米罗蒙 格朗库尔 蒂耶普瓦勒 波济耶尔 奥维维尔斯 孔塔尔迈松 布瓦塞勒 弗里库尔 马里库尔 弗梅尔 马梅茨 蒙托邦 毛虫树林 宝座树林 贝尔纳费树林 勒沃韦树林 马库尔 库尔瑟莱特 马坦皮什 高地树林 隆格瓦勒 巴藏坦村 大 小 德尔维耶树林 勒萨尔 巴波姆 勒特朗斯卢瓦 弗莱尔 莱斯伯夫 然希 吉耶蒙 莫瓦尔 孔布勒 赛利 朗库 埃比泰尔讷

阿尔贝 昂克尔河

英军 7 月 1 日战线

德军 7 月 1 日战线

德军 7 月 2 日战线

7 月 1 日日终时的战线

7 月 14 日日终时的战线

9 月 18 日日终时的战线

攻势结束时的战线

索姆河攻势（1916 年）（ZVEN 制）

第四节

坦克发展初期的困难

1916 年 9 月 15 日，一款新式战争兵器接受了战火洗礼，帮助英军在当日发起进攻，这成了索姆河攻势期间的标志性事件之一。另外，这也是此次攻势中，不需要使用大比例尺地图和放大镜就能看出所取得进展的少数进攻行动之一。但更重要的是，这场进攻给战争的整个未来投下阴影，在战争史上的重要性，远远超过在索姆河战役史中的地位，因而成为战争史上更重要的里程碑。

这款新式兵器，也就是坦克，改变了战争的面貌，它以发动机替代人的双腿，以此作为在战场上运动的手段，还重新使用装甲，替代了士兵的皮肤或地面物体，以此作为掩护手段：此前，战场上的士兵要想移动就无法开火射击，要想寻求掩护就无法移动。但 1916 年 9 月 15 日，出现了火力、机动、防护合而为一的兵器，迄今为止的现代战争中，只有海上作战的那些兵器具有这种优势。

不过，虽然在陆地上从事海战可能是坦克的最终目的，坦克最初的名字"陆地战舰"也预示了这种愿景，但设计这款兵器的最初意图很有限，也更切合当时的实际：提供一款对付机枪的兵器。因为机枪和铁丝网相结合，致使战争陷入停滞，为将之道也简化成从事消耗战。

　　解决问题的法宝就是英国制造的这款兵器，这是英国人在这场世界大战中取得的最重要的成就。鉴于战场上很快出现的关联，这款兵器具有重要的跨大洋联系和象征性。因为邪恶和对抗邪恶的良方都源自美国人。堑壕战的僵局首先归因于美国人海勒姆·马克西姆的发明。他的名字远比其他人更深地铭刻在世界大战的真实历史上。各国君主、政治家、将领有权发动战争，可无力结束战争。一旦战争爆发，他们就像无助的傀儡那样落入海勒姆·马克西姆的掌控，此人发明的机枪瘫痪了进攻力。进攻方为突破机枪主导的防御付出的一切努力纯属徒劳，这些进攻只是竖起一块块墓碑，而不是凯旋门。最后，解开死锁的钥匙出现了，这把钥匙源于另一个美国人本杰明·霍尔特的发明。他的农用拖拉机最终演变成坦克，堪称"铸剑为犁"这句成语具有讽刺意味的逆转。

　　听听战场上遭遇过坦克的那些人的说法，我们就能充分了解这款兵器的最终效果。鲁登道夫本人谈到1918年8月8日那场庞大的坦克突袭，称之为"战争史上德国军队倒霉的一天"，还说"坦克的大举进攻……此后依然是我们最危险的敌人"。冯·茨韦尔将军的观点更有力："打败我们的不是福煦元帅的将才，而是'坦克将军'。"我们不能把这些说辞视为德国人为失败寻找借口的马后炮，因为源自战斗这座熔炉的有力证据，可以在德国军事总部那些代表1918年10月2日呈交帝国议会领导人的重要报告中找到："陆军总司令部不得不做出极为重要的决定，并且宣布，凭人力迫使敌人求和的一切前景已不复存在。最重要的是，两个事实对这个问题具有决定性，首先是坦克……"相比德军统帅部先前对坦克的轻视，这番话显得更加有力。

　　从历史角度而言，第一个问题是：坦克是如何诞生的？第二个问题是：为什么拖延到1918年，坦克才发挥决定性作用？第一个问题比较模糊，不如改为战争期间和战后广泛提出的疑问："谁发明了坦克？"许多人声称这项殊荣属于自己，有人给出了理由，更多人拿不出任何证据，这不免让公众对此困惑不解。政府没有澄清事实，可能是受到财政部避免承认财政义务这种本能的影响。因此，直到1925年，针对王室的一场诉讼中出现了更多证据，作为1919年呈交皇家发明奖委员会那些证据的补充，这个问题才终于弄清。为驳倒索取报酬的无理主张，财政部不得不为评定真正的荣誉归属者创造机会。

坦克的历史演进之所以含糊不清，也同坦克及其用途缺乏明确定义有关，从某种程度上说，这种模糊性归因于以下事实："坦克"这个具有伪装性的名称发明出来前，这款兵器称作"陆地战舰"或"陆地巡洋舰"。这种称谓，当然与坦克发展初期受到英国海军部呵护有关，可无论预示出这款兵器怎样的未来，都不适用于它在战争中的前身。坦克被视为陆地战舰，甚至被看作装甲战车，它的起源迷失在古代的迷雾中。坦克的那些祖先，可能包括古老的战车，比如构成著名"车阵"的胡斯战车，出于某些理由，甚至还包括皮洛士的战象或中世纪身披铠甲的骑士。

如果以"自行"作为搜索条件，以此区别于人力或畜力驱动的车辆，那么，坦克的起源可以追溯到瓦尔图里奥 1472 年发明的风力战车，或多面天才莱昂纳多·达·芬奇交给赞助人卢多维科·斯福尔扎的方案。1599 年，西蒙·斯泰芬为奥兰治亲王制造了两部真正的陆地战舰，靠车轮承载，以风帆提供驱动力。早在 1634 年，大卫·拉姆齐就为一款可用于战争的自行车辆取得了最早的专利。因此，通过这样一条漫长的证据链，有可能追溯出坦克的起源。而被大多数人视为坦克最突出特征的履带，可以追溯到 19 世纪初，甚至追溯到理查德·埃奇沃思 1770 年发明的装置。

如果把坦克的定义进一步限制在汽油驱动的军用履带式车辆，那么，与美国人发明的霍尔特拖拉机相比，奥尔德肖特 1908 年使用的霍恩斯比拖拉机堪称坦克更古老的祖先。谈起将"类似于坦克"的装置作为武器，H. G. 威尔斯先生获得这种概念首创者的荣誉当之无愧，尽管他 1903 年发表在《海滨杂志》上颇具预见性的故事，实际上比 M. 阿尔贝·罗贝达刊登在《讽刺漫画》上的文字和绘画晚了二十年。如果从设计的相似性看，人们不免想到 L. E. 德默勒制作的模型，比 1916 年的坦克更优异，却在 1912 年被英国陆军部束之高阁。除了这些，我们还要补充一个诺丁汉水管工的故事，此人的业余爱好是制造这类性质的玩具机器，他 1911 年把自己的设计呈交陆军部，结果也被打入冷宫，战争结束后，有人找出他的设计方案，发现文件上写着简短的官方评语："这家伙疯了！"

但这番历史调查的主要目的是想说明，如果不明确理解并定义世界大战中这款决定性兵器的特定用途，试图确定坦克起源的功劳归属问题就纯属徒劳。莱昂纳多·达·芬奇和诺丁汉水管工都可以声称自己位列机械化战争之父的行列，可是，要想弄清世界大战中使用的坦克真正的血统，我们必须更仔细地研究一番。考验坦克起源的是战术，而不是技术。坦克是针对特定疾病的特定解药，这种疾病在此次世界大战期间恶毒地爆发开来，借助大批机枪构成的防御力，致使进攻行动彻底瘫痪，铁丝网加剧了病情。这场疾病导致一个国家的成年人注定要缓慢地死去，而国家为这种无谓的牺牲不断投入新受害者的能力，只是延长了这种痛苦而已。威彻利"需要乃发明之母"这句话，前所未有地获得了更真实的范例，为确定世界大战中这款坦克的直接起源提供了真正的检验标准。

第一个诊断出这种疾病，并想出特效药的"军医"是欧内斯特·斯温顿上校，他的笔名"梦神"因《绿色曲线》和《抗击愚者之渡》而广为人知，这两部著作以小说的形式研究战争，书中提供的知识"药丸"涂抹了令人愉快的果酱。斯温顿为编撰日俄战争的英国官方史付出了辛勤的努力，这让他得以分析这场战争的趋势，并推断出机枪潜在的主导地位。后来，他对霍尔特拖拉机的试验产生了兴趣。这两种印象很快就像一个圆圈的两个部分那样融合起来。战争爆发后不久，斯温顿奉命前往法国，在总司令部担任官方"见证人"，他所处的位置和从事的工作很有利，这让他注意到僵局的最初症状，并提出治疗方案。10 月 20 日，斯温顿返回伦敦，见到帝国防务委员会秘书莫里斯·汉基上校，斯温顿概述了前线的情况，以及基于机枪的防御占据的主导地位，随后阐述了他的解决之道。简言之，他建议把类似于霍尔特拖拉机那样的机器，发展成既能防弹、又能跨越战壕、还可以消灭机枪的"驱逐舰"，配备一门或多门速射炮。斯温顿发现汉基思维敏锐，善于接受新想法，两人通过次日的后续会谈达成一致，汉基在国内，斯温顿在法国，分头推进此事。10 月 23 日，斯温顿在英军总司令部提出这个问题，可他的建议碰了壁。

与此同时，汉基也在基奇纳勋爵面前提出这个想法，同样没取得结果。

但汉基还把一份备忘录呈交阿斯奎斯首相，这份备忘录包含了打破战场僵局的各种战略、战术方式，斯温顿的建议也在其中。备忘录转到丘吉尔手中，此前他一直在考虑如何让装甲车穿越崎岖地形和战壕的问题，因为他对皇家海军航空队的装甲车支队在比利时海岸展开行动深感担心。1915 年 1 月 5 日，丘吉尔写信给首相，支持并加强了汉基备忘录中关于使用履带式装甲拖拉机克服战壕的建议。阿斯奎斯首相又把这封信转交基奇纳。巧的是，斯温顿 1月 4 日打电话给陆军部，重新提出他的建议，由于他在法国前线不断获得经验，这项建议已得到充实。

两位播种者在陆军部洒下的种子，落在砂石土上，获得一番关注后终于枯萎了，很大程度是机械运输局局长卡博尔·霍尔顿爵士冷酷的裁定造成的。幸亏这种总体构想在其他土壤上继续存活，因为丘吉尔二月份在海军部成立了一个委员会，后来称为陆地战舰委员会。但这个委员会审查了许多思路和试验，没取得太大的实际进展，他们一度把努力方向转移到装有巨大车轮的陆地战舰上。更严重的打击是，丘吉尔的愿景和驱动力消失了，不过，尽管他离开海军部，可他的影响力让相关试验继续进行下去。幸运的是，委员会在海军建设局局长坦尼森·德因科特指导下，走向正确的发展方向，也就是履带式车辆。尽管如此，由于这种机器缺乏明确的军用要求参数，委员会在得出具体结果方面似乎受到阻碍，这让参与者灰心丧气，因为细致严谨的战争方案中，战术优先于技术。

位于法国的英国远征军司令部发来一份备忘录，补足了迄今为止一直缺乏的基本参数，就这样，陆地战舰委员会再次付出努力，取得的进展迅速而又实际。这份备忘录是斯温顿编写的，他直接向总司令发出呼吁，从而克服了不相信和传统思维的障碍。备忘录规定了"陆地战舰"的性能要求，根据这些参数，陆军部和海军部新成立的联合委员会展开工作。

7 月 19 日，斯温顿返回英国，担任内阁战争委员会秘书，开始接触联合委员会，该委员会后来获得首相批准，召开一场跨部门会议，协调制造"陆地战舰"的工作。9 月 19 日，他们在林肯市测试了一部临时性机器"小威利"，但斯温顿拒不接受，认为"小威利"不符合要求。他随后见到一部全尺寸木质模型，这是一款更大的机器，是特里顿先生和威尔逊中尉为满足军方提出的最新的规格专门设计的。这个设计被采纳了，因为它看上去能满足两个主要条件：翻越5英尺高的垂直面，跨过8英尺宽的堑壕。于是，委员会决定集中力量制造一部这个型号的样车。

最后，1916年2月2日，他们在哈特菲尔德正式测试这款机器，它被命名为"母亲"或"大威利"，结果，这款机器获得40辆订单，随后又增加到150辆。法国人现在也独自开始了类似试验，这是因为艾蒂安上校提出相关建议，霞飞12月12日批准了他的方案。虽说他们的想法和样车成熟得都比英国人晚，但形成鲜明对比的是，法国的首批订单达到400辆，很快订购数量又翻了一番。

1916年夏季，这款新式兵器的车组人员，在诺福克郡塞特福德附近一片庞大而又保密的围场内接受训练，四周部署了武装警卫。这些车组人员组成的部队命名为机枪兵团重装分队。为保密起见，这款新式兵器也得起个新名字。铁路运输期间，覆盖在防水帆布下的机器，有可能被外人看见，因而需要找个足够神秘，但又看似可信的名称，相关人员讨论了"水柜""水槽""水池"的优劣后，最终选中了"水柜"（tank），也就是"坦克"。

虽然保密工作非常出色，这些坦克在战场上的首度亮相也达成了突然性，可惜，这种突然性没能取得成果。1916年9月15日的悲剧，归因于官方使用者无视设计人员的恳求，没等这些坦克的机械性能成熟，也没凑满足够的数量，就把它们匆匆投入使用。这种做法不仅危及坦克日后的效用，还抛弃了出敌不意创造的良机——敌人根本没有准备任何反制措施，结果延长了这场战争的艰难困苦，加剧了相应的损失。

针对这些批评，相关部门的回复通常指出早期坦克发展期间的机械故障，以及"陷入战壕"的坦克数量，还辩称一款兵器大批量生产前，必须在战场条件下接受测试。这种说法貌似合理，可从实际情况看，难以让人信服。坦克首次投入使用，是在遭到炮弹严重损毁、地面一片混乱的索姆河战场，对付的是1916年那种深邃、错综复杂的战壕体系，而坦克的生产制造，依据的是1915年夏季制定的标准，当时的堑壕线远不及1916年那般发达，炮火轰击也不像 1916 年和 1917 年那么猛烈——以至于整片地区彻底沦为泥沼。

另外，狡辩者掩盖了这样一个事实，1916 年 9 月，这些坦克仓促运抵法国后匆匆投入战斗，车组人员没得到充分训练，而身处法国前线的指挥官既没时间思考如何使用坦克，也没得到相关指示。另外，这些早期车型发生机械故障的比例很可能比较高，这无疑是大批量生产合乎逻辑的理由，这样就能有足够的坦克幸存下来，收获达成突然性的成果。既然英国能为观看、偶尔叩击德军防线紧锁的门户这种乐趣每天耗费几百万英镑，那么，多消耗一天的开支，购买有可能打开这把大锁的工具，无疑是值得的。

我们进一步探讨过早使用这款尚未成熟的兵器之谜。1915 年 12 月，丘吉尔起草了关于使用坦克的文件，这份文件呈交帝国防务委员会，副本转呈驻法国的英国远征军总司令。1916 年 2 月，坦克的设计和武器装备问题刚刚解决、足以进行精确计算时，斯温顿提交了一份更全面、更详尽的备忘录。备忘录强调，秘密生产坦克，直到积累起足够的数量发动一场大规模突袭，这一点至关重要，决不能在制造坦克期间零零碎碎地使用这款兵器。当年春季，黑格表示他完全赞同这份备忘录提出的观点。但八月份，他突然决定使用当时仅有的 60 辆坦克。此时，索姆河攻势实际上已陷入停顿，付出重大代价只换来些许战果的一份份报告，让英国公众极为不快。

英国内阁对黑格的决定深感震惊，新任陆军部长劳合·乔治强烈反对，接替他出任军需部长的蒙塔古亲自赶赴远征军总司令部，徒劳地企图阻止过早使用坦克。黑格不为所动，无能为力的"父母"不得不眼睁睁地看着"儿女"的未来被葬送。

因此，这段历史不免让人猜测，坦克是为"索姆河之歌"而典当出去，换来一场彻底的局部胜利，这场胜利让英国民众深感满意，淹没了越来越多的批评声。英军的索姆河攻势不太成功，他们挽回颓势的程度很有限，却为此付出高昂的代价：无可弥补地丧失了赢得更大战果的机会。黑格不想放弃这场攻势，又不愿让他的步兵付出重大牺牲，因而做出这项决定，他的做法值得赞赏，但不太明智。他肯定表现出抓住一切新援助的渴望，而他身边某些参谋人员的态度同样无法原谅。

因为英国远征军总司令部不仅仅违背了坦克的使用原则。斯温顿备忘录规定的条件，1916年9月间遭忽视，痛苦的经历证明了这些条件的必要性后，他们才采纳。分配给坦克的进攻地段，本该根据坦克的能力和不足认真挑选，可英军总司令部既没有考虑，也没有满足这个条件，直到1917年11月的康布雷进攻战役才解决这个问题。坦克的行进路线需要专门准备，还需要合适的铁路货车或驳船前运这些坦克，尽管英军总司令部六个月前就收到提醒，可直到坦克八月份运抵，他们才着手准备。斯温顿强调了坦克预备队的必要性，但到康布雷战役期间，英军总司令部仍对此置若罔闻，实际上，他们直到1918年8月才吸取这个教训。斯温顿还阐述了坦克和步兵的协同战术，康布雷进攻战役前，这个问题同样被忽视。除了普通炮弹，坦克还应该能发射霰弹。相关设计实现了这一点，可制造时却遭到禁止，直到索姆河战役后，前线指挥官大声疾呼，这个问题才获得解决。一些坦克本该配备无线电设施，当初就是这样设计的，操作员也接受了训练，可英军总司令部没批准配发相关设备。当时发生的一件事，很好地说明了英军总司令部普遍的态度和心态。黑格司令部的一名将军下达指令，要求沿规定的铁路线把坦克运往前线。负责运送坦克的技术专家指出，由于装载尺寸的限制，无法使用这条路线。这位将军怒斥道："什么狗屁装载尺寸？"专家做出解释，并指出采用另一条路线，就可以避开原定路线上无法通过的两条隧道。可这位将军仍不承认自己规定的路线无法使用，轻描淡写地说道："那就把隧道拓宽。"

坦克在索姆河经受了考验，但并没有完成全部测试工作。英国军需部刚刚订购了一千辆新款坦克。但反对者（这里指的不是德国人，而是英国远征军参谋部）匆匆报告了这款兵器的许多不尽如人意之处，于是，陆军部取消了订单。负责坦克生产的艾伯特·斯特恩少校是个应征入伍的临时军人，市政府的永久职位让他对自己临时性上级的不满处之泰然，这虽然违背了陆军部的意图，但对英国来说是幸运的。斯特恩没有理会这道命令，直接跑到陆军部，发现取消坦克订单的命令是在劳合·乔治不知道的情况下发出的。劳合·乔治对此类愚蠢的决定大加反对，这让斯特恩心花怒放，他随即拜访帝国总参谋长威廉·罗伯逊爵士，宣布自己不会取消坦克订单。

　　说实话，英国远征军参谋部里反对坦克的人，虽然想不出击败德国人的办法，但在打击坦克支持者上还是很有本事的。斯温顿只是个军人，这个对手不难对付，因此，他几乎立即被逐出指挥英国国内坦克部队的岗位。1917年7月，德因科特和斯特恩也被排挤出委员会召开的各次会议，这个委员会目前隶属陆军部，负责坦克的设计和生产，委员会的三名军方成员，几周前才首次见到坦克。为次年战事生产4000辆坦克的方案随后被修改，产量削减了三分之二。当年十月，那些将领施加的压力，让斯特恩丢了军需部的职位，接替他的海军将领根本没见过坦克。远征军参谋部似乎通过与法国同僚的频繁接触获益匪浅，他们现在学会，一旦出了什么岔子，最重要的是赶走那些让人心烦的"先知"，哪怕事实证明他们预先做出的判断正确无误。远征军参谋部愚蠢地把第一款坦克投入索姆河攻势，为平息此事，斯温顿成了牺牲品；他们又把下一款坦克投入帕森达勒沼泽，于是，斯特恩成了这种愚蠢行径的替罪羊。参谋部这些人没有怀疑自己的判断，而是再次对坦克失去了信心。

　　所幸，在前线负责坦克的那些年轻正规军人，克服了最初的疑虑，意识到帕森达勒的愚蠢行为，竭力为坦克争取获得公平测试的机会。当年十一月，他们在康布雷战役得到了这种机会，这场战役至少实践了1916年2月确定的模式。虽说帕森达勒战役的严重消耗导致资源不足，这场胜利徒有其表，但坦克借此赢得了实实在在的名声，此后再也没人质疑。如果说1917年是坦克洗脱罪名的一年，那么，1918年就是这款兵器大获全胜的一年。但发人深省的反思是，要是有数千辆而不是几百辆坦克可用，也许能大幅度减少步兵伤亡。根据1917年遭削减的方案制造相应数量的坦克，足以赢得胜利，可无法让死者复生。但愿坦克的艰难发展史能成为后代的鉴戒，这样，即便战争降临，他们也可以学习其他人的经验，而不必以牺牲自己为代价。

第五节

罗马尼亚沦亡

罗马尼亚 1916 年 8 月 27 日参战，当年 12 月 6 日，首都布加勒斯特沦陷，标志着这个国家付出的战争努力灰飞烟灭，也说明协约国对罗马尼亚加入己方的兴奋之情纯属空欢喜。与此次世界大战期间任何一场战局相比，罗马尼亚战局鲜为人知，也很少有人潜心研究，但这场战局具有特殊意义，理应得到更多关注，因为它体现出协约国的根本性弱点，以及德国的实力，换句话说，合作从事战争这种体制的固有缺陷，与源自集权制的集中力量和节约兵力形成了鲜明的对比。

这场战局的教训不止这一个，另一些教训比较容易补救，因而更具实用价值。罗马尼亚战局揭示出关于兵力的悖论，拿破仑"上帝站在兵力较多的一方"这句话已被滥用，可这句话与亚历山大重质不重量的原则相矛盾。杰出的打击力与出色的机动性相结合，再次粉碎了寄希望于血肉之躯的军队。另外，同盟国仅用三个月就迅速征服罗马尼亚，让英国研究这场战局具有特殊的价值，因为从本质上说，这是一场运动战，是在地形和气候这些自然条件都很复杂的情况下进行的，而规模较小的英国军队接受过这方面的训练，已为此做好准备。

战争的前几年，罗马尼亚的公众舆论逐渐统一，赞成加入协约国参战，若内斯库和菲利佩斯库对协约国的情谊获得一根强有力的杠杆的加持，因为民众希望把特兰西瓦尼亚的同胞从外族统治下解救出来，这种统治远比阿尔萨斯－洛林地区遭受的对待残酷得多。最后，1916 年夏季，布鲁西洛夫率领俄国军队赢得蔚为壮观的胜利（如我们所知，这是一场表面上的胜利），促使罗马尼亚朝没顶深渊迈出决定性的一步。要是罗马尼亚早点宣战，情况可能会更好些，因为当时塞尔维亚仍是一股活跃的力量，而俄国更是同盟国真正的大敌。历时两年的准备期，让罗马尼亚军队的兵力翻了一番，可此举实际上相对降低了他们的效力，这是因为罗马尼亚的敌人，在艰难经历的压力下，发展了他们的火力和装备，而罗马尼亚处于孤立境地，再加上军事领导层缺乏能力，导致军队没能从一支拼刺刀的民兵队伍发展成一股现代化武装力量。

罗马尼亚步兵没有自动步枪，没有毒气设备，没有战壕迫击炮，就连机枪也很少。10 个现役师按照战前的编制表，每个营配备 2 挺机枪；而新组建的 13 个师，8 个师根本没有装备机枪。罗马尼亚的炮兵力量不足，空中力量更是微不足道。战争到来时，罗马尼亚储备的弹药只够供应六周（布加勒斯特军火库发生爆炸，损失了 900 万发轻武器子弹），而她的盟友也没能兑现每日供应 300 吨物资的承诺。罗马尼亚各个师的编制大而笨拙，再加上他们的军官素质低下，这本身就对机动作战造成限制。

战略处境是罗马尼亚的另一个弱点，这个国家的领土呈倒 L 形，底部的瓦拉几亚夹在特兰西瓦尼亚与保加利亚之间。另外，罗马尼亚边界线的长度与该国的纵深完全比例失调，严重缺乏横向铁路线，首都距离保加利亚边界线不到 30 英里。更严重的是，罗马尼亚在多瑙河另一侧的多布罗加地区有一片"后院"地带，这就提供了一条易于入侵的路线。

这些内部和地理障碍，又因为各盟国对罗马尼亚应当采取何种行动持不同看法而加剧。英国总参谋部赞成罗马尼亚军队向南开进，打击保加利亚军队，这种行动有可能粉碎位于罗马尼亚军队与萨洛尼卡军队之间的敌军，但俄国人敦促罗马尼亚军队向西开进，从理论上说，此举能与他们朝布科维纳的进军紧密配合。

开入特兰西瓦尼亚能在政治和精神层面获得优势，这种考虑促使罗马尼亚人采用了第二条路线，虽然得到了苦涩的结果，可他们的决定并不像批评者说得那么愚蠢。罗马尼亚人认为，保加利亚领土构成诸多障碍，他们这支存在种种缺陷的军队很难实施有效入侵，另外，他们有充分的理由怀疑，萨拉伊没有能力在向前推进后与罗马尼亚军队会合。

另一方面，我们现在知道，如果罗马尼亚人以更快的速度入侵特兰西瓦尼亚，本来会导致德奥军队陷入严重困境，即便仍有喘息空间，他们也无法拼凑足够的力量用于这条新战线。罗马尼亚的错误不在于没有选择正确的目标，而是缺乏迅速、有力地打击既定目标的能力。

8月27日至28日夜间，罗马尼亚军队展开行动，他们分成三个主要纵队，每股编有4个师，朝西北方这个总方向开进，穿过喀尔巴阡山各座山口，他们的方案是先向左转，到达匈牙利平原后再转身向右，进入正面朝西的战线。他们留下3个师守卫多瑙河，另外3个师据守多布罗加"后院"，俄国人还答应派1个骑兵师和2个步兵师驰援多布罗加，他们最初与罗马尼亚人达成的协议是提供15万人的军力。

罗马尼亚几个纵队缓慢而又谨慎的推进，受到恶劣的山区道路和奥地利人炸毁各座桥梁的阻碍，但他们没有遭遇抵抗。奥地利人为掩护边界线部署了5个实力虚弱的师，这股力量没对罗马尼亚军队构成威胁，这就促使德奥联军最高统帅部调集5个德国师和2个奥地利师，并将其集结在穆列什河一线，准备发起反突击。法尔肯海因这份方案的另一半由保加利亚人执行，他们先投入2个师，另外2个师尾随其后，还有一个德军支队和一个奥地利架桥队，统归马肯森指挥，用于入侵多布罗加。法尔肯海因补充道，相关准备"为马肯森的军队提供了大量装备，罗马尼亚人完全不知道这些兵器，例如重型火炮、迫击炮、毒气等"。

因此，罗马尼亚人一开始以23个师对付敌人的7个师，可不到一周，敌军实力加强到16个师，所以赢得胜利的机会取决于迅速采取行动。罗马尼亚几个纵队向西进入特兰西瓦尼亚之际，马肯森9月5日冲击图尔图卡亚登陆场，一举歼灭掩护多瑙河防线的3个罗马尼亚师，确保己方侧翼后，马肯森挥师向东，进入多布罗加。这场行动非常精明，不仅严重打击了罗马尼亚人的士气，还迫使他们调离原本打算用于支援特兰西瓦尼亚攻势的预备队，从而阻止了对方朝同盟国实力虚弱处发展。兵力分散导致罗马尼亚军队在各处都处于虚弱状态。因此，法尔肯海因9月18日赶来指挥德奥联军在特兰西瓦尼亚的进攻时，发现罗马尼亚人的进军几乎陷入停滞，他们的队列广泛分散在一条超过200英里的战线上。这里需要指出，法尔肯海因的总参谋长职务，此时已交给兴登堡（和鲁登道夫），派他指挥这场战役无疑有某种抚慰之意。

法尔肯海因决定，先集中力量打击罗马尼亚人已越过罗特图尔姆山口的南路纵队，同时以小股力量阻滞对方其他纵队。尽管法尔肯海因在获取情报方面占有优势，可赢得胜利前，他还是采取了大胆的冒险之举，并经历了焦虑的时刻，就像战争中经常发生的那样，胜利女神总是青睐勇敢的人。山地军翻山越岭，三天内跋涉50英里，迂回罗马尼亚军队南翼，与直接发起进攻的预备队实施的熟练机动相配合，把罗马尼亚人驱离锡比乌，迫使对方穿过山区退却。

法尔肯海因的下一步举措，得益于这样一个事实：罗马尼亚最高统帅部和当年拿破仑的对手一样，"企图同时实现多个目标"。他们命令特兰西瓦尼亚的军队停止行动，抽调预备队用于一场失败的企图，他们打算在拉霍沃强渡多瑙河，从后方打击马肯森。这就让法尔肯海因得以集中力量，打击盘踞在布拉索夫的罗马尼亚中路纵队，到10月9日，他已击退这股敌军，但错失了围歼对方的良机，如果实现这一点，就为攻入罗马尼亚铺平了道路。

这个失误破坏了德方整个作战方案，罗马尼亚军队死里逃生，因为穿越山区障碍的所有山口仍控制在他们手中，这些罗马尼亚部队顽强击退了德奥追兵穿过山口的行动，迫使对方不得不等待援兵开抵。法尔肯海因迅速转身向南，从武尔坎山口和苏尔杜克山口强行打开一条通道的企图受阻，而冬季降雪的到来即将阻止一切作战行动，就在这时，德军集结兵力展开最后的努力，11月11—17日，他们一举突破到特尔古日乌。随之而来的快速追击穿过瓦拉几亚平原，把罗马尼亚人赶回阿尔特河一线。

这是按照巧妙协调的作战方案采取下一步行动的信号。马肯森留下小股力量守卫多布罗加北部地区，把麾下主力向西调往锡斯托沃，11月23日在那里强渡多瑙河，从而迂回了罗马尼亚军队阿尔特河防线的侧翼。在新任总参谋长普雷桑将军鼓舞下，罗马尼亚军队迅速发起精心策划的反攻，差一点包围马肯森军队的侧翼，一时间给对方造成深具威胁的险情。但这场反攻被击退后，罗马尼亚人绝望地发现，马肯森和法尔肯海因合兵一处形成的压力实在太大，根本不是他们设在阿尔杰什河的防线所能抵御的。12月6日，德奥联军开入布加勒斯特。这场追击迫使在多布罗加展开行动，但没取得太大成效的罗马尼亚人和俄国人，迅速退往锡雷特河—黑海一线。罗马尼亚大部分地区，以及该国的小麦和石油，悉数落入侵略者手中，罗马尼亚军队遭重创，而协约国在精神层面蒙受的挫败，远远大于他们所希望的罗马尼亚参战后自己有可能获得的物质利益。

从军事历史的角度看，这场短暂的战局提供了一个客观教训，这就是，血肉之躯抵不上组织有序的军事机器，一部出色的军事机器，在优秀指挥官领导下，完全能让大股军力的价值大打折扣。武器和训练远比单纯的兵力数量更重要。

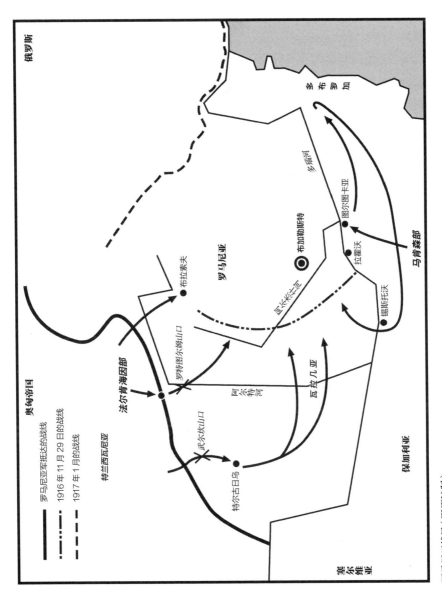

罗马尼亚战局（ZVEN 制）

273

第六节

攻占巴格达

    1917年3月11日，英军进入巴格达，这起事件激发起整个世界的想象力，不仅因为《天方夜谭》中这座著名城市的浪漫魅力，还因为它象征着初现的晨曦，照亮了犹如帷幕般笼罩整个1916年联军事业的黑暗。虽然今天的史料冲淡了当初普遍感受到的光辉，表明军事上的成就并不像当时显现得那么引人注目，但其精神层面的意义和价值仍不容抹杀。不过，要公正评价早些时候从事战斗并遭遇挫败的那些人，就应该知道当时公众观点潜在的谬误，他们认为占领巴格达是"白"，而造成库特投降的那些行动是"黑"。

    这场战局的策略和组织更合理，也更可靠，但就战术执行这个较低层面而言，英军尽管占有压倒性兵力优势，却几次错失良机，这不免玷污了他们的作战记录。历史学家虽然承认作战地区的地形很复杂，但还是觉得这场战局犹如杀鸡用牛刀，而本该被宰杀的鸡居然逃掉了。如果我们以质量而不是数量来衡量战绩，通过对比就会发现，汤曾德当初率领第6师，在装备不足、交通状况原始的情况下，面对优势之敌遂行进攻和后撤，被彻底孤立在敌方腹地，为英国军事史写下了辉煌的一页。

    1917年的胜利首先归功于正确的战略方向，以及在健全、高效的基础上组织补给和运输工作的那些人的能力和精力。而且，凭借这些有利条件足以实现军事目标，不需要从其他更重要的战区抽调人力和物力。我们先把目光投向白厅。汤曾德在库特投降后（为救援他的部队，英军付出了英勇、代价高昂的努力），帝国总参谋长威廉·罗伯逊爵士强调，他赞成在美索不达米亚采取防御策略。他主张把部队撤回阿马拉，认为这是保卫油田、控制底格里斯河和幼发拉底河这两条河流大动脉最简单、最经济的办法。但罗伯逊亲自挑选的新任指挥官莫德，研究战场态势后认为，保留库特这道前进阵地确保了军事安全性，从政治上看也较为明智。先后担任驻印度英军总司令的迪夫和门罗都支持他的看法，罗伯逊让步，接受了这位战地指挥官的意见。莫德如何让自己强烈的个性与逐步获得的军事战果相结合，不知不觉间把罗伯逊的防御政策变成新的进攻战略，相信大家对这个问题抱有浓厚的兴趣。俄国军队配合行动也对莫德的决定产生了影响，可事实证明，俄国人的承诺纯属海市蜃楼，因此，莫德的进军起初只是为俄军的进攻提供补充性支援，随后发展成英军独立实现的胜利。

1916 年整个夏季和秋季，英军致力于全面整编和备战，这场运动是莱克将军发起的，但他的继任者莫德予以扩大和强化。莫德努力改善部队状况，提高官兵的体能和训练水平，发展不太稳定的交通线，还囤积了大量物资和弹药。就这样，莫德遵循拿破仑的格言，为自己随后的持续进攻巧妙地打下了坚实基础。他构想的作战方案同样令人钦佩，既大胆又谨慎。看看莫德在行动初期和期间下达的那些指令，就会发现缺乏果断性不能归咎于他干劲不足。莫德的错误是过于集权、过度保密。虽说保密通常会因祸得福，可英军进军巴格达期间停顿在阿齐齐亚，似乎可以部分归咎于此，因为莫德的交通总监抱怨道，就连他也不知道这样一场行动，因而没有预先做好相关准备。

这场"难以察觉的"攻势开始于 1916 年 12 月 12 日，是英军在底格里斯河西岸，有条不紊地展开一连串深思熟虑的堑壕蚕食行动的第一步。战役开始时，莫德面对着土耳其人与底格里斯河成直角的战壕，他逐渐抬起自己的左肩，沿河流转动，同时朝上游一步步延伸战线。到 1917 年 2 月 22 日，莫德终于肃清了西岸，他这条延长的战线面对土耳其军队主力，对方设在河对岸的防线，位于从桑奈耶特延伸到库特上方的舒姆兰河曲部。因此，土耳其人不仅要防备英军从南面对他们设在桑奈耶特的筑垒阵地发起的直接进攻，还要防范对方在西面发动的跨河打击，这种进攻可能会切断他们的交通线。英军耐心执行的这场围攻战，其过程之所以旷日持久，并不仅仅因为对方的防御相当复杂，或西岸各支实力虚弱的土耳其军队实施了顽强抵抗。罗伯逊不愿继续冒险，他从国内发来一道道指令，阻止莫德铤而走险。研究这些命令和作战行动的历史学家会产生这样一种印象：莫德精心策划的行动，不仅破坏了土耳其军队防御阵地的稳定性，还在有意或无意间推翻了罗伯逊的指令。

英军这些深思熟虑、节约资源的行动的结果是，到二月份第三周，莫德得以令人钦佩地投入一场筹码更大的豪赌。他的计划是把土耳其军队左翼牵制在桑奈耶特，同时在舒姆兰河曲部强渡底格里斯河，扑向敌军交通线。土耳其人的右翼，尽头位于舒姆兰河曲部，后撤路线延长了他们的战线。莫德明智地意识到，仅在桑奈耶特实施一场佯攻毫无用处，要想在切断土耳其军队的同时逮住对方，对他们的两翼构成真正的威胁至关重要。可惜，他的企图没能实现。英军在舒姆兰渡口的英勇表现的确很了不起，可艰巨的任务拖缓了进展，他们对桑奈耶特的进攻没能长时间牵制守军。

尽管如此，土耳其人还是陷入危险境地，就像他们承认的那样，"完全因为敌军行动缓慢"，他们才幸免于难。主要原因是展开追击的英国骑兵实力不足、动作迟缓，这其中，部分原因在于莫德控制得太紧，部分原因是骑兵指挥官缺乏干劲和主动性，还有部分原因是现代作战条件下，骑兵表现出固有的脆弱性。2 月 24 日，彻底击溃后撤之敌的绝佳机会出现在英国人眼前，他们的骑兵师只伤亡 23 人，却在当晚 7 点停止行动并返回宿营地。接下来几天，这个骑兵师没发挥有效作用。他们提出的借口是需要饮用水，以及现代兵器造成了妨碍，这种坦率承认，与其说削弱，不如说强调了骑兵只有有限的现代价值这个教训，即便在亚洲也是如此。全凭英国海军分舰队展开大胆追击，英军才扰乱了土耳其军队的有序后撤，皇家海军在河上展开行动期间，少量越野装甲车可能也在陆地上实施了打击。

这场战略胜利至少让莫德获得批准，可以试试夺取巴格达，3 月 5 日，他从阿齐齐亚向前进军。英军在迪亚拉受阻后，莫德把骑兵师和第 7 军调往西岸，以一场迂回直扑巴格达。英军犯下更多错误，让土耳其人得以挡住这场威胁，但他们意识到己方实力完全处于劣势，失败无可避免。面对两股英军强有力的向心突击，土耳其军队3月10日夜间弃守巴格达，沿河流向北退却。次日下午，莫德进入城内，镌刻着无数姓名的巴格达征服者名单上，又添加了一个人的名字。攻占巴格达，对英国的威望和所有盟国的士气起到难以估量的鼓舞作用，因而值得立即付出努力，哪怕这些努力无法填补胜利者资产负债表上的借方支出。

第七节

捉迷藏般的日德兰海战

历时四年的战争中，英国大舰队与德国公海舰队只遭遇过一次。更准确地说，他们"相遇时互致问候"，这种问候令人敬畏，但给人的印象是，双方的相遇仅仅激发起历史学家的创作灵感。他们从来没有为历史上哪场战役耗费这么多笔墨。1916 年 5 月 31 日下午，一支为争夺制海权而打造的舰队，无意间遇到控制制海权达数百年之久的另一支舰队。傍晚前后，世界上最强大的两支舰队，摸索着朝对方而去，接触，脱离接触，再接触，再脱离接触。接着，夜幕在他们之间落下。"光荣的六月一日"拂晓，困惑不解的英国大舰队独自在空荡荡的海面上巡弋。

这场世界大战中，陆海军高级将领的根本区别是，只有确保己方掌握初期优势，海军将领才会投入交战（也可能不开战），而陆军将领无论处于怎样的劣势，通常都准备发起进攻。海军将领以这种态度忠于他们的战争艺术，陆军将领则不然。国家任用这些人从事战争，唯一的原因是认为他们受过专业训练，精通作战技艺。任何一个具有足够权威或灵感的人，都可以率领或驱使部下投入战斗，要是获得技术上训练有素的助手辅助，就更加没问题，因为这些助手会在运动和火力方面帮助他调整军队编组。带领羊群走向屠场这种做法，也许很巧妙，但基本上毫无艺术性可言，与笨嘴拙舌的职业军人相比，精明的煽动者占有绝对优势。不过，任用专业人士的习惯基于这样一种想法：利用他们掌握的军事技艺，能以较小的代价获取更大的收益。

对主宰自己军事技艺的基本真理，指挥官当然忠贞不贰，唯一的例外是国家的权宜之策。是否需要采取这种政策，迫使指挥官牺牲他的军事艺术，耗费大量人命，决定权在政府，而不在受雇的职业军人手中。奇怪的是，这场世界大战期间，那些陆军将领充满战斗渴望，甚至自愿牺牲军事艺术，面对不利状况一再寻求交战，全然不顾勉强跟随其后的政府的实际意愿。相比之下，海军将领坚定恪守他们的军事艺术，有时候甚至无视或规避政府要求他们在不掌握确定优势的情况下参战的明确指令。尽管海军将领的现实感令人耳目一新，可他们倾向于把更重的负担抛给陆军，不过，公平地说，要不是陆军将领极度渴望承担战争重负，这种情况也许根本不会发生。

关于陆海军将领之间的这种差异，一个也许能说得通的解释是，海军将领总是在战斗最前方履行指挥职责，而陆军将领在后方很远处的司令部从事指挥工作。这并不是说，双方的差异仅仅在勇气上，因为一些陆军将领和他们的部下一样，随时准备献出自己的生命，而另一些人无疑通过远离战场获得了精神勇气。但毫无疑问，亲身经历战斗激起了想象力和现实感，置身前线的指挥官能更好地认识到己方优势所在以及这种优势的消退，也能迅速认清哪些目标无法实现。

这种差异造成的一个结果是，许多人想当然地认为，海军将领看重战术，而陆军将领侧重于战略。实际情况恰恰相反。双方在和平时期接受的不同训练，似乎能解释这种悖论：陆军军人在小股驻军中服役，在狭窄的地区从事演习；而水兵跨越辽阔的海洋并学习航海，以此作为自己的基本技艺，对他来说，地理优于火炮操作。

从战争爆发之日起，英国海军就采用了正确的战略，他们认识到这样一个事实：保持制海权比击败德国舰队更重要。英国迅速获得海上霸权，协约国的整个战争努力建立在这个基础上，因为英国的生存取决于此。丘吉尔用一句形象的话概括了这个问题："交战双方当中，能在一个下午输掉这场战争的人只有杰利科。"因此，击败德国舰队这个目标和愿望始终处于次要地位。

击败德国公海舰队，有可能加快协约国的胜利，甚至能让他们立于不败之地。俄国的崩溃，以及德国潜艇的猖獗几乎把英国逼到饥饿边缘，完全可以归咎于英国舰队无力粉碎德国舰队。可如果英国海军为击败德国舰队付出惨重代价，继而丧失战略优势的话，英国必然会战败。

自 1914 年 8 月起，德国海军战略的目标一直是规避决战的风险，直到英国舰队遭到严重削弱，德国海军获胜的前景从黯淡转为均等。因此，为实现削弱英国海军这个目的，德国人主要使用水雷和鱼雷这些作战手段。英国人对水下兵器的恐惧，以及这些兵器构成陷阱或创造机会的可能性，极大地改变了力量对比，让英国的预防策略变得更加谨慎。杰利科在 1914 年 10 月 14 日一封颇具先见之明的信中提醒海军部：如果出现交战的机会，他会把德国战列舰队避战的举动，视为对方企图把他诱入陷阱的信号，德国人肯定在这种陷阱中布设了水雷和潜艇；他不会落入对方彀中，相反，他会迅速实施迂回。换句话说，他打算侧向移动，以免被敌人打得措手不及，这样一来，不仅能让对方最具潜力的兵器派不上用场，还有可能导致对方丧失平衡。从某种程度上说，这种算计表明，杰利科对战争理论的考虑极为透彻。

德国和英国的战略基调，完全符合各自面临的实际情况，问题是，执行这种战略的过程中，他们是否能展现出更大的干劲和更多的精明之处。经过近两年的战争，1916 年 5 月的局势是，英国舰队仍在等待有利的交战机会，而德国舰队离实现削弱英国海军这个初期目标还差得很远。尽管水雷和鱼雷给皇家海军造成些损失，可英国舰队的优势比战争爆发时更大。即将到来的这场交战，皇家海军调集 37 艘无畏型主力舰（战列舰和战列巡洋舰），对付德方 23 艘战舰。双方在火炮方面的差距更大，皇家海军有 168 门 13.5 ~ 15 英寸口径火炮，外加 104 门 12 英寸口径火炮，而德国海军只有 176 门 12 英寸口径火炮。诚然，德国舰队还有 6 艘前无畏型战列舰，但在一场舰队对决中，这些旧型战列舰比英国舰队重型火炮下的活靶强不到哪里去。另外，这些旧型战列舰的存在，严重拖缓了德国舰队本来就较慢的速度。皇家海军在巡洋舰和驱逐舰方面也占有很大优势，他们以 8 艘装甲巡洋舰和 26 艘轻巡洋舰对付德国人的 11 艘巡洋舰，以 80 艘驱逐舰对付德国人的 63 艘驱逐舰。

战争爆发后，英国在情报领域获得了另一个优势，他们不仅通过偶尔的接触更清楚地了解到德国人的兵器性能，还破解了对方的通信密码。1914年8月，德国"马格德堡"号轻巡洋舰在波罗的海沉没，俄国人在一名溺毙的下级军官怀中发现了德国海军的密码和通信手册，以及他们的北海方格网地图。俄国人把这些情报送往伦敦，之后，英国情报机构不断截获对方的加密无线电通信，从而预先掌握了关于敌人动向的许多情报。虽然德国人也起了疑心，更改了他们的密码和地图，但弥补情报漏洞的这番努力，被英国人无线电测向技术的发展抵消，皇家海军利用这项技术确定敌舰位置。这就是日德兰海战的起源。

1916年1月，德国公海舰队迎来新任指挥官。冯·蒂尔皮茨海军元帅提名的这位舰队司令就是舍尔海军中将，他积极倡导的战争策略更具侵略性。英国实施封锁造成的重压，以及威尔逊总统施加的压力迫使德国潜艇放松封锁，促使德国海军急于展开行动。还有传言说，英国舰队派遣力量掩护己方海岸免遭侵袭，这就鼓励德国人决心采取行动。五月中旬，舍尔确定了他的作战方案。他打算派一艘巡洋舰在日德兰实施突袭，诱使英国舰队以部分力量迎战，德国潜艇埋伏起来等待对方落入陷阱，尾随其后的德国公海舰队则做好实施打击的准备。潜艇已及时派出，但恶劣的天气导致德方无法派飞艇实施侦察。没有这项保障措施，舍尔不会采取行动，结果，那些潜艇耗尽了海上的耐力。5月30日，舍尔决定放弃原定方案，不再使用潜艇，而是以另一份计划取而代之。新方案的构想是投入战列舰和轻巡洋舰组成的侦察力量，在希佩尔海军中将率领下，开赴挪威海岸展示武力，舍尔率领舰队主力跟随在视线之外的后方。舍尔判断，德国海军此举对英国巡洋舰的巡逻和运输任务造成威胁，可能会引来英国舰队部分力量，这就能让他获得歼灭对方的机会。5月31日清晨，希佩尔舰队起锚北上，舍尔舰队跟随在50英里后。

实际上，英国海军部昨晚已获悉德国舰队即将起航，虽然不清楚对方的目的，但还是命令大舰队出海。当晚22点30分，杰利科率领舰队主力向东开赴距离挪威海岸大约50英里的会合点，途中与从因弗戈登赶来的杰拉姆中队会合。贝蒂率领的战列巡洋舰分舰队，获得4艘最新式伊丽莎白女王级

战列舰加强，同时从爱丁堡附近的罗塞斯港起航，按照杰利科的命令，这股
力量必须在 5 月 31 日下午 14 点前到达主要会合点南南东 69 英里处。如果
在那里没发现敌舰，杰利科就转身向南赶往赫尔戈兰湾，而贝蒂舰队奉命留
在他的视野内。

贝蒂在规定时间到达会合点，刚刚转身向北朝杰利科舰队驶去，担任掩
护的"加拉蒂亚"号轻巡洋舰就发现一艘孤零零的商船。于是它没有和其他
军舰一同转向，而是继续驶往东南东，准备检查这艘商船。这是诸多阴差阳
错中的第一个。因为在这同时，掩护希佩尔西翼的一艘德国轻巡洋舰也发现
了那艘商船，决定过去查看一番。很快，毫无戒备的两个对手发现了对方，
立即向各自的上级发出警报。就这样，这艘奇怪的商船不仅引发了日德兰海
战，可能还导致英国海军的决定性胜利功亏一篑。这是因为，如果不发生这
场遭遇，两股力量可能会在更北面相遇，届时，德国舰队更加远离庇护所，

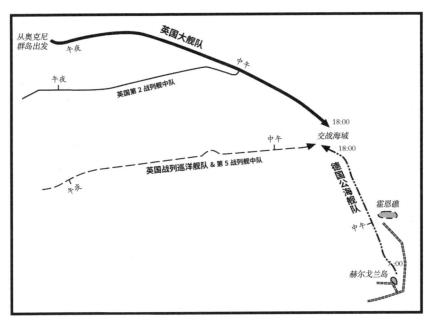

英国大舰队与德国公海舰队出航路线（1916 年 5 月 31 日）（ZVEN 制）

更靠近杰利科的铁钳。

现在，每一分钟都很重要。对交战双方如何使用时间这个问题的争议一直很激烈，虽说评论者都是海军专业人士，可他们做出的大多数批评似乎过于迂腐，更适用于众所周知的扶手椅，而不是 1916 年 5 月 31 日下午，北海海面上晦涩不明的状况。

14 点 20 分，"加拉蒂亚"号发出信号："发现敌舰！两艘敌巡洋舰方位东南，航向不明。" 14 点 32 分，贝蒂刚一听到远处传来"加拉蒂亚"号的炮声，立即再次转向东南，打算切断敌巡洋舰的退路。不幸的是，由于烟雾和静风，埃文 – 托马斯位于后方 5 英里的战列舰中队，没看见贝蒂以信号旗发出的转向命令。因此，埃文 – 托马斯直到 14 点 40 分才转向，结果落在贝蒂几艘战列巡洋舰身后 10 英里处。

有人认为，以探照灯的闪光发出信号，是更简单也更有效的做法，这种观点似乎无可辩驳。还有人认为埃文 – 托马斯应该主动转向，因为他肯定看见贝蒂已掉转方向，这种观点存在很大争议，一是因为这不符合埃文 – 托马斯接到的总命令，二是因为埃文 – 托马斯对贝蒂的战术意图一无所知。另一方面，也有人提出：首先，贝蒂本人应该早点行动；其次，他应当给埃文 – 托马斯提供靠拢的机会——他可以继续向北航行，让埃文 – 托马斯转向，更好的办法是埃文 – 托马斯在转向前先向他靠拢。但这种空想可能过度忽视了那些海军将领当时的身心状况。杰利科和贝蒂的舰队一直在悠闲地航行，随着时间的流逝，与敌人发生遭遇的希望逐渐消失。更重要的是，英国海军部发来消息，声称他们以无线电测向技术确定敌舰队仍停泊在锚地。这又是个不幸的错误。

如果公正地考虑当时晦涩的态势，就会发现贝蒂似乎合理而又迅速地做出了决定。至于这个决定本身，根据以往的经验，他有充分的理由担心德国巡洋舰会把他甩掉，没理由怀疑对方身后还有一股更大的力量。他最多有可能遭遇德国人的战列巡洋舰，对方充其量只有 5 艘，而他有 6 艘。尽管贝蒂性情急躁，不够审慎，可以往的经验和眼前的战略形势，似乎都证明他放弃额外力量而争取时间的做法合情合理。

　　贝蒂发现敌巡洋舰显然正尾随"加拉蒂亚"号驶向西北方，于是逐渐改变航线，最终转向东北。就这样，他和希佩尔相向而行，15 点 30 分左右，他们发现了彼此。希佩尔迅速退却，朝己方战列舰队靠拢，贝蒂及时转为一条平行的航线。15 点 45 分，双方在 9 英里左右距离上开炮射击。由于能见度恶劣，英国人错误地计算了射程，结果，不仅丧失了他们的火炮射程超过德舰的优势，射击准确度也很差。相反，西面的天空映衬出英舰的轮廓。16 点刚过，灾难降临到英国人头上。希佩尔的旗舰"吕佐夫"号射出一发炮弹，命中贝蒂旗舰"狮"号中部炮塔。海军陆战队的哈维少校双腿被炸断，牺牲前通过传声筒下达了朝弹药库灌水的命令，这才让军舰逃过殉爆的灾难。但"不倦"号被德舰"冯·德·坦恩"号三发炮弹的一轮齐射命中，退出战斗队列后再次中弹，舰体倾覆，最终带着 1000 名官兵沉入海底。值此关键时刻，幸亏埃文 – 托马斯抄近路进入战场，他的精准射击干扰了德舰炮火，使其准确度下降，不过英国制造的炮弹质量很差，没穿透德舰装甲板就已爆炸，因而没给对方造成严重破坏。16 点 26 分，德舰再次取得战果，一轮齐射命中"玛丽女王"号，这艘战列巡洋舰发生爆炸，和 1200 名舰员一起葬身大海，800 英尺高的巨大烟柱标示出他们的墓地。就这样，贝蒂的 6 艘战列巡洋舰只剩 4 艘，对阵德国海军 5 艘战舰。大约在同一时刻，"皇家公主"号战列巡洋舰暂时消失在一股不祥的硝烟和喷雾中，"狮"号上的信号兵简洁地报告道："长官，'皇家公主'号爆炸！"于是，贝蒂也简短地对他的旗舰舰长说道："查特菲尔德，我们这些该死的军舰今天好像不太对劲。左转舵 2 个罗经点。"这样一来，他与敌舰靠得更近了。

　　贝蒂处变不惊的态度值得钦佩，尽管这场危机随着埃文 – 托马斯投入战斗而告终。埃文 – 托马斯的参战破坏了舍尔为贝蒂设下的陷阱。舍尔原本打算逮住夹在希佩尔与自己主力舰队两支铁钳间的贝蒂舰队，现在不得不放弃这个想法，直接赶去支援希佩尔。

　　16 点 33 分，位于"狮"号前方 2 英里的古迪纳夫轻巡洋舰舰队，发现了东南方的战列舰，立即把这个情况报告给贝蒂。古迪纳夫大胆地保持原定航向，直到明确识别出德国公海舰队，这才直接给杰利科发去无线电报，杰利科的舰队已加快航速朝贝蒂舰队驶来。

贝蒂也保持航向，直到他看见舍尔的战列舰队，16 点 40 分，他转身向北，朝杰利科舰队驶去。贝蒂的转向非常及时，他的舰队现在成为诱饵，既能让舍尔看见，又没有落入对方舰炮射程。但贝蒂的转向信号还是以信号旗发出，埃文－托马斯又一次没看见信号，他的舰队保持南向航线，与贝蒂北撤的舰队交错而过。这样一来，他就落入舍尔几艘先遣战列舰的炮火打击下，不仅沦为诱饵，还在北撤期间充当了掩护贝蒂舰队的盾牌。

贝蒂的一艘艘军舰接连绕过一个固定点转向，几艘英国驱逐舰英勇地展开扰乱攻击，部分消除了贝蒂舰队面临的危险。两艘驱逐舰遭重创，无助地漂浮在德国战列舰驶来的航线上，他们英勇地射出最后的鱼雷，随后被敌舰炮弹炸碎。几艘德国驱逐舰颇具骑士风度地停下来营救幸存者。

在此期间，两支庞大的舰队相向而行，舍尔对此一无所知，杰利科知道敌舰队正在逼近，但不清楚对方的确切航向。而他的舰队展开队形，必须依靠这些详细情报。不幸的是，北海上的阴霾兼具精神和现实意义。向北行驶的贝蒂舰队，与舍尔舰队脱离接触，甚至没遇到希佩尔舰队，希佩尔此时在雾中正沿与他大致平行的航线行驶。埃文－托马斯虽然仍与舍尔舰队保持接触，但没有发出报告。杰利科仅在英舰刚刚开始后撤时收到过古迪纳夫的四份报告和贝蒂的一份报告，贝蒂舰上的无线电设施中弹，相关报告只能通过另一艘军舰转发。但杰利科不掌握敌舰队情况的重要性被夸大了。因为德国舰队没有改变航向，真正的麻烦是英国人错误地估计了己方舰队的位置，杰利科和贝蒂的旗舰都负有责任。结果，两支英国舰队进入彼此的视线时，"狮"号的位置比杰利科的预计偏西 7 英里左右。这样一来，敌舰队也出现在舰艏右舷，也就是说，他们位于杰利科右前方，而不是正前方。如果贝蒂舰队更频繁地报告自己的位置，杰利科就能通过取平均值做出更准确的计算。

向南行驶的杰利科舰队，排成六支平行纵队形成的紧密队形，就像一把六叉梳子，从一侧到另一侧宽达 4 英里。这不是战斗队形，因为如果正面遇敌的话，他们只能以最少的火炮数量朝前方开火。要想发挥最大火力，必须实施舷侧齐射，这就需要形成战列线。如果敌舰队出现在正前方，英舰各纵

队只要右转或左转，整个舰队就能构成战列线，舷炮对敌发起轰击。大舰队
只要 4 分钟就能展开战斗队形，但前提条件是敌舰队在正确的位置。还有个
办法，如果敌舰队攻向侧翼，英国舰队就以一个纵队（通常是侧翼纵队）继
续向前行驶，其他纵队转向后跟随在后方。这种情况下，整个舰队还是可以
在 4 分钟内形成一条长链，但需要更多时间才能拉直。

我们现在看看战场上实际发生的情况。杰利科已派胡德率领的第 3 战列
巡洋舰中队支援贝蒂，可由于上文提到的计算错误，他们向东开得太远。因此，
胡德中队无意间构成陷阱的上颚，毫不知情的希佩尔正把头伸入陷阱。此时，
希佩尔的行进方向仍与贝蒂保持平行，但在对方视线外。17 点 40 分，希佩
尔突然看见贝蒂的舰队就在西面，随即遭到炮火打击，他赶紧转身向东，随
后听到胡德中队朝他那几艘轻巡洋舰开炮射击。震惊之余，希佩尔 18 点 34
分转向东南方，只看见自己的几艘轻巡洋舰遭到胡德 4 艘驱逐舰攻击，他认
为这是杰利科主力舰队的先遣力量，于是再次转向西南方。

在此期间，杰利科和贝蒂直到 18 点前才看见彼此，尽管他们的先遣巡
洋舰 17 点 30 分已在 5 英里距离上实现了视觉接触。18 点 01 分，杰利科用
灯光信号问道："敌战列舰队在何处？"贝蒂没有回答，他正忙着寻找"消
失的"对手希佩尔，希佩尔沿一条长长的外曲线跟在他后方，这条曲线也让
贝蒂从杰利科舰队前方穿过。18 点 10 分，杰利科重复了他的问题，4 分钟后，
贝蒂和埃文 – 托马斯几乎同时报告了敌舰队的方位。两份报告让杰利科判断
出舍尔舰队的大致位置，对方的航向与他的预计不符，舍尔舰队实际上位于
希佩尔身后，正朝西北方行驶。

接到贝蒂的报告后不到 1 分钟，杰利科就做出决定，命令左翼展开战斗
队形。2 分钟后，他的右翼在左转时开炮射击。有人认为杰里科应该早点展
开战斗队形，但此举意味着他不得不在敌情不明的情况下投入行动，还得冒
让己方处于不利位置的风险。也有人认为，杰利科应该展开自己的右翼，可
这样做存在风险，没等他穿过敌舰队构成的队列，对方可能已从他的队列前
方穿过。可以肯定，拉直队列需要 22 分钟，在此之前，杰利科只有部分军
舰能开炮射击，尽管可投入交战的军舰越来越多。而丘吉尔认为，杰利科可

以展开位于中间的部分力量，这里更靠近（但不是过于接近）来袭之敌，除了这个优势，还能节省 7 分钟时间。但这种机动过于复杂，而且不太实际，至少会暂时遮挡舰队尾部左叉力量的炮火。

杰利科的实际部署，确保了他的舰队来得及从敌舰队列前方穿过，这就是历史上著名的 T 字横头机动，相当致命，另外，拉直战列线时，没有一艘战列舰的炮火被其他军舰遮挡。有人认为杰利科展开的队形远离敌舰队，从而丧失了机会，这种批评没太多根据。杰利科的部署实际上赢得了交战的机会，因为舍尔并不打算与英国大舰队交战，除非在获得优势的情况下。

一些巡洋舰在两支舰队之间的水域展开行动，腾起的烟雾一度遮挡了舍尔的视线，18 点 30 分，他刚一发现杰利科展开 T 字横头队形，就立即下令掉转方向。这是一场麻利的紧急机动，从队列后方起，每艘军舰几乎同时转向，这就让整个舰队在最短时间内溜出了英舰火炮射程。舍尔做出仓促之举，是因为他把胡德的战列巡洋舰误判为杰利科的先遣战列舰，因而把英舰的机动想得比实际情况为早。但他犯下的错误，反而对英国人不利。因为杰利科18 点 29 分发出信号，命令各分队转向东南南，进一步接近敌舰队，但他发现舰队尾部还没有拉直，于是又撤销了命令。借助鱼雷攻击和烟幕的掩护，舍尔完成了这场 180 度转向，而杰利科舰队还没有整理好队形。舍尔趁机后撤，没过几分钟就消失在薄雾中。虽然舍尔位于前方的几艘战列舰遭到猛烈打击，但彻底受损的只有希佩尔的一艘轻巡洋舰"威斯巴登"号。退出战斗前，希佩尔击沉英国战列巡洋舰"无敌"号和一艘装甲巡洋舰，另一艘装甲巡洋舰也在下沉。

但潜在的重要事实是，舍尔转身向西退却，远离了他的母港。如果杰利科以其他方式展开战斗队形，舍尔就会发现英国战列舰队位于他的侧翼，自然不会转身 180 度后撤，很可能转向右方，从而撤往自己的母港。因此，对杰利科所做决定的最佳辩护是，这个决定让他获得了切断舍尔后撤路线的良机，也让舍尔舰队映衬在西面的天空下。

杰利科立即抓住机会。他的舰队落在舍尔舰队身后 6 英里处，离日落还剩 2 个小时，直接追击舍尔舰队几乎没什么希望，而且很可能导致战列舰队

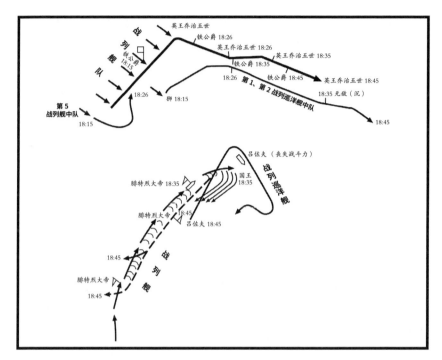

杰利科抢占 T 字横头与舍尔向西退却（1916 年 5 月 31 日）（ZVEN 制）

暴露在敌人投放水雷或发射鱼雷的危险下，这是杰利科竭力避免的情况。

因此，杰利科 18 点 44 分命令各分队转向东南方，这样一来，他们再次排成六路纵队，像楼梯那样从左到右梯次向后排列。接下来 15 分钟，杰利科又做出两次部分转向。这些机动的效果是，杰利科沿一条平缓的曲线，在不见踪影的德国舰队与他们的后撤航线之间绕行，同时悄然逼近对方。只有即将落下的夜幕和不断加强的雾气，威胁到他通过娴熟机动获得的优势。但对贝蒂的主动性或杰利科所下达命令貌似有理的批评是，战列巡洋舰队的重要任务是为战列舰队充当"眼线"，所以应当急剧转向，设法与敌舰队保持接触。可实际情况是，贝蒂的战列巡洋舰队比战列舰队更远离敌舰队。

不过，敌人即将自投罗网。他们溜出陷阱后，差点落入另一个陷阱，这次主要是舍尔的误判造成的。德国舰队脱离战斗向西退却了大约 20 分钟，舍尔突然掉转航向，再次向东驶来，大致在先前的同一地点从雾中驶出。他在随后发出的急电中称，实施第二次打击，是为了保持主动性，也是为维护德国的声望。这番说辞损害了舍尔的声誉，因为没有哪位出色的战术家，会为这种目的驶入占据优势的英国舰队中间。合乎逻辑的假设是，舍尔打算穿过英国舰队尾部，从而打击对方部分力量，重新驶上返回母港的航线。因为如前所述，舍尔把胡德中队误判为英国战列舰队的先遣力量，这就高估了对方战列舰队已行进的距离。所以，他 19 点 10 分从雾中出现时，正好面对阶梯式英舰队列的中间部分。

英国舰队位于后方的中队离德舰最近，因而率先开火，双方的距离仅有 5 英里左右。没过几分钟，更多英舰投入交战。但杰利科大概是过于担心部分军舰暴露在外，因而以非技术性语言命令几个后方中队，跟在他身后转身向东。这样一来，他就率领舰队更远地离开了敌舰队。此时，舍尔也决定脱离战斗。实际上，舍尔急于逃离杰利科的铁钳，所以，他不仅在烟幕和驱逐舰攻击的掩护下，再次上演 180 度转身机动（不及上一次那么整齐），还以他的战列巡洋舰实施了一场"死亡冲刺"。

驱逐舰为舍尔摆脱困境提供了最有效的手段，因为杰利科在很远处看见敌驱逐舰发射的鱼雷，于是两次命令舰队急转，每次转动 2 个罗经点，总共 22.5 度。这种转向是惯用的做法，大多数海军人员认为这是最好的应急手段，只有少数人持反对意见，他们觉得鱼雷的危险被高估了，通过转向规避鱼雷，等于放弃了战列舰的进攻价值。两种观点孰是孰非难以确定。我们只能得出这样一个合乎逻辑的结论：承认必须采取预防措施，就等于承认战列舰的弱点，承认战列舰的进攻行动很容易因为一款廉价战争兵器而瘫痪。日德兰海战中，证明预防措施正确合理的理由是，只有一艘英国战列舰被鱼雷击中，而证明鱼雷没太大危险的理由是，被击中的战列舰受损轻微，完全可以跟随舰队继续行动。

解救德国舰队的各种手段中，以驱逐舰发起攻击不仅是最有效的，也是代价最低廉的，只有一艘驱逐舰被几艘英国轻巡洋舰的反击击沉，而德国战列巡洋舰的损失相当惨重。"死亡冲刺"开始前，"吕佐夫"号就丧失了战斗力，另外 4 艘战列巡洋舰几分钟内多次中弹，舍尔发出后撤信号，这才把他们从灭顶之灾中救出。

驱逐舰攻击的战术效果是，德国舰队向西撤离之际，英国舰队朝相反的方向退却。15 分钟后，杰利科确信鱼雷攻击已结束，于是不再避开，而是沿一条几乎朝正南方的航线行驶。直到当晚 20 点，他才转身向西。这种耽搁似乎又成为批评杰利科的理由。要想在穿过敌舰队后撤航线的同时保持战术优势，最好的办法是把对方驱离他们的海岸线，同时与他们保持接触，这样一来，德国舰队就没什么机会在黑暗中溜过英国人的机动拦截线。

另一派批评者更强调这样一个事实，贝蒂当晚 19 点 40 分再次发现敌舰队，10 分钟后，他电告杰利科："让先遣战列舰跟在战列巡洋舰身后，这样我们就能截断敌人的整个战列舰队。"这个建议听上去很棒，但以下事实削弱它的历史价值：没等电报解码后交到杰利科手中，他已命令战列舰队转身向西，而从贝蒂的最后一封电报看，他正驶往西南方。另外，德国舰队已经与自己的基地隔断。贝蒂的意思也许是"拦截"，因为他给麾下几艘轻巡洋舰下达命令，要求他们确定正向南行驶的德国舰队的头部位于何处，这似乎支持了"拦截"这种解释。此外，贝蒂也成功拦住了敌人。20 点 23 分左右，德舰遭到贝蒂炮火打击，迅速脱离战斗后再次转向西面。这场遭遇战阻挡住德国舰队的南撤，但后来帮助他们溜过了英国舰队的尾部。

实际上，英国人逼近德国舰队唯一的良机，已在他们 19 点 20 分转身离去后的半小时内消失了。剩下的最大问题是，杰利科是否能在夜间继续阻挡对方的退却，在拂晓时利用整个昼间重新交战，从而利用自己的战略优势获益——更何况这种优势现在已得到加强。

21 点左右，夜幕笼罩整片海面，不仅加剧了昼间的朦胧，还把整个战场变为盲区。战列舰丧失了射程优势，鱼雷艇大显身手，以最小的风险逼近目标。所有舰只难辨敌我。

杰利科拒不冒险从事夜战的决定非常明智，因为展开夜战，相当于把他的双重优势投入一场纯粹的赌博。因此，他面临的问题是在拂晓前五个半小时内，阻止敌人找到一条返回母港的畅通无阻的航线。德国舰队可能采用的航线有三条，每条都通往穿过雷区的一条已清扫航道，而这些雷区掩护着赫尔戈兰湾和德国几个港口的接近地。第一条航线在东面，经霍恩礁，沿弗里西亚海岸而下；第二条航线更靠近中间位置，最终经过赫尔戈兰岛；第三条航线位于最西南面，进入德国海岸附近，并向东穿过埃姆斯河口。第三条航线的航程最远，达到 180 英里，看上去，德国舰队选择这条航线的可能性最小，但杰利科担心狡猾的敌人反其道而行，偏偏选择这条航线。不过，一个因素发挥了作用，这就是德国舰队的速度不及英国舰队。如果德国舰队享有同等甚至更快的航速，通往埃姆斯河口的航线就能为他们提供更大的机会和行动范围，趁夜间这几个小时避开不确定位置的英舰警戒力量。由于缺乏速度优势，德国人只好明智地采用较短的航线，宁愿承担更大风险。

但杰利科不愿为掩护另外两条更短的航线而彻底放弃对另一条航线的警戒。他采取的预防措施是尽可能解决掩护所有航线的困难。实际上，这给德国人创造了很好的机会，他们可以从杰利科身后溜过，取道霍恩礁航线。因此，我们得以预见到，杰利科对敌人企图从他身后穿过的一切迹象极为敏感。

21 点 17 分，杰利科命令舰队占据夜间巡航的位置，战列舰靠拢，排成三列平行纵队。舰队航向正南，航速 17 节。驱逐舰集结在后方 5 英里处，这种部署延长了这道移动屏障，掩护战列舰队后方免遭鱼雷攻击，最重要的是，避免了黑暗中误辨敌我的风险。如果战列舰发现驱逐舰，或驱逐舰看见战列舰，他们就会知道，眼前昏暗的舰体轮廓是敌舰的。贝蒂已经把他的战列巡洋舰部署在战列舰队侧翼前方，或者说，他位于敌人西面。他这场夜间部署具有历史意义，此举导致德舰从英国舰队南面穿过的一切企图不复可能，从而让英国人更加警惕德国舰队从自己身后溜过的可能性。大舰队的队形，也许可以比喻为传统的英国狮，贝蒂的战列巡洋舰和轻巡洋舰是鼻子和耳朵，那些驱逐舰是这头狮子的尾巴。鼻子没闻到任何气息，耳朵听到些动静，尾巴扭动起来，但这头威严的狮子岿然不动，就像当年纳尔逊舰队周围的那些军舰。

我们再谈谈舍尔的意图。他的想法很简单，并不狡猾，从某种程度上说，简化了避开英国舰队这个问题。舍尔意识到拂晓到来后必然面临险恶的前景，这种绝望感似乎激发了他的决心。因为他打算沿最短航线返回母港，也就是取道霍恩礁，他已做好付出惨重损失的准备，可还是决心突出重围。与杰利科不同，舍尔至少觉得，夜间遭遇战交好运的可能性大于采用更大胆的返程航线。为扩大成功的前景并确保安全，舍尔把受损的战列巡洋舰和旧型战列舰部署在后方，以驱逐舰和轻巡洋舰掩护舰队前方。

舞台搭设完毕。上场的铃声响起后，两位海上霸主会展开一场盲人瞎马般的夜战吗？万众期待。可黑漆漆的舞台上只传来小丑摇铃发出的叮当声，灯光亮起后，舞台上空无一人。

21 点 32 分响起第一道铃声，"皇家公主"号用闪光灯询问贝蒂的旗舰"狮"号："请告知现在使用的口令和回复，敌舰失去踪迹。"一艘敌舰似乎看见了"狮"号回复的部分内容，因为大约半小时后，英国驱逐舰队中为首的"卡斯托"号发现几艘巡洋舰，这些巡洋舰主动以英国舰队当日的部分秘密口令盘问"卡斯托"号。但几艘巡洋舰随后打开探照灯并开炮射击，"卡斯托"号也以这种不友好的方式回敬，跟随在一旁的另外几艘英国驱逐舰没有发射鱼雷，因为他们无法确定几艘巡洋舰的确切身份。不过，这场不幸造成的后果，以及英国人错失的机会被夸大了。因为 22 点 20 分到 23 点 30 分，英国舰队的尾部与敌舰多次交战，对方企图挤开一条通道。22 点 20 分，德舰"推开"古迪纳夫的轻巡洋舰中队，但严重受损的"南安普顿"号射出一枚鱼雷击沉"弗劳恩洛布"号轻巡洋舰后，这些德舰转向。接下来一小时，英国驱逐舰队受挫，陷入一片混乱。德国"埃尔宾"号轻巡洋舰被己方战列舰"波森"号撞沉，而英国驱逐舰"喷火"号的行动一如她的舰名，她猛撞对方"拿骚"号战列舰，采取这种莽撞之举后不仅迅速逃离，还带走"拿骚"号一块长长的装甲板，以此作为她英勇无畏的证据。德国舰队再次撤离，但 23 点 30 分左右又一次掉转航向，虽然被英舰骚扰了一个多小时，还损失 4 艘军舰，但他们这次终于取得突破。

这些英舰战斗得非常英勇，可他们提交的报告少得可怜。古迪纳夫 22 点 15 分给杰利科发出这场遭遇战中唯一一份报告，由于"南安普顿"号的无线电设施受损，杰利科直到 23 点 38 分才收到。这些轻型舰只忙于交战，一时间来不及汇报情况情有可原，可那些没有投入战斗的军舰，对自己见到的情况未置一词，这就难以解释了。同样匪夷所思的是，埃文－托马斯的第5 战列舰中队也在舰队主力身后，形成中间环节，他们非常清楚德舰在持续不停地攻击，该中队位于后方的两艘战列舰，实际上看见德国人的先遣战列舰就在自己身后。23 点 35 分，"勇士"号战列舰注意到"两艘德国巡洋舰，至少有两个烟囱，舰体中部有一台吊车，显然正高速向东行驶"。吊车无疑表明对方是威斯特法伦级战列舰 ①，英舰却将其误判为巡洋舰，这种错误实在令人难以置信。5 分钟后，"马来亚"号战列舰发现"几艘敌人的大舰，位于右舷舰艉 3 个罗经点方位，航向与我舰相同"。他们见到的显然是德国人的战列舰，他们正为规避英国驱逐舰的鱼雷攻击而暂时转向。"马来亚"号注意到为首敌舰"显眼的吊车"，正确推断出对方"显然是威斯特法伦级"。但"勇士"号和"马来亚"号都没有上报他们见到的情况，无疑认为前方的旗舰"巴勒姆"号也发现了敌舰。"巴勒姆"号为什么没看见敌舰，原因迄今不明。明显的事实是，第 5 战列舰中队没有向舰队司令汇报任何情况。

那么，难道就没有任何情报让杰利科提高警惕或尽快采取行动吗？英国海军部发给他两份报告，内容是截获的德方无线电报。第一份报告给出了德国舰队当晚 21 点所处的方位，这个位置显然不正确，因而这份报告没什么价值。这就导致杰利科对第二份非常准确的报告将信将疑，报告中指出，德国舰队 21 点 14 分奉命返航，还给出了对方的部署方式、航向、航速。但这份报告的严重失误是，忽略了几份德方电报包含的最重要的事实：舍尔要求上级派一艘飞艇，昼间侦察霍恩礁附近水域。这无疑说明了他的退却航线。

杰利科 23 点 05 分收到这封电报，解码后，23 点 30 分左右读到电文。他 23 点 30 分收到另一封电报，所以读到电文的时间晚于海军部的电报。这封电报发自"伯明翰"号轻巡洋舰，报告发现"可能是敌人的几艘战列巡洋舰"，正向南、向西行驶。可惜，"伯明翰"号看见敌舰时，适逢对方改变航

---

① 拿骚级。

向规避英舰鱼雷攻击。如果说杰利科不相信海军部的电报，因而没有根据电报内容采取行动的话，那么，他应该把"南安普顿"号和"伯明翰"号发来的后两份报告，视为对自己所持疑问的支持。

可奇怪的是，杰利科本该对舰队后方明确的战斗迹象极为敏感，可他并没有，这一点难以解释。因为除了两份报告，他的旗舰和其他战列舰都听见反复响起的炮声，也看见不时出现的炮火闪烁。这些炮火显然射自轻型舰炮，的确无法证明敌人的战列舰出现在那里，但也没有证据表明他们不在那里，因为敌战列舰夜间与英国轻型舰只交锋时，自然会使用舰上的中口径火炮。更奇怪的是，杰利科 22 点 46 分才查问交火的来源，而他发出的信号，使用的措辞带有先入为主的想法，他认为仅仅是敌驱逐舰发起的攻击。因此，总的说来，虽然杰利科不了解确切情况是下属的疏忽所致，但他自己也负有责任，正是他缺乏警惕，致使舍尔死里逃生。

德国舰队最终逃脱前，双方还发生了另一场激烈接触。拂晓前的微光下，斯特灵海军上校率领的第 12 驱逐舰分舰队发现了敌人。与其他人的做法不同，斯特灵在凌晨 1 点 52 分、同敌舰交战前给杰利科发去无线电报告，交战期间又发出第二份报告。他以鱼雷发动攻击，击沉德国战列舰"波美拉尼亚"号，取得了超过整个大舰队的战果。但杰利科没收到他的报告，可能是因为无线电设施发生故障。就这样，英国战列舰队继续平静地向南行驶，而德国舰队驶上了返航的航线。

凌晨 2 点 39 分，曙光乍现，杰利科掉转航向朝北而去，希望遇上德国舰队，但眼前只剩一片空荡荡的海面。他随后收到海军部发来的另一封电报，称德国舰队靠近霍恩礁，杰利科这次相信了。英国大舰队搜寻掉队的敌舰，但一无所获，于是也转身返航。他们共损失 3 艘战列巡洋舰、3 艘装甲巡洋舰、8 艘驱逐舰，击沉对方 1 艘战列舰、1 艘战列巡洋舰、4 艘轻巡洋舰、5 艘驱逐舰。人员损失方面，英国舰队阵亡 6097 名官兵，德国舰队阵亡 2545 人，英方被俘 177 人，德方无人被俘。

因此，这场世界大战中唯一的海战，不过是长长的屠夫账单上的一个临时项。从任何意义上说，这场海战的战斗价值都不值一提。把德国舰队两年

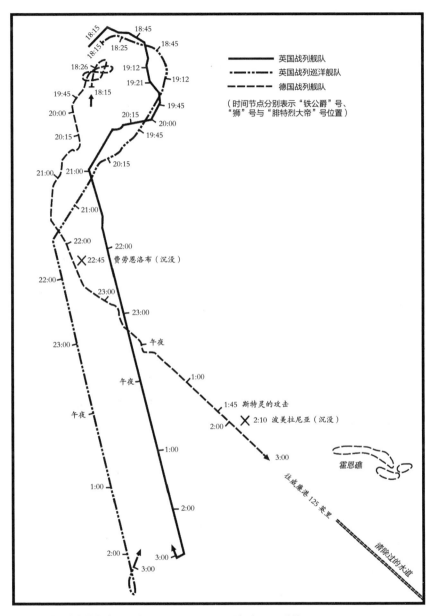

英国战列舰队

英国战列巡洋舰队

德国战列舰队

（时间节点分别表示"铁公爵"号、
"狮"号与"腓特烈大帝"号位置）

舍尔逃脱杰利科的堵截（1916年5月31日—6月1日）（ZVEN 制）

半后不流血的最终投降归咎于此荒唐可笑，纯属混淆因果关系的顺序。日德兰海战尽管没能鼓舞德国人在海上展开决战，但也没有让他们灰心丧气。德国海军赢得对抗英国战列巡洋舰队的第一场角逐，凭借出色的火炮射击技术获得"高于普通标准"的声誉；第二场角逐，英国海军以计谋取胜，双方打个平手；这场比赛结束前，德国人又在第三阶段利用一些小伎俩得分。由于对手实力强大，德国人本来就没指望赢得胜利，这场海战戛然而止，至少让他们觉得自己的技艺还不错。德国海军作为一支没经受过考验的新生力量，面对赢得过无与伦比的胜利、具有"纳尔逊传统"的英国海军，无疑有一种自卑感。而日德兰海战消除了他们面对已知的未知时全无经验这种恐惧。

十二周内，德国海军又在劣势情况下，大胆叫阵英国舰队。8月19日，他们在飞艇巡逻队掩护下逼近英国海岸，企图以炮击桑德兰为诱饵，诱使英国大舰队南下，进入德国潜艇伏击圈。由于谨慎和一个意外，这场交战又一次中断。贝蒂的一艘先遣巡洋舰被鱼雷击中，杰利科误以为驶入敌人新布设的雷区，于是转身向北行驶了2个小时。待他再次向南，德国舰队已逃之夭夭。这是因为舍尔收到报告，称一股强大的英国海军力量正从南面赶来，实际上那是从哈里奇驶来的一支小股力量，而舍尔仓促间认为来的是英国大舰队。如果真是这样，那么对方不仅躲过了他的陷阱，还扭转局势，构成切断他退路的威胁。因此，舍尔转身返航。

对英国海军来说，如果不打这场日德兰海战会更好些。无论承认这一点多么令人不快，这场海战无疑损害了英国海军在盟国和国内民众当中的威望，一些鼓舞人心的英勇壮举，以及英国继续掌握海上霸权的事实，无法弥补这种损失。英国主宰海上霸权的目的，是确保最终打垮德国继续从事战争的能力。可英国海军没能赢得海上胜利，从而缩短陆地上全面杀戮令人沮丧而又代价高昂的过程。日德兰海战仅仅确保了不需要交战就已确保的东西，只要英国海军保持消极的实力优势即可。

下面谈谈总体情况。就技术方面而言，日德兰海战虽然没激起更大的热情，但还是很重要。它表明德国人的火炮射击水平，远远高于英国国内公认的那种洋洋得意、自觉高人一筹的看法，这种看法还倾向于不太公平地把英方射击技术欠佳归因于舰队里的某些舰只出现失误，另一些舰只缺乏机会。从物质上说，日德兰海战还表明，英国海军部和那些技术顾问缺乏远见，没能像德国人那样吸取以往的经验教训。他们肯定已就英国制造的炮弹穿甲性能低劣采取了措施，但这无法抵消英国军舰面对俯射火力时防护不足的事实——特别是无法抵御炮弹钻入弹药库，在炮塔内发生的爆炸。这可能就是"玛丽女王"号和"不倦"号突然间神秘沉没的原因。英国建造大型战列巡洋舰的政策造成的后果也许更具争议，这种政策为增加些许速度，很大程度上牺牲了军舰的防护性。军舰的航速间接提供了高度保护，但最重要的是减小目标，也就是让敌人难以击中。要想以这种方式获得有效防护，就得减小军舰的尺寸，而不是仅仅为提高几节航速减少几块装甲板。

　　和技术方面相比，日德兰海战的战术方面引发了更多批评和争议。实际指导易遭批评，与之相比，对基础问题的指摘不太容易遭到反驳。英国海军忽略战术研究，缺乏战术教材，习惯性的保密措施掩盖了寥寥无几的指导，这些情况曾让许多军人为之震惊，他们通过历史和经验得知，一支军队出色而又灵活的战术，基本上是许多人不断思索和探讨的产物。***批判是科学的生命。***军事史学者都知道，在战术上保密的企图往往以失败告终，采取这种做法的人也难逃厄运。亚历山大的马其顿军队、罗马军队、蒙古大军、古斯塔夫的瑞典军队、腓特烈大帝的普鲁士军队、惠灵顿的半岛步兵屡屡赢得胜利，可他们的战术没有丝毫神秘之处。只有通过实践和理解，在执行方面取得高度统一，他们才能获得对手和模仿者永远无法超越的优势。保密导致战术僵化，而公开讨论和批评，能让下属在面对意想不到的情况时发挥灵活、出色协同的主动性。英国海军在这场世界大战期间采用的战术受到的基本批评是，它们破坏了灵活性这个战术基础。另外，英国舰队以一个整体遂行日德兰海战，就像拿破仑发展出独立的师级编制前那些军队所做的那样。从战术上说，舰队是个没有手臂的躯体，因此，无论杰利科多么娴熟地调动他的舰队，都无法指望瘫痪对手的机动自由。牵制对手是决定性行动的重要前奏，这种双重行动赋予"分而治之"这句古老格言双重意义，而英国舰队过于"不可分割"了。

受制于这个主要条件，如果我们充分考虑到当时晦涩不明的情况，就会公正评判杰利科 5 月 31 日昼间对舰队的操控，尽管行事谨慎，可他的指挥非常得力。1916 年间，战场上的晦暗到达极限，因为飞机侦察还没得到充分发展，无法校正远程火炮的弹着点。杰利科在左翼展开力量的部署方式经常受到批评，实际上，这也许是当时情况下的最佳做法，但称赞这种做法很容易忽略以下事实：这种部署方式没能解决麻烦。因为此举意味着贝蒂那些战列巡洋舰，需要耗费更长时间才能从战列舰队前方离开，不仅造成阻挡，还妨碍战列舰队开炮射击，这种做法与丘吉尔的观点背道而驰，他建议从中间位置展开力量。

前文已总结过夜间的教训，唯一的问题是，杰利科是不是没能抓住机会，以他的鱼雷舰艇发起攻击，是不是不该将其部署在舰队尾部从事防御，以此粉碎敌人的突围企图。可如果撇开那些批评，我们必须承认杰利科对战列舰队的操控堪称完美的杰作，无数海军将领支持这种看法，承认这一点只会加强这样一种观点：日德兰海战最大的缺点就是这场交战真的发生了。

注释

1. 如果让非职业军人，或至少让那些接受过训练后曾经重返平民生活的军人主导战争的话，也许能减少这种不良影响。战争后期，查特里斯将军对一项任命的评论说明了这一点："此人有庞大的资产……无论何时重返平民生活，都有很重要的工作等着他……对任何一个正规职业军人来说，不考虑自己的职业前途是很难做到的——而他既有军人的历练，又有平民的独立自主性。"

World War I

★

★

1917 年，重压

　　"卢西塔尼亚"号事件发生后的两年里，尽管德国不断挑衅，可威尔逊总统继续秉持中立政策，虽说他的过度忍耐激怒了许多美国人，可这至少是统一国内意见，促使全体民众齐心协力介入战争的手段。在此期间，他发表演讲，还派豪斯上校这位非官方大使担任代表，努力寻求交战各方都能接受的和平基础。这番努力注定要失败，因为威尔逊总统误判了各交战民族和参战者的心理。他仍从传统战争的角度考虑问题，认为战争源于各国政府的政策，实际上，这场战争早已进入更广阔的领域，各民族展开的斗争，是以他们的原始本能为主导的，而他们的口号捆绑在战神的机械化战车车轮上。

　　德国宣布实施无限制潜艇战，令人信服地证明这些和平努力纯属徒劳，也暴露出德国人的真实意图，他们随后蓄意击沉美国船只，还企图煽动墨西哥对美国采取措施，威尔逊总统不再犹豫，1917 年 4 月 6 日对德国宣战。

　　美国在人力和物力方面堪称潜力无限。但 1914 年，美国的战争准备状况还不如英国，需要很长时间才能发挥不仅仅是道义上的影响，德国满怀信心地预计，潜艇战能在短短几个月内起到决定性作用。这种如意算盘多么接近于实现，1917 年和 1918 年的纪录可资证明。

　　1916 年结束时，协约国一方可谓愁云惨淡。他们一年前策划的，在各条战线同时发动进攻的行动以失败告终：法国陆军处于低谷；俄国军队更是士气不振；索姆河战役没能取得显著战果，即便有些许战果，也与他们付出的代价完全不匹配；另一个新加入的盟友被敌人打垮了。海上，日德兰的消极影响令人失望，虽然德国放弃了第一次潜艇战，但更加强大的第二次无限制潜艇战正形成威胁。在消除不利影响方面，协约国所能做的仅仅是占领遥远的巴格达，以及当年八月在意大利戈里齐亚取得有限胜利——这场胜利的价值主要是激励了意大利人的士气。

　　协约国民众和他们的政治代表，沮丧感越来越强烈。其表现形式，一方面是对本国继续从事战争感到不满，另一方面是对赢得胜利的前景灰心丧气，倾向于寻找通过谈判商讨达成和平的可能性。前一种趋势率先到达顶点，其标志出现在协约国政治中心伦敦。12 月 11 日，以劳合·乔治为首的英国新政府取代了阿斯奎斯政府。这件事在一连串具有重要影响的事件中位居前列——英国民众普遍要求更积极、更有效地从事战争，劳合·乔治正是作为他们的代言人上台掌权的。

第二种趋势受到德国12月12日发出和平呼吁的推动，布加勒斯特陷落后，德国提议展开和平谈判。协约国各政府以该建议缺乏诚意为由拒绝接受，但德方的呼吁为威尔逊总统提供了机会，长期以来，他的代表豪斯上校一直在为美国居中调停的可能性试探各交战国政府，请他们阐明各自的战争目的，以此作为展开实际谈判的先期工作。德国的答复闪烁其词，而协约国的回复，又被同盟国认为无法作为谈判的基础予以接受，就这样，这番和平试探戛然而止。可是，这股沮丧的浪潮席卷大后方之际，联军指挥官仍保持着乐观态度。当年十一月，霞飞在尚蒂伊召开联军指挥官会议，与会人员一致认为，德国人在西线困难重重，联军的形势比以往任何时候更加有利。

派驻法国的英国远征军，作战力量已增加到120万人左右，而且仍在增长。法国陆军通过召集殖民地军队这种方式，把作战兵力增加到大约260万人，因此，包括比利时军队在内，估计联军投入约390万兵力，对付250万德军。

但霞飞宣称，法国陆军维持的力量只够再从事一场更大规模的会战，此后的兵力必然逐步下降，因为法国适役年龄的男性数量已不够，无法弥补战场上的损失。因此，他提醒黑格，新的一年，战争的重任必然会越来越多地落在英国陆军肩头。此次会议还得出一致结论，鉴于上述因素，完全可以预见，联军1917年春季在西线的相对优势会大于以往任何时候。因此，他们决定尽快把握机会，发展在索姆河取得的优势，继续消耗敌军预备队，以此为具有决定性的行动加以准备。卡多尔纳将军提出另一项建议，他认为英法军队应当通力合作，从意大利战线对奥地利发起联合突击，目的是把这个虚弱的同盟国成员逐出战争。尽管劳合·乔治一月份在罗马召开的协约国会议上支持这项建议，可法国和英国指挥官没有接受。他们之所以反对，是因为这份方案涉及把作战力量调离主要战线，他们认为，只要在西线赢得胜利，就能产生决定性结果。

联军朝维也纳发起进攻，必须克服巨大的困难，特别是山区地形构成的障碍。但评判反对意见时，历史学家不得不指出，英法战略家没有表现出认清战略真理的迹象：集中兵力于一处，不太可能赢得胜利，除非在其他地方充分分散敌军注意力。他们认为英国和法国的主要努力必须置于西线，这种观点不无道理，可他们似乎过于轻率地排除了另一种可能性：支援意大利军队，分散敌军注意力，最终让自己获益。可是，随着俄国的力量日趋衰弱，发展某些施加压力的新渠道，这种需求越来越紧迫。罗伯逊武断地声称，历史的重要教训就是把一切可用力量集中到主要战区，"违背这项原则的一切行动必然招致灾难"，这番话暴露出他对历史的无知。劳合·乔治真该提醒他，西班牙王位继承战争期间，欧根亲王在马尔伯勒公爵支持下，将意大利战区作为对付法国的杠杆；第一次反法同盟战争中，拿破仑·波拿巴也把意大利战区当作对付奥地利的杠杆。现代战略家拥有优越的装备，却把祖先一再克服的自然障碍视为不可逾越，这一点值得反思。要想以意大利战区有效分散敌军注意力，以此支援西线联军，联军就需要为意大利人提供更注重质量而不是数量的支援。突破伊松佐河战线的初期任务，要求联军把调自西线的重型火炮集中到那里，但成功的可能性，与调集的火炮数量正相关。随后的成功不太取决于投入优势兵力，而在于为军队提供一支熟悉山地作战、数量足够的先遣部队。组织各自的力量，就和组织他们的总体资源一样，联军在战略方面的根本缺陷是，他们更看重数量，而不注重最有效地利用合适的工具。

导致尚蒂伊会议提出的方案无法实施的是思维贫乏，而不是资源短缺。军事橱柜里存有大量人员和弹药，可架子上没有建设性想法。会议记录清楚地表明，这些人对战争及其历史知识缺乏深入的理解。协约国民众大声疾呼，要求战场上呈现出新面貌。尽管他们动机不纯，可这种本能反应倒是真情实感的流露。而参加尚蒂伊会议的那些人，为他们提供的仅仅是一副框架，充斥着腐朽的陈词滥调。

协约国1917年的作战方案，很快因为指挥权更迭变得复杂起来。法国国内的舆论厌倦了霞飞消耗战略的微薄成效，而他有限目标的打法，也因己方的无限损失和缺乏显著战果而不再受宠。他们拿霞飞这种战略的枯燥过程，与当年秋季芒然在尼维勒指导下，在凡尔登赢得的辉煌战果相比较，结果，尼维勒取代了霞飞，他承诺要取得真正的突破。尼维勒的自信鼓舞了英国新任首相劳合·乔治，于是，他指示黑格在即将到来的作战行动中听从尼维勒指挥，这项安排实际上有违原则，因为一名将领不能在指挥一支军队的同时指挥另一支军队。在执行本质上很大胆的方案时，尼维勒遇到两个障碍，一是他没能说服几名下属支持自己的构想，二是政府授予他的权力不像他的前任那么大。虽然霞飞说过英军必须发挥主要作用，但尼维勒改变了这种政策，他希望维护法国的荣誉，却忽略了法军的作战力量已入不敷出到多么严重的程度。

霞飞的方案是沿拓宽的战线重新发起索姆河攻势，英军在河流北面遂行突击，作战地域包括但超过旧战场，法军在河流南面展开行动，作战地域延伸到瓦兹河。这场进攻计划于二月初发动，两周后，法军会在兰斯到克拉奥讷的香槟地区展开规模较小的进攻。

法国人设想的是进攻一些距离较近的目标，因此，除非德军的抵抗出人意料地崩溃，否则，英军主力随后会调往佛兰德地区，在那里发动新攻势。分析相关情况就会发现，放弃霞飞的作战方案，不会让联军丧失赢得初期胜利的机会。一月下旬到来的严重霜冻，有助于联军的初期发展，可对其他战区同时发动进攻的前景来说，未免来得太早了些。霜冻虽说有可能扰乱德军执行作战计划，但更有利于他们集结在后方的准备工作，而不利于联军充分发挥优势。

尼维勒的构想比霞飞的方案更庞大。他打算从朗斯—努瓦永—兰斯这个庞大突出部的两翼展开向心突击，法国和英国军队在索姆河南北两面发动进攻，吸引敌军注意力和资源后，法军就在香槟地区遂行主要突击。前一场"初步"攻势，尼维勒的想法是避开索姆河旧战场，在这片旧战场两侧遂行突击。因此，黑格的进攻正面缩窄，作为回报，尼维勒希望英军接管法军位于索姆河南面，直到鲁瓦的战线，这样就可以腾出部分法军部队用于香槟地区的主要突击，尼维勒希望在那里实现决定性突破。

黑格对这种可能性深感怀疑，主张晚些时候再发动进攻，但他认识到新方案的有利之处，特别是这份方案表明，进攻重任由法军承担。另一方面，他强烈反对延长英军战线，因为这会减少英军在佛兰德地区发起进攻时的可用兵力，而这场进攻正是他热衷的。他的异议给尼维勒的方案造成第一道裂缝。尼维勒 12 月 21 日写了封言辞恳切的信，黑格的回复却含含糊糊，说要是自己再获得 6 个师，就可以接替法军的防务。尼维勒觉得不能浪费时间，于是通过政府向英方发出呼吁。结果，双方一月中旬在伦敦召开会议，黑格认为，联军应该等俄国和意大利五月份发动进攻后再展开行动，但会议否决了这个主张，规定进攻日期不得迟于 4 月 1 日。会议还做出决定，黑格所部应当接替索姆河南面的法军，为此，上级承诺再调拨给他 2 个师，争论一番后，他最终得到 8 个师。黑格还接到指示，必须"在字面意义和精神实质上"不折不扣地执行这份决议。

但一些难题没有得到解决，特别是个人感受没有得到安抚。法军和英军司令部之间的关系日趋紧张，法国人抱怨英方设置障碍，英国人认为对方想主导一切。英方对法国铁路勤务的不满加剧了这种紧张关系，黑格就这个问题向本国政府大声疾呼，于是，两国 2 月 26 日又在加来召开会议。出乎黑格意料，法方抓住机会，在会上提出统一指挥作战行动这个更重要的议题，会议给出的解决方案是，英军接受尼维勒指挥，他给英军下达的命令由派驻法军司令部的一名英军参谋长签发。黑格和罗伯逊当然不赞成这项方案，经过一番激烈争论，双方达成妥协，黑格同意在即将发起的进攻战役中接受尼维勒指挥，但保留"上诉权"。可是，英军高级指挥部根深蒂固的猜忌，削弱了顺利部署作战方案的机会，而这种猜忌又因尼维勒身边一些人鼓动他把黑格搞下台而加剧。

几天后，尼维勒以一封措辞相当强硬的信件下达了指令，黑格深感震怒，而德军撤离索姆河前线的迹象让他有了行使上诉权的借口。黑格也许过分强调了德国人北调部队、在佛兰德地区进攻英军的可能性，他通知英国政府和尼维勒，自己可能不得不减少在尼维勒这场攻势中承担的任务并推迟执行日期。尼维勒认为黑格故意逃避责任，于是，双方 3 月 12 日又在伦敦召开会议。他们在会上为已达成的协议加入更多保障措施，但此次会议主要讨论尼维勒下达指令的形式而不是内容，两位指挥官私下交谈一番后解决了措辞的细枝末节造成的麻烦。尼维勒终于可以集中心思，为即将发起的进攻拟制方案。

没等联军投入行动，德国人就破坏了他们的方案。鲁登道夫采取的首个措施是着手为德军重组兵力、供应弹药、输送补给制订完整方案。与此同时，他打算转入防御，希望重新发起的潜艇战发挥决定性作用，或者为他储备的兵力和物资准备就绪后，在陆地发动决定性打击铺平道路。作为面对索姆河攻势的"安全系数"，鲁登道夫先前已下令构筑新防线，这道部署了大量兵力的防线，沿朗斯—努瓦永—兰斯这条弧线的弦部而设。新年伊始，鲁登道夫预计协约国会在索姆河展开新的进攻，因而急于完成这道后方防线，并为彻底破坏弧线内的整片地区做出安排。这份破坏方案具有讽刺性的代号——"阿尔贝里希"，这是尼伯龙根神话中心怀恶意的矮人国国王的名字。鲁普雷希特王储宁可辞职也不愿采取这些极端措施，他拒不签署相关命令，这才让自己良心稍安。一座座房屋遭摧毁，一棵棵树木被砍倒，就连那些水井也受到污染，残垣断壁中布设了大量诡雷。

整体后撤前，德军先于2月23日在巴波姆前方处境尴尬的突出部实施局部后撤。这项措施非常及时，不仅缓解了英军施加的压力，还避免了对方插手干预的危险。虽说此举明确暗示联军日后会遇到些什么，可他们没能利用这种警告。尼维勒不相信自己战线前方的德军也会后撤，黑格倒是相信，他还谨慎地认为，现代条件下，只有小心翼翼地展开骑兵冲击才是切实可行的方案。德国人避开了对方这样一场进攻，3月12日凌晨再次实施局部后撤。3月16日，他们开始全面后撤，一个个兵团有条不紊地列队退往他们所说的西格弗里德新防线，而联军称之为兴登堡防线。如果先前不采取那些残酷的措施，这场机动堪称完美无瑕，这说明鲁登道夫在必要情况下，有勇气放弃既占地区。面对一片焦土，英军谨慎而又缓慢地展开追击，为进攻这条战线所做的准备都白费了，他们只好把接下来的行动限制在阿拉斯周边地区，那里的战线没有发生变化。

4月9日，艾伦比第3集团军在那里发动春季攻势，一举夺得长期寻求的维米岭，但没能发展初期胜利，直到德军加强抵抗后很久才继续遂行进攻。这场代价高昂的行动旷日持久，表面上是为缓解法军承受的压力。因为法军在索姆河与瓦兹河之间的突击，也因德军后撤而丧失作用；4月16日在兰斯东西两面展开的主要突击遭遇惨败，产生了危险的后果。虽说尼维勒战略方案的基础被打乱不是他的错，可情况发生重大变化后，他仍坚持原定方案，表现出一种"自大狂"的作风。尼维勒的战术方案过于缜密，缺乏灵活性，面对早已提高警惕的敌人，他这套方案无法弥补赢得胜利的要素的缺失。法军长时间的炮火准备，让他们丧失了达成突然性的机会，他们也没有预先调离德军预备队，因此，迅速达成突破的企图注定要失败。过高的期望引发了更大的反作用，法军一次次冲向铁丝网和机枪，却无法取得显著战果，许多官兵对此深感厌倦。

前线官兵的怨愤不断加剧，法国军队终于发生兵变，被波及的兵团不下16个军。5月3日，叛乱之火在第2殖民地师辖内一个团爆发开来，这股火焰虽然暂时被扑灭，但很快又蔓延开来，涉事人员高呼"我们坚守战壕，绝不进攻！""冲向那些毫发无损的机枪？我们没那么蠢！"。兵变总是发生在部队奉命开赴前线期间，这种情况清楚地表明，造成叛乱的真正原因是这些士兵厌恶他们的领导，而不是煽动性宣传。值得注意的数据是，法国陆军发生的逃兵案，从1914年的509起攀升到1917年的21174起。据法国陆军部部长说，士气崩溃的现象非常普遍，整个香槟地区只有2个师可以充分信赖，某些地段的战壕根本没人据守。

眼前局面的救星是贝当将军，他的办法是采用更改过的政策，并且以心理学为基础。4月28日，法国政府任命他为总参谋长，以此阻止尼维勒鲁莽的进攻，5月15日，他们又采取了更明智、更务实的措施，派贝当接替尼维勒。贝当上任后一个月内，乘车跑遍前线，视察了几乎每一个师，召集官兵，倾听他们的怨言。这种家长式的作风是前线官兵前所未见的，成功地激发了他们对贝当坚定的信念和所做承诺的信心。在前沿战壕，执勤任务面前人人平等；定期休假得以确保；营地条件得到改善。没过一个月，法国军队恢复了平静，代价仅仅是23人被处决，尽管还有100多名兵变首脑被放逐到殖民地。

虽说法国陆军重新稳定下来，可贝当还是要想办法恢复部队的信心和战斗力。首先，他重新安排各部队的训练和战术，重点是利用火力节约兵力。然后，他又以简单的测试来检验他这柄重新磨砺的利刃，而且特别注意避免刀锋再次钝化的风险。因此，当年剩下的日子里，英军承担起作战的重任。派驻法国的英国远征军，现在的实力到达最高点，共计 64 个师，配备了大量火炮和弹药。俄国三月份爆发了革命，导致俄国军队没能对德国有效施加压力，因此英军承受的压力加剧了。黑格决心按照原定计划在比利时发动进攻，以此拖住德国军队，可即便原则正确，作战方式和作战地点的选择也与所有历史经验背道而驰。

英军的初步行动是进攻梅西讷山脊，目的是拉直伊珀尔突出部，同时吸引敌预备队。6 月 7 日，普卢默指挥英国第 2 集团军（参谋长是哈林顿）投入进攻，事实证明，这场行动堪称有限进攻的典范——19 枚巨型地雷同时爆炸，并辅以压倒性的火炮集结，他们不仅实现了突然性，还抢在德军官兵的麻木状态消退前，充分利用了这种突然性。

完成突袭后，英军拖延了很久，直到 7 月 31 日才在伊珀尔地区展开主要突击，倾盆大雨妨碍了进攻，由于这片地区错综复杂的排水系统遭到破坏，他们行动注定要失败。发起长时间炮火准备的这种做法，英军指挥部沿用了两年半，他们认为发射炮弹的数量是成功的关键，因而放弃了突然性的帮助，这与历史上所有伟大统帅的做法完全不同。伊珀尔地区的进攻行动，十一月初最终湮灭在帕森达勒沼泽地里，这种结局比以往任何时候更明显地暴露出以下事实：炮火准备的本意是为进攻铺平道路，结果却把地面炸得难以通行，阻碍了部队的挺进。德国人还采用了新的防御方式，他们削弱前线防御，以腾出的兵力迅速实施局部突击，从而加剧了英军的挫败。德军的防御以部署在一座座混凝土暗堡内的机枪为基干，而且呈纵深配置。英军为这场泥泞中的斗争付出高昂的代价，没获得任何回报，但这场进攻的指挥工作逐渐移交给普卢默第 2 集团军，更好的参谋作业在一定程度上减少了部队的伤亡。

英军的当前目标是把德国人驱离比利时各座港口的潜艇基地，历时三个月的艰苦斗争落下帷幕时，他们远远没有实现既定目标，如果说这场进攻削弱了德军的实力，那么，英军遭受的削弱更加严重。

1917 年的西线战局就此结束，联军承诺的光明前景没能兑现。英国坦克部队指挥部从一开始就意识到，在佛兰德这些沼泽地使用坦克纯属徒劳，因而为测试坦克全新而又不同的战法四处寻找合适的战场。他们拟制了方案，打算实施大规模坦克突袭，肃清康布雷附近被运河封闭的"口袋"，此处起伏的丘陵地有利于坦克运动。他们的基本构想是，不实施任何炮火准备，在不暴露进攻意图的情况下投入大批坦克。由于伊珀尔的进攻行动已然丧失成功的希望，英军指挥部批准了坦克部队的方案，但把它改为具有深远目标的明确进攻，鉴于伊珀尔交战消耗严重，英军已没有足够的力量实现这些目标。这场进攻由宾爵士第3集团军辖内6个师遂行，日期定于11月20日。近400辆坦克率领的这场进攻，彻底实现突然性。虽然受到些阻碍，但与英军以往任何一场进攻相比，此次渗透得更深，代价也更小。可是，他们把所有可用兵力和坦克悉数投入第一波打击，手上没留预备队，因而无法发展胜利。而骑兵部队一如既往地证明了已在西线战场被多次证明的事实：他们无力执行这样的任务。

英军的突击势头就这样消退了，11月30日，德军发动反攻，打击英军进攻形成的突出部的两翼。英军在北面挡住敌人，但德军在南面取得突破，不过英军还是及时阻止了一场灾难。康布雷战役的结果虽说令人失望，但揭示出这样一个事实：坦克与突然性相结合，完全可以打破堑壕战的僵局。在此期间，贝当大力整顿法国陆军，想为1918年的战局检验手中这柄利刃的准备状况。当年八月，吉约马集团军在凡尔登发起突袭，收复了1916年丢失的所有领土。十月份，迈斯特集团军夷平德军防线西南角，夺得贵妇小径山脊。

俄国的崩溃

法国军队的战斗力暂时崩溃，并不是共同破坏协约国1917年攻势的因素中最严重的麻烦。而俄国先是部分崩溃，随后彻底瓦解，给协约国造成的破坏，一段时间内就连美国参战也无法弥补——交战双方的力量对比恢复平衡前，西方盟国危险地处于失败边缘。由于军事机器的故障，俄国蒙受了惨重损失，可他们为盟友付出的牺牲，给俄国民众的精神造成的破坏，甚至远远超过俄国军队的肉体忍耐力。俄国三月份爆发的革命，表面上是反对沙皇身边的腐败分子，可深层却存在根深蒂固的精神原因。沙皇被迫退位，一个温和的临时政府爬上马鞍，却没有缰绳。这只是个权宜之策，五月份，另一个政府取而代之，这个更具社会主义倾向的政府，表面上由克伦斯基领导。他们呼吁全面和平，以适合工会，却不适用于战场的委员会控制体系破坏纪律。克伦斯基幻想自己登台一呼，就能派军队打击敌人。布鲁西洛夫接替阿列克谢耶夫出任最高统帅。7月1日，俄军对奥地利军队的作战行动取得些初期战果，特别是在斯坦尼斯拉夫地区。可一遇到真正的抵抗，他们的进攻就停顿下来，随后被德军的反攻直接打垮。到八月初，俄军已被驱离加利西亚和布科维纳，完全是政策的原因，德奥联军才在俄国边界线停下脚步。自兴登堡和鲁登道夫 1916 年离开后，真正指挥东线战事的一直是霍夫曼，他把战略和政策巧妙地结合起来，很大程度上促成了俄国的彻底瘫痪，从而腾出德军部队用于西线。当年九月，德国人抓住机会演练他们的炮兵新技术，以便日后用于法国；胡蒂尔指挥德军突然发动进攻，几乎没遭遇抵抗就夺得里加。十一月，列宁领导的布尔什维克推翻了唠叨的克伦斯基并寻求与德国停战。十二月，双方达成停战协议。

意大利战场的突破

俄国的退出并没有结束协约国的厄运。每年秋季，德国都会抓住机会，干掉协约国一个实力虚弱的盟友，这种规律性实在让人沮丧。1915 年是塞尔维亚，1916 年是罗马尼亚，现在轮到意大利，或者说，至少德国人是这么打算的。鲁登道夫九月份做出决定，这个决心是基于奥地利当局的恳求，他们觉得己方军队无法承受在意大利边界从事另一场防御作战的压力。五月份，卡多尔纳在伊松佐河战线再次发动进攻，而奥军在卡尔索地区展开反突击，收复一小部分失地，但与以往交战相比，双方的损失更接近于半斤八两。联军重新提出在意大利战线通力合作的问题，但事情毫无结果，因为黑格强烈反对。尽管如此，卡多尔纳八月份还是发起第十一次伊松佐河交战。卡佩罗第 2 集团军在戈里齐亚北面夺得巴因西扎高原很大一部分地区，但旷日持久的努力没能取得更大战果，激战四周后，卡多尔纳被迫停止进攻。可是，这场进攻战役给身心疲惫、堪堪抵抗的奥军造成了沉重压力，用鲁登道夫的话来说就是："为防止奥匈帝国崩溃，我们必须下定决心进攻意大利。"

鲁登道夫有个难题亟待解决：俄国还没有屈服，守卫那条战线的德国军队已拉伸到极度虚弱的地步；英军在佛兰德地区展开的攻势，导致德国无法从法国抽调大批部队，因此他只能拼凑出 6 个德国师；此外，奥军的素质低于以往任何时候。鲁登道夫得出结论，赢得决定性战果的唯一机会是挑个特别薄弱的地段，那里能为达成突破后的战略发展提供空间。他发现托尔米诺—卡波雷托地区符合要求。10 月 24 日，一场短促炮击后，德奥联军发起打击，冲下山区西坡长驱直入，对南北两面的意大利军队构成威胁。10 月 28 日，德奥联军前出到意大利总司令部原先的驻地乌迪内。10 月 31 日，他们到达塔利亚门托河。

这场攻势最重要的特点是，德奥联军实施了"精神轰炸"。一连几个月，他们以宣传为武器，竭力削弱意大利军队的纪律和抵抗意志。但这种宣传的效果可能被夸大了，因为就像法国军队四月份出现的情况那样，最强大的宣传源于意大利统帅部的消耗战略，这种战略以高昂的代价换取微不足道的战果，令意军官兵深感厌恶。

可战果还是出乎鲁登道夫意料，他没想到仅仅投入这么薄弱的军力，现在就有可能到达如此遥远的目标。直接追击放缓后，鲁登道夫姗姗来迟地打算把部队从左翼调去支援康拉德，奥军正从侧翼进攻威尼西亚突出部北面。可是，由于铁路线不足，鲁登道夫的意图没能实现。尽管如此，为挽救自己的两翼，中路遭到突破的卡多尔纳只能仓促撤往掩护威尼斯的皮亚韦河一线，25 万名意军官兵沦为俘虏。同一天，迪亚兹取代卡多尔纳出任总参谋长。意大利的盟友火速派出 1 个英国军和 1 个法国军驰援。11 月 5 日，英法两国的政治和军事首脑赶到拉帕洛召开会议，此次会议最终形成了统一的指挥机构，后来的凡尔赛联军最高战争委员会也由此而来。

入侵者的步伐远远超出了他们的运输能力，危急的形势让意大利军队振作精神，展开顽强抵抗，面对康拉德的直接进攻和从特伦蒂诺迂回他们左翼的不懈努力，意军成功地守住了皮亚韦河防线。十二月初，一直担任预备队，严防敌人再次达成突破的英法军队，向前开进后接防了一些容易遭受攻击的地段，但敌人只在北面重新发动进攻。随着风雪到来，这场进攻 12 月 19 日宣告终结。卡波雷托战役虽然重创意大利人，但也净化了这支军队。经过一段时间休整，意大利军队通过维托廖韦内托战役洗刷了耻辱。

占领耶路撒冷

那片遥远的战区又一次为协约国 1917 年的事业提供了唯一的胜利，这次发生在巴勒斯坦。1917 年 4 月，英军在加沙第二次遭遇逆转，造成指挥层变更，艾伦比替换了默里，此人性格坚强，而且幸运地获得了足够的援兵，这是默里一直苦求而没有得到的。英国政府急于赢得一场蔚为壮观的胜利，从而消除尼维勒的失败和俄罗斯帝国的衰亡造成的沮丧之情，英国总参谋部企图调离土耳其人的预备队，借此破坏对方夺回巴格达的企图。

艾伦比七月份就职，上任头三个月忙于秋季攻势的先期准备工作，这个季节很适合进攻。他整顿司令部，加强交通线，还把指挥部从开罗迁往前线。通过彻底保密和另一些计谋，艾伦比一直把土耳其人蒙在鼓里，直到英军发动进攻，他们才恍然大悟。英军从 10 月 20 日起猛轰加沙的防御，11 月 1 日发起冲击，借此牵制敌军，吸引对方的预备队。在此期间，作为实施真正打击的必要前提，英军 10 月 31 日以一场向心机动夺得贝尔谢巴这座内陆堡垒，这是他们 11 月 6 日展开决定性进攻的序幕，这场主要突击攻破敌人虚弱的中央防区，进入非利士平原。法尔肯海因目前在阿勒颇负责指挥工作，一直以来，他也在筹划进攻，但英军掌握更好的交通，因而赢得了这场赛跑。虽然法尔肯海因朝贝尔谢巴发起反突击，竭力遏制对方的进攻大潮，但中路遭到突破，迫使他下令全面后撤。缺水、缺乏主动性妨碍了英军的追击。尽管如此，到 11 月 14 日，英军不仅把土耳其军队分割成两部分，还占领了雅法港，艾伦比随后把主力调往右翼，用于朝内陆进军，攻往耶路撒冷。没等土耳其人阻挡去路，艾伦比就夺得几座狭窄的山口，为改善交通线实施必要的停顿后，他前调预备队展开新的进军，12 月 9 日攻占耶路撒冷。冬雨降临前，英军已扩大并加固了他们占领的地区。这番壮举在精神层面取得的胜利很有价值，但从战略角度看，英国人似乎为实现目标兜了个大圈子。如果把土耳其比作驼背的老人，那么，英国人错失了打击他头部（君士坦丁堡）的机会，又忽略了对他心脏（亚历山大勒塔）的打击，现在却致力于从脚部往上吞噬这个老人，就像一条蟒蛇，拖着长长的身躯穿越沙漠。不过，这场艰难的消化，受益于劳伦斯和阿拉伯人不断侵袭土耳其军队，这些行动带来了广泛的瘫痪效应。

肃清东非

1917 年见证了协约国在海外赢得的另一场胜利，他们虽说没能结束东非战局，但肃清了那里的德国势力。在坦噶港受挫后一年多，英军才认真考虑征服德国设在非洲大陆的最后一个据点。从主要战区抽调部队难以做到，南非政府的忠诚合作提供了唯一的解决之道。1916 年 2 月，史末资将军受命指挥这场远征，拟制了一份由北向南穿过地形复杂的内陆地区的方案，以避开热病肆虐的沿海平原。与这根中路楔子相配合的是通伯尔指挥的比利时军队，他们的任务是从坦噶尼喀湖向东进击，而诺西指挥的小股英军，负责从尼亚萨兰攻往西南方。莱托－福尔贝克指挥的德军，兵力虽少，但作战技能高超，还享有赤道气候带来的一切优势，这片广阔、无路可行的地区，部分是山区，覆盖着茂密的灌木和森林，这就为他们抵抗入侵者提供了帮助。从沿海地带的达累斯萨拉姆港到坦噶尼喀湖畔的乌吉吉，只有一条铁路穿过这片殖民地的中心地区。史末资击退据守边界线的德军，夺得乞力马扎罗山口，沿这条铁路线直接开赴 300 英里外的莫罗戈罗。他还派范代芬特尔率领一股部队，向西实施大范围迂回，切断内陆深远处的铁路线，然后朝莫罗戈罗汇聚。莱托－福尔贝克集中力量抵挡范代芬特尔，阻滞对方这场机动，但史末资的直接进军迫使他匆匆调回部队，这就让范代芬特尔横跨在铁路线上。

不过，莱托－福尔贝克避开对方切断他的企图，九月份退往南面的乌卢古鲁山。比利时军队和诺西率领的英军肃清了西部，他们结成的罗网逐渐收拢，把莱托－福尔贝克困在这片殖民地东南角。1917 年年初，史末资返回英国，范代芬特尔奉命指挥这场战役的最后阶段，莱托－福尔贝克为避免陷入重围，率领残部越过边界线，进入葡萄牙属非洲。整个 1918 年，他在那里从事游击战，一直坚持到这场世界大战结束。他最初只有 5000 人，其中欧洲人仅占 5%，却迫使对方投入 13 万兵力，还耗费了 7200 万英镑。

克服潜艇

1917 年的军事方面，或者更严格地说是经济方面，由于海军的关系蒙上一层阴影。最重要的问题是德国潜艇施加压力与英国实施抵抗之间的平衡。四月份的情况最严重，驶离不列颠诸岛的船只，每四艘就有一艘再也没能返回。协约国损失近 100 万吨船运，其中 60% 是英国的损失，虽然事实证明，德国海军月底前就能赢得胜利的承诺纯属大话，可情况很明显，损失率一直居高不下的话，最终民众必然会挨饿，军队也会难以为继。的确，英国贮存的粮食只够国民维持六周生计。

为消除这种威胁，英国政府采用的间接手段是实行配给制、增加国内生产、扩大造船业；而直接手段是派海军执行护航体制并对德国潜艇发起反击，他们在这方面获得了探测潜艇的新式设备，以及数千艘巡逻艇的协助。最有效的反制措施是以近距离布设的雷区把德国潜艇困在基地内，但英国海军没能以一场决定性胜利真正控制北海，因而无法采取布雷这种措施。英国的驱逐舰队，勇敢地在德国人穿过赫尔戈兰湾后驶离的各条水道投下数千颗水雷，可他们付出的不懈努力，基本上被德国扫雷艇挫败，因为这些扫雷艇在德国舰队掩护下，随心所欲地从事扫雷作业。尽管如此，水雷还是给德国潜艇的通行造成阻碍和延误，还导致潜艇艇员长期处于紧张状态，士气受到影响——这一点至关重要，可以说是导致潜艇战走下坡路的原因之一。与受领的任务相比，德国人的潜艇太少，训练有素的艇员也不够，他们承受的压力太大，这就注定了最终的崩溃。

但英国之所以能避免 1917 年春季的危机，主要归功于防御，而不是进攻，因为维持护航体制是最主要的解决之道。1917 年头几个月，英国海军一直在相关水域巡逻，哪怕 1916 年的情况已证明这种措施没什么效果。就像丘吉尔说的那样："四月份，通往爱尔兰西南部最接近的航线，正成为英国船只名副其实的墓地。"相比之下，另一些海上墓地较小。当年四月，除了英国损失 51.6 万吨船只，其盟国和中立国也有 33.6 万吨船只葬身大海，中立国船只越来越不愿意冒险为英国这个顾客运送物资，致使英伦三岛在食物和原料方面的短缺与日俱增。英国人的肚子与饥饿之间，伫立着英国商船那些勇敢的船员，经历多次鱼雷袭击后，只有他们仍敢出海。英国海军部最大的错误是，在迫在眉睫的灾难面前其他措施全然无效，可他们还是反对采取护航体制。最后，劳合·乔治先生介入，果断支持一些年轻军官提出的建议，四月份批准护航船队沿直布罗陀到北海的航线从事试验航行。5 月 10 日，第一支护航船队离开直布罗陀返回英国。这场试验大获成功，于是，英国人把护航范围扩大到跨大西洋航线，此时，西姆斯海军少将率领美国舰队开抵，增加了护航力量中的驱逐舰数量。通过这种护航，船只的损失下降到只有 1%。八月份，护航任务扩大到从英伦三岛通往海外的运输。九月份，英国的损失降到 20 万吨以下。与此同时，联军对德国潜艇实施的进攻战役，获得特种猎潜艇、飞机、新式触角水雷加强，德国潜艇付出的代价不断增加。到 1917 年年底，英国虽说没能彻底粉碎潜艇的威胁，可至少遏制住了对方。英国民众仍要勒紧裤带，食物配给继续实施，可他们现在肯定不会挨饿了。

1918 年头几个月，德国潜艇的数量随着损失不断增加而稳步下降。五月份，125 艘在役潜艇损失了 14 艘，而仍在行动的那些潜艇取得的战果急剧下降，与他们的数量完全不匹配。总之，德国人在这场战争中共损失 199 艘潜艇，其中 175 艘是英国海军取得的战果。武器效能方面，水雷取得 42 个战果，深水炸弹炸沉 31 艘潜艇。除了在狭窄水域遭到猎杀，战争最后阶段，德国潜艇甚至无法在辽阔的大洋展开有效活动，因为美国海军在挪威与奥克尼群岛之间 180 英里宽的航道上，布下一片庞大的雷区。这片雷区有不下 7 万颗水雷，英国海军布设了其中的 1.3 万颗。德国的潜艇战，主要目的是打击英国海上运输，而美英海军联手设置的这片雷区，是对德国潜艇战的直接反击。

德国的小型潜艇从比利时海岸启程展开的短程行动，由于三个因素而受挫：首先，英军隔着多佛尔海峡实施精准的弹幕射击；其次，凯斯海军中将

1918 年 4 月 22 日夜间发起大胆的突袭，一度封锁了泽布吕赫港的出口；再次，德国潜艇艇员的士气不断下降。但消除潜艇的威胁，不会让人低估这款兵器日后的威力。德国 1917 年发动潜艇战时，只有 148 艘潜艇，而且处于最不利的战略态势。大不列颠犹如一道庞大的防波堤，横跨北欧的海上接近地，德国潜艇不得不穿过狭窄、监视严密的出口，然后才能对英国的补给动脉展开行动。尽管存在这些障碍，可他们还是差一点让英国的心脏停止跳动。

经济援助

恢复"血液循环"方面，美国提供的紧急援助，早在他们给予军事援助前很久就已成为重要因素。他们供应的轻型舰只加强了英国的反潜舰队，他们迅速建造了新的商船，他们还提供了大量经济援助。到 1917 年 7 月，英国的开支已超过 50 亿英镑，每日支出攀升到 700 万英镑，资助盟友、维持本国战争努力的重负，早已让英国的财力捉襟见肘，而美国的援助缓解了他们的压力。参战后头几个月，英国向美国提出贷款请求，数额之大让美国国会为之惊愕。美国处在偏远位置，从事战争的经验也不多，因而不太明白战争的必然代价，大批美国公众觉得，他们的新伙伴正把手随随便便地伸入山姆大叔宽大的衣兜。结果，美国财政部长麦卡杜先生成了风箱里的老鼠，盟友和美国民众都不满意，前者觉得他太吝啬，后者大骂他像个醉醺醺的水手，乱花国家的钱。因此，美国国会强烈反对继续贷款。诺思克利夫的电报虽说有点夸大，可还是形象地总结了当时的情况："如果停止贷款，战争也会停止。"

实际上，截至七月中旬，美国已经为几个盟友提供了 2.29 亿英镑贷款，条件是这些钱用于从美国购买物资，而英国为盟友提供的贷款已高达 9 亿英镑，同一时期又增加了 1.93 亿，却没有提出这种限制条件。新的压力越来越大，随之而来的担心是，英国不得不卖掉债券，以偿还先前的"摩根贷款"，这会损害英国的信用。时任英国外交大臣巴尔弗对此深感震惊，他发电报给豪斯上校："我们似乎处于金融灾难的边缘，这场灾难会比战场上的失败更严重。要是我们无法保持汇率，我们和我们的盟友就无力偿还美元债务。我们会被逐出金本位制，从美国采购一事会立即停止，盟国的信誉也会破产。"

为解决这种危险，美国财政部不顾国会的反对，每个月继续支出预付款，直到各盟国设立协调一致的财务委员会。英国则成立正式的采购委员会，取代代表政府履行非正式职能的 J. P. 摩根公司，并且派雷丁勋爵作为政治和金融代表前往华盛顿，以坦率和支持的态度，给嘎嘎作响的供需机器加注润滑油。自由公债运动取得压倒性胜利，至少获得一笔相等的资金。美国为盟友提供的贷款额度，提高到每个月最多 5 亿美元。到当年年底，情况彻底发生变化，美国政府为武装本国军队，提出巨大的需求并大肆购买，给盟友提供的贷款超过了供应给他们的物资。各盟国现在面临的问题是缺乏制造弹药的原材料，而非用于付款的资金。

美国的参战确保了协约国立于不败之地，实际上，将军队投入战场，改变交战双方的力量对比前，他们已经赋予协约国一项重大利益。美国海军的封锁行动不再受到中立遁词阻挠，相反，美国的合作已经把这场行动变为绞索，敌人很快就会被勒得喘不过气来，因为军事力量建立在经济耐力的基础上。作为参战国，美国果断地使用了经济武器，全然无视其他中立国，远远超越英国过去几年关于中立权的争论中最大胆的主张。因此，德国潜艇放松对英国的封锁时，美国恰恰开始加紧对德国的海面封锁。

空战

德国实施潜艇战的同一时期，另一种全新的作战样式也到达顶峰。如果说潜艇主要是经济武器的话，那么，飞机就是一款心理武器。齐柏林飞艇 1916 年实施的空袭，由于遭到爆炸弹打击而告终，但从 1917 年年初起，飞机对伦敦的空袭愈演愈烈，这种情况一直持续到 1918 年 5 月——英国彻底组织起防空体系，德国的空袭才放弃伦敦，转而以巴黎为目标。虽然坚忍的英国民众承受住了这款尚在襁褓期的兵器施加的打击，但其间接影响很严重：商业中断；工业中心的产量受到限制；为实施防御，英国人还从前线调回大批飞机。作为回应，英国姗姗来迟地组建了一支小型独立空军，战争最后几个月，他们大举空袭德国本土，对德国国内的士气造成显著影响。

宣传战

1918 年年初见证了另一款心理武器的全面组织和发展，一直担任英国驻美军事代表团团长的诺思克利夫勋爵，现在出任"对敌国宣传总监"，这款武器首次得到全面理解和使用。诺思克利夫在威尔逊总统的演讲中找到了自己的最佳利刃，总统的演讲不完全是现实主义的，多少有点理想主义，坚定不移地在德国的政策与德国人民之间做出区分，还强调盟国的政策是把包括德国人民在内的所有民族，从军国主义的桎梏下解放出来。诺思克利夫挥舞着豪斯上校锻造的这柄利刃，决心切断把敌国民众与他们的统治者捆在一起的共同纽带。可这些纽带牢固得足以让所有刀锋卷曲，直到被军事压力磨断。1917 年 7 月，威尔逊总统的演讲发挥了作用，在德国产生厌战和反军国主义影响，引发了一场议会抗议。在埃茨贝格尔操纵下，德国议会通过一份和平决议，断然放弃了领土吞并。但此举唯一的效果是打断了贝特曼－霍尔韦格这根军事与政治集团之间倒霉的拔河绳。德国民众选出的议会代表和奥地利帝国的一样，根本无法抵抗德国大总参谋部钢铁般的意志，奥地利现在对战争厌倦不已，急于退出他们当初挑起的这场大战。敌对的民主国家对这些和平运动做出的实际回应微乎其微，因为威尔逊总统作为他们的代言人，一再重申不会与军事独裁统治者谈判求和。威尔逊鼓励敌国民众摆脱这种统治的讲话，固然是一篇杰出的训诫，可对那些受到紧密束缚的民众来说，这种演讲纯属徒劳，因为他们不是逃脱大师胡迪尼。

1918 年 1 月，德国确实爆发了大规模民变，一百多万德国工人组织了大罢工，但这场罢工很快遭到镇压，甚至在德军大规模攻势引发的新的兴奋之情中被遗忘。只有等军事机器发生崩溃，受到这部机器束缚的奴隶才能自我解放，而宣传或许能帮助他们松脱绳索。也许只有到那时，积极的和平意愿才会加强他们对战争的消极厌倦。好战的爱国主义，其内在力量基于这样一个事实：它不仅是个塞口物，还是一针麻醉剂。

第一节

停滞而又拙劣的阿拉斯攻势，
1917 年 4 月

1917 年 4 月 9 日，派驻法国的英国远征军投入进攻，他们希望这是此次世界大战中最后一场具有决定性的进攻战役。在普通观察者看来，当日与先前所有的进攻形成了鲜明对比，可事实证明，这不过是军事沙漠中再次出现的海市蜃楼而已。进攻发起前，这种情况是不可避免的。

阿拉斯进攻战役的根源，与 1916 年的索姆河战役关系密切。其战略构想源自索姆河，因为联军打算让这场进攻战役与另外几场计划于 1917 年春季发动的进攻相配合，虽然这些进攻要么胎死腹中，要么过早夭亡，但其总体意图是彻底打垮德国军队，耗尽他们的兵力。联军认为，完全因为冬季到来，德军才在索姆河战场幸免于难。阿拉斯的战略失败，是索姆河战役所造成态势的部分后果。另一个原因是，英军高级指挥部门没有摈弃他们在索姆河战役期间采用的拙劣做法。另外，阿拉斯方案的诞生，始于索姆河战役期间。

早在 1916 年 6 月，英方就拟制了一份名为布莱尔维尔的方案，打算在阿拉斯附近实施打击，以此作为索姆河攻势的补充。由于索姆河战役像个无底深渊那样吸引了所有可用力量，还造成大量伤亡，布莱尔维尔方案不得不推迟，但当年十月，英方重新提出这份方案并加以扩充，作为春季作战方案的组成部分。由于英军沿索姆河逐渐向东推进，索姆河与阿拉斯之间就留下了一个德军据守的突出部，戈默库尔构成突出部最西点。这个突出部似乎为联军提供了从两侧发起左右开弓的打击，朝康布雷汇聚的机会。如果行动取得成功，不仅有可能切断据守突出部的德国军队，还能打开一个德军预备队根本无法封闭的宽大缺口，为进军瓦朗榭讷，打击敌人穿过比利时低地的交通和后撤路线铺平道路。

1916 年 11 月 18 日，几位联军总司令在尚蒂伊召开会议，讨论 1917 年的作战方案，他们得出结论，英国第 4、第 5 集团军应当在二月初，从戈默库尔突出部南面恢复索姆河攻势，艾伦比第 3 集团军从阿拉斯打击突出部北侧。夺得蒙希勒普勒后，艾伦比应当向东南方攻击前进，沿科热尔河谷切断德军后撤路线，可能的话，还要沿桑塞河河谷实现这一点。协同行动的霍恩第 1 集团军，应当在第 3 集团军北面立即发动进攻，形成一道防御侧翼，而法国军队在索姆河南面遂行进攻。三周后，法军会在香槟地区实施打击，如果这两场主要突击相互作用的话，就会造成不必要的延误。

但整个方案由于法国人的行为、英国人的犹豫、德国人的先发制人而瓦解。法国人的行为指的是他们解除了总司令霞飞的职务，霞飞的责任有两点，首先是他对凡尔登会战准备不足，这方面的证据无可辩驳，其次是索姆河攻势缺乏战果，这种指责不太公正，可不管怎么说，霞飞声誉的泡沫就此破裂。凡尔登反击战的英雄尼维勒接替了霞飞的职务，这项任命使 1917 年的作战方案发生变更，新方案提出更大的目标，还赋予法军更重要的任务。结果，英军不得不接防更长的战线，这就破坏了他们自己的进攻方案。一方的做事方式不够圆滑，另一方又过于敏感，导致双方展开一连串浪费时间的争论，给联军的进攻造成延误。没等他们展开行动，德国人已破坏了这场攻势的基础，他们实施战略后撤，不仅撤离戈默库尔突出部，还放弃阿拉斯与苏瓦松之间整条内陷的旧防线。把德军这场后撤说成英军在索姆河攻势中赢得的胜利和采摘得稍晚的果实，这种说法无疑是荒谬的。这个果实并不符合英军指挥部预先的设想，因为他们整个秋季奉行的是小规模有限进攻的策略，这让德国人有充分的机会为进攻方构设陷阱。他们撤往新建的兴登堡防线，以此拉直己方战线，尾随其后的英军，费力地穿过德国人通过彻底破坏创造的焦土沙漠。德军这场后撤破坏了联军所做的进攻准备，把他们限制在疏散区两侧地域。

就这样，英军这场进攻的主要任务，落在艾伦比第 3 集团军肩头。要是能突破兴登堡防线终点处北面的德军旧防线，他就迂回到兴登堡防线的侧翼和后方。但德国人预料到对方有可能实施这种机动，已构筑了斜切阵地，这道阵地从兴登堡防线北端的凯昂起，穿过德罗库尔，掩护着阿拉斯北面旧防线的后方。因此，艾伦比赢得一场战略胜利的机会完全取决于，他能否抢在德军预备队赶来提供加强前，到达并突破敌人部分完工的斜切阵地，这道斜切阵地位于德军主防御体系后方 5 英里处。突然性是打开这扇门户的唯一钥匙。有鉴于此，阿拉斯攻势的主要戏码在于初期讨论和准备工作——甚至比战斗更重要。除了 7 月 14 日那一仗，联军在索姆河攻势中放弃了突然性这个重要因素，实际上，自 1915 年春季起，他们就把历史上所有伟大统帅掌握的这把万能钥匙抛到了九霄云外。两种手段能帮助英军达成突然性并及时前出到德罗库尔—凯昂这道斜切阵地，一是发起大规模坦克突袭，二是实施短暂而又猛烈的炮火急袭。第一个手段无法实现，因为英军 1916 年提交了关于坦克令人失望的报告后，新式坦克的交付非常缓慢，目前充其量只能拼凑出 60 辆旧型坦克。艾伦比和他的炮兵顾问霍兰德，急于实施最短时间的炮火准备，起初提出的建议是炮火只持续 48 小时。以后来的标准看，超过40 小时的炮火准备还是太长了，但这是朝实现突然性这个方向迈出的试验性一步。可是，上级部门热衷于长时间炮击的原则，对艾伦比这种创新抱有根深蒂固的不信任感。尽管如此，艾伦比还是坚持自己的观点，英军总司令部只好耍了个手段，把他的炮兵顾问升职后调离，派来的接任者无疑赞同他们的观点。随后确定的作战方案是：先实施历时三周的"切割铁丝网"行动，然后展开五天炮击。这种做法，再加上过于明显的准备工作，预示出英军此次还是无法达成突然性。为实施炮火准备，英军调集包括 989 门重炮在内的2879 门火炮，相当于每隔 9 码部署一门火炮。

英军在阿拉斯攻势中无视突然性，这一点也许可以通过德方记述获得最生动的印象，他们已收到明确无误的"通知"，因而在三周内采取了相应的准备措施："野炮和重炮排成长长的队列，出现在腹地一条条接近路线上；飞行队和机枪部队……奉命赶来。无数劳工日夜不停地忙碌……构筑并深化防御体系。从国内驶来的火车川流不息，不分昼夜地把物资和弹药运往主仓库……弹药库里的炮弹堆积如山。防御的构设和部队的组织已完成……部队已接到命令，敌人肯定会来的。"

鲁登道夫亲自赶来视察这片地区，对自己见到的情况感到满意，如果英军愿意付出代价，他们有可能突入德军前沿阵地，但随后就会被他设在纵深处的新防御体系挡住。

不过，英军面临的困难，并不都是德国人造成的。黑格的情报部门负责人查特里斯将军，在他当时所写的日记中提供了一条重要的旁注："艾伦比有个特点和道格拉斯·黑格一模一样，他没法以口头语言清晰明了地阐述自己的作战方案。开会时，两人的情况很有趣。黑格几乎从没说完过一句话，艾伦比的话倒是说完了，可没能准确表达自己的意思。不过，他们俩倒是能完全明白对方要说些什么。"另一些证词让人对查特里斯的说法产生怀疑："两人的贴身参谋只明白自己上司的意思，因此会议结束后不得不对相关细节做出大量解释……这种军事会议上，没人敢插嘴……"

艾伦比仍在较小层面寻求突然性，特别是把阿拉斯、圣索沃尔、龙维尔的地下水道和矿场连接起来，以此掩蔽两个师从地下通行，越过先遣师发起冲击。他这份作战方案的另一个特点是，第 3 集团军辖内三个突击军攻破敌人第一道防御体系后，卡瓦纳率领的骑兵军和马克西指挥的第 18 军就从市中心穿过，直奔德军斜切阵地。为隐蔽起见，遂行这场大胆追击的部队必须穿过阿拉斯城，那里的房屋几乎一直延伸到前线。这个方案令人耳目一新，可还是以失败告终，原因是缺乏初期突然性。此外，计划失败还归咎于这样一个事实：英军发起进攻时的战线相对狭窄，只有 12 英里左右，因此中路瓶颈过窄，尾部很容易被敌人挡住。鲁登道夫在 1915 年秋季的维尔纳攻势中采用过一种更好的办法，以两个犄角实现双路突破，楔入敌军防线，尔后出敌不意地投入追击力量，穿过两个犄角间的宽大缺口。

另外，阿拉斯作战方案有个根本缺陷：与战斗前线相比，底部过宽，运送补给和援兵的路线都朝阿拉斯汇聚，结果彻底堵塞了这个瓶颈狭窄的口部。初步进攻没能实现预期的进展，骑兵力量抵达前进地区又加剧了拥堵，而1915年和1916年的经历表明，除非肃清敌人、打开宽阔的通道，否则这种进军纯属徒劳。

不过，虽说英军4月9日发动进攻前，实现战略目标的希望已不复存在，可他们起初赢得的战术胜利令人振奋，与以往的进攻形成鲜明对比。他们发射的新式毒气弹，在瘫痪守军炮兵力量方面最为有效，这些毒气弹不仅迫使敌炮组人员一连几小时戴着防毒面具，还像打苍蝇那样杀死许多驮马，导致对方无法前运炮弹。遂行这场进攻的是英国第3集团军辖内第7、第6、第17军，以及第1集团军编成内的加拿大军。部署在最右侧（南面）的是斯诺指挥的第7军，位于克鲁瓦西耶附近的第21师形成个枢纽，第7军辖内第14、第30、第56师（第1伦敦师）沿这个枢纽转动后发起进攻。霍尔丹第6军部署在第7军左侧，以第3、第12、第15师遂行冲击，第37师等待时机穿越突击部队，夺取至关重要的蒙希勒普勒阵地。斯卡尔普河的沼泽河谷，是第7军与友邻兵团的分界线，把英军右翼和左翼隔开。斯卡尔普河北面的进攻任务，交给弗格森第17军，该军编有第9、第34、第51师，第4师在军右翼的跃进穿过第9师进攻地域。最北面，宾指挥的加拿大军负责冲击不吉利的维米岭，长期以来，这座山脊对联军而言简直就是一道难以逾越的障碍。4月9日，加拿大军夺得大半个山脊，顿时威名远扬，也让先前没能攻克山脊的其他部队颜面扫地。加拿大军队这番壮举，归功于他们出色的准备和执行。但也要承认，一个重要条件让这里的任务比南面更容易些，因为对维米岭实施仰攻时，进攻方的炮兵力量能获得更好的观察视野。另外，此处的地面也很干燥，而在南面，突击部队不得不涉过斯卡尔普河附近的湿地或沼泽。

清晨5点30分，遂行突击的步兵沿整条战线向前推进，掩护他们的徐进弹幕，时机把握得非常好，没用一个小时，英军步兵几乎占领了对方整个第一道防御体系。斯卡尔普河北面，英军不断取得胜利，先遣师接连夺得三个目标，第4师随即穿过军右翼，一举攻占法姆普，就此突破德军德罗库尔—凯昂斜切阵地前方的最后一道防线。但斯卡尔普河南面，德军先在铁路三角区和电报高地，尔后沿旺库尔—弗希一线遂行抵抗，蒙希勒普勒高地射来的机枪火力为他们提供支援，这番激烈抵抗虽然没能挡住英军第 12、第 15 师，但给他们的推进造成严重耽搁。因此，担任预备队的第 37 师当日无法穿过突击部队投入战斗，位于他们身后的骑兵部队的向前调动不仅徒劳无益，还加剧了拥堵状况。

与以往任何一场进攻相比，这场战役的首日，俘敌人数更多，进展也更快，但达成战略性突破的黯淡希望已经消失。造成这种结果的重要原因是错误地使用坦克。英军只能拼凑出 60 辆坦克，明智的做法是集中这股力量，协助突击部队夺取蒙希勒普勒，而不是把这些坦克分散在整条战线。下一阶段，英军又犯了同样的错误，要是他们把可用坦克悉数集中在首日进攻形成的突出部南侧，本来可以对德军施以纵射火力，很可能粉碎对方的抵抗。

因此，第 3 集团军 4 月 10 日遭遇敌人不断加强的抵抗，他们的火炮部署得过于靠后，无法为步兵提供支援。直到 4 月 11 日上午，4 辆坦克赶来协助第 37 师夺取蒙希勒普勒，虽说他们确实插入根楔子，但一切都为时过晚，而且这根楔子也太窄了。

当日上午，高夫第 5 集团军部分力量，从南面朝兴登堡防线发起向心突击，企图缓解德军的抵抗给第 3 集团军造成的压力。就越来越无望的态势而言，这是个绝望的补救措施。因为第 5 集团军艰难地穿过德军疏散地域后，既没有做好准备，也没有为一场常规堑壕攻击战前调必要的炮兵力量，更别说冲击兴登堡防线的严密防御了。眼前的困难催生了新颖的权宜之策，这种权宜之策蕴含的新式打法，后来在康布雷大获成功。但康布雷战役投入 381 辆坦克，而英军目前只能拼凑出 11 辆坦克。由于炮兵支援力量不足，这批坦克充当移动火炮和铁丝网切割机，率领澳大利亚第 4 师冲击比勒库尔附近的兴登堡防线。

这场孤注一掷的行动失败了，原因是英军的准备过于仓促，投入的资源不足，冲击正面过窄。但几小时内，英军的确产生即将赢得胜利的错觉。虽说坦克姗姗来迟，没能发挥预期作用，可它们至少分散了敌军注意力，还造成恐慌，"部分德国守军四散奔逃"。澳大利亚人突入兴登堡防线，随后沦为敌人从四面八方发起的反扑的打击目标，而英军后方的炮兵力量误以为突击部队正顺利挺进，因此没有提供炮火掩护。

英军也许能保住既得战果，可无法更进一步，因为第 3 集团军右侧，德军在埃尼内勒和旺库尔顽强抵抗，消除了两个英国集团军会合的一切机会。次日上午，第 21 和第 56 师以一场英勇的突击攻克这两座堡垒，但德军反突击的力度越来越大，致使英军第一阶段，也是主要阶段的进攻行动于 4 月 14 日告终。他们虽然没能赢得战略性胜利，但俘虏 1.3 万名德军官兵，还缴获 200 门火炮。

英军下一阶段的行动没取得太大战果，无法缓解伤亡总数巨大引发的沮丧之情。法国军队 4 月 16 日在埃纳河发动进攻，阿拉斯战役可以说是这场进攻的前奏，可事实证明，法军的攻势败得更惨，打破了尼维勒的奢望和豪言壮语，葬送了他的职业生涯。直到一周后，英军才打算恢复进攻，虽然黑格决心"继续以英军攻势的全部压力……协助我们的盟友"，但法国军队此时并没有发动需要他们协助的进攻。4 月 23 日和 24 日，面对沉重的压力，艾伦比以高昂的代价前移自己的战线，攻占了盖马佩和加夫雷勒。黑格在 4 月 30 日召开的集团军司令会议上指出，他对法军进一步发动进攻的可能性不抱太大希望，但还是决心继续自己的进攻行动，"稳步推进到一条较好的防线上"。

虽然英军 5 月 3 日和 5 日的进攻和牺牲没有取得相应的战果，但这场不顾一切的突击远比我们想象或注意到的更顽强。由于没能突破敌军防线，这场旷日持久的攻势终于落下帷幕，换来的只是痛苦至极的结局。英军随后把进攻重心转移到北面，6 月 7 日在梅西讷发起蔚为壮观的攻势，十月份在帕森达勒沼泽再次以悲惨的结局收场。

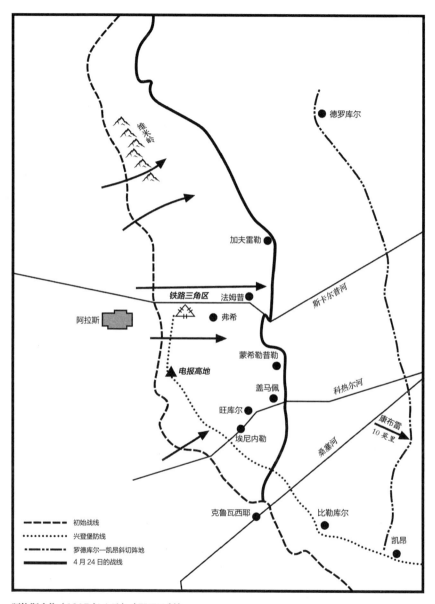

阿拉斯攻势（1917 年 4 月）（ZVEN 制）

第二节

梅西讷——围攻战的杰作

　　1917 年 6 月 7 日的交战，爆发次日就被誉为辉煌的军事成就，与
1914—1918 年间许多在历史上已黯然失色的"杰作"不同，这场交战时至今
日依然出众，甚至获得了更高的赞誉。因为我们现在认识到，普卢默第 2 集
团军攻克梅西讷山脊，几乎是整个战争期间唯一一场真正的围攻战。这场交
战也是直到 1918 年后期，为数不多的几次指挥部采用的打法完全符合实际
情况的进攻之一。

　　不过，虽然梅西纳交战持久的历史意义在于英军的打法完美得体，但在
当时，这场胜利振奋士气的价值遮掩了他们出色展示的技战术。此次交战也
许强烈刺激了没有直接指挥作战行动的那些人，致使他们对随后几场伊珀尔
交战抱有过高希望，那里的情况与梅西讷不同，采用的对策自然也不相同。
可这种反思无损于梅西讷之战的价值，这一仗是联军在阿拉斯和埃纳河遂行
春季攻势招致令人失望的结局后，急需的兴奋剂。

　　贝当竭力重整法国陆军之际，黑格决心把他的进攻重心转移到佛兰德地
区，以此作为在伊珀尔展开主要行动的初步措施，从而完成他谋划已久的方
案：夺取梅西讷和韦茨哈特周边高地，将其作为进军伊珀尔的侧翼堡垒。德
军控制这道山脊期间得以彻底观察英军堑壕和炮兵连前进阵地，因而控制住

了通往伊珀尔突出部的各条交通线，他们施以纵射火力，甚至迫使英军放弃火力打击范围内的堑壕阵地。

英军的准备工作始于近一年前，但从冬季起才真正取得进展。因此，黑格 5 月 7 日提出何时进攻梅西讷这个问题，普卢默回答道："从今天算起的一个月后。"他准确地兑现了自己的承诺。这种认真的回答蕴含着冷静和沉着，没有流露出丝毫焦虑不安的迹象，也没有恰如其分地体现出实现这个目标所需要的意志力。

成功的关键在于同时引爆 19 颗巨型地雷，这些地雷的装药量共计 600 吨，自一月份起，面对敌人积极的反坑道作业，英军挖掘的坑道长达 8000 码。进攻开始前几个月，普卢默获悉，德国人距离 60 高地埋设的地雷仅隔 18 英寸，唯一的办法是立即引爆这颗地雷，但他坚决反对。接下来几周，不祥的传言和报告接连不断，但普卢默不为所动。他这个决定的合理性，终于在 6 月 7 日凌晨 3 点 10 分得到证实，这颗地雷和另外 18 颗巨型地雷同时炸响，英军埋设的 20 颗地雷，只有一颗被德国人预先引爆。

普卢默意志力坚定的另一个例子是，他顶住了总司令部要求撤换他的炮兵顾问这种强大而又阴险的压力。阿拉斯进攻战役开始前，第 3 集团军也遇到这种事，艾伦比的炮兵顾问被调离，接任者给出完全不同的炮火准备计划，彻底打乱了艾伦比的原定方案，导致该集团军丧失了达成突然性的一切机会。但梅西讷交战开始前，普卢默顶住上级调整人事安排的一切企图，他坦率地指出，只要自己在职一天，就会继续任用他信得过的人，总司令部这才作罢。虽说普卢默必要时会强烈反对专家的建议，但没有哪位指挥官比他更积极地寻求来自各个方面的建议，也没有谁比他更认真地权衡这些建议，以此作为自己所做决定的基础。他的参谋长哈灵顿是个聪明、态度温和的幕僚，两人的亲密关系，堪称整个第 2 集团军司令部合作气氛的象征，这种气氛通过他们传递到了各作战部队。

相互信任，接受各种想法和批评，这就是第 2 集团军的作风。他们在前线后方开办的各类学校和培训班就是这样，他们鼓励学员自由提问或发表批评意见，而提出各种问题的学员，不仅能得到回答，还会收到对相关原因的解释。这种作风也体现在进攻的准备工作中。其他高级指挥官往往会制定一连串目标，然后要求麾下部队必须实现，普卢默的做法是提出几个临时性方案，然后与参加行动的军、师级指挥官讨论每个方案和相关细节，根据当地情况和大家的意见调整目标。最后，所有细节像马赛克那样拼凑起来，这就是众人一致认可的作战方案。

另一个事实表明普卢默具有公正的判断力：总司令部的指导性技术建议与实际情况冲突时，他拒不接受，可如果符合实际情况，他会欣然采纳。1914—1918 年的西线，很大程度上是一场工兵的战争，但历史学家困惑不解的是，工兵对指导这场战争发挥的作用微不足道，骑兵和步兵自负的学说却用于解决工兵的问题。可梅西讷的情况与之形成鲜明对比，因为英军在此处从事的训练和采用的打法，主要基于 S.S.155 手册，这本手册是工兵根据他们在围攻战方面的专业知识和经验编撰的。

梅西讷之战是一场严峻的围攻行动，英军在准备阶段、在物质方面、在执行期间，以最大的智慧替代血肉之躯，因而以最小的伤亡攻克了这座筑垒突出部。地雷、火炮、坦克、毒气都发挥了作用。一股逆风严重限制了释放毒气的方案，而地雷和火炮的效果具有压倒性，以至于几乎不需要投入坦克。稍稍超过 9 英里宽的战线正面，英军集结了包括 828 门重炮在内的 2338 门火炮，另外还有 304 门大口径迫击炮。因此，他们在这里部署的炮兵力量，大约是每 7 码正面 1 门火炮，或者说，每英里的火炮密度达到 240 门，每码战线投掷的弹药多达 5.5 吨。

朝突出部汇聚的事实增加了这场进攻的胜算，但也导致参谋作业、部队和炮兵的进攻编组趋于复杂。因为遂行突击的每个军，作战地域的纵深各不相同，逼近最终目标的过程中，宽度逐渐收窄，而这些目标就是形成突出部弧形的弦部。不过，由于这是一场围攻，英军不打算发展胜利或取得突破，因而比较容易避免阿拉斯发生的那种拥堵。作战地段的分配方案进一步简化了问题，从前到后，5 个师获得宽度相等的作战地段，而填补空隙的 4 个师受领较少的任务。另外，一旦攻克主山脊，新锐部队就穿越突击力量，赶去夺取横跨突出部底部的奥斯塔费尔内一线。

准备工作的每个阶段，都以细致的组织和深谋远虑为标志，但这一切建立在个人风格的基础上，集团军参谋人员不做书面报告和指示，而是不断走访作战部队和前沿堑壕。另一个特点是他们制订了特别情报方案，通过审讯俘虏、地面和空中观察、侦察、拍照、无线电拦截、声响测距获得的各种情报，迅速送到位于洛克雷城堡、刚刚成立两周的集团军情报中心。情报经过筛选，以摘要和地图的形式呈交。

英军5月21日开始炮击和清除铁丝网，5月28日向前发展，历时七天的猛烈炮击在当天到达顶点，其间夹杂着练习性炮击，以测试相关安排的有效性。梅西讷这场进攻战役，丧失突然性并不重要，因为这纯粹是一场有限进攻，阿拉斯的情况不同，丧失突然性对达成突破的希望来说是致命。英军虽然没能在梅西讷达成突然性，但还是取得了同样的效果，这是通过地雷和压倒性炮火实现的，而且，他们的炮火持续时间很长，足以攻克预先设定的短距离目标。这一点，以及实际突然性与突然性效果之间的区别，在战争理论当中相当重要。

对英军来说幸运的是，敌人落入他们彀中。德国人怀疑对方正在从事进攻准备，鲁普雷希特的参谋长库尔建议"疏散突出部，撤到利斯河后方"。可几位军长抱着传统观点，对"制高点阵地"的价值笃信不疑，他们的意见占了上风。这些人痴迷于军人的信念，认为决不能轻易放弃每一寸既占地区，甚至提出加强前沿阵地的观点。就这样，德国人的愚蠢为英军取得成功助了一臂之力，如果他们撤往后方，本来会让英军埋设的地雷和为此付出的辛苦工作全然无效。

英军的方案是以9个步兵师遂行突击，另外3个步兵师在近距离担任预备队。戈德利指挥的第2澳新军部署在右侧（南翼），编有澳大利亚第3师、新西兰师、第25师，澳大利亚第4师位于后方。汉密尔顿-戈登的第9军位于中央，辖内第36、第16、第19师遂行突击，第11师担任预备队。莫兰的第10军部署在左侧，编有第41、第47、第23师，由第24师提供加强。

6月7日凌晨3点10分，19颗地雷同时爆炸，一举炸塌德军大部分前沿战壕。与此同时，英军的弹幕落下。地雷爆炸形成的冲击波和扬起的碎石瓦砾刚刚消散，英军步兵就向前冲去，没用几分钟就攻克了敌人整道前线防御体系，几乎没遭遇抵抗。他们继续向前，德国人加强了抵抗，但英国步兵接受的训练，以及精准计算的弹幕发挥了效力。他们不断取得进展，不到三小时，整道山脊的顶部悉数落入英军手中。

新西兰师肃清了梅西讷错综复杂的防御工事，炮兵的弹幕射击，在此处被限制为15分钟内延伸100码，而不是采用常规做法，即3分钟内延伸100码。韦茨哈特和白堡的守军坚守了一段时间，但第36（阿尔斯特）师和第16（爱尔兰）师辖内部队相互配合，通过激烈的战斗攻占前一个村子，这是个具有象征意义的壮举。第47师（第2伦敦师）的作战地带可能是最困难的地段，他们不仅要克服白堡的强化阵地，还得渡过斜穿他们前进路线的伊珀尔—科米讷运河。但这些来自伦敦的士兵克服了这两个障碍，上午10点前沿整条进攻线实现了第一阶段的目标。巩固既得战果期间，英军前调40多个炮兵连，准备为下一场突击提供支援。

下午3点10分，几个预备队师在坦克支援下向前跃进，不到一个小时就攻克了几乎所有最终目标。除毙伤敌军外，英军还俘虏大约7000名德国官兵，自身只伤亡1.6万人。英军这场胜利非常彻底，德国人当日只实施了一场虚弱无力的反突击。次日，德军不出意料地沿整条战线发动全面反攻，但在各处都遭遇英军迅速组织的坚定防御，反攻以失败告终，德军后撤期间丢失了更多土地。

1918年，由于德军的抵抗力严重下降，相关条件迎合了联军技战术的情况，不少于联军发展技战术以适应相关条件的情况。但1917年6月7日时，德军的抵抗力仍处于高峰，英军却能完美地调整他们的技战术对付敌人，这便是梅西讷交战最值得赞颂之处。

第三节

通往帕森达勒之路

1917 年 7 月 31 日，所谓的第三次伊珀尔交战开始了。而"帕森达勒"这个常见的称谓，可以说象征着战役的进程和关键。其实，帕森达勒不过是英国军事史上最悲观的戏剧的最后一幕。虽然称为第三次交战，但这不是交战，而是一场与大自然的斗争，战斗比目的更明确，此类战事在佛兰德和低地国家的军事史上很常见。与 1914 年和 1915 年的德国先行者的遭遇一样，此次交战付出了损失，却几乎没取得什么战果，不过是重复这片战区以往的历史罢了。1917 年这场攻势毫无成果，发展趋势令人失望，以至于"帕森达勒"和一个世纪前的"瓦尔赫伦岛"一样，成为军事失败的代名词，也成了英国陆军的记录中加上黑框的名字。尽管参战人员展现出坚毅的耐力和英勇牺牲的精神，另外后期获得改善的领导力也极大减少了他们承受的痛苦，可"战役目的纯属毫无意义、战役结果堪称一无所获"这种记忆，不仅遮掩，甚至吞噬了上述一切。

第三次伊珀尔交战的起源和目标是什么？在这片地区发起进攻，实际上是黑格原先拟定的联军 1917 年作战方案的组成部分。由于其他地方的战事发生了不利的变化，伊珀尔地区的进攻行动只好推延。联军的春季攻势，在阿拉斯和香槟地区没能赢得胜利，法国陆军作为一股作战力量发生崩溃的危险接踵而至，面对这些情况，黑格迅速采取措施，命令英国第 3 集团军在阿拉斯遂行的进攻再持续几周，总体目标是拖住德军，而局部目标是前出到一条良好的防线。可是，面对全面戒备、实力获得加强的敌人，英军的持续冲击没能到达预定防线，于是，黑格按照原先的设想，把麾下主力北调到佛兰德地区。他坚信不给敌人任何喘息之机极为重要，这种想法促使他在没有法国军队配合的情况下，继续奉行进攻策略。4 月 30 日的集团军司令会议上，黑格的讲话表明，他实际上已经把法国军队作为 1917 年资产负债表上的呆账注销掉了。

　　必须强调指出，黑格奉行的战略，现在得到英国首相支持，劳合·乔治赞成继续进攻，前提是法国军队积极参与。可情况很快表明，这个基本条件无法实现，之后，他对黑格的约束就纯属徒劳了。把敌军注意力从法国引开的必要性、潜艇战造成的海上危机、对俄军仍有可能发动的第二场攻势的需要，这几点共同证明黑格五月份的决定正确无误，可没等英军 7 月 31 日发起他们的主要攻势，情况就彻底发生变化。战争中，一切取决于时间因素。到七月份，协约国的形势如下：接受贝当整顿的法国陆军正在恢复元气；虽然航运仍在恢复期，但潜艇危机中最严重的时刻已经过去；国内革命给俄军造成的瘫痪显而易见。尽管如此，英国最高统帅部没有变更既定方案。历史学家可能会认为，他们就大规模进攻的原则和进攻地点做出的决定，没有充分吸取历史和近期经历的经验教训，也没有考虑重要的现实状况。英军的进攻方向不是集中于德军主要交通线，而是与之背道而驰，因此，这种进攻不会给敌人设在法国的阵地造成严重危害。黑格在此处采用了独特的进军方向，奇怪的是，一年后他却提出建议，阻止福煦和潘兴在西线另一侧沿用相同的做法。因此，英军沿比利时海岸的推进，无法取得重大战略成果，出于同样的原因，即便把这场进攻视为建立在有利可图的基础上，作为执行牵制并消耗敌军这种策略的手段，沿比利时海岸进攻也不是最好的选择。另外，夺取这条海岸线上的潜艇基地，以免英国国内挨饿，这种想法早已被放弃，因为对方的潜艇主要从德国港口出发。黑格的错觉是如何形成的？这实在令人费解。

英国内阁对黑格的进攻方案越来越不安，于是六月中旬把他召回国内。内阁成员一致同意推迟大规模作战行动，等法军恢复元气、美军开抵战场再说，这样也可以为1918年的战事保存有生力量。黑格据理力争，声称他"坚信战斗以目前的强度再持续六个月，就会耗尽德国的人力"。他这种说法甚至比情报部门的评估更乐观，因为他的情报机构做出的预测，至少认为实现这一点取决于俄国军队继续付出努力。内阁越来越怀疑这种军事算术，黑格没能获得他所希望的支持。就在这时，海军部挺身而出，挽救了黑格的作战方案，他们告诉内阁："除非把德国人驱离比利时海岸，否则，海军就会难以为继。"就像黑格情报部门负责人承认的那样，就连军方高层"也没有谁真的相信这种惊人之语"。可海军部的说法为黑格提供了深受欢迎的支持，结果，内阁不再反对他的方案。

与黑格的辩解相比，对这份作战方案更有力的支持似乎源自他的乐观信念：黑格坚信在佛兰德地区，仅凭一己之力就能击败德军。这场进攻很大程度上是为英国的声望而战。如果说类似的孤军奋战，在战争史上少有成功的先例，那么，从佛兰德地区的地理状况看，赢得胜利的可能性就更小了。黑格的方案建立在信念而不是理性的基础上，而他的方案和信念后来都陷入了佛兰德的泥沼地。福煦曾是"信仰疗法"的代表人物，但他预测到了结局，不仅强烈反对英军这场进攻，称之为"鸭子行军"，还意味深长地指出："德国佬很坏，泥沼也很糟糕；可德国佬和泥沼加在一起，那就——！"

面对各种不利条件，黑格还是按原定方案行事。他的气象顾问根据"近八十年来的纪录"整理出天气统计数据，这些数据表明，他只能得到两周好天气，最多不超过三周。

更糟糕的是，由于佛兰德地区错综复杂的排水系统遭到破坏，伊珀尔交战还没开始就注定要失败。相关传说称，这些恶名昭著的"帕森达勒沼泽"是暴雨造成的不祥之地，这种自然障碍无从预见，因而无法避免。实际上，这场交战开始前，坦克部队司令部呈交总司令部的备忘录指出，如果炮火摧毁了伊珀尔地区及其排水系统，整个战场就会沦为沼泽。这份备忘录是根据比利时"桥梁与道路"部门的相关资料，以及实地调查写的。实际上，工兵早在 1915 年就发现了这些情况，可他们的发现显然被遗忘了。经过几个世纪的劳作，这片沼泽地获得改造，开垦成了农田，因此，当地农民竭力疏浚沟渠，以免遭受灾害。这片土地很容易遭受洪灾，而且过于潮湿，因而无法耕种，主要用于放牧。无视这种警告，是造成帕森达勒交战一无所获的主要原因，而且是个必然原因。

也许是因为英军 6 月 7 日对梅西讷的初步进攻非常出色，他们对概念和目的完全不同的作战行动也抱有毫无根据的期望。英军耗费近两个月时间，为主要突击加以准备，这段间隔期内，德方得到充分警告，他们准备了相应的反制措施。这些反制准备包括采用一种新的防御手段，适用于眼前这片水淹地区，而英军的进攻方式就不适合这片地域。德国人没有沿用旧的线性堑壕体系，而是开发了一个不连贯的支撑点和混凝土暗堡体系，具有相当大的纵深，从而尽可能多地使用机枪据守防区，把投入的兵力减少到最低限度。他们以少量兵力守卫前沿阵地，把腾出的兵力编入预备队集结在后方，以便迅速展开反冲击，把英军驱离他们艰难夺得的阵地。英军推进得越深，遇到的防御体系就越复杂。另外，德国人还使用了芥子气，严重扰乱了英军炮兵阵地和集结地域。

因此，英军这场意料之中的打击落下时，鲁普雷希特王储一反以往的悲观态度，在日记中写道："我一点也不担心他们这场进攻，因为我们从来没有在遭受进攻的防线上部署过这么强大的预备队，而且这些部队训练有素。"据守这道实际防线的是西克斯特·冯·阿尼姆指挥的德国第 4 集团军。

黑格的情报负责人确信德国人完全清楚英军即将发动进攻，还前调了预备队，因此，他力主提前三天投入进攻。"尽管我们的准备工作没有彻底完成，可这是个不得已的选择。"可是，"各集团军司令要求推延行动"，黑格无奈，只好接受了他们的主张。另外，他们对初期目标范围的看法也不一致。这一次，高夫和索姆河战役期间的罗林森一样，主张实施一连串有限推进，可普卢默认为，经过这么长时间的准备，就应该"全力以赴"，而黑格又一次表现出取得突破的倾向。

高夫第 5 集团军遂行主要突击。第 2 集团军辖内一个军在右翼、一个法国军在左翼发挥辅助作用。英军炮兵共投入 3091 门火炮，其中包括 999 门重炮，平均每 6 码战线部署 1 门火炮。炮火准备期间，他们共射出 425 万发炮弹，价值 2200 万英镑，意味着每码战线投掷了四又四分之三吨炮弹。

这场炮击 7 月 22 日发起，一连持续十天，直到 7 月 31 日凌晨 3 点 50 分，12 个步兵师才冒着倾盆大雨，沿 11 英里宽的战线向前推进。英军在左侧取得实质性进展，夺得比克斯霍特、圣朱利安、皮尔克姆山脊，前出到斯滕贝克河一线。他们取得近 2 英里进展，在大部分地段都到达"绿线"（第三个目标）。但在右侧，梅嫩公路周围更重要的地区，英军的进攻在距离第二个目标不远处受阻。大雨持续了一天又一天，延误了英军的下一场大规模行动，进一步导致排水不畅的地面沦为沼泽，先是坦克陷入其中，没过多久，就连步兵也举步维艰。

甚至连态度积极的高夫"也告诉总司令，这种情况下，无法取得战术胜利，除非付出重大伤亡，他建议停止进攻"。但黑格态度坚决，而且依然乐观，根本不听劝告。似乎没有哪位集团军司令敢于按照实际情况，大胆提出相反的观点。帕森达勒之战证明了一个战争中的教训：军队内部应当为诚实的良知和道义上的勇气提供更大空间。结果，黑格继续向陆军部发送信心十足的报告，声称敌人"很快"会耗尽兵力：实际上，鲁登道夫所做的准备工作，不仅仅是在里加地区进攻俄军，他还打算派 8 ~ 10 个师加强奥地利军队，一举粉碎意大利人。的确，黑格的报告"远远超出了"情报部门告知他的情况。

英军 8 月 16 日的第二场打击，从战果看，是首轮进攻的缩小版。英军左翼再次向前，跨过斯滕贝克小河谷形成的浅浅洼地，穿过朗厄马克的废墟。而英军右翼有可能取得战略成果的推进，付出高昂的代价却一无所获。他们的俘敌数量也从 6000 人下降到只有 2000 人。前线官兵，没人觉得自己付出徒劳牺牲的唯一原因是敌人的熟练抵抗和泥泞。他们对高夫集团军司令部的指挥和参谋工作大发牢骚，批评得相当激烈，这些意见的正确性似乎得到承认，因为黑格向北延伸第 2 集团军的战线，把梅嫩公路地区包纳在内，这样一来，就把攻往伊珀尔以东山脊这场主要突击的指挥权交给了普卢默。这是一项吃力不讨好的任务，因为以往的战争经验表明，在失败已成定局的地方重新付出努力徒劳无益，普卢默在梅西讷赢得的声誉，很可能毁在伊珀尔前方的沼泽地里。

可结果是，普卢默和哈灵顿领导的第 2 集团军司令部，声望不降反升，原因不在于他们赢得多大的战果，而在于他们在这样一场全然无望的行动中，取得的战绩超出一切合理预期。和梅西讷一样，第 2 集团军采用了围攻战的打法，因为他们受领的任务更像围攻，而不是一场交战。集团军定下的方案是实施一连串浅近推进，不超出炮火支援范围，同时保留足够的新锐步兵力量，并且前调炮兵，以此对付必然到来的反突击。

恶劣的天气，再加上必要的准备工作，延误了第 2 集团军的进攻，但他们 9 月 20 日上午沿 4 英里宽的战线发起冲击，在英军先前失利的地区（梅嫩公路两侧）取得成功。集团军投入包括 2 个澳大利亚师在内的 6 个师，但步兵兵力保持在最低限度，相反，他们最大限度地使用了炮兵力量。普卢默掌握 1295 门火炮，相当于每隔 5 码部署 1 门。这些火炮包括 575 门重炮，这就意味着每隔 12 码部署 1 门重炮，相比之下，英军 7 月 31 日的进攻，每隔 18 码才部署 1 门重炮。步兵清晨 5 点 40 分向前推进，到 6 点 15 分，他们已实现第一个目标，几乎没有遭遇抵抗。中午过后不久，除了一两个敌支撑点，第 2 集团军辖内部队已夺得第三个，也是最后一个目标，德军的反突击被他们的炮火击退。英军 9 月 26 日和 10 月 4 日分别发起两场新的进攻，后一场行动的规模更大，以第 2 集团军辖内 8 个师（澳新军投入 4 个师）遂行，第 5 集团军也在左翼投入 4 个师。尽管暴雨如注，导致战场的泥泞状况比先前更加严重，可英军还是夺得伊珀尔以东，包括赫吕费尔德、波利洪树林、布罗德赛因德在内的主山脊。英军还以炮火粉碎了对方的大部分反突击，这一战果主要归功于皇家飞行队的出色观察和炮兵的快速反应。英军这三场进攻，俘房约 1 万名敌军官兵，这么大的胃口吓坏了敌人，他们赶紧调整先前的弹性战术，不断加强前沿部队。面对英军炮火，德军的损失与日俱增。

这些进攻至少为英国人挽回些颜面，但在一场注定失败的战役中没起到什么战略影响，因为通过这场战役实现大规模突破的时机和余地早已丧失。不幸的是，英军高级指挥部门决定，赶在冬季到来前，抓紧剩下的几周时间，继续从事这场毫无意义的进攻，结果耗尽了预备队，而这股预备力量本来可以让拖延已久的康布雷试验免遭失败。黑格浪费了整个夏季，还把他的兵力消耗在泥泞中——坦克陷入泥沼，步兵艰难跋涉，因此，他十一月把作战重点转向干燥地带。可他缺乏预备队，还是无法赢得决定性胜利。

英军九月下旬在伊珀尔地区的进攻比较成功，因而产生了不该有的陶醉感。10月4日夜间，英军情报部门负责人指出，他认为"前线附近地区"没有敌军新锐预备队。（实际上，几个新锐德国师次日开始接管防线，英军10月9日发起下一场进攻前，"遭到重创的整条防线已由新锐兵团据守，防御力量还增加了1个师"。）就连一向清醒的第2集团军司令部似乎也有点昏了头脑，哈灵顿在记者招待会上宣称，山脊顶部"十分干燥"。澳大利亚官方史记录了一名与会人员的印象："我觉得官方的态度是，帕森达勒山脊至关重要，所以无论输赢，明天必须发动进攻……我怀疑他们正在从事一场庞大而又血腥的试验，一场豪赌……我和大多数记者焦虑万分……我认为他们的原则是'进攻！进攻！进攻！只要天气合适就进攻！'。可即便如此，他们一遇到诱惑，就会把这种原则抛之脑后。"

事实证明，这些战地记者的焦虑比那些军事首脑的期望更合理。自10月4日起，每天都在下雨，10月8日下午，雨势转强，气象专家说，雨情近期不太可能缓解。黑格决心继续进攻，几位集团军司令心存顾虑，但没有提出反对意见。于是，英军次日上午再次沿8英里宽的战线投入进攻，结果，除了在左侧一片低地，这场进攻遭遇惨败。英军情报部门负责人的日记阐述了令人费解的军事判断，他10月8日写道："（要是）明天赢得重大胜利，好天气再持续几周，我们也许能肃清海岸，在圣诞节前赢得战争。"10月10日他又写道："黑格告诉我……他仍在寻找有望（让英军）在今年赢得战争的某些地方，但这里找不到。"

尽管如此，黑格还是下令10月12日重新发起进攻，再次规定了深远的目标。高夫对这道命令是否明智心存疑虑，但普卢默"认为这场进攻是可行的"，于是，黑格10月10日下定决心。澳大利亚官方史指出，这一刻，"没人了解近期交战的经历和结果"。现在弄清先前的准确情况还来得及，可似乎所有人都忽视了这项工作。10 月 11 日再次降下大雨，高夫打电话给普卢默，建议推迟进攻，他的做法值得称赞。可普卢默与麾下负责主要进攻任务的军长戈德利商量后，主张按计划投入进攻。次日，英军冲向帕森达勒的行动以失败告终，除了阵亡在泥泞中的官兵，突击部队几乎彻底退回到他们的进攻出发线。

黑格现在似乎意识到，赢得重大战略胜利的期望毫无根据。但他下定决心，一定要到达帕森达勒，并为此前调加拿大军。在此期间，英国第 5 集团军和法军 10 月 22 日展开联合进攻，但没能取得太大战果。10 月 26 日，英国第 2 集团军和加拿大军携手投入行动，结果令人失望。10 月 30 日，他们再次付出努力，心存疑虑的第 5 集团军也在一旁勉力向前跋涉，"最多只取得 300 码进展"。

英军付出重大牺牲，换来微不足道的战果，主要原因是在泥沼中跋涉的官兵疲惫不堪。另外，泥浆不仅卡滞了步枪和机枪，还减弱了炮弹爆炸的威力。敌人越来越频繁地使用芥子气，还重新采用先前的战术，把主力留在后方，以便迅速展开反突击，这些情况让进攻方的困难雪上加霜。因此，加拿大第 1、第 2 师 11 月 4 日出人意料地攻占帕森达勒村，这让联军获得一种空洞的满足感，第三次伊珀尔交战这出悲剧终于正式落下帷幕。这场早该结束的交战，不仅把英国军队推到衰竭的边缘，还写下英国军事史上最悲惨的一页，遂行这场交战唯一的理由是吸引敌军的注意力和兵力，而黑格选择了对自己最不利，对敌人却无关紧要的进攻地点。他想消耗敌军预备队，耗尽的却是自己的预备力量。

黑格受到过度乐观的心态诱使，甚至对伤亡代价做出完全不靠谱的估计。7 月 31 日令人失望的进攻结束后，他告诉英国政府，敌人的伤亡"说不定比英军高一倍"，他在最后一封急电中仍宣称："可以肯定，敌人的损失大大超过我军。"这种乐观情绪源于他对实际情况一无所知，而这一点部分归咎于他的部下不敢汇报实情。

英军的作战方案把他们的军队投入满是泥浆和鲜血的战场，一名主要制订者无意间流露的悔恨之情，也许可以看作对这份方案最犀利的批判。历时

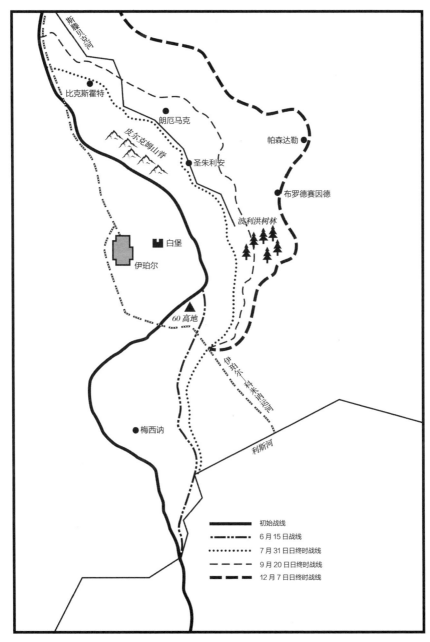

第三次伊珀尔交战（1917 年）（ZVEN 制）

图中文字：

斯赞贝克河
比克斯霍特
朗厄马克
皮尔克姆山脊
圣朱利安
帕森达勒
布罗德赛因德
波利洪树林
白堡
伊珀尔
60 高地
伊珀尔—科米讷运河
梅西讷
利斯河

图例：

——	初始战线
—·—·—	6 月 15 日战线
………	7 月 31 日日终时战线
– – –	9 月 20 日日终时战线
▬ ▬ ▬	12 月 7 日日终时战线

四个月的交战结束后，英军总司令部的这位高级军官首次探访前线。汽车逐渐驶近战场的沼泽边缘，他越来越不安，突然间失声痛哭："天哪！我们真的把他们送到这里来打仗吗？"随行的同伴告诉他，前方的状况更加恶劣。如果这种感慨源自真情实感，那就表明他不屈不挠的"进攻精神"，建立在幻想和不可原谅的无知这种基础上。

这段阴郁的回顾中，唯一值得欣慰的是，仅仅过了两周，另一座舞台上，以八月初的演技上演的一出序幕，最终发展成 1918 年秋季的辉煌大戏。

第四节

坦克突袭康布雷

1917 年 11 月 19 日，康布雷防线上的德军官兵，静静地注视着对面的英军战线，那里一如既往，平静如常。与那些在伊珀尔突出部被炮弹翻搅过的泥沼中苦苦挣扎的战友形成鲜明的对比，他们安全地待在兴登堡防线上经过大力强化而又干爽舒适的战壕里。他们沉醉于这种庆幸，不仅因为这条著名的防线坚不可摧，还因为固执的英国人深深卷入伊珀尔之战，冬季到来前肯定不会在其他地方发动进攻。

11 月 20 日，381 辆坦克率领小股英国步兵，在昏暗的光线下，朝震惊不已的德国人隆隆驶去，英军甚至没有以炮火准备宣布他们的到来。一向好客的德国人可能有点委屈，因为对方一反常态，没有提前四五天打招呼，好让他们做好适当的招待准备。

11 月 21 日，伦敦城内响起钟声，为一场大捷而欢呼，这个捷报似乎预示着最终胜利不久就会到来。而德军最高统帅部里，鲁登道夫正为一场全面后撤匆匆拟制紧急指令。虽说伦敦的钟声和鲁登道夫的做法不无预见性，但都早了九个月。

这是因为德军 11 月 30 日发起深具威胁的反攻，之后，英国民众就对过早的庆祝活动表现出强烈的厌恶之情。掌声改为责备，军事灾难的原因成为质询的主题——在公众看来，康布雷这个名字代表的是战事最终遭到逆转，而不是初期赢得的胜利。实际上，从今天掌握的更加全面的资料看，国家日历中的黑色日期应该是11月20日，而不是30日。但世界战争史阴郁的这一页，成为"风雨之后终见彩虹"这句谚语最引人瞩目的实例之一。尽管1917年11月20日是个错误的悲剧，可它最终对联军的命运产生了有益的影响，为1918年赢得胜利的打法指明并铺平了道路。另外，从长远看，这也是战争史上的地标之一，堪称新时代的黎明。因此，我们也许可以说，伦敦的喜庆钟声当时是错的，可最终还是对的。

相反，德方没有从这种警告中获益，后来为此付出了代价，他们的官方历史学家也承认这一点。部分更具远见的德国军官主张，必须以同样的方式回应英军的打法，但另一些人认为，"交战进一步机械化"会削弱部队的精神素质。他们狂热的传统主义催生了以下想法："坦克恐慌主要是一种幻象，不是什么真正的危险。"反击大获成功，有力地支持了不愿面对非常规现实的人士，就像军事史上常见的那样，保守派的意见占据上风。这导致德国陆军那些历史学家战后痛苦地写道："德军表面辉煌的进攻战役，蕴藏着深深的不幸。"

康布雷之战这十一天，也许构成了这场世界大战所有场景中最富戏剧性的一幕。但与战事突然发生逆转同样令人震惊的是，康布雷的真相隐藏在表面之下。首先是康布雷战役的起源问题，这个问题之所以至关重要，是因为它迎来了新的战争周期。这场战役最初的源头可以追溯到近两年前，直接起源也在四个月前。

从一开始就积极支持发展坦克的人士，提出的指导思想是集中大批坦克，出敌不意地投入交战。他们不仅明确阐述了这种理念，早在1916年2月还详细制定了使用坦克的原则。七个月后，英军在索姆河投入少量坦克，可这场战役的条件违背了使用坦克的一切原则。幸运的是，虽然派驻法国的英国坦克部队司令部没像英军总司令部那样读到备忘录，但相关经历让他们在1917年产生了类似想法。另外，一向被低估的突然性原则，始终深深植根在他们心中。因此，第三次伊珀尔交战（也就是帕森达勒攻势）头几日，他们敏锐地意识到，这种"清理沟渠"的打法行不通，一个替代方案迅速形成。

英国坦克部队参谋长富勒上校，1917 年 8 月 3 日拟制了方案，打算在更适合的地区实施大规模坦克突袭。读读这份方案的序言，就能看出富勒的先见之明："从坦克的角度看，也许应该认为第三次伊珀尔交战已告身亡。当前情况下继续使用坦克，不仅白白消耗这些出色的战车和优秀的人员，还会因为接二连三的失败，挫伤步兵和坦克组员的士气。而从步兵的角度看，也许应该认为第三次伊珀尔交战已陷入昏迷，只能在巨大的损失和微不足道的收益下继续进行。"

富勒随即提出建议："为重振大英帝国的声望，应在冬季到来前猛烈打击德军，本方案建议立即着手准备夺取圣康坦。"他进一步指出，这场行动具有战略合理性，是次年攻往勒卡托，然后进攻瓦朗榭讷的第一步。英军司令部讨论这份方案时出现了反对意见，因为执行该方案需要英法军队协同行动，这加剧了复杂性，双方的配合也不会太顺畅，而这两点与这份新颖方案的成效关系重大。因此，他们 8 月 4 日又提出第二份方案，在康布雷以南遂行坦克突袭。必须强调"突袭"这个词，因为根据这份方案最初的设想，作战目标是"消灭敌方人员和火炮，粉碎他们的士气，瓦解他们的组织，而不是攻城略地"。就像作战方案开头处写的那样："这场突袭的持续时间必须缩短到 8 ~ 12 个小时，这么短时间内，敌人无法集中力量展开反攻。"英军如果遵循这项原则，后来就不必为 11 月 30 日发生的事情大发感慨。"整个行动也许可以概括为'前进、打击、后撤'。这种类型的大规模突袭，不仅能削弱敌军战斗力，还会破坏对方当前有可能正在进行的一切大规模交战的主动性。"为实施这场突袭，作战方案建议沿 8000 码宽的战线展开行动，投入 3 个坦克旅，每个旅辖 2 个营，外加"1 个，最好 2 个步兵或骑兵师"，并配以额外的炮兵力量。方案中提出的作战目标是"对里贝库尔—克雷弗科尔—邦特之间，埃斯科特—圣康坦运河形成的凹陷部施以突袭"。遂行突袭的力量分成三股，主力负责肃清运河封闭的口袋，另外两股较弱的力量在两侧形成进攻侧翼，负责掩护主要行动。"整个行动的本质是突然性和快速机动。进攻发起三小时后就有可能后撤，坦克和飞机担任后卫，掩护不骑马的骑兵押送俘虏迅速后撤。"

　　这份方案提出的作战地段，位于朱利安·宾爵士指挥的英国第 3 集团军作战地域内，8 月 5 日，坦克部队一名旅长把详细方案非正式地告诉了他。宾爵士乐于接受这个构想，但又提出把突袭扩大成突破进攻，一举夺回康布雷。次日，宾爵士跑到总司令部见到黑格，建议九月份对康布雷实施坦克突袭。黑格深表赞同，可他的参谋长基格尔将军强烈反对，理由是英军无法同时在两个地点赢得决定性胜利，应当把一切可用兵力集中在伊珀尔地区。顺便说一句，直到战役结束后，基格尔才亲自视察了伊珀尔前线。就这样，扩大进攻的想法给这场突袭造成延误，就像英军高层拒不接受伊珀尔的现实，耽误了进攻康布雷的行动。这场进攻发起得太晚，已无法取得决定性战果。

　　历史学家虽然尊重基格尔对集中兵力原则的强调，但还是会怀疑，伊珀尔是不是履行这项原则的合适地点，也许还会抱有这种想法：分散敌军兵力，永远是对集中己方力量的重要补充。

　　基格尔的反对意见足以劝阻黑格，他仍觉得坦克只具有"次要价值"。因此，康布雷行动方案无限期推延，英军总司令部固执己见，继续在帕森达勒沼泽投入毫无希望的努力。但宾爵士和坦克部队不愿放弃他们的构想，就连总司令部也有人对这份方案大唱赞歌，因此，随着伊珀尔攻势的失败越来越明显，有望挽回英国声誉的替代方案终于受到重视。黑格十月中旬批准了康布雷作战方案，进攻日期定于 11 月 20 日。但现在的情况变得更加糟糕，这是因为，即便这场进攻大获全胜，这种胜利也是空洞的，主要原因是他们缺乏预备队，无法收割胜利果实。英军预备队已消耗在帕森达勒泥沼中。

　　必须承认，尽管英军总司令部错失良机，可他们还是比第 3 集团军司令部更清楚地认识到缺乏手段造成的限制。基格尔主张只把布尔隆山列为首个目标，然后朝北横向发展，黑格给行动定下时限。但第 3 集团军下达的命令，在范围和目标方面更具雄心，尽管他们可用的步兵师和坦克已悉数投入最初的"突破"行动。

　　宾爵士的计划是：（1）在埃斯科特运河与北运河之间的颈部，突破德军防御体系，也就是著名的兴登堡防线；（2）夺取康布雷、布尔隆树林、桑塞河上的渡口；（3）切断桑塞河以南、北运河以西地区的敌军；（4）朝瓦朗榭讹发展胜利。为执行这份雄心勃勃的计划，投入的力量是普尔特尼第3军和伍尔科姆第4军——每个军辖3个步兵师，以及卡瓦纳编有3个师的骑兵军（外加第4军辖内1个师），另外还有381辆坦克，大约1000门火炮。因此，富勒原先的方案只剩下基本构想、使用坦克的方法、作战地点。这些显著的变化蕴藏着灾难的根源。突袭变成抱有深远目标的大规模进攻。这场作战不再是消灭一个口袋，然后迅速后撤，而是沿两条运河形成的狭窄车道实施有组织的推进。本来为突袭提供的掩护，现在给这种进攻造成危险，不仅限制了坦克的行动，还妨碍坦克进攻侧翼的形成。其他方面，地面状况不错，大多是起伏的丘陵地，非常适合坦克展开行动，这片作战地域的两个地标是弗莱斯基埃—阿夫兰库尔山脊和布尔隆山。

不过，英军这份总方案的根本缺陷不在于地形，而是彻底缺乏预备队——除非把4个骑兵师视为预备力量，但以骑兵充当预备队徒劳无益，因为以往的作战经历充分表明，他们面对现代兵器无能为力，只会妨碍作战行动。初步进攻投入的6个师就是第3集团军司令手中掌握的全部力量，他居然打算以这股力量实现从康布雷一路突破到瓦朗榭讷的计划！很难理解这位集团军司令对后续作战的构想，因为没有预备队，即便行动取得成功，也只是创造出一个过深、过窄的突出部，需要许多个师才能守住。当然，他们也许可以使用禁卫师和另外一两个师，最终把这些师调往前线，可这几个师离得太远，无法立即干预战事。这种状况不免让人想起洛斯战役。法国人当时也在进攻开始前把一个军调到桑利斯—佩罗讷地区，可首日进攻结束后，这个军接到通知，说不再需要他们了！

关于弗朗谢·德斯佩雷将军的一个小故事，可以说是对缺乏预备队这种状况的最佳评判，这个故事出自与德斯佩雷将军交谈过的一名军官。为获取相关信息，德斯佩雷乘车长途跋涉，最后来到阿尔贝的英军总司令部。进门后，他向一名英军高级参谋提出一连串明确的问题，关于进攻的进展、正面、深度等等。最后一个重要问题是："你们的预备队在哪里？"对方回答："我的将军，我们没有预备队。"这位法军指挥官惊呼道："我的天啊！"说罢，他转身匆匆离去。

我们再看看坦克进攻计划，问题在于：（1）如何达成突然性；（2）如何跨过兴登堡防线又宽又深的障碍；（3）为了步兵和坦克的安全，如何确保步坦协同。精心组织、放弃炮火准备的做法，为实现第一个目标做出了贡献。兴登堡防线构成的困难，解决办法是让每辆坦克携带大量树干、柴捆，到达敌防线边缘就投入堑壕——这些坦克每三辆一组，因而可以连续跨越三道战壕。针对第三个问题，英军制订了严格的进攻训练方案并加以演练：每个坦克小组以一辆坦克为先导，负责压制敌军火力，掩护位于身后 100 码、率领步兵前进的另外两辆坦克；步兵紧跟在两辆坦克身后，排成灵活的队列向前推进；坦克穿过敌人深深的铁丝网地带，压制对方机枪火力，为步兵肃清道路，而步兵充当坦克的"扫荡者"，同时掩护坦克免遭敌火炮近距离打击。这份坦克进攻计划的缺点是，他们没有听从专家的意见——打击预先选定的几个战术要点，而是派坦克沿整个进攻正面投入行动。也就是说，他们没有为进攻后期阶段保留坦克预备队。

英军的交战准备执行得非常熟练，而且是秘密进行的，为了在进攻规模和突击正面的问题上误导敌人，他们沿真正突击地段南北两面的宽大战线，实施了毒气和烟雾攻击，以假坦克遂行虚假进攻，还辅以突袭和佯攻。

尽管如此，这个秘密差点毁于一旦。一名被俘的爱尔兰团士兵交代了英军集结大量坦克、即将发动进攻的情况，幸亏没人相信他的说法。德国集团军司令冯·德·马维茨将军 11 月 16 日报告上级，说英军不太可能对此处发动进攻。但 11 月 19 日，德国人在比勒库尔附近监听到英军的电话"周二，佛兰德"，听上去很像日期和代号，这让他们疑心顿起。当晚，德军部队奉命进入高度戒备状态，马维茨匆匆派出一个师加强防御，从俄国前线调来的这个师刚刚卸载。不过，尽管德方预计英军即将发动进攻，可他们还是认为对方会一如既往地实施炮火准备[1]，而英军这次没这么做，这让他们的进攻实现了必要的突然性效果。与战争中几乎所有成功的突击一样，晨雾进一步加强了突然性。

11 月 20 日清晨 6 点 20 分，坦克和步兵向前推进，沿 6 英里宽的战线发动进攻，他们在各处都取得初期胜利，严重打击了德军的士气，但弗莱斯基埃前方的左中路地段除外。英军在那里严重受阻，主要原因是第 51 师师长哈珀自行其是，没有像其他师那样，按照坦克部队构思的战斗队形展开行动。他那些先遣坦克称为"巡游者"，在前方行进得太远，步兵兵团无法按照作战方案的规定与坦克展开紧密配合。这种脱节似乎受到哈珀本人影响，他认为康布雷作战方案"是个异想天开、违反军事原则的计划"，他在英军总司令部担任参谋期间，一直反对发展机枪这种武器，现在又对坦克持同样的怀疑态度。结果，这个师的步兵落在坦克后方很远处，没找到坦克打开的铁丝网缺口，被敌人的机枪火力挡住。事后查看战场的军官只找到三小堆机枪弹药箱，由此可见，敌人仅凭几挺机枪就挡住英军一整个师，这个事实明确说明了步兵在开阔地带展开行动的未来前景。步兵与坦克脱离接触，也是坦克遭受损失的重要原因，这些坦克越过山脊，遭到德军几个炮兵连的密集炮火打击，如果步兵随行的话，本来是可以消灭那些炮兵的。这里发生了一起著名的事件，据说一名落单的德国炮兵军官，凭一己之力击毁 16 辆敌坦克。这个故事肯定可以列入历史传说之类，因为进攻向前延伸后，此处只发现 5 辆损毁的坦克，查看战场的情报官发现的迹象也清楚地表明，在这里与坦克交战的是敌人的三个炮兵连。也有可能像传说的那样，除了一门火炮和一名炮手，德国人的其他火炮都被打哑，但作战人员在激烈战斗中产生的印象，有时候具有误导性。具有讽刺意味的是，独力击毁 16 辆坦克的壮举，是被英军总司令部昭告天下的。他们在电报中提及此事，并不是对敌人的壮举大加称赞，因为对方的个别战果是以牺牲步兵或骑兵为代价取得的。

这起事件造成的影响也被夸大了。右侧，虽然第 12 师在拉托树林遭遇了激烈战斗，但该师和第 20、第 6 师迅速实现了各自的目标。第 20 师穿过并夺得马斯涅雷和马尔宽，在这两处确保了运河畔的渡口，甚至在马尔宽夺得一座完好的桥梁。左侧，第 51 和第 62 师取得出色的进展，夜幕降临前已到达弗莱斯基埃后方 2 英里的昂纳。因此，继续坚守弗莱斯基埃的德军部队陷入一座孤岛，遭到切断和迂回，一波波英军越过他们侧翼，一路攻往马尔宽和昂纳，甚至赶往布尔隆树林边缘。英军的渗透深达 5 英里，相当于他们在索姆河和第三次伊珀尔交战期间，以历时数月的激烈战斗和高昂损失换取的战果。英军取得决定性战果，他们打垮敌人三道主防线，前方只剩一条半完工的防线和一片开阔地。但坦克兵疲惫不堪，步兵也无力独自取得后续进展，除了加拿大加里堡骑兵团一个中队，两个骑兵师根本无法为发展胜利的任务做出任何贡献。

德国官方著作强调了这样一个事实：马斯涅雷与克雷弗科尔之间的宽大缺口"敞开了若干小时，敌人却没有占领此处，真够幸运的，因为傍晚前无法指望我方援兵开抵那里"。同样幸运的是，英国人发动进攻时，德军从东线换下来的一个师刚刚到达，11月20日中午前，该师部分力量已展开，负责掩护直接通往康布雷的路径。德军司令部也迅速采取措施，从战线其他地段抽调5个预备队师开赴这片战场，另外6个师很快也会赶来。因此，这是一场与时间展开的赛跑，让焦急不安的德国人高兴的是，对方拖拖拉拉，动作慢得惊人。"英军没有利用下午和傍晚的时间，他们本来至少可以包围仍在坚守弗莱斯基埃的德军部队。防御……似乎褫夺了第51师一切主动性。"至于英军骑兵力量，他们不仅姗姗来迟，还被对方的纵射火力轻而易举地挡住。

11月21日，预备队在局部取得些后续进展。当日清晨，残存的德国守军撤离弗莱斯基埃。拂晓后，英军第51和第62师继续前进，肃清了德军首日抵抗形成的突出部，英军这股进击大潮前出到方丹诺特达姆，也就是11月20日进攻顶点前方1.5英里处。由于英军突入布尔隆树林和方丹诺特达姆，瓦尔特与莫泽军之间出现一个3英里宽的缺口。但据德方亲历者称，面对这个绝佳机会，英军没有采取行动。右侧的英国军队，昼间几乎没取得什么进展。傍晚前，三个德国加强师开抵战场。发展胜利的机会已然丧失。

黑格规定的48小时时限已到期，但英军没能占领布尔隆山，这就给他们的新阵地带来了危险，再加上希望敌人后撤，同时缓解对方给意大利施加的压力，黑格决定继续进攻，还把几个新锐师交给第3集团军，尽管此举有些为时过晚。保证英军取得初期胜利的重要因素是他们的坦克力量，英军和德军司令部都对坦克赢得的战果深感惊愕，但悉数投入第一轮打击的战车和人员都已疲惫不堪。

面对已做好抵抗准备的敌人，英军重新发起冲击，结果失败多于成功。

11月22日，德国人夺回方丹诺特达姆。11月23日，英军第40师在坦克配合下占领了整个布尔隆树林，但攻占布尔隆村和方丹诺特达姆的行动以失败告终。激烈的战斗随之而来，双方展开拉锯，两个村子得而复失。在此期间，德国人迅速发挥主动性，以娴熟的技艺为一场致命反攻加以准备。不幸的是，除了某些例外，面对风暴正在聚集的大量迹象，英军高级指挥部门似乎有种不屑一顾的倾向，甚至以下属表现出的焦虑情绪为乐事，可这些下属更加清晰的眼光很快就得到证实。英军高级指挥部门的态度，显然是过度自信造成的，部分原因是11月20日轻而易举赢得了胜利，另一个原因是他们认为，帕森达勒攻势已经吸引了敌人的全部预备队。的确，英国人始终高估了帕森达勒那场进攻的战果。

相比之下，位于英军插入德军防线那根楔子南翼的第7军军长斯诺将军，大约一周前就料到了敌人发动反攻的地点和日期。他麾下的指挥官，特别是与第3军毗邻的第55师师长朱德威恩，上报了许多佐证：敌炮兵出现在先前没有遭受炮击的地段；大批德国飞机飞越战线；德军隐蔽集结在某些地区；英军侦察机被击落。11月29日晚些时候，第55师对迫在眉睫的威胁深信不疑，朱德威恩请求友邻第3军次日拂晓前，对邦特峡谷施以猛烈的反准备炮火，可第3军否决了他的建议。集结中的德军，对英国人"没采取任何措施扰乱他们的准备工作"深感惊讶。

次日晨，德军以方式不同，但原理类似的打法，对英军的坦克突袭还以颜色。他们没有实施长时间炮火准备，而是以毒气弹和烟幕弹进行了短暂而又猛烈的炮击，以此为步兵的渗透创造条件，这是德军1918年春季采用的进攻样式的原型，就像英军的进攻后来成为1918年夏季和秋季联军进攻样式的雏形。德军从邦特和22号峡谷内的隐蔽集结阵地出现，要是英军预先安排反准备炮火，本来会在这一刻给予对方迎头痛击。一股股德军犹如涓涓细流，穿过英军防线一个个虚弱的据点，随后汇聚成一股大潮，淹没了贡内利厄和维莱居斯兰村，席卷了英军炮兵阵地和指挥部，一路涌向古佐库尔。灾难的威胁无可估量，幸亏德军在突出部北面绕过布尔隆树林的辅助突击陷入停顿，而英军禁卫师的出色反突击，以及第2坦克旅随后付出的努力，一举夺回古佐库尔，缓解了战场上的危急态势。的确，英军一度有更进一步并重创德军的机会，但被对方这场成功的反击打乱，另外也受到己方狭窄渗透的阻碍。斯诺请求投入骑兵力量，对敌人实施侧翼反击，可集团军司令没有采纳他的建议，反而命令他以骑兵正面抗击德军，结果，这些骑兵很快就被对方挡住。就这样，德国人巩固了既得战果，甚至继续侵蚀英军阵地。随后几天，德军不断取得进展，特别是朝维莱普卢伊什方向，而英军缺乏预备队，设在马斯涅雷—布尔隆突出部的阵地岌岌可危，他们还不得不放弃先前取得的大部分战果。灿烂的日出之后，英军迎来的却是阴沉的日落。

英军高级指挥官急于摆脱罪责，不恰当地把责任推给团级军官和前线士兵，这是一道挥之不去的阴影。官方调查法庭把失利归咎于前线部队，认为他们的疏忽大意给敌人的突然袭击创造了机会，还毫无根据地断言，他们没有发射急救信号弹。就连宾爵士也宣称："我认为部分敌军取得局部胜利只有一个原因，这就是我们的部分下级军官、军士、士兵缺乏训练。"但一直对相关警告毫不知情的黑格这次一反常规，虽然还是把几名下属送回国内，但在呈交上级的报告中大度地承担起全部责任。

根据相关资料，历史应当记录下许多下级军官敏锐地觉察到危险，他们提醒了上级，可纯属徒劳。而他们实施的抵抗，远远超出了任何人有权对他们抱有的期望，这支军队自 11 月 20 日发起进攻以来，一直在从事作战行动。的确，就军事历史而言，康布雷战役的教训是，虽说英军恢复了突然性这项重要原则，可相应的收益却因为他们违背节约兵力这种基本原则被抵消。要做到节约兵力，就必须根据相应的手段调整目标，另外还要认清人类耐力的潜能和极限。

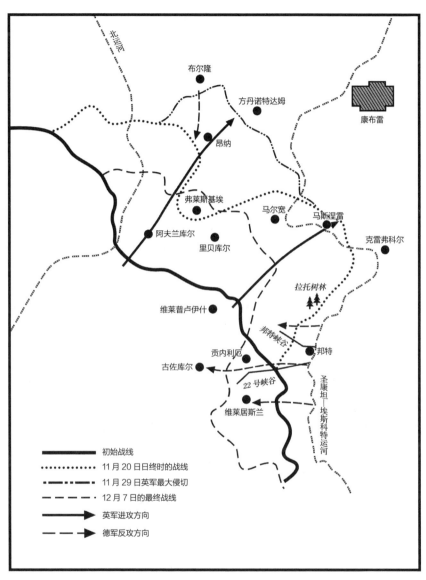

康布雷战役（1917 年）（ZVEN 制）

第五节

卡波雷托

　　一个寒冷、阴郁的秋日清晨,云雾笼罩的朱利安阿尔卑斯山顶峰传来隆隆炮声。没等火炮的轰鸣消退,联军事业的基础已发生动摇。关于战事灾难的第一批传言没有夸大事实,这道晴空霹雳,即便没有让协约国领导人大惊失色,也让他们的民众无比震惊。因为整个1917年中,到目前为止,联军在所有战区都保持进攻态势。

　　当年伊始,协约国民众抱有稳步走向胜利、以一场联合进攻最终打垮同盟国的期望,面对敌人的顽强抵抗和己方的严重损失,早日赢得胜利的幻想逐渐消退,可公众还是没想到,他们的军队竟然会发生从进攻转入防御这么大幅度的转变。这种意想不到在意大利尤为严重,这是因为,虽说这片战场的态势是让俄国感到不安的明显理由,可意大利军队当年八月和九月一直在进攻,前线战报给人的印象是,作战态势对意大利非常有利。战争中,各种传言往往远甚于实情,可这一次,这些报告准确无误。

　　意大利军队虽然没取得太大战果,但给早已饱受战火摧残的奥地利人造成的精神和物质影响非常大,就像鲁登道夫写的那样:"奥匈帝国军事和政治当局坚信,他们已无法承受继续进行的战争,也无力发动第十二次伊松佐河交战。"因此,"为防止奥匈帝国崩溃,九月中旬做出进攻意大利的决定殊为必要。"这种需要非常紧迫,鲁登道夫被迫放弃摩尔达维亚进攻行动的准备工作,他本来打算以这场进攻,给俄国摇摇欲坠的抵抗致命一击。尽管如此,他从哪里能弄到足够的兵力,把奥地利军队的防御转为有效的进攻呢?英军在帕森达勒施加的压力,以及他在法国和俄国的广阔战线,牵制了德军一切可用资源,除非他能迫使俄国求和。鲁登道夫目前能腾出的,只有担任总预备队的区区 6 个师,先前他以这股力量对付克伦斯基攻势(这是俄国的最后一场大规模进攻),通过反攻夺得里加。但鲁登道夫的战略顾问韦策尔少校认为,这股军力尽管并不强大,可如果用于某个"柔软"地带,例如弗利特斯克与卡纳莱之间,虽然不一定能粉碎意大利军队构成的威胁,但足以重创对方。

结果证明韦策尔的看法是对的,问题在于这场行动面临的挑战远远超出最乐观的预期。原因基于这样一个事实:最初诞生的方案后来扩大为更具雄心的计划,但遂行方案的手段没有增加。奥地利总参谋部的瓦尔德施塔滕,8 月 29 日把作战方案呈交德军统帅部。初定方案是在托尔米诺达成突破,然后卷击伊松佐河战线。卡波雷托与康布雷战役有一种奇特的相似之处。

鲁登道夫派克拉夫特·冯·德尔门辛根将军赶赴意大利,查看地形并呈报方案。克拉夫特是一位山地战专家,曾在罗马尼亚战局期间指挥过山地军。他发现奥地利军队在托尔米诺的伊松佐河西岸控制着一座小型登陆场,这就为计划中的进攻提供了出发阵地。大部分火炮夜间靠人力推入阵地,步兵以接连七晚的夜间行军开抵,弹药、武器装备、补给物资没有用汽车运送,而是靠人力或驮畜运抵。就这样,12 个突击师和 300 个炮兵连悄然集结,没有惊动意大利人,这一点归因于他们出色的预防措施、该地区的地形,以及敌人缺乏空中侦察手段。

意大利军队呢?他们的总司令卡多尔纳将军无疑是个能力超凡的人,但和某些著名指挥官一样,他与作战部队接触比较少,不太了解前线官兵的疾苦,这就抵消了他的才智。他这样的指挥官身居要职,自然有一种高高在上感,这种状况经常会加剧他们对前线官兵的漠然态度。敌人投入进攻的力量并不强大,卡多尔纳有足够的兵力和火炮,完全能挡住对方,可他的布势并不适合各个地段的不同状况。意大利军队在承受最大压力的阵地上待的时间太久，早已疲惫不堪。因此，对方部署错误、准确地找到最容易遭受打击的地段，再加上另一些因素；这一切让德奥联军赢得了与他们的兵力完全不相称的巨大胜利。

意大利第 2 集团军司令卡佩罗，对意军停止进攻后坚守的阵地很不满意。这里并不适合防御，所以他希望从巴因西扎高原向北实施侧翼突击，以此遏制敌人的进攻，但卡多尔纳否决了这项建议，一是因为他觉得自己的预备队不足，二是因为他对这种进攻能否奏效深感怀疑。尽管这种疑虑有点为时过晚，可在这个问题上，卡多尔纳至少比他的下属更高明，而考虑到卡佩罗的斗志、作为集团军司令的指挥方式，以及沦为德军新进攻样式受害者的情形，他活脱脱就是意大利军队中的高夫。情报部门和逃兵（捷克、特兰西瓦尼亚军官）发出的警告，让卡多尔纳意识到了敌人的意图，可他不确定对方真正的进攻方向，因而无法预先部署预备队。

奇怪的是，尽管情报部门明确指出卡波雷托地域可能会遭到攻击，可意军在这道 15 英里宽的正面，每英里只部署了 2 个营，而在南面配置的兵力却达到每英里 8 个营。长期以来，这片区域一直很平静，交战双方都把部队调到此处休整，这种情形本该引起意大利指挥部门的怀疑。但卡佩罗拒绝了他的左翼力量请调援兵加强这片地段的请求。他对争论缺乏耐心，可能因为他是个病人，本该待在医院休养。可卡佩罗执拗地躺在指挥部的床上，直到他那段防线崩溃的次日，他才交出指挥权。

意大利边境省威尼斯，形成一根伸向奥地利的舌头。南面毗邻亚得里亚海，东面和北面与朱利安阿尔卑斯山、卡尔尼克阿尔卑斯山相接，越过这些山脉就是奥地利的特伦蒂诺地区。6 个德国师和 9 个奥地利师，构成遂行突击的德国第 14 集团军，由奥托·冯·贝洛将军指挥，克拉夫特担任他的参谋长。这些兵团负责在"舌尖"攀越山区障碍，而博罗埃维奇指挥的 2 个奥地利集团军，沿亚得里亚海海岸附近的低地推进。

德奥联军巧妙地克服了在山区组织、展开进攻行动的困难。实施了 4 小时毒气弹、1 小时常规炮弹轰击后，进攻方冒着蒙蒙雨雪向前推进，在许多地段迅速打垮意军步兵的抵抗，由于电话通信中断，意军步兵得到的炮火支援断断续续。但德奥联军能取得初期胜利，主要得益于薄雾，这与次年三月发生在法国的情形如出一辙。这种气向条件为进攻方创造了实现突然性的机会，事实证明，突然性是打开通道、穿过敌军防线唯一的、必不可少的钥匙。虽然突击部队左右两翼由于意军后方阵地的顽强抵抗而受到延误，但施泰因率领4个师组成的中路力量，在卡波雷托彻底达成突破，傍晚前，他们的预备队涌过缺口。这场突破导致意军整个防御阵地难以为继，还缓解了克劳斯右翼力量（3.5个奥地利师）的任务压力，这股军力现在几乎不受任何阻碍地攻往瓦尔杜恰，那是绕过塔利亚门托河障碍的最短路线。这场合围进攻，致使卡多尔纳封闭突破口的一切努力均告无效，另外，大批丧失斗志的意军部队挤满狭窄的山区道路，卡多尔纳根本无法前调预备队，也就谈不上封闭突破口了。这种情形让卡多尔纳确信，必须像卡佩罗先前敦促过的那样，命令全军撤往塔利亚门托河。就这样，10月30日和31日关键的两天，意军成功执行了这场总后撤。

幸运的是，展开追击的敌军在运动和补给方面遇到麻烦，而德国与奥地利指挥官之间的摩擦也不断加剧。他们以突袭夺取渡场的企图受挫，克劳斯麾下一个奥地利师，11月2日以从容不迫的进攻在科尔尼诺夺得一处渡场，但卡多尔纳已获得喘息之机，为进一步撤往皮亚韦河做好了准备。尽管意军大批部队被敌人的钳形推进切断，可几个主力集团军11月10日顺利到达皮亚韦河，重新建起防线。可是，这几个集团军之间的连接非常薄弱。意军损失近60万官兵，而遭受直接打击的第2集团军，作为一股有生力量已丧失战斗力。值此关键时刻，迪亚兹取代了卡多尔纳，这位新任总参谋长的最大优点是了解前线官兵的想法，而且知道该如何重振他们的士气，实际上，他扮演的就是当年早些时候贝当在法国饰演的同一角色。

三天后出现了新的威胁——11月12日，康拉德的军队（奥地利第10、第11集团军）企图从意大利后方的特伦蒂诺出击。但卡多尔纳早就着手准备此处的防御，相关部署非常完善，因而顺利消除了威胁。鲁登道夫想给康拉德派遣援兵，可这个企图不仅为时过晚，而且因为铁路交通线和汽车运输能力不足而告吹，但从根本上说，这还是原定方案缺乏远见造成的。

在此期间，一些英国和法国师经铁路匆匆运抵意大利，福煦和亨利·威尔逊爵士先行到达，这些部队用了些时间集结，随后担任预备队，因此，他们接替备受重压的意大利师之前的这段间隔期，可以说是形势相当严峻的一段时间。德奥联军最猛烈的进攻发生在皮亚韦河与布伦塔河之间，但经过五天激战，拉代尔基指挥意大利第9军阻挡住对方的冲击。十二月初，法国军队替换了该军，而英军在普卢默勋爵率领下接防蒙泰洛地区。出乎意料的是，严阵以待的英法军队没有与敌人发生接触，这场战局剩下的几个月，敌人的进攻仅限于康拉德和克劳斯在西北方的阿夏戈、格拉帕重新展开行动。尽管疲惫不堪的意大利人承受了进攻带来的新的压力，可从心理上说这是值得的，因为意大利军队坚定而又成功的抵抗证明了自己的战斗力，也为1918年的复仇奠定了精神基础。

从更清晰的历史角度回顾卡波雷托战役的戏剧性场面，我们有理由认为，敌人和煽动性宣传的影响都被过度强调。意大利军队的抵抗过早崩溃，主要原因和法军当年春季发生的情况一样，都是前线官兵身心俱疲。这种情况是他们持续不停地冲向敌人的机枪防御，战斗意志遭到严重削弱造成的。自己的国家面临灭顶之灾，这让他们重新审视皮亚韦河防线，产生了忠于职守、英勇牺牲的冲动，他们背水一战，光荣地完成了任务。

但从战略上说，随着德奥联军渡过塔利亚门托河，这场战役最关键的阶段已经过去，因为从这之后，克劳塞维茨所说的"战争中的摩擦"打乱了进攻方的交通，致使他们的战斗力和前进速度严重下降。前文提到过一些原因，但有个原因值得强调，因为次年春季它在法国再次出现。这就是意大利军队满满当当的补给仓库，对饥肠辘辘的敌人产生了巨大诱惑，饱餐一顿的欲望平息了他们继续追击的想法，突然撑饱的肚子加剧了前进道路上的拥堵。很能说明问题的是，就连德军师长莱克基斯将军也为部下逮住两三只鸡兴奋不已，而俘虏大批敌军官兵他倒是不太在乎，他甚至认为有几头猪就是"最大的幸福"。

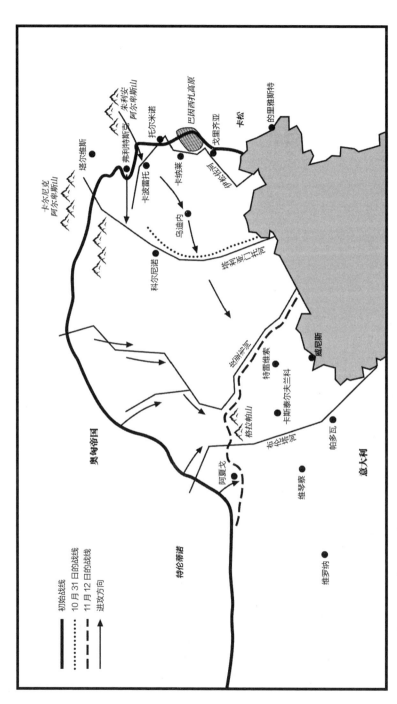

卡波雷托战役（1917年）（ZVEN 制）

第六节

概论：空中战争

阐述飞机在军事领域的行动不太容易，因为飞机形成的线索贯穿了整个军事行动的过程，还产生了极大影响，但并不具备单独的战略特点。不过，简要概述飞机在军事领域作战行动的演变，也许有助于塑造完整的战略画面。军方对空中兵器价值的认知，是个缓慢增进的过程，为了让飞机获得承认，空中力量倡导者付出了艰苦的努力。意大利人1911—1912年在的黎波里广泛使用飞机打击土耳其人之前，福煦将军观看飞行表演时发表的评论，恰如其分地代表了军方的观点："这是一项很棒的运动，可飞机对陆军毫无价值。"直到1914年，军用飞机所占的比例仍微不足道，对这款兵器的运用，远不及两年前的意大利人。

战争第一个月，飞机受领的唯一任务是目视侦察，根本没有让他们从事空战或轰炸。由于陆军空中勤务力量不足，无法获取充分的情报，德国人在入侵法国期间付出了高昂的代价。而英国皇家飞行队，虽说只把63架飞机运过海峡，但两次提供了宝贵的空中勤务，一次是通过侦察披露了德国人在蒙斯迂回英国军队的初期意图，另一次是发现了克卢克朝马恩河的历史性转进。

当年九月，空中协同的范畴扩大到为炮兵观察炮击目标，通信先是使用彩灯，后来改用无线电报。同样在九月份，飞机还尝试了空中摄影任务，但这项任务的潜在价值直到 1915 年才获得英军总司令部承认。1915 年 3 月，英国人得到一部特制的航空相机，航空摄影此后不断发展，但这项任务长期受到限制，因为英军不得不依靠从德国人那里缴获的大型相机镜头。1915 年，他们还试验了另一种新的地空协同样式，可直到 1916 年才全面投入使用，这就是目视巡逻，指挥官借此掌握已方步兵在战斗中的状况，并且了解敌人展开反击的威胁。

交战双方同时寻求这种空地协同，并阻碍对方实施观察的愿望，自然引发了空战，这种空战继而演变成争夺制空权的斗争。起初，飞行员唯一可用的武器是步枪和手枪，因此，空战看上去就像一种新式射击比赛，过程令人振奋，结果殊难逆料。可没过多久，飞机上安装了轻机枪，不过，空战任务主要交给推进式飞机，因为拉进式飞机的螺旋桨阻挡了向前射出的火力。1915 年 5 月，德国人推出一款速度更快的新式福克战斗机，配备的同步装置能让机枪子弹穿过螺旋桨的间隙，而不会击中旋转的叶片。这款福克战斗机让英国飞机蒙受严重损失，一度为德方赢得了空中优势。

联军对这种威胁做出应对，不仅投入新式飞机，还采用了联合会议确定的全新技战术。他们把战斗机编入一个个特别中队，而不再配备给所有中队，这些战斗机中队负责在敌军战线后方寻找对手，从而让已方侦察机和炮兵观察机不受干扰地展开工作。1916 年 2 月，法国人在凡尔登成功尝试了这种进攻巡逻，英军又在索姆河战役期间对这种打法加以发展，几周内，德国飞机几乎被彻底逐出战场上空。英军的空中进攻还扩大到敌军机场，这种扩张让人想起历史悠久的海军格言：敌人的海岸就是英国的疆域。早在 1914 年 10 月，在比利时海岸行动的英国海军飞机，就袭击了杜塞尔多夫和科隆的齐柏林飞艇机棚，炸毁一艘飞艇。次月，他们从贝尔福起飞，空袭腓特烈港，又炸毁德方一艘飞艇。

从 1916 年起对机场的空袭，虽说通常无法造成严重的物质损失，可具有显著的精神影响。因为飞行员平安返回已方机场，很容易产生彻底脱离危险的感觉，从而放松了紧张的神经，在地面上处于不利境地。这个时候，他们很难承受突如其来的空袭。

联军 1916 年获取的制空权没能保持多久。德国人展开挑战，不仅投入改进的单座战斗机，还采用了所谓的"马戏团"机制，组建起专门的战斗机中队，这些中队由精心挑选的指挥官领导，他们再选拔飞行员加入自己的中队，这些战斗机中队陆续调往上级指挥部门希望获得空中优势的任何一段前线。这些"马戏团"中最著名的当属伯尔克和冯·里希特霍芬男爵各自率领的中队。

虽然英军的飞机在总数上占有三比一的优势，但德国人 1917 年年初还是凭借他们出色的策略重新占据上风。面对英军总司令部施加的压力，皇家飞行队不得不从英国本土调来一批批缺乏训练的年轻飞行员，结果，这些人不幸沦为敌人的猎物。联军很快以新式战机还以颜色，尽管代价高昂，可还是逐渐夺回空中优势，而且再也没有丧失。不过，他们也没能重现 1916 年夏季的辉煌。由于空战是在三维环境中进行的，人们永远不可能赢得像制海权那样的制空权。因此，目标应当是确保局部空中优势，并在必要时夺得静态战线上方的空中优势。

1917 年的另一个特点是，编队飞行和战斗方式不断发展，这种技战术逐渐替代了荷马时代的单打独斗，先前那些空中英豪赢得的战果越来越多，由此引发的兴奋之情，犹如昔日等待印第安红番从"剥头皮"的远征中归来或板球比赛的消息传回。从这时起，骑士作风屈从于战术，空战逐渐采用更加先进的作战样式，执行交战的飞机也得以升级。战争结束前，一场旨在打破敌军飞行编队的空中突击，通常由 50～60 架飞机组成的编队遂行。当然，一个个中队排列得非常紧密。

因此，这些飞机成为空中骑兵。另一种空中作战新样式在战争后期得到有效使用，进一步加强了飞机与骑兵的相似性，这就是对地面部队发起打击。只要敌人隐蔽在战壕里，空中打击就发挥不了太大效力，只能偶尔缓解步兵承受的压力。可是，英军防线 1918 年 3 月破裂时，英法联军集中所有可用战斗机中队，全力打击前进中的敌军。这场危机期间，他们从空中发起的反击，是遏制德军猛烈冲击的重要因素，但军事历史学家没有充分承认这一点。大股敌军当年秋季退潮时，出现了更大的机会。联军攻破保加利亚、土耳其、奥地利军队的防线后，对后撤之敌展开空中打击，加速了敌军的彻底崩溃。

空袭敌交通线、补给站、弹药堆栈、宿营地，这种打法很早就开发出来了。1915 年 3 月的新沙佩勒交战，是联军为阻止敌军援兵开抵实施的首次预有组织的空中行动，而当年九月在洛斯，联军执行了规模更大的轰炸方案，打击德国的铁路系统。但这些空中攻击战果欠佳，主要原因是缺乏经验，装备不足。另外，他们没有足够的飞机，因而无法维持密集轰炸，给对方造成有效的堵塞。即使铁路在交战前被炸毁，对方也能及时修复受损的铁路线，顺利运送援兵。除非以持续不停的轰炸阻止对方的修理工作，否则，敌人还是能在补给和弹药耗尽前把这些物资运抵部队。联军吸取了第一个教训，在后期战役中不断提升自己，那时轰炸敌交通线成了常规任务。但第二个教训，由于缺乏轰炸机，一直没能充分吸取。陆军怀着极大的热情，最终接受了飞机，视之为直接辅助手段，用于空中侦察、炮兵观察、为以上任务提供掩护，但这些间接协同任务限制了飞机的使用，导致这款轰炸兵器没能充分发挥效力。

另外，陆军过于强调让飞机执行这些辅助任务，没看到另一个更大的可能性：以饥饿的手段削弱对手。特别是德国人，忽略了给英军造成严重损害的机会，就像英国第 2 集团军一名高级参谋几年前透露的那样。该集团军的大部分补给物资从加来和布洛涅运来，除了作战部队手中掌握三天的补给，这些基地前方只有可维持三天的食物和弹药储备。这里有两条双线铁路和一条单线铁路为前线提供运输，满足部队的日常需求，每天需要 71 列火车运送物资，相当于三条铁路线总运力的四分之三。由于运力吃紧，只要封锁一条铁路线就足以打乱整个补给体系，更多铁路线遭封锁的话，就会引发灾难。实施封锁并不难，因为两条铁路线在加来前方有个枢纽站，在圣奥梅尔附近相交。另外，如果德国人封锁圣奥梅尔附近的阿尔克，甚至会让英国第 2 集团军丧失三天的物资储备——两条铁路线在这里汇聚，而作战物资就沿这两条铁路线存放在稍后方的仓库里。要是德国人 1918 年 4 月对这里发起卓有成效的持续轰炸，以此配合陆军的攻势，而这片地区挤满了企图封闭前线缺口的英法军队，战场上会出现怎样的状况，这一点也不难想象。

西线联军指挥官和德国人一样，也不愿腾出足够的飞机，对轰炸敌交通线的效果进行真正的测试。可这种轰炸的效力还是充分体现了出来，1918年7月16日，联军轰炸了蒂永维尔车站的一列弹药车，导致德军这条重要交通线的所有交通停顿了48小时。而且这是联军沿马恩河发动反攻前的48小时，这场反攻扭转了整个战争的局面。

德国人在海上主要依靠他们的潜艇，对协约国来说幸运的是，对方没有探索空袭商船货运，或从空中打击货物卸载港口的可能性。联军也没有这样做，因为他们的敌人没使用海上运输。可这种行动不无先例，早在1915年8月12日，一架从达达尼尔海峡附近的水上飞机母舰起飞的英国水上飞机，赢得了历史上首次从空中发射鱼雷击沉敌船的殊荣。整个战争期间，海军飞机最具价值的勤务是反潜巡逻和护送船队，这些任务纯属保护性质。

日德兰海战七个月前，英国海军航空兵的休特海军准将，请求海军部批准生产200架可挂载鱼雷的飞机。休特一再坚持这个主张，结果被发配到亚得里亚海。日德兰海战后的次年，英国大舰队司令也提出尽快生产这么多数量的鱼雷机。这个建议为时已晚。可以想象，休特当初没有被上级接受的愿景，本来有可能让一场无效的海战更具决定性。另外，大舰队从斯卡帕湾起航，由于某种疏忽，大型航母"坎帕尼亚"号没有一同出动，这让英国海军进一步丧失了机会。

但英国海军航空兵率先提出建议并采取行动，打击敌人从事战争的力量来源，也就是对方的工业中心。陆军司令部狭隘的眼界造成阻碍。尽管如此，这个构想还是得到发展，1916年10月，法国航空队的巴雷斯上校到访伦敦，他的观点加强了英国海军航空队的想法。英国海军部派驻航空委员会的代表随后提出建议，声称为实现这个目的，英国海军应当在法国保持一支拥有200架轰炸机的力量。但据英国官方史称，这项建议"引来道格拉斯·黑格爵士措辞强烈的抗议信……他指出，巴雷斯上校的观点在理论上站不住脚，因而不能加以实践"。黑格的反对导致这项方案胎死腹中，而该方案本来也许能让德军停止向黑格的部队倾泻大量炮弹。1917年，英国派驻法国的50个航空兵中队，只有2个执行了轰炸任务，而这种轰炸也仅限于本地目标。

除了英国海军航空兵的少量飞机和法国航空队的飞机实施断断续续的空袭，直到战争后期，联军才着手打击德国大后方。而从人性角度看，只要这种新式兵器分别掌握在陆海军手中，独立的空中行动就不可能获得发展。两股空中力量必要的合并拖延到 1918 年 4 月，皇家空军正式成立。随之而来的是，皇家空军六月份成为一股独立空中力量，由特伦查德指挥，派驻法国期间，他一直是个积极能干的航空兵指挥官，可具有讽刺意味的是，特伦查德坚决反对独立的空中作战行动。战争最后几个月，英国这个新军种不断发动空袭，规模越来越大，加速了德国士气的瓦解，这种士气影响至少妨碍了莱茵兰地区的弹药生产。尽管如此，这股力量的重要性主要体现在他们的前景，而不是目前取得的战果，因为直到停战，他们的实力也仅仅是预期编制的四分之一。同样，德国对英国实施空袭的影响，应当根据这种事实来评估：规模最大的一场空袭，他们投入的轰炸机也不到 40 架。

相关事实还说明了皇家空军本来能实现的成就，鲁尔地区的七个主要弹药生产中心，以及莱茵兰地区那些弹药制造厂，都在英军战线的空中航程内。173 英里外的埃森是德国的主要军火库，这段距离与德国飞机从根特附近的基地起飞后赶去轰炸伦敦的航程差不多。另外，哈根距离英军战线 175 英里，那里的一座工厂为德国潜艇生产蓄电池，占全部产量的三分之二。德国最大的化工厂，有两座距离联军战线不到 100 英里。但这个减少德国军队弹药供应的大好机会，被战壕上方的空战白白浪费，实际上沦为"空中克劳塞维茨"这个战斗祭坛的牺牲品。独立空军最终成立后，面对英国陆军总司令部的强烈反对，实力缩减到只有 100 架飞机，相当于英国空中力量总数的 2%，而他们执行的空袭，半数以上针对的是战术目标，而不是工业目标。除了当时取得的战果，相关事实还证明他们造成了广泛的间接影响：此前从来没有遭到轰炸的一座炮弹生产厂，仅八月份就收到 53 次假警报，结果出现 3000 吨产量赤字。英国陆军总司令部把作战飞机集中在前线，这种主张是个悖论，因为事实证明，英国空军空袭的威胁迫使德国人从前线调回不下 20 个飞行中队，数量比用于打击他们的敌机多出三四倍！

注释

1. 德国人认为，他们的防御阵地极为强大，英军进攻前不可能不实施猛烈的炮火准备。因此，莫泽集群11月19日午夜前不久下达的命令中称："坦克也许会投入进攻。凌晨3点到4点间，敌人可能会实施持续4~5个小时的炮击。"己方的惯性思维帮助敌人实现突然性，这是个好例子。

I

World War I

★

第八章

1918年，突破

从军事上说，这场世界大战的中期，其实是一位瘦削的大力神与一头庞大的冥府守门犬进行的角逐。日耳曼联盟势单力薄，奉行单头指挥；协约国人多势众，却是一辆不折不扣的多架马车。由于损失过大、战争努力分散、俄国土崩瓦解，协约国 1917 年年底面临着严峻的现实：兵力对比发生逆转，必须等待几个月，待美国军队开抵，才有望让力量对比的天平再向己方倾斜。这种紧急情况为创建统一指挥铺平了道路，可要实现这一点，协约国还得吃点苦头。

当年十一月，协约国在拉帕洛召开会议，决定成立最高军事委员会，成员包括各盟国首脑人物和军事代表，还把驻地设在凡尔赛。如果说这项决定的根本缺陷是以正式委员会取代先前的非正式委员会，那么，进一步的问题是：这些军事代表没有执行权。经济领域需要的是深思熟虑而不是立即采取行动，从这一点看，最高军事委员会确实改善了航运、粮食、弹药问题。可就军事角度而言，最高军事委员会的努力徒劳无益，因为它建立的是双重顾问体制：一方是派驻凡尔赛的代表，另一方是各国总参谋长。平心而论，这条"死胡同"是英国作梗造成的。

美国人和法国人都想赋予该委员会执行权，并任命一位最高统帅，贝当支持豪斯上校和布利斯将军提出的这项建议，这一点合情合理。可是，这项建议排除了政治家对战略的必要控制，而委员会拟议中的构成形式重复了尼维勒时代的错误，这不免让该建议的智慧大打折扣。最高军事委员会由各国总司令和总参谋长组成，因此，无论哪位成员出任主席，对本国军队负责的本能，必然影响到他的自主判断和执行。另外，如果这项建议获得通过，就意味着委员会主席由法国人担任，支持该建议的法方和提出反对意见的英方都意识到了这一点。劳合·乔治反对这项建议，一方面是他明智地认为成立一个纯粹的军事委员会不妥，另一方面是他觉得英国对这个问题的看法还不成熟，他认为黑格抵制另一个尼维勒式的解决方案会赢得国内民众支持。另外，劳合·乔治很反感各国总参谋长加入委员会的建议，因为他不愿强化威廉·罗伯逊爵士在指挥战争方面的影响力。劳合·乔治认为罗伯逊对 1917 年代价高昂、徒劳无获的战略负有责任，因而希望搁置此人，转而推举他更看好的亨利·威尔逊爵士出任凡尔赛委员会代表。劳合·乔治竭力让凡尔赛委员会摆脱英国总参谋部狭隘的视野，克莱蒙梭却打算让委员会充当扩大法国总参谋部声音的传声筒。

几个盟国没有达成协议，魏刚、威尔逊、布利斯、卡多尔纳将军这些军事代表不过是技术顾问而已。可是，德国发动进攻的威胁日益临近，协约国必须共同采取行动，因此，这个咨询机构摇身变成军事执行委员会，掌握联军内部的总预备队，各国新达成的妥协建立起一种双重控制，权力分别来自各国军队总司令和凡尔赛委员会。只有扩展心胸和善意，才能让这个控制机构发挥作用。

时间很紧迫。自十一月初以来，从东线驶往西线的德国运兵专列不断增加。1917 年战局开始时，联军与德军的兵力对比接近三比二，实际上，当年三月，178 个英国、法国、比利时师面对 129 个德国师。而现在，德国人的兵力稍占优势，而且有可能继续扩大这种优势比。可协约国那些政治家，想起己方过去以同等或更占优势的兵力发动的进攻频频受挫，因而没太理会威胁的加剧，对军方意见突然转为悲观反应迟钝，不赞成从其他战区抽调援兵。

意大利强烈反对盟国军队撤出意大利战线，法国也反对削减萨洛尼卡驻军。劳合·乔治敦促英国军队继续付出努力，在巴勒斯坦彻底赢得胜利。他批准这场进攻，说明他完全清楚不会从法国向巴勒斯坦派遣援兵，反之，巴勒斯坦地区的英军也不会驰援法国战场。到 1918 年 1 月底，德军兵力增加到 177 个师，到三月份，他们又增加了 15 个师。而联军的兵力，由于部分师派往意大利，另一些师因为法国兵源不足而撤编，总数下降到 173 个师，每个师的兵力与德军相当。已开抵的 4.5 个美国师编制较大，兵力是其他联军师的两倍，这是因为英国和法国师遵循德军编制，把每个师由 12 个营缩编为 9 个营。

联军的内部摩擦加剧了他们的困难。造成这种摩擦的部分原因是，各国军队应当据守的防线长度难以公平分配。1917 年战局期间，英军承担进攻重任，只负责 100 英里宽的战线，而遂行防御的法国军队，据守的防线长达 325 英里。这场战局结束时，黑格与贝当达成协议，把英军战线延伸到瓦兹河南面的巴里西，这样一来，英军战线的长度达到 125 英里。虽然英军损失惨重，以 1917 年的兵力看，他们无疑要承受更大压力，但黑格打算从进攻转为防御，因此，稍稍延长战线不是什么大问题。可是，没等英军延长战线，法国新总理克莱蒙梭介入，要求英军再把战线延长 30 英里，直到贝里欧巴克。克莱蒙梭发出威胁，说如果不答应这个要求，他就辞职，但最终还是同意把这个问题交给凡尔赛委员会。委员会提出个折中方案，要求英军接防这段存有争议的防线大约一半长度。于是，黑格扬言要辞职，这种威胁导致最高军事委员会及其顾问委员会全面改组，执行委员会应运而生。在此期间，黑格直接与贝当磋商并达成一致，英军只需要按照原先的协议，把战线延长到巴里西即可。这是贝当做出的重大让步，为他乐于助人的精神增光添彩。最高军事委员会 2 月 2 日接受两位总司令私下达成的和解，明智地吞咽下自身尊严受到的侮辱。鉴于这个事实，各种子虚乌有的说法甚嚣尘上着实令人惊讶：有人说黑格受到政客逼迫，违心地延长了自己的战线；还有人说，战线延伸恰恰是随后遭突破的原因。

现在回想起来，各国军队负责的战线，确定公平的比例并不比让他们达成共识更困难。99 个法国师据守 300 英里长的战线，而英军战线延伸到巴里西，58 个步枪射击能力更强的英国师守卫的防线达到 125 英里。但法军据守的防线，从圣米耶勒向东延伸的一半不太重要。尽管如此，如果法国人有理由对防线长度大加抱怨的话，那么，英国人完全可以公正地辩称，他们掩护的目标更重要，退却的空间较小，当面之敌更多。但法国人反过来也可以指出，德军部署主力预备队的方式，完全可以打击联军防线任何一处。权衡多种因素构成的这个问题，需要最纯粹的、具有科学客观性的战略思维，可解决相关问题的人士，性格坚毅，民族意识强烈，因而很难接受其他人的观点。劳合·乔治是个例外，此人天赋异禀，深具远见卓识，但对手下人的看法有点不耐烦，特别是他认为狭隘或造成妨碍的意见。

劳合·乔治的正式军事顾问是威廉·罗伯逊爵士，整个 1917 年，两人的分歧与日俱增，罗伯逊对军事方案受到政治干预的现状表示不满，对劳合·乔治离经叛道的思想深感怀疑，而劳合·乔治认为，罗伯逊在战略方面的唯一想法就是盲目地支持黑格，否决一切替代方案。这种"空白支票"政策在帕森达勒导致的后果，促使英国首相更加渴望获得不同的建议，为此，他设立了最高委员会及其军事委员会，任命亨利·威尔逊爵士出任首脑，他觉得威尔逊是个更具同情心、眼界更开阔的军人。但这个新机构发展成执行委员会，罗伯逊提出，他作为帝国总参谋长，理应担任英国军事代表。劳合·乔治反对一人身兼两项职务，认为这会破坏整个原则，他需要多方意见，而不是片面之词。罗伯逊坚持己见，双方不断加剧的分歧到达顶点。英国首相退让一步，同意任命罗伯逊为凡尔赛委员会代表，但要求对方不再担任帝国总参谋长，把这个权限缩小的职务交给威尔逊。罗伯逊惊怒交加，拒不接受这项建议。经过数日讨论和一场国内危机后，罗伯逊根据新条款获得原先的职务。但他拒不接受，结果被迫辞职，降职为本土军司令。威尔逊接替他担任帝国总参谋长，罗林森出任凡尔赛委员会代表。人类天性和联盟中这种意见冲突无可避免，可这还是削弱了他们的共同战线。一波未平，一波又起，情况就是这样。

英军官兵的生命不断消耗在伊珀尔前方的沼泽地里，这种情况促使劳合·乔治和他的内阁不再增派援兵，生怕此举鼓励前线重新挥霍将士的性命。这种做法无疑削弱了黑格抵御德军猛烈冲击的初期力量，但必须指出，1917年后期的攻势，英军伤亡40万人，他们的数量和质量遭到更严重的削弱。另外，我们不能忘记，政府负有保护本国民众的重任。真正应该批评的是，英国政府不够强势，竟然无法撤换或阻止他们不信赖的指挥官，同时为前线防御提供急需的援兵。就缺乏道德力量而言，英国民众也难辞其咎，因为他们太容易被"反对政治干预前线将领"的鼓噪左右，太轻信这种情况下政客总是错的。的确，民众在和平时期太不相信军人，而战争期间，有时候又过于信赖军人。

这些政治障碍，以及政治家为他们不敢公开要求的东西付出曲折努力的倾向，在统一指挥这个问题上也有所反映。的确，英国首相十一月间走得太远，对自己长期寻求的解决之道已不抱信心。相反，他在盟国执行委员会内部寻找权宜之策，执委会由福煦领导，理论上掌握30个师的总预备队，相当于联军总兵力的七分之一。福煦跑去拜望黑格，请他提供9个师，黑格断然否决这项方案，声称自己腾不出哪怕是一个师。他更愿意同贝当达成相互支援的协议。

一周后，考验来临，黑格与贝当的协议破裂，随后黑格为加快并促进任命一位最高统帅发挥了重要作用，先前他一直对此持反对态度。黑格之所以改变立场，完全是出于特定目的，据查特里斯称，黑格指出："整个而又唯一的目标是不理会贝当，让法国人派遣援兵，以防英法军队相互隔绝。"

英法军队相互支援的协议破裂，许多人把责任归咎于法方，毫无疑问，黑格 3 月 24 日就从贝当那里获悉，如果德军继续保持快速发展的势头，法军预备队就不得不用于掩护巴黎。但平心而论，有必要补充一点：按照最初的约定，法方只承诺以 6 个师提供支援；3 月 24 日前，贝当实际上派出了 9 个师；到 3 月 26 日，法军援兵达到 21 个师（包括 4 个骑兵师）。虽然这些援兵被派出后，投入战斗的速度较慢，但这不影响这个事实：法军援兵的数量远远超过他们最初的承诺。因此，根本问题似乎是双方都不信任这种虚弱支援的安排。

德军的方案

德国一方，陆军的行动取代了潜艇战这剂灵丹妙药，俄国突如其来的崩溃似乎增大了他们赢得胜利的希望。不过，虽然鲁登道夫保证能在陆地打赢这场战争，但他并没有掩饰这样一个事实：在西线赢得胜利远比在东线艰巨得多。他还意识到，德军这场打击要想获胜，就必须赶在美军援兵开抵战场前奏效，当然，他希望自己赢得这场赛跑。为确保此次进攻的后方安全，德国必须施以武力威慑，迫使俄国的布尔什维克政府和罗马尼亚达成明确的和平协议。可能的话，德国军队还要占领乌克兰，攫夺那里的小麦，从而保证西线攻势的经济基础。除了先前曾被奥地利军队俘虏的捷克斯洛伐克部队，德军这场占领几乎没有遭遇抵抗力量。

鲁登道夫接下来要做的是确定他的首个进攻点。他选中阿拉斯与圣康坦之间的地区，位于德军战线在法国境内形成的庞大突出部的西面。这个选择出于战术考虑，该地区是敌军最薄弱的地点，与其他地区相比，此处的地形条件最为理想。不过，鲁登道夫也考虑过分割联军的可能性，他想把英军逼退到英吉利海峡沿岸，紧紧困住对方后施以猛烈打击。鲁登道夫从联军徒劳的进攻中得出个推论："要想实现战略目标，必须考虑战术问题，如果无法赢得战术性胜利，战略目标也就无从谈起。"因此，他按照采取阻力最小的战术路线这种新的，或者说是复苏的原则，制订了一份战略方案。鲁登道夫大概是想通过强有力的控制，把德军的战术运动引到战略目标上。如果真是这样，那他就错了。

问题出在哪里？战后的普遍看法是，战术偏好导致鲁登道夫改变方向，分散了兵力。如果说英法联军统帅部先前的错误是战略目标正确，但没太重视战术上的困难，那么，德军统帅部步他们后尘，以相反的方式犯下同样的错误：他们专注于战术胜利，牺牲了战略目标。可是，如果我们仔细查阅目前公开的德方文件，以及鲁登道夫下达的命令和指示，就会产生不同的看法。实际上，真正的错误似乎是鲁登道夫没能在实践中贯彻他的理论性新原则，之所以出问题，要么是他没能充分领会这种战略新理论的含义，要么是他退缩了。实际上，他耗费了很大一部分预备力量，企图挽回战术性失利，发展战术胜利的决心又下得太晚。鲁登道夫在东线采取的策略强劲有力，极具远见，因此，很难解释他在西线表现出的优柔寡断和短视。也许是他感受到指挥这么多大规模战役的压力；也许是他失去了霍夫曼的战略见解和客观看法。1914—1916 年战局期间，霍夫曼一直在他身边，鲁登道夫调往最高统帅部，霍夫曼留在东线。论资排辈的弊端，导致德国没有充分发挥霍夫曼的才情，与战争期间的任何一位将领相比，霍夫曼可能都更接近于军事天才。

不管怎样，这场战局给人的印象是，鲁登道夫既没有像以前那样明确自己的目标，也没有牢牢掌握不断变化的态势。但就进攻的组织而言，他麾下的军队处于最高水平。突然性是一把钥匙，应该能在长期上锁的战线上打开一扇门户。为荫蔽己方准备工作并发展进攻，德国人做出最彻底的部署，短暂而又猛烈的炮火准备达成的突然性，因大量使用毒气和烟幕弹而得到加强。另外，鲁登道夫决心先打击索姆河地区，这场进攻的代号是"米夏埃尔"。他还准备对另一些地段展开一连串进攻，此举除了让日后的战事有备无患，还能迷惑敌人。他安排两场进攻打击英军防线，另一场进攻针对法军防线：进攻利斯河地区的行动，代号"圣乔治一号"，而"圣乔治二号"的行动打击伊珀尔地区，"布吕歇尔"行动针对香槟地区。

德国第17、第2、第18集团军（共计63个师）负责执行"米夏埃尔"行动，沿阿拉斯—圣康坦—拉费尔这条43英里宽的战线遂行。但这股德军打算把主力用于索姆河北面，达成突破后，第17和第2集团军就转向西北方，把英军逼向海岸边，河流和第18集团军掩护他们的侧翼。

德军3月21日发起突击，清晨的薄雾为他们达成突然性帮了大忙。可是，虽然德军在索姆河南面彻底取得突破——这里的敌军既负责防御又承担进攻任务，实力最为薄弱——但他们随后在阿拉斯附近受阻。这股德军止步不前，影响了河流北面的所有进攻行动。鲁登道夫违背了他的新原则，接下来几天企图恢复进攻，打击阿拉斯防御严密的强大堡垒，从而保持自己的主要进军方向不变。同时，鲁登道夫严格控制第18集团军的前进步伐，该集团军在南面推进，没有遭遇敌军激烈阻挡。直到3月26日，鲁登道夫才下达命令，要求第18集团军不得渡过阿夫尔河，以便与友邻第2集团军保持同步。由于第17集团军在阿拉斯附近的进展极为有限，第2集团军的挺进受到严重影响。我们可以从中看出，鲁登道夫实际上决心以一场直接突击攻破敌军抵抗最激烈的地段，以此粉碎英军。由于他的固执，德军迟迟没能把预备队主力投入索姆河南面阻力最小的那段战线。如果德国人穿过索姆河南面的侧翼，尔后转向西北方，这场行动也许能取得成功，这样他们就能直扑阿拉斯堡垒后方。3月26日，德国第17集团军左翼和第2集团军右翼在索姆河北面的进攻，势头明显减弱，他们为赢得战果付出了高昂的代价。德国第2集团军左翼到达索姆河南面，随后陷入尴尬境地，索姆河旧战场这片不毛之地，妨碍了德军的前进和补给。只有第18集团军进军势头不减。

眼前的状况促使鲁登道夫采用新方案，不过，他也没有放弃旧计划。3月28日，他下令对阿拉斯附近的高地重新发动直接进攻，第17集团军右翼力量遂行冲击，第6集团军随后向北攻往维米与拉巴塞之间。但索姆河南面的进攻大有希望，于是鲁登道夫又把亚眠列为另一个主要目标。尽管如此，他还是限制第18集团军继续挺进，没有他的命令，该部不得迂回亚眠防御的侧翼！3月28日，德军重新进攻阿拉斯，这次没得到薄雾或突然性的掩护，结果，面对宾爵士第3集团军预有准备的抵抗，这场进攻大败亏输。直到此时，鲁登道夫才放弃原定方案，把主要努力和剩余的部分预备队投向亚眠。但与此同时，他命令第18集团军停在原地达两日之久。这样一来，英军获得了加强抵抗的时间，导致德军重新发起的冲击进展甚微。鲁登道夫没有陷入消耗战，直接放弃了攻往亚眠的企图。

鲁登道夫错失了几条重要干线和决定性战果，但胜负仅隔一线。到3月27日，德军已取得近40英里进展，前出到蒙迪迪耶，切断了通往巴黎的一条铁路线。到3月30日，德军大潮几乎淹没了亚眠的外围工事，他们共俘虏8万名敌军官兵，还缴获975门火炮。一旦外围防御遭突破，联军在历时三年的静态战争期间精心构建的交通体系，就会在前线后方引发一场更大规模的溃逃。通过这场退却的规模，完全能看出那些英军指挥官失控的程度。

这场灾难促使联军迈出早该迈出的一步，黑格的呼吁，再加上米尔纳勋爵的干预，让福煦3月26日受领"协调"联军作战行动的任务。值此危急时刻，福煦的果断作风和热情洋溢的保证，帮助联军官兵恢复了信心。实际上，福煦得到的任命，对联军援兵开抵没起到太大作用。虽说福煦4月14日获得联军总司令头衔，但他并不掌握真正的指挥权。此时，德军再次构成新的威胁，尽管这并非他们的本意。

大批德军预备队守卫着索姆河南面的庞大突出部，鲁登道夫4月9日发起"圣乔治一号"攻势，他对这场进攻不抱太大信心，完全是为分散敌军注意力。面对联军遭到削弱的防线，这场进攻取得惊人的初期胜利，促使鲁登道夫逐渐加大了努力。英军背靠大海，处境绝望，可他们的英勇抵抗阻挡住德军大潮。德国人取得10英里进展，离阿兹布鲁克这个重要的铁路枢纽不远。黑格把防线逐步推回原处，再加上法国援兵不断开抵，终于挫败了德军把战线拓宽到伊珀尔的企图。黑格强烈抱怨福煦迟迟不肯北调法军预备队，可事实证明，福煦不把军队投向那里的决定完全正确，另外，他还宣称危险已过去，这种看似过于乐观的说法也没错。鲁登道夫投入的预备队，不仅数量太少，

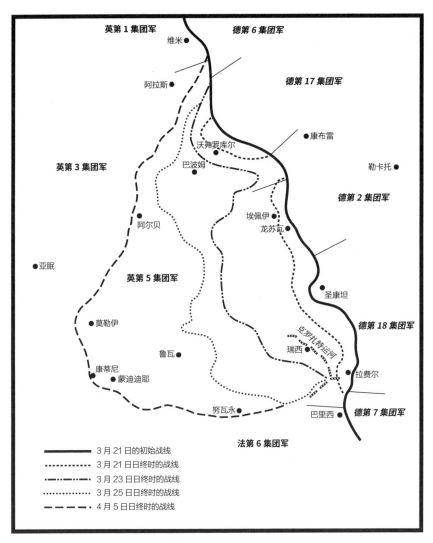

德军的攻势（1918 年 3 月）（ZVEN 制）

而且经常动身过晚，因而无法赢得真正的胜利。鲁登道夫过于担心德军新形成的突出部沦为口袋后陷入包围，德军攻占克梅尔高地，机会女神敞开了怀抱，他却没有发展胜利，因为他担心敌军发动反突击。

就这样，鲁登道夫没能实现他的战略目标，但从另一个方面看，他也可以宣称自己赢得了巨大的战术胜利，因为英军的伤亡超过 30 万。英国陆军遭到重创，虽然英国国内匆匆派出 14 万新征募的兵员，还从意大利、萨洛尼卡、巴勒斯坦抽调了若干师，可这些新锐军力恢复前线英军的进攻力，至少需要几个月时间。10 个英国师不得不暂时撤编，而德军的实力现在增强到 208 个师，其中 80 个师调离前线担任预备队。不过，联军现在有望恢复之前的兵力对比。十几个美国师已开抵法国，另外，为响应盟国的呼吁，美方正努力增派援兵。三月危机期间，美军总司令潘兴甚至改变了自己的立场，他原先坚决反对部分或过早使用美国军队，现在却宣称，必要的话，美国军队完全可以交给福煦指挥。这是个鼓舞人心的姿态，实际上，潘兴还是牢牢掌握着自己的军队，除了极少数例外，他只允许美军以整师编制的方式接防部分战线。

对德方来说，时间所剩无几。鲁登道夫意识到了这一点，5 月 27 日在苏瓦松与兰斯之间发起"布吕歇尔"行动。投入进攻的 22 个德国师面对 11 个联军师，他们达成突然性，席卷了埃纳河地域，5 月 30 日前出到马恩河，突击势头这才消耗殆尽。这一次，德军的兵力优势不像先前那么显著，天气也没有提供很好的帮助。德军之所以取得初期战果，部分原因是他们达成战略突然性——这场进攻的时机和地点完全出乎对方意料，另一方面则要感谢当地联军指挥部的愚蠢，他们仍在沿用陈旧过时、早已被推翻的打法，居然把守备力量集结在前进阵地，使其沦为德军大批火炮的炮灰。

但鲁登道夫再次错失良机，他没想到这场进攻能取得出色战果，对此毫无准备。己方军队达成的突然性让他措手不及。按照他的本意，这场进攻仅仅是牵制行动，目的是把联军预备队吸引到此处，以便德军对佛兰德地区的英军防线发起具有决定性的最终打击。可是，进攻开局取得的战果，把大批德军预备队吸引到此处。面对前方的河流障碍，德军企图转身向西，结果被联军的抵抗挡住。值得注意的是，几个美国师出现在蒂耶里堡，他们在那里发起了英勇的反突击。

到目前为止，鲁登道夫在联军防线上制造了两个大型、一个小型突出部。他接下来的企图是，一举切断亚眠与马恩河突出部之间的贡比涅"舌头"。但这次没有突然性可言，德军 6 月 9 日对"舌头"西侧的打击为时过晚，无法配合他们在东侧施加的压力。随之而来的是长达一个月的战役间歇。

鲁登道夫急于对比利时境内的英国军队发动期待已久的决定性打击，可还是觉得对方驻扎在那里的预备队过于强大，因而再次选择战术阻力较小的战线，希望德军在南面展开的猛烈打击能调离英军预备队。他没能切断马恩河突出部西面的贡比涅"舌头"，现在企图在东面采取同样的措施，对兰斯两侧施以打击。但鲁登道夫需要一段间隔期，用于休整部队，并为接下来的进攻做好准备。这场延误具有致命性，英法军队借此获得喘息之机，美国人也得以集结军力。先前撤编的英国师，现在获得重建。三月危机期间，盟国向威尔逊总统紧急求助，再加上航运力量加强，自四月底以来，美军以每个月 30 万人的速度开抵战场。到七月中旬，7 个美国师已做好协助抵御德军下一场进攻（这也是他们的最后一场攻势）的准备。另外 5 个美国师在阿尔萨斯 – 洛林地区适应前线环境，还有 5 个师协同英军作战，美军训练区也集结了 4 个师。

鲁登道夫这些进攻赢得的战术胜利，恰恰是他最终失败的原因。德军各场突击，前出得太远，战线拉得太长，耗尽了己方预备队，还造成各场进攻之间的战役间歇过长。鲁登道夫意识到这一点时已经晚了，根本无法扭转不利影响。他在敌军防线插入三根巨大的楔子，但深度都不足以切断对方任何一条交通干线，这种战略失败导致德国人据守着一条犬牙交错的防线，很容易招致对方的侧翼反攻。

潮流逆转

7 月 15 日，鲁登道夫发动新攻势，但这场行动对联军不是什么秘密。兰斯东面，联军以灵活的防御挫败了德国人的冲击；兰斯西面，德军渡过马恩河的渗透，仅仅是让自己更深地陷入毁灭的陷阱，因为福煦 7 月 18 日对马恩河突出部两翼展开准备已久的打击。指挥这场行动的贝当，掌握着鲁登道夫不具备的"钥匙"，他沿用康布雷的打法，投入大批轻型坦克率领突袭。德军竭力确保突出部的几扇门户长时间畅通，以便已方部队撤往安全处，还设法拉直战线。但德军预备队已耗尽，7 月 20 日，鲁登道夫被迫推迟佛兰德地区的攻势，尽管他没有彻底放弃行动，可毫无疑问，战场上的主动权已转入联军手中。

福煦最关心的是保持主动，采取的措施是集结预备队，同时不给敌人任何喘息之机。为此，他命令黑格、贝当、潘兴发动一连串局部攻势，旨在确保横向铁路线畅通，改善前线态势，从而为后续行动做好准备。福煦建议黑格在利斯河地区发动进攻，但黑格提出，不如在索姆河地区遂行，因为那里更适合进攻。在亚眠前方指挥英国第 4 集团军的罗林森，已向黑格提交了在那里发动大规模突袭的方案，福煦同意这份方案，没再坚持自己的意见。他还把德伯内指挥的法国第 1 集团军交给黑格，以此扩大联军在南面的进攻。罗林森集团军实力翻了一番，还以娴熟的荫蔽措施把敌人蒙在鼓里，8 月 8 日，他投入 456 辆坦克发动进攻。这场打击彻底达成突然性，索姆河南面的澳大利亚、加拿大军辖内部队，迅速打垮靠前部署的几个德国师。由于缺乏预备队，这场突击 8 月 12 日停止，但联军已到达 1916 年旧战场那片杂乱的荒野，第 4 集团军以伤亡 2 万人的代价，俘获 2.1 万名敌军官兵。这是个了不起的战果，英军尽管没能充分发展胜利，可在精神层面取得了更大的成就。

鲁登道夫指出："8 月 8 日是战争史上德国陆军倒霉的一天……它导致我军战斗力下降，这一点毫无疑问……必须结束这场战争。"他告诉德皇和几位政治领导人，必须赶在战场态势进一步恶化前展开和平谈判。德国高层在斯帕召开的御前会议得出结论："我们已无法指望通过军事行动粉碎敌人的战争意志。我们的战略目标必须改为，通过战略防御逐步瘫痪敌人的战争意志。"换句话说，德国统帅部放弃了赢得胜利的希望，甚至不指望保住既得战果，仅仅寄希望于避免投降，这是个靠不住的道德基础。

8 月 10 日，福煦下达新指令，为英国第 3 集团军"朝巴波姆和佩罗讷这个总方向攻击前进"做好准备。同时，他希望黑格继续以第 4 集团军保持正

面压力，但黑格提出异议，认为此举纯属浪费部下的性命，福煦接受了他的
意见。从这一刻起，节约兵力成为联军新战略的特点之一。因此，第 3 集团
军采取行动前，第 4 集团军的突击势头几乎没有减弱。从这时起，福煦不断
试探德军防线，对不同地点施以一连串快速打击，每场进攻的初期势头一旦
减弱就立即中止行动，每次进攻的目的都是为下一场进攻铺平道路，所有进
攻都在时间和距离方面靠得很近，以便相互提供支援。这样一来，鲁登道夫
把预备队调往受威胁地段的能力受到限制，手头的预备力量逐渐耗尽。

　　8 月 10 日，法国第 3 集团军在南面发动进攻；8 月 17 日，法国第 10 集
团军在更南面展开行动。英国第 3 集团军于 8 月 21 日，英国第 1 集团军于
8 月 26 日投入战斗。鲁登道夫命令据守利斯河突出部的部队后撤，由于重组
后的英国第 5 集团军发起进攻，德军加快了后撤速度，到九月份第一周，他
们已退回当初的进攻出发线，也就是强大的兴登堡防线。9 月 12 日，潘兴肃
清圣米耶勒突出部，就此完成一连串初期行动，这是美军作为一支独立军队
实现的首个壮举。潘兴原本打算以这场行动作为攻往布里埃煤田、梅斯附近
德军主要横向铁路线东端的踏脚石，但最终放弃了这个方案，具体原因我们
会在后文详述。因此，潘兴没有发展当前赢得的胜利。

　　德军衰败的迹象很明显，另外，黑格保证，他完全可以在德军预备队实
力最雄厚的地段突破兴登堡防线，这就说服福煦寻求在当年秋季赢得胜利，
而不是把行动推迟到 1919 年。西线所有盟国军队即将同时发起联合进攻。

保加利亚的崩溃

　　没等联军发动这场攻势，巴尔干地区就发生了一起事件，用鲁登道夫的
话来说，"（这）决定了四国同盟的命运"。他仍希望在西线牢牢守住己方强
大的防线，必要的情况下，以马其顿和意大利的战略侧翼为掩护，逐步退往
新防线，同时，德国政府应致力于谈判，从而达成有利的和平。在此期间，
德国国内传来警报，德军在西线的失败给民众士气造成影响，他们的意志由
于食物短缺受到严重破坏，当然，这可能也和盟国的宣传有关。

　　9 月 15 日，驻守萨洛尼卡的联军发动进攻，没过几天，保加利亚战线

土崩瓦解。1917 年 12 月接替萨拉伊的吉约马，已经为这场进攻制订了方案。六月危机期间，他被召回法国，出任巴黎军事总督（也是贝当潜在的接替者），利用这个机会，他说服各国政府同意他展开这样一场行动。在萨洛尼卡接替吉约马的弗朗谢·德斯佩雷，把法军和塞尔维亚军队组成的打击力量交给米希什指挥，集结在瓦尔达尔河西面的索科尔—多布罗波利耶地区，保加利亚人认为那里的山脊难以逾越，因而只派驻了少量守军。9 月 15 日，米希什发动进攻，到 9 月 17 日夜间，塞尔维亚军队已取得 20 英里深的进展，突破口宽度扩大到 25 英里。英军 9 月 18 日对多伊兰湖战线的冲击，是一场战术性失利，可至少牵制了敌军预备队。与此同时，塞尔维亚和法国军队朝于斯屈普展开追击，面对这场汇聚的压力，瓦尔达尔河西面的敌军防线彻底瓦解。9 月 21 日，瓦尔达尔河东面的保加利亚军队开始后撤，这就为英国飞机创造了机会，他们轰炸狭窄的科斯图里诺山口，"做出的巨大贡献，导致保加利亚军队的后撤沦为混乱的溃逃"。保加利亚军队被切割成两股，他们的民众厌倦了战争，于是寻求停战，并于 9 月 29 日签署了停战协定。弗朗谢·德斯佩雷取得的成就，不仅切断了同盟国的第一条根脉，还为进军奥地利后方开辟了道路。

第一份和平照会

保加利亚的投降让鲁登道夫确信，为确保和平，必须采取决定性措施。9 月 26—28 日，就在他拼凑起区区 6 个师，在塞尔维亚构设新防线，同时与政治首脑召开会议之际，福煦的庞大攻势落向他的西部防御，德军防线即将破裂。

德国最高统帅部慌了神，尽管只是几天的事，但已足够，待他们镇定下来，一切都太晚了。9 月 29 日下午，斯帕的不列颠旅馆，鲁登道夫在自己的房间里考虑战事问题，德军总司令部选中的这个驻地，名字很不吉祥！他越研究越觉得眼前的问题难以解决，恐惧和愤怒之情勃然爆发，他哀叹自己遇到了麻烦，特别是缺乏坦克，不由得大骂他认为背后掣肘的那些家伙：心怀嫉妒的同僚、参谋人员、失败主义盛行的帝国议会、过于人道的德皇、迷信潜艇战的海军。鲁登道夫渐渐陷入疯狂状态，突然，他口吐白沫昏倒在地。当日傍晚，身心俱疲的鲁登道夫仓促决定呼吁停战，声称保加利亚战线的崩溃打乱了他的整个部署，"原本派往西线的部队，现在不得不调到那里（保加利亚）"。"鉴于联军已在西线发动进攻，（把部队派往保加利亚）这种情况从根本上改变了态势"，虽说"迄今为止已击退这些进攻，但必须考虑到他们还会继续采取行动"。

这句话指的是福煦发动的总攻。美军 9 月 26 日在默兹河—阿戈讷地区投入进攻，但到 9 月 28 日，这场行动几乎陷入停滞。法国、比利时、英国军队 9 月 28 日在佛兰德地区发动攻势，虽说给德军带来麻烦，可突击势头并不猛烈。但 9 月 29 日晨，黑格的主要打击落在兴登堡防线，初期传来的消息令德国人深感不安。

值此紧要关头，马克斯亲王出任德国首相，以他具有国际声望的谦逊和信用为担保，挑起和平谈判的重任。为争取讨价还价的资本，避免投降认输，马克斯亲王提出要求，声称自己"向敌国发出呼吁前，需要 10 天，8 天，哪怕是 4 天的回旋余地"。可兴登堡只是重申"军事态势的严重性已刻不容缓"，坚称"必须立即向敌国发出和平提议"，而鲁登道夫哀怨地附和道："我想拯救我的军队。"

就这样，德国 10 月 3 日呼吁威尔逊总统立即停战。这是向全世界公开承认自己已战败，甚至在此之前的 10 月 1 日，德国最高统帅部就已召集各党派领导人，在会上传达了同样的信息，这就破坏了德国国内战线。长期待在黑暗中的人，被突如其来的光线弄得眼花缭乱。所有和平主义者和异议势力对此震惊不已。

德国政府为停战条件展开讨论，还询问鲁登道夫，如果对方提出的条款无法接受，军队能否继续抵抗下去，而此时，福煦的军事施压始终未停。

突破兴登堡防线

联军的总攻方案包括一系列向心突击，这些行动几乎同时展开：

1. 美军在默兹河与阿戈讷森林之间朝梅济耶尔方向攻击前进，9月26日发起行动；

2. 法军在阿戈讷以西地域朝梅济耶尔方向攻击前进，9月26日发起行动；

3. 英军沿圣康坦—康布雷战线，攻往莫伯日这个总方向，9月27日展开行动；

4. 比利时军和其他联军部队攻往根特方向，9月28日投入进攻。

总的说来，联军这场钳形攻势，是对伊珀尔与凡尔登之间，德军向南伸出的庞大突出部施加压力。他们朝梅济耶尔发起进攻，目的是把部分德军引向地形极为复杂的阿登山区，远离他们穿过洛林的天然后撤路线。另外，这场进攻也危险地靠近安特卫普—默兹河防线枢纽部，德国人正在后方为这条防线加以准备。联军攻向莫伯日，威胁到德军另一条主要交通线，以及他们穿过列日缺口的后撤路线，但这条后撤路线的路程更远。这些进攻行动中，美军遇到了最艰巨的自然障碍，而英军不得不面对敌人最强大的防御和最雄厚的兵力。

潘兴的进攻，开局很好，美军达成的突然性，为他们将近八比一的兵力优势锦上添花，可由于补给和复杂地形下发展胜利的困难，这场突击很快丧失了势头。经过激烈战斗，美军付出高昂的损失，这场进攻10月14日终于陷入停滞，他们离重要的铁路线仍有很远一段距离。这支新生力量正在承受成长期的痛苦，而英军早在1915—1916年就领教过这种经历。潘兴面临的难题，因为以下事实而加剧：由于黑格反对，潘兴放弃了朝梅斯方向发展圣米耶勒交战胜利的想法。黑格认为，美军攻往那个方向的前景确实不错，但偏离了联军其他部队的进攻方向。福煦原本为这场总攻制订的方案，也据此做出调整。这样一来，潘兴不仅分配到一片更加艰难的作战地段，而且只获得一周时间从事进攻准备。时间紧迫，潘兴不得不使用没受过战火洗礼的几个师，来不及抽调更具经验的作战师用于圣米耶勒交战。可结果证明，黑格坚持己见毫无必要，因为没等美军在默兹河—阿戈讷地区的进攻把德国师调离他的正面，英军的进攻就突破了兴登堡防线。

黑格先把自己的左翼向前推进，此举有助于他的右翼进攻兴登堡防线最强大的防御地段，也就是北运河。到 10 月 5 日，英军已突破德军防御体系，进入敌军防线后方开阔地。但这条战线上，进攻方的兵力实际上少于守军[1]，坦克也消耗殆尽，因而无法快速挺进，对德国人的后撤构成威胁。

几天后，德国最高统帅部发现，敌军楔入兴登堡防线，但没有彻底突破这条战线，不由得振奋起来，甚至产生了乐观情绪。更令他们鼓舞的是，相关报告称，联军的突击势头有所松懈，特别是在发展胜利方面。鲁登道夫仍希望停战，但目的仅仅是让他的军队获得休整，以此作为继续抵抗、确保部队顺利撤往边境地区一条缩短的防线的序幕。到 10 月 17 日，他甚至觉得麾下军队不需要休整就能做到这一点。战场上的态势，并不像他认为的那样发生了逆转，但也不像他 9 月 29 日设想得那么恶劣。可是，鲁登道夫最初的观感和沮丧之情，犹如投入池塘的石子，造成一道道涟漪，已经在德国政界和民众中传播开来。

联军共同施加的压力，以及他们稳步向前的挺进，瓦解了德国政府和民众的意志。与军方首脑相比，德国政府和民众接受最终失败的定论较慢，可这种情况实实在在地发生后，对他们产生的影响更大。诺思克利夫巧妙指导、密集实施了和平宣传，这种直接作用加剧了军事和经济压力造成的间接士气影响。德国大后方崩溃得较晚，可瓦解的速度比前线更快。

土耳其的崩溃

英军打算在巴勒斯坦地区发动的春季攻势，由于法国战场发生危机、艾伦比的军队随后大批调离而中断。调自印度和美索不达米亚的援兵弥补了这种损失，当年九月，艾伦比再次准备发动进攻。他把麾下步兵主力悄然集结在地中海侧翼，把骑兵部署在步兵身后。与此同时，劳伦斯和他那些阿拉伯人，像难觅踪影的蚊子那样出现在沙漠里，威胁敌军交通线，分散对方的注意力。9 月 19 日拂晓，英军从西面发动大规模进攻，迫使土耳其军队朝东北面退往遍布丘陵的内陆，就像打开了铰链上的一扇门户。英军骑兵穿过这扇敞开的大门，朝沿海走廊驰骋了 30 英里，尔后转身向东，企图截断土耳其军队后方。

土军向东退却时仅剩穿过约旦的一条路线，但英国轰炸机的猛烈空袭封闭了这条后撤路线。土军主力陷入重围，为发展米吉多的胜利，艾伦比的骑兵力量迅速展开毫不停顿的追击，先是夺得大马士革，最终攻占阿勒颇。土耳其无力抵抗，还要面对米尔纳从马其顿直接攻往君士坦丁堡的威胁，所以不得不于 10 月 30 日投降。

奥地利的崩溃

奥地利在意大利战线发动最后一场攻势，是为了配合德军在法国的突击，结果，这场攻势六月份在皮亚韦河被击退。意大利总参谋长迪亚兹等待着反攻条件的成熟，直到奥地利内部的衰败传播开来，再也无望获得德国的援助。10 月 24 日，卡文勋爵的军队赶去夺取皮亚韦河上的渡口。10 月 27 日，联军发动主要突击，径直攻往维托廖韦内托，分割据守亚德里亚平原和山区的奥军。到 10 月 30 日，奥地利军队已被截为两段，后撤沦为溃逃。同一天，奥地利请求停战。11 月 4 日，他们签署了停战协定。

西线战事的落幕

早在 10 月 23 日，威尔逊总统就以照会答复了德国的请求，实际上，这份照会要求德国无条件投降。鲁登道夫建议继续战斗，寄希望于德国边境的成功防御能削弱协约国的决心。可事态超出了他的掌控范围，国家的意志已破灭，他的建议不再具有权威性。10 月 26 日，鲁登道夫被迫辞职。

随后，身染流感的德国首相过量服用安眠药，昏睡了 36 个小时。11 月 3 日傍晚回到办公室，他震惊地获悉，不仅土耳其，就连奥地利也投降了。如果说西线的态势让人觉得更轻松的话，那么，奥地利的领土和铁路，现在成了协约国打击德国的作战基地。几周前，冯·加尔维茨将军告诉德国首相，这种"万一"暂时没有出现，可一旦发生就"深具决定性"。次日，德国爆发了革命，这场革命迅速席卷全国。战争最后几天，革命怒火背后多种多样的巨大心理压力，由于洛林前线隐约可见的阴云而加剧，美军自 11 月 1 日起对此地重新施加压力，那里远比其他地方更敏感。换句话说，"如果德军守住安特卫普—默兹河一线，美军就无法继续前进"，可是如果美军继续前进，那么德国人的下一道防线就不得不设在莱茵河，而不是国界线。

由于德皇不愿退位、和平谈判受到耽搁之际，德国国内的革命不断蔓延、传播。与革命者妥协是唯一的机会，11月9日，马克斯亲王把权力移交给社会主义者埃伯特。德国已成为共和国，此举对外是回应威尔逊总统的要求，对内是为平息德国民众反对把他们领入灾难的那些领导人而发动的起义。德国舰队也发生了兵变，原因是海军指挥官企图孤注一掷，派舰队打击英国。11月6日，为实现停战，德国谈判代表离开柏林。

这些代表到达会谈地点前几天，协约国已迫不及待地讨论起停战条款，但福煦的意见明确而又坚定，因为威尔逊总统建议把相关条款的决定权交给军事首脑。黑格得到米尔纳支持，主张停战条款应当适度："从军事角度看，德国没有战败。最近几周，他们的军队实施了非常英勇的战斗后撤，秩序井然……因此，有必要给予德国能接受的条件……让他们撤出所有侵占的领土，以及阿尔萨斯–洛林地区，就足以确定胜局了。"英方还担心发生游击战的危险，认为不能遣散德国陆军，以防布尔什维主义扩散。

福煦表示同意："德国军队无疑可以占据新阵地，我们无法阻止这种情况。"但他不赞成黑格提出的条件，不仅要求德方必须交出三分之一火炮和半数机枪，还主张联军必须占领莱茵兰，以及莱茵河东岸几座登陆场。只有控制莱茵河，联军才能确保德国随后无法中止和平谈判，而黑格的建议有利于德军后撤并加固新的抵抗阵地。福煦私下里告诉克莱蒙梭，联军的占领"是安全和赔偿的保证"。

潘兴比福煦更激进，甚至反对与德国达成任何停战协定。但福煦有理有据地回复了这种反对意见："战争只是取得成果的手段。如果德国人遵照我们的条件签署停战协定，这些战果就归我们所有。我们正在取得这些成果，谁都没有权利要求为此继续流血牺牲。"可是，从福煦提出的条款看，他索取的战争果实，实际上已超出停战协定的范畴。一旦解决德国军队，法国就可以按照自己的条件，而不是威尔逊总统的建议来构建和平。威尔逊总统让军人处理停战条件，此举产生了具有讽刺意味的结果：他实际上废除了自己十四点原则规定的和平条件，这让德国人合理地抱怨道，他们被威尔逊总统的保证坑了，尽管他们的反对意见没什么现实意义。

协约国内部的另一个分歧在于，停战协定是否应该提及赔偿。英国反对，可法国主张必须提出这个问题。克莱蒙梭巧妙而又温和地辩称："我只想提一提原则问题。"他主张的是一份含糊而又全面的"赔偿损失"方案，而法国财政部长添了一句"协约国日后的一切主张和要求不受影响"，这个看似无害的保留意见强化了克莱蒙梭所提方案的潜在影响。想法单纯的豪斯上校接受了这一条，在他的支持下，这句话被列入停战条款。

接下来该确定关于德国海军的条款了，针对这个问题，各国的立场发生逆转。福煦在陆地方面提出的条件相当苛刻，现在却急于放德国海军一马，只要求对方的潜艇投降。他语带讥讽地问道："至于德国水面舰队，你们怕什么？整个战争期间，只有少量水面舰只冒险驶离港口。这些军舰的投降仅仅是做个样子，除了取悦公众，没什么用处。"可英国海军大臣埃里克·格迪斯爵士提请福煦注意，遏制德国舰队的是英国舰队，他还指出，如果完整保留德国舰队，英国舰队承受的战争压力就要持续到最终达成和平。劳合·乔治提出，作为有效但不太屈辱的折中，应当扣留德国水面舰只，而不是要求对方投降。这个解决方案获得一致认可，英国海军部反对无效，只好让步。最终的要求是，150 艘德国潜艇投降，另外，除了轻型舰只，10 艘德国战列舰和 6 艘战列巡洋舰扣留在"中立国港口，或在协约国港口解除武装"。由于很难找到合适的中立国港口，德国水面舰只的最终目的地改为斯卡帕湾的英国海军基地。这场讨论旷日持久，一个重要影响是，针对德国的投降条款，直到奥地利投降后才确定下来，劳合·乔治精明地预料到了这种情况，这能让协约国"对德国提出更严厉的条款"，对方拒不接受的可能性较小。

德国之所以接受这些苛刻的条款，当前的西线态势固然是个因素，但更重要的是大后方崩溃，以及联军穿过奥地利，从后方打击德国的新威胁。西线联军仍在推进，最近几天，他们在某些地段甚至加快了前进速度，但德军主力已逃离危险的突出部，他们彻底摧毁各条道路和铁路线，导致联军的补给运输无法跟上先遣部队。联军不得不停止追击，同时修理交通路线，这就让德军获得喘息之机，集结力量实施抵抗。到 11 月 11 日，联军前出到蓬塔穆松—色当—梅济耶尔—蒙斯—根特一线，1914 年各场战役就是沿这条战线爆发的，但从战略上说，联军的攻势在此处陷入停滞。

诚然，为摆脱这种状况，福煦集结了一支庞大的法美联军，准备打击梅斯下方，一路向东攻入洛林。由于联军的全面推进几乎吸引了敌军所有预备队，福煦这场打击，如果够快够深的话，有望突破德军沿默兹河到安特卫普一线设立的整条新防线，甚至有可能破坏对方朝莱茵河的有序后撤。但福煦计划于 11 月 14 日发动的这场洛林突击，不太可能解决迄今为止仍未解决的问题，也就是达成初期突破后，如何保持最初的突击势头。福煦对此也不乐观，有人问他，要是德国拒不接受停战条款，联军需要多长时间才能把德国军队赶过莱茵河，他答道："也许三个月，也许四到五个月，谁知道呢？"战争结束后，他对洛林攻势做出评论："这场攻势的重要性总是被夸大。很多人认为这场势不可挡的进攻能彻底打垮德国佬，真是荒唐！洛林攻势并不比我们当时准备在比利时利斯河发动的进攻更重要。"

实际上，奥地利投降后，联军 11 月 4 日的决定更具重要性，他们打算投入 3 个集团军，以一场向心突击攻往慕尼黑，这些集团军会在五周内集结到德奥边境。另外，特伦查德的独立空军，即将对柏林发动规模空前的轰炸。派往欧洲的美军官兵，现在增加到 208.5 万人，共计 42 个师，其中 32 个师已做好战斗准备。我们必须指出，国内形势和显而易见的外部发展才是促使德国决定投降的因素，联军对德军防线最强大地段发动任何一场假设性打击，都无法起到决定性作用。国内爆发革命，集结在南部边界的联军构成威胁，西部持续承受压力，面对这些情况，德国代表别无选择，只得接受苛刻的停战条款。11 月 11 日清晨 5 点，双方在贡比涅森林的福煦专列包厢内签署停战协定。当日上午 11 点，这场世界大战宣告结束。

第一节

最初的突破

1918 年 3 月 21 日清晨 4 点 30 分，约 4000 门德军火炮突如其来的轰鸣，宣布风暴袭来，这场风暴让人望而生畏，规模和破坏性远远超过此次世界大战期间的任何一场战役。傍晚前，德军大潮淹没了 40 英里宽的英军防线。一周后，德军取得的进展，深度接近 40 英里，几乎到达亚眠郊外。接下来几周，联军的事业似乎已陷入灭顶之灾。

这几周与 1914 年马恩河交战那些日子一样，堪称这场世界大战中两次最严重的军事危机。德国人孤注一掷，差点重新获得 1914 年 9 月初丧失的机会，这也是他们赢得胜利的天赐良机。在英国民众看来，至少可以说这场危机更加严重，不仅因为他们更充分地认识到了这一点，还因为他们下的赌注更大。

战争期间，没有哪段插曲像 1918 年 3 月 21 日帷幕拉起时那般充满问号。联军以优势兵力一连进攻了两年，为何突然陷入背水一战的窘境？协约国民众已得到保证，联军合作无间，不需要设立最高统帅，为何现在有人紧急要求任命一位总司令？两年来，联军持续不停地进攻，没能给德军防线造成太大破坏，为何德国人没用几天就在联军防线上撕开个大缺口？到目前为止，这个缺口的大小已超过联军先前进攻的预想目标，可德军为何没能取得任何决定性战果？要想从历史角度研究 3 月 21 日这场战事，探寻这些问题的答案至关重要。

英军突然从进攻转入防御，主要原因在于，1917 年 11 月到 1918 年 3 月 21 日，德军部署在西线的作战力量增加了 30%，而英军兵力与去年夏季相比，下降了 25%。德军新锐兵团大多调自俄国前线，鲁登道夫在那里同布尔什维克政府和罗马尼亚达成明确的和平，以此作为保证德国在西线赢得胜利的初步措施。可是，虽然这些事实解释了西线态势的突变，但这种变化发生得如此突然，程度如此深远，真正的原因恐怕没这么简单。最主要的是，英军指挥部在兵力对比和政府信任方面丧失了信用。这种双重不幸归咎于他们采用的策略，而这个策略可以用一个包含不祥意味的词充分概括——帕森达勒！

劳合·乔治意识到自己对国家的责任，从心底里怀疑黑格的判断，故而坚决反对把援兵派往法国，以免他们落入另一场进攻的污水管。劳合·乔治与黑格之间的摩擦几乎无法避免，因为两人的性格和修养截然不同：一个是反复无常的威尔士人，另一个是倔强、沉默寡言的苏格兰人；一个深具吸引力，甚至对不愿接受他的人来说也是如此，另一个具有坚定不移的控制力，刻意与他保持距离也无济于事；一个长袖善舞，另一个执拗顽固，而且始终如一；一个言辞犀利，思维敏锐，讲起话来头头是道；而另一个，说话时完全词不达意。黑格不善言辞，他的话晦涩难解，这方面的轶事非常多。最出名的是黑格为奥尔德肖特越野赛跑队颁奖时脱口而出的话："我祝贺你们的比赛成绩，你们跑得很好，我希望你们在敌人面前也能跑得这么好！"[1]

另外，劳合·乔治批评军队内部等级制度虚荣造作的同时，善于接受不同想法，他一直在努力收集各种各样的意见，以此作为做出判断的广泛依据。而黑格呢，他欣赏的传记作者查特里斯将军承认，黑格"不具备批判性思维"，对军务以外的事情既不了解，也没有任何兴趣。他出任英军总司令时，"坚信整个英国陆军中，只有他适合担任这项职务"。黑格严格自律的人生观，再

---

[1] 奥尔德肖特军营是桑赫斯特皇家军事学院所在地。

加上他那种权力神授的感觉，在他与英国首相之间制造了一道几乎无法逾越的障碍。双方都没有付出太大努力克服这种障碍，彼此间的不信任愈演愈烈，劳合·乔治怀疑黑格的军事能力，而黑格也很不喜欢劳合·乔治的行事作风。

帕森达勒交战结束后，德军发动进攻前几个月，劳合·乔治一直设法建立制约黑格的权力机构，因为解除黑格的职务无疑会引发一场政治风暴。劳合·乔治的办法是设立最高军事委员会，掌握联军内部的总预备队。但黑格的对策挫败了这项方案。这是因为他对最高军事委员会掌控作战的方法不抱信心，不愿提供区区 9 个师担任预备队，结果导致劳合·乔治的计划夭折。无论黑格从原则上反对这项方案的理由是什么，他的做法让人既无法理解，也难以证明其合理性。因为他深知德军即将进攻英军防线，也清楚自己的预备力量不足，却不愿交出 9 个师，换取 30 个师的联军总预备队——这种心态实在很奇怪。相反，黑格决心依靠他与贝当达成的相互支援协议，也就是说，必要情况下，他可以得到 6~8 个法国师支援。这个数字远远少于联军总预备队成立后，黑格可以获得的援兵数量。另外，黑格多年来始终不相信法国人会兑现这种承诺，还言辞刻薄地批评过他们，但意想不到的是，他居然寄希望于法国人靠不住的保证，而不相信最高军事委员会更可靠的承诺。不管怎么说，最高军事委员会里至少有一名英国代表。

英军司令部这种过度信任，和英国政府扣下援兵一样，很可能是因为他们有充分的理由相信，己方防御力量完全能挡住德军的进攻。英军屡屡失败的地段，德国人怎么可能取得成功呢？英军当初在康布雷差一点达成突破，这一点归功于坦克，而黑格非常清楚，德国人几乎不可能大批量生产坦克。

但黑格的防御算计，就和他过去两年的进攻行动一样，似乎低估了突然性的绝对价值，而 3000 年来有记录的战争已证明，突然性是赢得胜利的万能钥匙。英军去年 11 月 20 日对康布雷的进攻，真正的意义在于他们重新使用了装甲和履带共同锻造的这把钥匙。不幸的是，坦克这把钥匙的效力很快消失殆尽，黑格把钥匙插入锁孔，却无力充分转动钥匙柄，因为他的兵力消耗在帕森达勒泥沼中。

德军 11 月 30 日的反攻，使用了一把原理相似、造型不同的钥匙，他们以毒气和烟幕弹实施短促而又猛烈的炮击，接受过全新渗透战术训练的步兵随后展开突击。直到次年三月，英国人似乎一直没有充分吸取这个教训。能证明这一点的是，虽说英国第5集团军后来给自己找的兵力不足、防线过长的借口不无道理，可高夫事前却对己方部队抗击敌军的猛烈冲击满怀信心。

可是，高夫最初的防线承受压力时，问题就暴露出来了：英军缺乏准备，协调措施欠佳，无法在后方封堵敌军前进路线。高夫没有安排部队炸毁某些地段的堤道，总司令部也没有给他下达明确的命令。更要命的是，某些至关重要的铁路桥，爆破任务交给法国铁路部门，而不是第5集团军，这不仅造成混乱，还导致重要的佩罗讷铁路桥完好无损地落入德国人手中。

指导防御作战期间，英军总司令部下达的指令也出现了类似的混乱。例如，高夫接到的命令是"我们应当为索姆河东面的战斗做好准备"，可另一道命令又称："退往佩罗讷和索姆河的后方防御可能更好些。"理顺这些不同的指令不是件容易事。像德国人1917年那样，放弃部分既占地域，通过后撤阻挡对方的进攻，这种做法比较简单，可政治方面的考虑和军事上的情感不允许英军这样做。根据情况调整作战方案也许是必要的，而且通常会更有利，但这是对将才最艰巨的考验，因此，采取这种措施的将领，必须具有最清晰的头脑。战争的迷雾非常糟糕，绝不能以含糊的措施加剧这种情况：缺乏明确性，缺乏韧性，都有可能输掉交战。英军总司令部发给第5集团军的指令造成的影响是，集团军不得不把兵力分配到两条防线，根本没时间对两股力量做出令人满意的编组。另外，交战仍在进行之际，把部队撤往索姆河一线，这就需要他们采取强有力的后卫行动，而第5集团军的官兵对此毫无准备，也没有接受过这方面的训练。在诸多当事人的证词中，我们引用罗兰·费尔丁上校的说法："我们从来没想过后撤的可能性，虽然我们经验丰富，但很不幸，后撤涉及一场我们完全不熟悉的机动。"交战头两天，英军丢弃的火炮不下500门，这个事实间接证明了费尔丁上校的说法。

高夫防线后方的预备队寥寥无几，交战开始前，英军总司令部否决了他把预备队调到防线附近的请求，因此，英军不得不进行危险的后撤。这场后撤开始后，上级又通知高夫，在首批4个预备队师开抵第3集团军后，他才有望获得 1 个预备队师。这些事实给高夫的话增添了分量："我没法说总司令部充分了解战斗的情况和进展。"英军丧失了改善局面的机会，这是因为"整整八天"的交战期间，总司令部中赶来看望高夫并听取实际情况的只有黑格一人。"3 月 23 日，星期六，他再次赶来探望我，我们没有详细商讨眼前的局势，也没有谈论第 3 集团军的行动。"

德军发动猛攻前夕，担任预备队的 18 个英国师，只有 3 个部署在第 5 集团军防线后方。第 3 集团军身后驻有 6 个预备队师，其他预备队师部署在更北面，那些地段没有遭到进攻，英国人当时也认为那里不太会受到冲击。黑格把预备队留在北面的理由是，他想确定德军的目标是不是前线与海峡各港口之间的狭窄空间，然后再投入自己的预备力量。但这无法充分解释他的态度。从某种程度上说，黑格对德军意图的长期怀疑影响到他的立场：他在 2 月 16 日召开的集团军司令会议上指出，如果德军提早发动进攻，主要打击可能会落在法国人头上。"英军防线获得的迹象表明，德国人目前没有足够的力量在佛兰德地区展开进攻，眼下也没有迹象表明，德军即将对英军防线其他地段发动大规模攻势。"而第 1 集团军位于朗斯附近的防线遭受小规模进攻"是有可能的"。英军总司令部显然对空中侦察和第 5 集团军发出的警告反应迟缓。英军指挥官 3 月 2 日再次召开会议，他们承认德军提早发动进攻的可能性，但认为对方的目标不过是"切断康布雷突出部，吸引我军预备队"。3 月 8 日的会议上，他们仍认为，没有迹象表明敌军会在圣康坦以南发动进攻。

事实证明，黑格认为阿拉斯堡垒至关重要的看法正确无误。但是，为充分确保风险并不大的海峡各港口，他把预备队主力留在北面，此举让实力已遭到削弱的第 5 集团军陷入险境。黑格之所以这样做，一个原因是他觉得，在亚眠战线丢失部分既占地域问题不大，另一个原因是他过于自信，认为德军的推进深度不足以对整体态势构成威胁——相关战事证明，他的这种信心大错特错。为将者必须具备预估风险的能力，现在的问题是，黑格的错误估计能否避免，他是否倾尽全力消除自己的部署造成的风险。至少有一点很明确，黑格宁愿让英法军队结合部冒点风险，也不愿丢失海峡各港口。他的部署给敌人帮了大忙，对方的任务远比预期得更容易。

如果说英军的战役布势让德国人交了好运，那么，德军初期突击赢得的胜利，归功于他们充分而又熟练的准备工作。进攻期间，德国人再次好运当头。

德军释放毒气取得的突然性效果，得到自然条件的大力加强。3月21日清晨，浓雾遮掩了实施渗透的进攻方，也掩盖了防御方的机枪。如果没有天气条件帮助，德军的战术突然性能取得多大战果就很值得怀疑了，因为德国人达成突然性的手段，与康布雷战役，以及英军1918年8月8日发动进攻时使用的坦克相比，低劣得多。

这些坦克不仅是锻造钥匙的主要材料，还提供了把钥匙插入锁孔、转动锁芯的力量。相比之下，鲁登道夫不得不以毒气弹短暂而又猛烈的炮击打开突破口，尔后投入缺乏坦克支援的步兵发展突破。这是因为他没有意识到坦克的重要性，忽略了及时研发这款兵器的契机，直到德军1918年8月遭到致命打击，他才把坦克列入紧急战争物资清单。

但德军的作战方案非常出色，与先前任何一场战役相比，他们这次对战术突然性的研究都更彻底，也更广泛。德方的重要记录指出："黑格在1917年各场进攻战役中下达的急电深具价值，因为这些电文说明了哪些事情是不能做的。"值得称赞的是，鲁登道夫意识到，明显性是个障碍，而且一旦形成就难以克服，兵力优势无法弥补这种障碍。为此，他采用多种欺骗手段，从而达成并发展突然性。鲁登道夫的另一个优点是，他与法尔肯海因不同，后者只需要官员，而前者身边都是能干的助手。盖尔上尉编写了新的训练手册，退役的布鲁赫米勒上校被召回现役，成为著名的炮兵"弹幕射击"新战术发明者。布鲁赫米勒的绰号是"突破米勒"，这个名字具有预见性。他亲自监督，把大批火炮悄然调往前线，在毫无征兆的情况下，以他倡导的方式开炮射击。德军步兵接受了新的渗透战术训练，这种战术的指导原则是，先遣部队试探并穿透敌军防御的薄弱点，预备队用于发展突破，而不是挽救失败的进攻。特别侦察队受领的任务，仅仅是尽快向上级汇报进展情况。常规步兵突击队列前方，散布着一连串风暴突击队，配备自动步枪、机枪、轻型迫击炮。只要找到缺口，这些突击队就一路向前，守军各个支撑点留给后续部队解决。这种情况下，德军不再保持整齐的队列，进攻速度取决于最快而

不是最慢的突击队。另外，"必须遏止到达目标后，指挥官集结部队，把他
们掌握在手中的倾向"。"如果部队知道指挥官的指示，就应该主动向前推进。"
各突击师夜间前调，二线部队开入一线部队后方 1 英里左右的阵地，三线部
队部署在后方 10 英里处。所有预备队零点开始前调，做好随时投入战斗的
准备。二线师投入战斗，不由坐镇后方的高级指挥官决定，而是交给一线师
师长负责，因为他清楚战斗的实际情况。

　　11 月 11 日在蒙斯（这是个具有预见性的日期和地点），德军指挥官召开
秘密会议，为即将发动的进攻确定日期和地点。当然，按照德军惯例，研究
这个问题的不是名义上的指挥官，而是他们的参谋长：鲁登道夫、鲁普雷希
特王储的参谋长库尔、德国皇储的参谋长舒伦贝格、鲁登道夫的战略顾问韦
策尔。库尔和舒伦贝格希望在他们的集团军群战线上发动进攻，库尔指的是
佛兰德地区，舒伦贝格要求的是凡尔登。韦策尔倾向于支持舒伦贝格，认为
进攻凡尔登突出部的侧翼，能阻止法美军队日后在这个危险地点发动攻势，
击败法国军队后，就能集结所有德军兵团，转身打击英国军队。但鲁登道夫
否决了这项方案，理由有二：首先是地形不利，在凡尔登取得突破，无法朝
任何方向发展决定性胜利；另外，经过将近一年不受干扰的休整，法国军队
的实力已然恢复。鲁登道夫规定的首要原则是"必须击败英军"，认为帕森
达勒战役的消耗导致英军沦为易于得手的猎物。但他不赞成库尔在伊珀尔与
朗斯之间发动进攻、一路奔向阿兹布鲁克的建议，因为这样一场突击会遭遇
英军主力，而且这片低洼地需要很长时间才能变干燥。相反，他主张在圣康
坦周围发动进攻，但韦策尔争辩道，选择这个进攻方向会拖缓德军穿过索姆
河先前遭战火摧残地区的速度，而且法国援兵很容易开抵。会议没有做出最
终决定，鲁普雷希特在日记中写道："鲁登道夫低估了英军的顽强。"

　　十二月，韦策尔试图协调、整合两项方案，他很聪明地把进攻分成两个
行动：第一个行动是在圣康坦两侧，沿宽大战线发动进攻；第二个行动两周
后发起，在佛兰德地区朝阿兹布鲁克遂行突破。第一个行动要在足够远的地
方实施，从而把英军预备队调往南面。韦策尔总结道：

依我看，我军在一个地段发动大规模进攻，无论准备得多么周密，都无法成功达成目标……我们必须在战线不同地段发动几场连贯、密切相关、相互支援的进攻，通过这种巧妙的结合突破敌军防线，最终攻往阿兹布鲁克方向。

福煦后来也采用了这种打法，只是他不承认而已。德国人又召开了几次会议，鲁登道夫1月27日决定，支持圣康坦攻势（代号"米夏埃尔"），反对攻往阿兹布鲁克。后一场行动代号"圣乔治"，只是加以考虑，不会立即从事准备。

复杂的问题随之出现。从比利时海岸到圣康坦这条战线由鲁普雷希特负责，德国高层考虑到政治因素和个人原因，认为有必要再给德国皇储一个机会，挽回他1916年在凡尔登丧失的声望。就这样，德国皇储也加入此次进攻，把他那个集团军群辖下的第18集团军（胡蒂尔指挥），部署到主要突击的南翼。如果以这个集团军在凡尔登展开牵制性进攻，调离法军预备队，而不是径直攻往德军意图在英军防线打开的缺口，虽说不利于德国皇储恢复声望，但有可能更好地协助德军这场攻势。

从广义上说，鲁登道夫选择的突击地域，从阿拉斯延伸到拉费尔，符合他"沿阻力最小的路线攻击前进"的新原则，因为这条防线的防御、守备力量最薄弱，预备队也最少。另外，此处靠近英法军队结合部，因而易于分割敌军。不过，虽说这片地段的防御总体而言相对较弱，但这种分类较为随意，而且不够准确。该地段的防御，北部三分之一很顽强，那里由宾爵士实力强大的第3集团军坚守，该集团军辖14个师（6个师担任预备队），而英军预备队主力部署在这一侧，还能迅速获得北面其他英军兵团的支援，他们也确实提供了这种支援。德军施以打击的这片防区，另外三分之二地段由高夫第5集团军守卫。马维茨集团军面对的中央部分，由7个英国师据守（2个师担任预备队）。胡蒂尔集团军面对的南部地域，也由7个英国师守卫（1个师担任预备队）。

鲁登道夫把19个师交给阿拉斯附近的贝洛集团军，命令该集团军只沿左翼9.5英里宽的正面遂行初步突击。马维茨集团军在他们南面展开行动。

德方不打算直接进攻伸向康布雷的英军突出部，而是企图切断它，这条 4 英里宽的战线投入 2 个德国师即可，而马维茨 9.5 英里宽的突击正面，投入 18 个师。最南面的圣康坦两侧交给胡蒂尔集团军，鲁登道夫只给他们分配了 24 个师，沿 20 英里宽的正面遂行冲击。因此，我们可以看出，该集团军的兵力密度只有其他集团军的一半。尽管鲁登道夫定下原则，可他还是按照敌军实力分配自己的力量，而不是集中兵力打击对方防御最薄弱处。鲁登道夫下达的训令规定的突击方向进一步强调了这一点。德军的主要突击向索姆河以北发展，达成突破后，贝洛和马维茨集团军攻往西北方，卷击英军防线，索姆河和胡蒂尔集团军构成屏障，掩护他们的侧翼。胡蒂尔集团军仅仅担任进攻的侧卫。执行期间，这份方案彻底改变，只是表面上遵循"沿阻力最小的路线攻击前进"的原则，因为鲁登道夫在不需要的地方迅速取得战果，而在他最希望赢得战果处，德军的进展却乏善可陈。

此时英国人在做什么？凡尔赛委员会进行了兵棋推演，亨利·威尔逊爵士据此推断，德军会在康布雷—朗斯地域发动进攻，但他们会等到训练和兵力集结完成后，也就是 7 月 1 日前后再展开行动。威尔逊对敌军进攻地点的估计不太准确，在时间方面更是错得离谱。相比之下，黑格的情报机构对这些问题的看法更准确，可就连他们也没料到德军这场进攻会充分向南拓展。随着时间日益临近，各种迹象愈加明显，足以让黑格推定对方的进攻日期。3 月 18 日，英军在圣康坦附近抓获的德国俘虏交代，进攻日期定于 3 月 21 日。3 月 20 日傍晚，马克西第 18 军通过突袭确定，对方明天就会发动进攻。

由此可见，德国人确实没有达成战略突然性，即便以 1918 年的情况看，他们在法国也没能实现这一点。但德方认为，沿漫长的堑壕线与敌军接触，先取得突破，尔后再沿阻力最小的路线迅速发展胜利，有望让对方产生决定性混乱，而这一点，通常只能通过选择最出敌不意的进攻路线才能实现。3 月 21 日清晨 4 点 30 分，德军发起暴风骤雨般的炮火准备，一连持续两个小时，集中打击英军炮兵，德国人的迫击炮随后加入，加强的炮火转而轰击英军堑壕。英军电话线几乎都被炸断，无线电设备也被炸毁，而浓雾导致视觉通信不复可能。因此，英军前线官兵陷入又聋又哑的境地。上午 9 点 40 分（某

些地段更早些），德军步兵在徐进弹幕掩护下向前推进，低空飞行的飞机为
他们提供支援。

中午前，英军设在各处的前哨阵地几乎都被打垮，这种情况无法避免，
而且是预料中的事。但德军在北面的进攻，遭遇宾爵士集团军右翼力量顽强
抵抗，直到3月22日夜间，他们也没能在主要突击地段取得重大突破。尽管
德军连续投入援兵，一举夺得沃弗罗库尔，可他们的最大进展仅限于此。交
战地区，高夫集团军的大部防线同样实施了坚决抵抗，但德军大潮3月21
日在拉费尔附近，于最右侧的埃西尼和龙苏瓦穿过。英军第21师在埃佩伊实
施的抵抗，一度封堵了最后一个缺口，挡住向北蔓延的德军，可英军的抵抗
最终崩溃，深邃的缺口甚至影响了友邻防区。南面的圣康坦附近，英军防线
内陷得更加严重,3月22日夜间,高夫被迫命令辖内部队全面撤往索姆河一线。
他仓促做出这个决定，是基于一份错误的报告，报告中称德军在瑞西渡过克
罗扎特运河，因而已位于高夫右翼力量后方。次日清晨，英军放弃佩罗讷登
陆场。高夫麾下几名指挥官，不了解实际情况或受到误导，指挥失控，结果
制造了若干缺口。情况最严重的是宾爵士第3集团军与高夫第5集团军的结
合部，德军迅速扩大这个缺口。更南面，英法军队结合部也出现了新的危险。

但鲁登道夫继续忽略他的新原则，只打算发展阿拉斯附近的进攻，而德
军在那里取得的进展令人失望。与此同时，胡蒂尔渡过克罗扎特运河后迅速
向前发展，几乎摆脱了有限任务的限制。3月23日，鲁登道夫在训令中再次
强调，贝洛集团军遂行主要突击，还以3个师加强该集团军，同时指示仍在
北面的第6、第4集团军协助贝洛集团军。两天后，贝洛集团军受阻的情况
愈发明显，于是，鲁登道夫命令贝洛一直处于消极状态的右翼力量，3月28
日攻往阿拉斯方向，一举粉碎这道阻碍，并以纵射火力打击贝洛左翼力量面
对的强大障碍。3月29日，获得6～7个师加强的德国第6集团军，在阿拉
斯与朗斯之间向北发展进攻，他们的目标是布洛涅！与此同时，胡蒂尔接到
命令，暂时不要越过努瓦永—鲁瓦一线。

3月26日，鲁登道夫对贝洛集团军获胜的可能性产生怀疑，开始把目光
转向南面。但他没有朝那里投入重兵，只是视之为次要重点。尽管如此，马

维茨集团军还是攻往亚眠，而胡蒂尔接到的指示是，没收到新命令前，不得渡过阿夫尔河。这就是说，面对 1916 年索姆河旧战场复杂地形的集团军，必须继续前进，而眼前道路通畅的集团军，却奉命停下脚步。命令中的后一句话，明显解释了鲁登道夫这样做的原因，以及他多变的想法，表明他正在考虑一场庞大的扇形运动：3 个集团军向南攻往巴黎，而贝洛集团军和他的友邻军团向北攻击前进，企图粉碎背靠海岸的英国军队。这个宏大概念对资源的要求远远超出鲁登道夫的预备队数量。他似乎沉醉于当前取得的战果，和 1914 年 8 月的毛奇一样，没等鸡蛋孵化就开始数小鸡了。这场攻势与 1914 年另一个相似之处是，各集团军司令提交的报告，严重夸大了军队的实际进展。不过，他们的乐观态度，与德皇的相比堪称小巫见大巫，据鲁普雷希特说，德皇 3 月 21 日"就宣布彻底赢得了胜利"。

3 月 27 日，胡蒂尔前出到蒙迪迪耶，取得近 40 英里突破。但次日鲁登道夫被泼了一盆冷水，贝洛以 9 个师冲击阿拉斯，在预有准备的守军的猛烈火力打击下崩溃，这一次，进攻方没有得到雾气帮助。

鲁登道夫姗姗来迟地阻止了贝洛的徒劳努力，取消了第 6 集团军打算在次日发动的进攻。亚眠成为德军的主要目标，鲁登道夫把手中所有预备队（9 个师）交给马维茨。但胡蒂尔不得不停顿两天，等待调给他的 4 个新锐师开抵。此时，涌向亚眠的德军大潮几乎陷入停滞，突击势头严重衰减，不是敌人的抵抗导致的，而是官兵疲惫不堪、补给难以接续造成的。各条道路拥堵不堪，交通遭到破坏，预备队不断遭到英军空袭的扰乱——空袭的作用在这里举足轻重。德国人 3 月 30 日重新发起实力不济的进攻，没取得太大进展，英军趁德国人停顿之际加强了抵抗，法军预备队也及时开抵，像水泥那样浇入摇摇欲坠的墙壁，强化了联军的防御。法国步兵开抵后，炮兵也及时赶到，当日首度展开有效的行动。尽管如此，战场上还是出现了危急时刻，德军攻占莫勒伊树林山脊，这道山脊不仅位于英法军队结合部，还控制着阿夫尔河与吕塞河交汇部的渡口。这些地方掩护着亚眠—巴黎主铁路线。但西利将军发挥主动性，率领加拿大骑兵旅迅速发起反冲击，这位前陆军大臣摇身变成缪拉，一举消除了威胁。其他部队收复了山脊，虽然次日再次丢失，可这场突如其来的打击，似乎扑灭了现在德军在气势上若隐若现的火焰。近一周后的4月4日，德军再度付出努力，这次投入15个师，但只有4个新锐师。这场进攻遭遇守军获得加强的防御，还是没能取得太大战果。

鉴于重新付出的努力来得太晚，鲁登道夫随后中止了朝亚眠方向的进攻。他一直没有沿英法军队破裂的结合部投入军力。而贝当3月24日告诉黑格，如果德军继续沿这道结合部取得进展，他不得不把法军预备队调回西南面，用于掩护巴黎。德国人只要稍稍加大压力，就能把裂缝变成个敞开的缺口！相关历史多次证明，防线结合部是最敏感、最有利可图的进攻点。

德军这场庞大的攻势有几个主要特点，首先，与西线以往的进攻战役相比，德国人取得了巨大的表面战果；其次，这场攻势没能赢得决定性胜利。责怪英国军队既不公平也不正确。他们凭借英勇的耐力创造的奇迹，以及他们在大多数交战地域旷日持久的抵抗证明了这一点。英军随后迅速退却的主要原因是指挥和通信频频中断。历时三年的堑壕战期间，英军建立起缜密而又复杂的防御体系，通信主要依靠电话，静态战突然变成机动作战，他们不得不为此付出代价。这一点不可避免，因为他们违背了保持灵活性这个战争基本原理。

德军的作战方案之所以功亏一篑，阿拉斯可以说是块真正的绊脚石，德国人的军事保守主义很可能让他们付出了高昂的代价。布鲁赫米勒透露，胡蒂尔集团军执行了他设计的突然性炮火准备，而北面的贝洛集团军仍沿用陈旧的方式，不肯放弃炮火准备前的测距射击。而在索姆河附近，贝洛的传统军事思想再次证明有利于英军。

但德军遭遇败绩，更根本的原因是鲁登道夫本人的局限性。他能充分接受某种新理念，但实践中却没有足够的灵活性或信念彻底贯彻这种新理念。"沿阻力最小的路线攻击前进"的原则对鲁登道夫来说过于新颖，毕竟他年轻时一直受到克劳塞维茨"打击敌军主力"学说的灌输。鲁登道夫的口号是"必须击败英军"，他渴望厮杀，却没有认识到，从战略上说，最长的迂回路线往往是最短的路径：奔向目标的直接路线会耗尽进攻方的力量，通过压缩强化防御方的抵抗力，而间接路线能破坏防御方的平衡，动摇对方的抵抗。

德国军队对这场攻势的实际执行中，包含着另一个造成失败的原因，这一点经常被忽略，但非常重要：营养不良的德军官兵冲入英军补给区后，一座座堆满补给物资的仓库给他们造成了生理影响；他们发现敌人不仅吃得好、装备也比自己更精良后蒙受了心理影响。他们一直受到谎言灌输，认为潜艇战和糟糕的经济状况让敌人饥寒交迫、度日如年。我们从许多资料来源都能看出这种双重影响。最具启发性、最值得信赖的证据之一是德国诗人兼小说家鲁道夫·宾丁的战时日记。

他3月27日写道：

我们现在已进入英军后方地域……这是一片流淌着牛奶和蜂蜜的土地。这些人真不可思议，给自己装备的都是地球上生产的最好的东西。我们的人现在很难与英国士兵区分开来。每个人至少穿了件皮外套，一双防水的……英国靴子或其他好东西。马匹吃着丰盛的燕麦和美味的饲料饼……毫无疑问，军队正满怀热情地从事劫掠。

次日，他又写下了非常重要的一笔：

今天，我们这些步兵突然在阿尔贝附近停止前进。没人知道是什么原因。我们的军队已报告，阿尔贝与亚眠之间没有敌人……我们的前进路线似乎已彻底肃清。我跳上汽车，奉命弄清前方堵塞的原因。我们师位于这场进击的前方位置，不可能因为疲惫而停止前进。真不明白……

刚靠近镇子，我就见到奇特的景象。一个个怪异的身影——看上去完全不像军人，当然也没有表现出前进的迹象——正迈步走出镇子。有些人赶着牛……有些人一条胳膊下夹着鸡，另一条胳膊下夹着一盒信纸。还有些人胳膊下夹着一瓶酒，手里攥着另一瓶打开的酒……一个个跟跟跄跄，几乎无法行走。我进入镇内，各条街道上满是带着酒的人……

怀着可怕的印象，我驱车返回师部。这场前进停顿下来，想让部队重新开动，至少需要几个小时。

　　事实证明，当日根本无法整顿部队重新出发，军官对此无能为力。鲁道夫·宾丁后来又在日记中写道："次日，士兵举酒欢呼，在胜利的气氛下离开阿尔贝镇，刚刚到达铁路路基就被英军的几挺机枪刈倒。"

　　但劫掠引发的兴奋之情更加普遍，远远大于酒精的作用，而造成酗酒和劫掠的根本原因是"多年来普遍的贫困感"。一名参谋军官甚至在执行紧急军务的途中停车，从战壕里捡拾一件英制雨衣。这种兴奋之情不仅让德国人丧失了到达亚眠的机会，还破坏了对他们维持进军而言极为宝贵的补给供应：为了几个铜制水龙头，不惜摧毁水厂。这种毫无意义的渴求，原因在于德军官兵认为"英国人的一切都是用橡胶或铜制造的，而这两样东西，我们很久没见过了"。"另一些事情也表明了德军官兵的疯狂、愚蠢、缺乏纪律。他们攫夺一切毫无用处的玩具或杂物，塞入自己的背包，还把有用但无法带离的东西悉数破坏。"

　　劫掠劲头耗尽后，他们的反应更大了，自己什么都缺，敌人什么都有，这种对比让德军官兵沮丧不已。随着军事胜利的希望逐渐消退，他们再次利用敌军物资大快朵颐的盼头化为乌有，士气随之迅速下降。

　　打过仗的人都知道，食物和文明世界的舒适，在前线官兵眼中是多么重要。最后一场进攻失败后，德军的士气从七月份起陡然下降。这在多大程度上不仅仅是饥饿日益加剧造成的，而根源于亲眼看见敌人更具物质耐力呢？

　　只要战线仍是一道隔离墙，宣传和审查制度就能掩盖差距。可是，德军突破英军防线，进入对方的后方地域，真相就暴露在德国官兵面前。我们能否深入军事统计数字的表面，扩大心理基础，得出这样的历史结论：英军1918年3月的灾难，对受害者来说反而是件幸事。如果真是这样，英方没有早点尝试这种解决方案实在很可惜。对英军指挥部来说，与其在前线周围不情愿地实施伪装，倒不如安排德国人参观自己的后方地域，也就是"流淌着牛奶和蜂蜜的土地"，或者至少可以故意释放一批吃饱喝足的德军俘虏！这种策略无疑能弥补军队领导层严重缺乏想象力的缺陷。

第二节

佛兰德的突破

1918年4月9日，英军突破阿图瓦堑壕战僵局的企图受挫一周年之际，德国人朝相反方向展开更加成功的行动。这是鲁登道夫3月21日那场庞大攻势的第二步。德军从新沙佩勒周围出击。三年前，英军首次打破僵局的行动，总共只取得半英里进展；现在，德军一股狭窄的突击大潮席卷了对面的葡萄牙军队。4月9日中午前，突破深度超过3英里。北面（幸好不是南面），突破口侧翼崩溃，一股股德军新锐突击力量攻向英军防线，在多个地段取得突破。

到次日，德国军队已沿24英里宽的正面取得进展。4月12日，道格拉斯·黑格爵士下达了他那道著名的日训令："除了血战到底，我们别无出路。每座阵地必须坚守到最后一人……我们的处境岌岌可危，但要相信我们的事业是正义的，所有人必须战斗到底。"对英国公众，甚至对英国军队来说，这个消息犹如晴天霹雳，让他们意识到危险的严重性，黑格的训令似乎发出了这样的警告：胜利的希望已破灭，剩下的只是与当面之敌鏖战到底的荣誉！

但这一刻，以及接下来几天的更多时刻，最不乐观、最沮丧的可能不是英国人，而是身处德国军队后方的鲁登道夫本人。3月21日和之后几天，鲁登道夫发现，他为赢得决定性胜利而精心策划的战略方案已误入歧途。他不想取得进展的地方，德军的挺进速度很快，而他希望达成突破的地方，德军的进展慢如蜗牛，这种情况迫使他很不情愿地跨过索姆河旧战场的废墟，一路攻往亚眠，而不是从索姆河地区转身向北。3月28日，鲁登道夫姗姗来迟地冲击阿拉斯堡垒，结果被击退，不得不明确放弃卷击英军侧翼，迫使对方背靠大海，与其他联军相互隔绝的原定方案。

鲁登道夫朝亚眠的突击差一点取得成功，可是，由于发起得过晚，再加上补给困难，这场行动最终功亏一篑。出于绝望而不是深思熟虑，鲁登道夫紧紧抓住韦策尔遭否决的方案，决心实施"圣乔治"行动，进攻伊珀尔—朗斯地区。但他的"米夏埃尔"行动用时过长，推进得太远。现在，他不仅缺乏预备队，还得重新储备补给物资和弹药，同时北调他的重型火炮。德军将领4月1日和2日召开的会议表明，这场进攻要到4月9日才能完成准备工作，届时，他们只来得及投入11个师，而不是35个新锐师。德国人以一种不无讽刺意味的幽默感，把这场攻势更名为"若尔热特"①。鲁登道夫起初很幸运，但这种好运虚幻而又难以捉摸。之所以说他幸运，是因为德军的初步打击落在葡萄牙第2师防线，这个师刚刚获得2个英国师接替，目前据守整个军的防区，遭到严重拉伸。

战后，某些不太客气的评论者认为，鲁登道夫的好运中也有不利的一面：葡萄牙人脚底抹油，毁了鲁登道夫的方案，间接挽救了联军。这是因为，虽然此次进攻"按计划"延伸、发展，可鲁登道夫似乎从来没有全身心贯彻这项方案。从他的战略及其利益角度看，这场攻势要么过于猛烈，要么力度不够。

这种优柔寡断、意志消沉最明显的证据，可以在缴获的德国第4集团军档案中找到，进攻这片地区的正是该集团军。他们的证据比战后精心准备的一切辩解文更具说服力。这些证据的另一个优势是，没等德国人为高级指挥官的声誉对相关档案做出精心篡改，它们就落入敌人手中。德方档案表明，第4集团军的洛斯贝格、集团军群的库尔、最高统帅部的鲁登道夫，这些总

---

① Georgette是法语"乔治"的女性称谓

参军官自行其是，甚至不屑于装模作样地征询上司西克斯特·冯·阿尼姆、鲁普雷希特、兴登堡的意见。相关档案还表明：鲁登道夫调拨兵力时过于吝啬，通常为时过晚，而且数量不够，无法赢得真正的胜利；他非常害怕德军新形成的突出部沦为另一个口袋，因此，大好机会出现时，他却因为担心遭遇敌军反攻而命令军队停止前进。

但英军官兵并不了解这种情况。他们只知道敌人发起了猛烈打击，不知道对方的顾虑和不安。如果说鲁登道夫觉得自己落入对方彀中，那么，英军官兵认为自己卷入一台绞肉机，绞碎的残骸被抛入大海——这种可能性令他们深感不安。任何一支军队都不喜欢背水而战。索姆河战场至少有足够的后撤空间，而北部的英国军队、基地、交通线都挤入并穿过狭窄的"喉部"地区，对最小的压力敏感不已，很容易被勒死。除了沿海铁路，唯一的横向交通线穿过圣波勒—利莱尔—阿兹布鲁克，与前线堑壕仅隔15英里。因此，到4月12日德军的突破深度已达10英里，尽管没能更进一步，可这种威胁远甚于他们在索姆河取得的40英里进展。

德军这场打击落在已然备受重压的英军部队头上，进一步加重了压力。除了葡萄牙军队，拉巴塞与伊珀尔—科米讷运河之间的6个英国师，也是在脱离南面的交战后刚刚撤到这条防线的，他们都已遭受严重消耗（第55师除外）。面对沉重的压力，这些师过度拉伸。黑格的预备队已耗尽，再加上阿拉斯吉旺希高地堡垒的重要性，造成目前这种兵力配备：寥寥几个英国师，必须守住24英里宽的防线。要命的是，最严重的拉伸发生在最难以承受这种状况的军队身上。葡萄牙军一直在新沙佩勒两侧守卫6英里宽的防线。该军投入前线已经有很长一段时间了，不服从命令的情况不断增加，这无疑是部队士气下降的警告。第1集团军司令霍恩将军调整了他的防御部署，4月5日把葡萄牙第1师撤出前线。4月9日夜间，几个英国师接替了葡萄牙第2师，但该师奉命守卫整个葡萄牙军的防区，尽管葡萄牙第1师一个旅留在防线后方5英里的莱斯特朗附近担任预备队。数日来，英国第51师一直在前线，可能已投入战斗。的确，该师师长建议把他这个师调到第二道防线，那里的强化阵地易于防守，但他的建议没被采纳。不过，参谋部门已提醒霍恩，利斯河地区是德国铁路汇聚处，因而最有可能遭到对方进攻。实际上，那是敌人唯一有可能发动进攻的地方。他们还请求霍恩批准，在后方 15 英里处设立特别补给物资堆栈，应对德军在此处达成突破的危险，但霍恩否决了这项建议。幸亏这些参谋人员瞒着霍恩悄然着手准备，这些补给物资堆栈的存在，有助于缓解随后发生的紧急状况。

尽管局部准备状况不佳归咎于霍恩，可我们必须指出，霍恩和黑格都没有认真研判具体态势。令人惊讶的是，他们居然对各种清晰的迹象毫无警惕，德国人为加快这场新攻势的发展，彻底牺牲了隐蔽性。从 3 月 31 日起，英国飞机不断报告德军预备队和炮兵，利用铁路和公路全面北调。正如皇家空军官方史披露的那样，4 月 1 日，仅仅一名观察员就在几小时内"数出 55 列火车驶往拉巴塞—阿尔芒蒂耶尔前线……接下来几天的空中报告，得到航拍照片补充，清楚地表明，德军这场集结的规模相当庞大"。这些预警没有促使英军总司令部提前做好准备，原因是他们认为敌军会遵照原定方案行事，对方加强索姆河攻势的下一步措施，肯定是重新发动进攻，突破阿拉斯堡垒。黑格似乎相信，鲁登道夫会和自己在帕森达勒交战期间同样固执。他认为鲁登道夫的正确做法是夺取至关重要的维米岭，尽管那里是英军防御最严密处，可黑格还是坚信，鲁登道夫 3 月 28 日受挫后，肯定会再试一次。

直到 4 月 7 日，说到整体情况时英军总司令部仍坚信对方"会对维米岭发动向心突击"。不过，我们再次引用皇家空军官方史的叙述："总司令部认为，敌人很可能对维米岭发动向心突击，可截至 4 月 9 日的空中报告和航拍照片都不支持这种观点。相反，这些空中报告表明，阿拉斯对面的德军部队正调去支援北部的作战行动，毫无疑问，敌人正利用拉巴塞运河在北调后实施集结。"

这些空中报告也谈到霍恩换防葡萄牙部队的举措为时过晚："从空中看，可能已来不及换防。空中观察员 4 月 7 日整个上午的报告都指出，葡萄牙部队对面的主要道路挤满行进中的车辆。地面观察员报告，德国人携带着弹药进入辅助战线。空中和地面报告给人的印象是，德军即将完成战术集结。"可这些情况没有让英军高级将领心生警惕，或者说，他们对此反应迟钝。

4月9日清晨4点05分，一场猛烈的炮击，落在拉巴塞运河与阿尔芒蒂耶尔之间11英里宽的战线上，芥子气吞噬了这片地区两翼，这种迹象表明该地区的守军即将瘫痪，可他们没有立即遭受攻击。7点30分，炮火减弱后，小股德国步兵向前推进。又一通炮火急袭持续一小时后，也就是8点45分左右，德国第6集团军辖内9个师的主力展开突击，打击当面的3个师。和3月21日的进攻一样，浓雾再次为德军这场冲击提供了掩护。最南端，英国第55师（兰开夏郡本土师）死守吉旺希，这场顽强抵抗不仅打断了对方的进攻，还迫使德军指挥部打消了向南发展进攻的企图。

但中央地段，德国人迅速攻克葡萄牙军队守卫的阵地。葡萄牙人部署在第55师侧翼，防线比第55师宽一倍，虽说每码防线的兵力并不少，可葡萄牙官兵的素质不及英军，因此，这种布势存在风险，潜在的风险现在终于成熟了。不过，爱德华国王骑兵团和第11自行车营坚决抵抗，不仅挡住了德军的猛烈冲击，还在第55师预备队旅协助下，共同阻止了德军在南翼的突破。的确，这场抵抗迫使德军转向西北面，他们朝这个方向取得的进展越来越大。

但突破口北翼，英国第40师的侧翼暴露在外，双重压力导致该师部分力量被打垮。第51和第50师赶去封闭缺口，由于各条道路挤满葡萄牙溃兵和损坏的车辆，这场救援受到耽搁，还没到达预定阵地，他们就与德军大潮发生接触，根本无法抵挡对方的猛烈冲击。德军获得7个师加强，已到达甚至渡过利斯河和拉韦河一线。但次日英军的抵抗终于挡住了德军大潮，除了原先突出部的北部地区，丢失的地方并不多。

不过，当日上午，德军的进攻已向北扩大到伊珀尔—科米讷运河，打击英国第2集团军（普卢默）南部防区。这就像一记左拳后挥出的右拳，尽管这记右拳力量较轻——德方只投入第4集团军4个师。昨日开赴缺口部的3个英国防御师，以部分力量分散敌军，抵消了对方这记轻拳。可德军还是达成突破，一举切断两记拳头之间的阿尔芒蒂耶尔，英国第34师勉强逃出口袋。当晚，英军防线上的缺口宽达30英里，到4月12日，缺口的宽度增加了一倍。

这是一场危机，德军距离阿兹布鲁克铁路枢纽站已不到5英里。4月13日，英国和澳大利亚预备队从南面开抵，德军施加的压力显露出减弱的迹象，他们公开承认的原因是，"（敌人的）空袭不断加剧，致使（我军）补给困难"。阿兹布鲁克接近地，先是第4禁卫旅及时开抵设防，现在终于被澳大利亚第1师封堵，因此，德军剩下的压力几乎完全置于缺口北半部。

除了南部边缘，普卢默接掌了整个作战地区的指挥工作。为缩短防线、阻止德军的进攻继续发展，他从容不迫地撤离伊珀尔突出部，退守这座闻名遐迩的小镇前方的一条防线。这是个明智、富有远见的决定，尽管此举放弃了英军去年秋季以高昂的代价换取的几平方英里泥泞地。

4月15日，德军攻占巴约勒和拉韦尔斯贝格山脊，可随后被阻挡在梅特伦和克梅尔高地前方。到4月18日，这场风暴终于消退了。在此期间，另一种类型的暴风雨一直在前线后方肆虐。在黑格看来，福煦出任最高统帅后似乎没有迅速为他提供预期中的支援。自4月10日起，甚至在这之前，黑格就敦促福煦派法国军队驰援并积极参与交战。4月14日，联军在阿布维尔召开一场交锋激烈的会议，黑格次日批评道："最高统帅做出的部署，无法应对军事形势。"

另一方面，福煦可能意识到危险即将过去，打算保留自己的预备队用于反攻。他4月14日指出："北部的交战已结束。"在许多观察者看来，这句话似乎是说英国军队完蛋了。一如既往，福煦以一个比喻阐述自己的观点：朝水中投入一块石头，向外递延的一波波涟漪越来越弱，水面最终会平静下来。对备受重压的联军来说，这种比喻让人恼火。可事实证明，福煦的预测正确无误。可是，就像1914年和1915年的伊珀尔交战，为证明福煦的正确无误，英军官兵承受了巨大的压力。

与盛行的说法相反，5个法国师早在4月14日就开抵英军防线后方。但和1915年的伊珀尔交战一样，他们意图发动的反攻，起初没能实现。但从战术利益着眼，公平地说，英军在此次交战中实施的若干反攻，战果始终有限，付出的代价却很高昂。4月18日，一个法国师接防克梅尔高地，次日，另外几个法国师开入前线。4月25日，德军恢复攻势，但只沿一条有限的战线遂行。他们从法军手中夺回著名的克梅尔高地，逼退北面的英军。一连几个小时，最后的机会出现在德国人眼前，可由于鲁登道夫的干预，他们没能

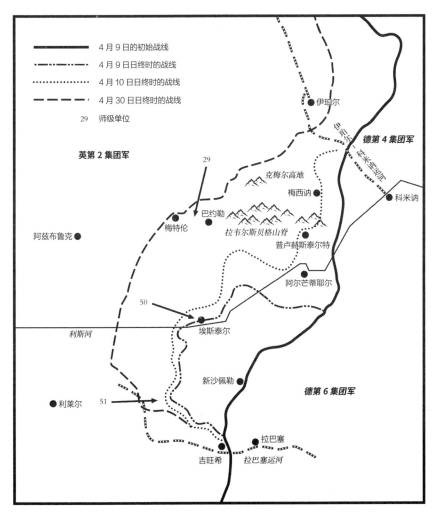

利斯河攻势（1918 年 4 月）（ZVEN 制）

图例：
- 4 月 9 日的初始战线
- 4 月 9 日日终时的战线
- 4 月 10 日日终时的战线
- 4 月 30 日日终时的战线
- 29 师级单位

英第 2 集团军

德第 4 集团军

德第 6 集团军

伊珀尔
科米讷
克梅尔高地
梅西讷
巴约勒
梅特伦
拉韦尔斯贝格山脊
普卢赫斯泰尔特
阿兹布鲁克
阿尔芒蒂耶尔
29
50
利斯河
埃斯泰尔
新沙佩勒
利莱尔
51
吉旺希
拉巴塞
拉巴塞运河

利用这个机会。4 月 29 日，德军最后一场代价高昂的进攻以惨败告终，他们就此放弃了攻势。

官方历史学家埃德蒙兹将军一针见血地指出："很容易理解鲁登道夫为什么会在 1918 年 8 月 8 日后崩溃，早在 4 月 29 日，他就踏上了绝路。"

第三节

马恩河突破

损失惨重的 4 个英国师，在兰斯与苏瓦松之间，埃纳河北面一片平静地区休整，远离其他英军兵团。这些英国师在利斯河交战中浴血奋战，随后被派往法军防线，以便法军援兵抽身开赴北面，在那场背水一战的最后阶段援助英军。他们在平静的埃纳河畔休整，同时继续为守卫堑壕线发挥积极作用。

这片休整区，平静得令人难以置信。当地英军指挥官对此感到不安，某些友邻法军部队指挥官也有同感，可他们的法国上司没太重视这种情况。3月 25 日，他们收到法军总司令部发来的电报："我们认为，那里没有迹象表明，敌人已经为明日发动进攻做好了准备。"次日晨，法军抓获两名俘虏，据他们交代，德军即将发动进攻，可法军上级指挥部门根本没有采取应对措施，直到当日晚些时候才给部队发出警告，这已经太晚了！

1918 年 5 月 27 日凌晨 1 点，一股猛烈的烈火风暴落在兰斯与苏瓦松北部之间的英法军队防线，沿著名的贵妇小径递延。4 点 30 分，压倒性的德军洪潮横扫联军前沿战壕，当日中午前，他们已涌过埃纳河上许多没炸毁的桥梁。5 月 30 日，德军到达马恩河，也就是 1914 年那场大溃退中具有象征意义的地点。近四年后，联军认为不复存在的威胁卷土重来，这次甚至到达让联军丧失斗志的程度。

幸运的是，事实证明，德军的威胁"到此为止"。与 3 月 21 日和 4 月 9 日那两场大规模攻势一样，德军 5 月 27 日的猛烈冲击，在攻城略地和俘获有生力量方面取得惊人的战果，但没能让德国人更接近他们的战略目标。另外，与前两场攻势相比，德军 5 月 27 日的进攻赢得的战果，进一步为他们的覆灭铺平道路。我们稍后探讨这方面的原因。可是，德国人为何在北部的最后一场猛攻结束一个月后再度发起进攻？联军新成立的统一指挥部，获得很长一段间隔期来从事准备工作和审视形势，可他们为何还是被敌人打得措手不及，甚至比以往更惨？这可能是此次交战中最有趣的历史问题。

当然，我们早就知道，法军高级指挥部门负责埃纳河地区的防务，可他们认为这里遭受攻击的可能性很小。英军高级指挥部门也是如此，不过，他们负责北部防线，认为那里会遭到敌军的进一步猛攻。尽管事实并非如此，可正如德方披露的情况表明的那样，英国人的预计不无道理。

不过，另一个盟友的情报机构，根据他们的广泛调查发出警告，这种警告没有得到重视，直到一切都为时已晚。5 月 13 日，也就是佛兰德地区的交战结束两周后，英军情报机构得出结论："敌人企图在阿拉斯与阿尔贝之间，沿宽大战线发动进攻。"次日，美国远征军情报部门召开会议讨论这个问题，战斗序列组组长 S. T. 哈伯德少校提出相反的观点，他认为：德军下一场进攻会针对贵妇小径地区，时间是 5 月 25 日到 30 日之间。哈伯德给出的理由是：德军采取的进攻样式，最重要的因素是突然性，而贵妇小径是为数不多的敌人有可能实现突然性的地区之一；联军普遍认为该地区较为安全，把疲惫不堪的联军师调到这里休整，因此，敌人很可能以此作为打击目标；另外，这里的进攻正面与德军目前有限的可用兵力非常吻合，已确定的德军兵团（特别是某些精锐师）驻地所在位置证明了这种假设。

这份详细的预警送交法军总司令部，可法国人对此充耳不闻。是啊，他们凭什么推翻经验丰富、高度发达的英国情报机构做出的判断，听信一支没经历过战火考验的菜鸟军队给出的意见呢？可是，美国人一再发出警告，法军情报部门负责人德宽泰上校最终接受了他们的意见。但像两年前在凡尔登发生的情况，法军作战处没有接受己方情报部门的观点，待他们醒悟过来，为时已晚。不过，这次不该过度批评法军作战处，因为贵妇小径地区的防务由法国第 6 集团军负责，集团军司令迪谢纳将军信誓旦旦的保证影响了作战处的决定。

这位将军的确应该承担更大的责任，因为他固执己见，继续采用早已过时、徒耗兵力的战役布势，把大批步兵部署在前沿防御阵地。这种做法除了给敌人的火炮提供拥挤、无助的目标外，还造成这样一种后果：一旦这些倒霉的炮灰让德国人的火炮饱餐一顿，法军就没有预备队阻挡德军步兵穿过他们的后方地域了。法军各级指挥部、通信中心、弹药库、铁路终端都以类似方式前移，很容易被敌人的炮击打得稀巴烂。

贝当下达过指示，要求各兵团构设具有纵深而又灵活的防御，迪谢纳将军显然没有遵命行事，因此，英军下级指挥官提出的反对意见遭驳回，这种情况也就不足为奇了。另一个可能无法避免的不幸是，四月底，4 个英国师组成的第 9 军，在汉密尔顿 – 戈登将军率领下，从北面开抵。这些师严重减员，大量补充了从国内调来的新兵，他们匆匆投入前线，以此作为完成训练的最佳地点。

埃纳河防御的基干是河流北面著名的贵妇小径山脊。这条"猪脊梁"的东半部由英军守卫，第 50 师（H. C. 杰克逊）部署在左侧，该师旁边的是第 8 师（赫尼克），山脊尽头再过去，从贝里欧巴克起，沿埃纳河和马恩运河延伸的低洼地带部署着第 21 师（D. G. M. 坎贝尔），这个师与法军部队共同掩护兰斯。第 25 师（班布里奇）的步兵担任预备队。

法国第 6 集团军的防线，由 3 个法国师和 3 个英国师据守，另外 4 个法国师和 1 个英国师担任预备队。面对联军这些疲惫不堪或毫无战斗经验的部队，德国人共投入 15 个师，除了新调来的 1 个师，他们以 5 个师从贝里欧巴克向西发起主要突击，2 个师在贝里欧巴克与兰斯之间遂行辅助突击，另外 7 个师提供近距离支援。

尽管德军的兵力优势不如三月、四月攻势时那般明显，可他们的前进速度和取得的进展大于前两场攻势。地面上的浓雾再次帮助德军这场突击达成战术突然性，浓雾遮蔽了他们的初步推进。但他们必须克服一连串相当困难的障碍，首先是中间地带的艾莱特河。因此，德军取得初期战果，部分原因在于战略突然性——他们选择的进攻时间和地点出乎联军意料，另一个原因是，联军愚蠢地把防御力量彻底暴露在外。德国人沿 38 英里宽的战线部署了 3719 门火炮，猛烈的炮击把守军打得晕头转向，彻底丧失了斗志。后一点的确是实现突然性的一种形式，因为所有突然性的目的都是打击敌军士气和斗志，无论敌人是被欺骗弄得猝不及防，还是眼睁睁地看着自己落入陷阱，结果没什么不同。另外，德军 1918 年 5 月 27 日赢得的胜利，值得我们研究，也应该拿来与他们另外几场攻势进行对比。德国人取得的战果几乎与他们达成突然性的程度成正比。的确，从前几年的情况看，战争最后一年提供了新的证据：突然性（更科学的说法是打破敌人的心理平衡），对战争中每场战役赢得真正的胜利至关重要。这个教训一再重复，经常被忽略。历史法庭上，任何一位不寻求这种初步保证，而以部下性命冒险的指挥官，都会被裁定有罪。

我们来看看 5 月 27 日发生的事情。据那些更具战斗经验的受害者说，一连三个半小时，倒霉的联军官兵不得不忍受德军空前猛烈的炮击。这几个小时，残肢断臂的死者和无人照料的伤者不断增加，无助的耐力经受的磨难，因趴伏和佩戴防毒面具造成的半窒息感而变得更加难挨。灰色的德军大潮随后向前涌来，即将投入战斗的联军官兵终于松了口气。45 分钟后，德国人在中央地段到达艾勒附近的山脊顶部。位于左侧的英国第 50 师，侧翼暴露在外，这种情况迫使该师幸存者从另一侧山坡撤离。位于该师旁边的英国第 8 师被迫退却，但其辖内 2 个旅在埃纳河北岸顽强坚守了一段时间。

第 2 德文郡旅在那里赢得不了朽的荣誉，就连法军日训令也给予嘉奖，他们几乎战斗到最后一人，这种英勇牺牲为联军在后方重新组织抵抗争取到时间。英军右侧，第 21 师晚些时候也遭到攻击，该师部署的位置很尴尬，沼泽化的埃纳河和马恩运河从这片战区中央穿过，但该师主力与敌军脱离接触，顺利撤到运河西面。中午前，从贝里欧巴克到瓦伊，德国人在大多数地段到达并渡过埃纳河，这种情况得益于迪谢纳将军迟迟没有下令炸毁河上的桥梁。到目前为止，德军的进展相当均衡，但当日下午，英法军队侧翼结合部的中央地段严重凹陷，德军一路前出到韦勒河畔的菲姆，一天内取得 12 英里突破。联军中央防线的崩溃不足为奇，一方面因为这种情况司空见惯，另一方面因为德国人朝这里投入的兵力最多，兵力比超过四比一。这场突击落在中央地段 2 个法国师头上，与法军毗邻的英国第 50 师左翼也没能幸免。

中央防线内陷，再加上德军重新施加压力，联军侧翼被迫退却。东面，也就是英军据守的侧翼，那里的后撤以第 21 师的出色机动著称，夜间，该师穿过茂密的山区林地转身折返，始终以构成集团军右翼的阿尔及利亚师为支点，并与该师保持联系。德军强渡韦勒河，夺得河流南面的高地后停止前进，等待鲁登道夫派遣的新锐援兵开抵。但 5 月 29 日，他们跃进一大步，在中央地段前出到费尔昂塔德努瓦，在西面攻占苏瓦松，拿下这两个重要交通点让德国人缴获了大量物资。尽管贝当精明地对敌人敏感的右翼展开反突击，可德军这场突击相当迅猛，甚至超出了赋予他们的任务。5 月 30 日，德军大潮涌向韦勒河前方 15 英里的马恩河。但他们的中央战线不断缩窄，而联军右翼当日丢失的地盘并不多，部署在那里的 4 个英国师（第 8、第 50 师只剩些残部），已得到英国第 19 师（杰弗里斯）和一个法国师加强。次日，法国军队接掌第 9 军的防务，换下最初 4 个英国师的残部，不过，还是有些英军部队编入第 19 师，在前线继续鏖战了三周。

但从 5 月 31 日起，德军在兰斯侧面被马恩河挡住，正面同样如此，于是他们转身向西，发展已形成的巨大突出部，沿乌尔克河与马恩河之间的走廊扑向巴黎。一支支法军预备队开抵后立即投入战斗，竭力阻挡德军大潮，通常的结果是，他们与德军遭遇后被击溃。但贝当 6 月 1 日下令调集更多预备队，构成环形防御，就地掘壕据守，抢在德军到达前做好准备，凭借这道半圆形堤坝阻挡、限制势头有所减弱的敌军大潮。六月份头几天，德军洪潮撞上这道堤坝，由于势头太弱，这场冲击没取得太大成果，而美国第 2 师出现在重要的交通枢纽蒂耶里堡，他们的反突击不仅加强了联军的防御，还让疲惫的盟友士气大振。

但最具价值的盟友似乎是香槟地区的酒窖，而法国人丢给追兵的大量物资，加强了美酒的威力。在苏瓦松，穷困的德军官兵忙着劫掠战利品，结果丧失了发展胜利的良机。在菲姆，"路上躺满酩酊大醉的士兵"。而在容谢里，"面对最轻微的抵抗，各个（德军）营止步不前，很难把他们重新集结起来"。"这里虽然没有发生真正的战斗，但进展异常缓慢。各个村庄出现混乱状况实在可悲。军官已无力掌握部队……大批醉醺醺的士兵构成一幅悲惨的场景。"

胜利进军期间，德军俘获6.5万名战俘，但美国援兵的数量不仅弥补，甚至远远超过这种兵力损失。从战略上说，德军赢得的初期战果，仅仅让他们落入个大口袋，不到两个月就灰飞烟灭了。与前两场攻势一样，德军5月

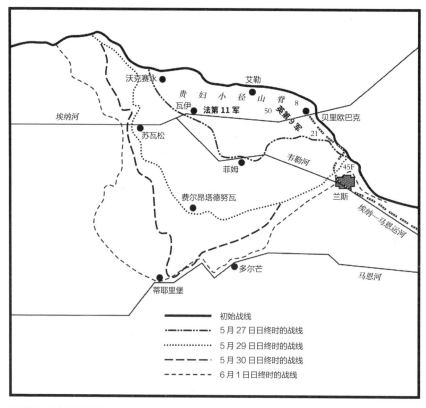

马恩河突破（1918年）（ZVEN制）

27 日取得的战术胜利，堪称一场战略性逆转，因为他们达成的突然性令对手猝不及防，彻底打乱了联军的指挥体系。

正如冯·库尔将军披露的那样，德军 5 月 27 日的进攻行动，目的仅仅是分散联军注意力，引开他们的预备队，这样一来，主力就可以对掩护阿兹布鲁克的英军防线发动具有决定性的最终打击。可开局取得的惊人战果，诱使德军指挥部把这条进攻线拉得太远、太长，不仅牵制了敌军预备队，自己的预备力量也悉数投入。不过，也许我们可以合理地推测，倘若德军不是把行动推延到 5 月 27 日，而是在准备工作完成前就按照命令于 4 月 17 日发起进攻，可能会造成怎样的后果。德国人本来会因为索姆河、利斯河攻势无效的延伸消耗较少的预备队，而联军会继续等待美国军队开抵，为他们提供物质和士气方面的加强。战争中，时间和突然性这两个因素至关重要。德国人丧失了第一个因素的加持，而他们达成的突然性把自己搞得手忙脚乱，这样一来也就失去了第二个因素的帮助。

第四节

第二次马恩河交战，1918 年 7 月

　　虽说有点奇怪，可历史的巧合实在惊人。马恩河是 1914 年德军入侵大潮到达的顶峰，也见证了这股大潮的首次退潮。而四年后，这条河流注定成为德军最后一场攻势的顶点，决定性退潮也从这里开始。这是因为 1918 年 7 月 15 日，兰斯周围饱受炮弹摧残的废墟，成为德军在西线最后一场攻势的战场。德军突击大潮确实已陷入停滞，三天后，面对联军反攻带来的压力，这股大潮开始消退。

　　不过，尽管首日标志着德军最后一次争取胜利，可他们没有为此倾尽全力，而且这场进攻也不像当时普遍认为的那样具有决定性目标。这是因为鲁登道夫仍恪守他的指导思想，认为三月、四月的大规模交战中发生严重动摇的英军，应当成为他这场决定性打击的目标，对方设在佛兰德地区的防线，会是他演出最后一场胜利大剧的舞台。

　　因此，如前所述，德军 5 月 27 日的进攻蔚为壮观，他们越过贵妇小径，强渡埃纳河和马恩河，似乎对巴黎构成威胁，可此举的目的仅仅是把联军预备队调离佛兰德地区。这场进攻迅速取得战果，鲁登道夫深感意外的程度并不亚于福煦，但这番成就给德国人设下陷阱，诱使他们投入己方预备队，企图保留并发展这种显而易见的意外收获。

德军 6 月 9 日的进攻同样如此，他们从贡比涅附近展开突击，企图粉碎联军防区的支撑，这片防区位于德军三月和五月推进期间形成的两个庞大突出部之间，可这场攻势没取得太大战果。由于进展甚微，己方预备队进一步消耗，鲁登道夫中止了进攻，他认为"佛兰德地区的敌军依然强大，德国军队暂时不能进攻那里"。因此，他打算以 49 个师进攻兰斯两侧，进一步分散敌军。他做出这项决定的另一个理由是，马恩河突出部的德国军队，依靠拉昂—苏瓦松单线铁路，而这条铁路线危险地暴露在联军的空袭和炮击下。德军战地铁路负责人提出，为改善交通状况必须夺取兰斯，否则马恩河突出部就会难以为继，德军要么冲出去，要么退回来。鲁登道夫决定进攻，而不是后撤。

德军将领 6 月 18 日举行的会议，最终确定了进攻方案。遂行主要突击的第 1（穆德拉）、第 3 集团军（艾内姆）攻往沙隆，第 7 集团军（伯姆）设法在多尔芒附近渡过马恩河，朝埃佩尔奈方向与主要突击会合。

从表面上看，伯姆集团军似乎要解决最棘手的问题，他们必须在敌军眼皮底下强渡 80 码宽的河流。为赢得胜利，策划者依靠"作战方案无与伦比的大胆性"，并借助 5 月 27 日进攻中大放异彩的荫蔽方式。

可时间正从德国人手中流逝，而美军援兵的潜在数量犹如海滩上的沙子，他们悄然开入联军战线，像混凝土那样强化了备受压力的防御壁垒。鲁登道夫对此心知肚明，他打算把佛兰德地区的进攻再次指向阿兹布鲁克这个要地，这场行动 7 月 20 日展开，也就是发起兰斯牵制作战五天后。实际上，德军刚刚对兰斯展开进攻，7 月 16 日就用火车把火炮和飞机运往佛兰德战线。鲁登道夫赶赴图尔奈，亲自督导这场具有决定性的大戏上演。

可是，这出大戏的序幕一直没有拉开。兰斯牵制作战，没能赢得前几场攻势那种辉煌的初期胜利，联军 7 月 18 日的反攻，严重危害到德军态势，鲁登道夫认为不得不推迟（尽管没有放弃）实现自己的梦想。德军 7 月 15 日的攻势彻底失败，原因在于兰斯东面的那场大戏在一座空荡荡的剧院上演。众所周知，这场交战中最大的传说之一是"弹性防御"，面对这种防御，猛烈冲击的德军没等到达法国军队的真正抵抗阵地，就丧失了突击势头。政治家和将领竞相称赞这场"古罗机动"大放异彩。唉！真该把这种传说与战争流言博物馆中的其他展品放在一起。

法军的机动，完全归功于贝当这位沉着冷静、情绪内敛的现代战争"经理"，他还是个精明的"人命经济学家"。尼维勒 1917 年惨败后，贝当出任法军总司令，有条不紊地致力于重建法国陆军，恢复兵力和士气的稳定性。1914—1917 年间，霞飞和尼维勒肆意挥霍兵力的进攻政策，严重破坏了这种稳定性。

贝当不仅仅满足于重建军队，为确保这些麻烦不再发生，他还采用了节约兵力、节约战斗人员精神力量的对策。为实现这个目的，在纵深部实施弹性防御的打法应运而生：少量兵力据守前进阵地，吸收敌军进攻的初期冲击和势头，待敌人超出支援火炮的射程，就在后方强化阵地猛烈打击对方。

贝当力图以这种方式应对德军 6 月 9 日的进攻，虽然只取得部分成功，但没能彻底奏效的原因是，局部防区的法军指挥官不愿采用这种打法，他们仍拘泥于陈旧的进攻教条，不想主动放弃区区几英里毫无价值的土地。7 月 15 日前，法国人已料到德军即将发动进攻，经过一周争论，贝当终于说服英勇的古罗将军采用这种弹性机动，古罗指挥的法国第 4 集团军部署在兰斯东面。

可是，就算找到弹性防御的正确来源，我们也无法彻底纠正累积的历史错误。因为这种打法并不是所谓的革命性创新。实际上，1915 年 9 月 25 日，也就是大约三年前，德国人使用过这种打法，当时是抗击法国军队在香槟地区发起的大规模秋季攻势。弹性防御的潜在理念可以追溯到两千年前的坎尼，汉尼拔在那里以显然更巧妙、更具决定性的方式，使用这种打法对付罗马人。

尽管法军 1918 年的手法较为缓和，可他们的弹性防御足以挫败德军对兰斯以东的突击，德国人没能实现他们 1918 年几场早期攻势达成的突然性，这一点极大加强了法军付出的努力。法国人获得充分警告，知道对方即将发起打击。从 7 月 5 日起，空中侦察不断拍摄到伪装的德军弹药堆栈，这证实了俘虏的交代。法军在 7 月 14 日的夜袭中，抓获一名携带防毒面具的俘虏，获知了对方炮火准备的确切时间（凌晨 1 点 10 分）。于是，法国炮兵提早 10

分钟开炮射击，德军步兵还没冲出战壕就遭到法军这场炮火反准备的猛烈打击。法军前哨防线部署的机枪随后大批射杀敌军，穿过这条防线的少量幸存者，甚至没给法军主防御阵地造成任何破坏。

但法国人在兰斯东面戏剧性地击退敌军，遮掩了以下事实：这不是整场交战的全部。自德军上次发动进攻以来，兰斯西面的防线只稳定了一个月，法军临时构筑的阵地不利于他们实施弹性防御，各级指挥官还不太掌握这种打法。他们选择沿强化河流线坚守前进阵地，敌人突然发射毒气弹，法军部队猝不及防，为此付出了代价。德国人的做法不太一样，他们采用了最困难，因而最出敌意料的前进路线，事实证明了此举的价值。德军步兵借助夜幕和烟幕掩护渡过河流，尔后攻击前进，同时冒着敌军火力搭设起若干桥梁，这是个惊人的壮举。

因此，德军在此处的进攻，加深了五月份形成的庞大突出部的一角，不仅渡过马恩河，还进入兰斯后方，构成消灭联军这个抵抗枢纽的威胁。尽管这种威胁给法军的反攻计划造成严重影响，可德国人 7 月 16 日不再向前推进。德军这场进攻，没有获得他们在其他地方施加压力的协助，已沦为局部行动，因为缺乏关联而毫无作用，而法国炮兵和飞机对马恩河畔的渡口狂轰滥炸，给德国人获取补给物资制造困难。次日，一种怪异、满怀期盼的寂静笼罩着这片广阔的战场。联军大举"复仇"的舞台已搭设完毕。

这样一起在世界历史上至关重要的事件，主要历史价值由确定其原因带来。主要原因不是通过分析军事艺术，而是以更贴合世界大战特点的搜寻过程来找到。换句话说，制订一份前六个月"交易"的资产负债表，我们就能看出端倪。发动这场战局时，鲁登道夫的"贷方余额"是 207 个师，其中 82 个师担任预备队。而现在，他的预备队只有 66 个"堪用"师，其中大多数师严重减员，很难视为"健康的资产"。

尽管这些作战行动严重破坏了英法联军的兵力负债表，可他们至少免遭清算。而现在，也就是七月份，越来越多的美国"汇票"不断打入他们的账户。就像本票那样，美国的援助具有不可估量的价值，甚至没等弥补联军的物质损失，就恢复了他们的信用（也就是他们的士气和信心）。军事经济学家贝当早就认识到了这个因素的重要性，他曾说过："只要坚持到六月底，我们的形势就会一片大好。七月份，我们会恢复进攻，之后，我们就能赢得胜利。"

时间和兵力的简单计算，淡化了激动人心的"福煦反攻"转败为胜这种普遍看法，不免令人遗憾，可这完全是事实。不幸的是，就连剩下的东西也得加以检验，结果进一步澄清了"福煦反攻论"。战争是一种男性化活动，因此，把"美丽必须付出代价"这句女性化格言颠倒过来也许是很自然的事。这是因为，在战争史中把所有相关人员塑造成美丽的形象，是一件容易而又令人愉快的事，可这样一来，不仅研究者难以得出真相，研究对象通常也会为此受到影响。

1918 年 7 月 18 日之谜，用"什么时候的反攻不是反攻？"这个古老的难题来表述也许是恰当的。福煦对进攻这种代表"征服意志"的全能力量，抱有神秘的信仰，这一点早在 1914 年的马恩河交战期间就展露无遗，他日复一日地下令进攻，显然没有意识到这样一个现实：他那些疲惫不堪的兵团，所能做的仅仅是勉强守住己方阵地。

同一年在伊珀尔，福煦怂恿约翰·弗伦奇爵士发动雄心勃勃的进攻，而实际情况是，英国人只能勉强挡住兵力占据优势的敌军。这些情况下的结果证明，福煦下达的指令，精神层面比字面意思更具合理性。可是，德军 1915 年 4 月实施毒气攻击，在伊珀尔的联军防线上打开个缺口，福煦又一次高呼"进攻"，还保证法国军队会投入冲击，可他的承诺没有兑现。这种情况导致约翰·弗伦奇爵士的决心一夜之间发生动摇，他命令部队后撤并拉直战线，史密斯－多里恩一开始就敦促这样做，结果丢官去职。英军最终采取了这种符合常理的做法，可他们不仅失去了史密斯－多里恩这位干将，还无谓地损失了大批官兵。

福煦 1917 年复职，仍受到这种"进攻"本能主导。1918 年 3 月的危机把他推上最高统帅的职位，可他没有着手进行恢复联军受损防线这项毫不让人羡慕的工作，而是梦想发动新的攻势。甚至在当年五月，埃纳河防线再次崩溃前，福煦还给黑格和贝当下达指令，要求他们投入进攻，收复亚眠和阿兹布鲁克附近的横向铁路线。

尽管这份方案表明了福煦对自己行动自由理论的实际信念，但也暴露出他从来没想过把德军诱入庞大的突出部，然后以侧翼攻击切断这些突出部——那些广受欢迎的宣传者，后来对这种构想大肆吹捧。同样，联军 7 月 18 日大举反攻的真相是，这场反攻不是福煦构想的，至少他本人从来没把这场行动构想成反攻。但他不断高呼"进攻"，以至于联军的进攻必然与 7 月 18 日这种"心理时刻"相重合，这是迟早的事。

鲁登道夫也热衷于奉行类似的政策，而贝当和黑格的谨慎态度，让联军在兵力对比发生改变前，没有大举投入为时过早的攻势。相反，贝当经常被讥讽为经济学家，一贯谨慎的他设想过防御性进攻战的方案：先避开敌人的猛烈冲击，待对方丧失平衡再发动反攻。6 月 4 日，他请求福煦把两个预备队集群分别集结在博韦和埃佩尔奈，以便发起反突击，打击敌军一切新推进的侧翼。芒然率领的第一个集群，用于打破德军 6 月 9 日的进攻，尔后稍稍向东转移，部署到苏瓦松与兰斯之间，伸向马恩河的德军突出部的西侧阵地上。

但福煦打算把这个集群用于严格的进攻目的，径直攻往苏瓦松铁路中心。准备这场行动之际，法军情报部门明确指出，德国人即将在兰斯附近重新发动进攻。于是，福煦决心先发制人，7 月 12 日展开攻击，而不是抗击敌人的进攻。但贝当的观点不同，他认为应该先挡住进攻之敌，缠住敌军后再击败对方。奇怪的是，法军 7 月 12 日没有做好准备，因此，这场交战是根据贝当，而不是福煦的构想进行的。但也并非完全如此。因为贝当的方案包括三个阶段：第一阶段阻挡德军的进攻；第二阶段对新形成的口袋的侧翼展开反突击，这些口袋很可能出现在兰斯两侧；第三阶段，也只有第三阶段，待这些口袋充分吸引了德军预备队，才投入芒然集团军，沿主要突出部的根部（位于敌军后方）向东发起大规模反攻，从而扎紧这个大口袋的袋口，把埃纳河南面的德国军队悉数困在口袋里。

相关事件和福煦共同改变了这个构想。如前所述，德军对兰斯西面的进攻形成个令人不快的深口袋，这个口袋越过马恩河，构成进入兰斯山形成的天然屏障后方的威胁。为避免危险，贝当被迫投入手中大部分预备队，他原

425

本打算以这些预备队执行反突击第二阶段的行动；为接替这些预备队，他决定从芒然集团军抽调兵力，并推迟了该集团军的反攻，而福煦已命令芒然集团军7月18日投入反攻。

福煦满怀进攻热情，黑格承诺，可能的情况下，他会投入英军预备队，这更让福煦精神振奋。待听说贝当采取的措施，福煦立即撤销了对方的命令。因此，7月18日，法军中央和右翼仍在从事防御作战之际，左翼力量投入了反攻。[2] 这就意味着，贝当方案的第二阶段不得不取消，也就是说，法军不再以右翼吸引德军预备队，以确保左翼打击对方毫无防备的后方，而是以左翼发起进攻，缓解右翼承受的压力。

为尽可能扭转法军右翼初期的被动局面[3]，英军预备队（第51、第62师）开赴那里，通过直接进攻，接替"移动中的"防御部队。法军中央地段[4]，美军预备队也以类似方式提供支援。就这样，联军开始沿庞大突出部的整个面部施加压力。

但这种汇聚的压力直到7月20日才开始出现，此时，法军突然投入大批坦克达成的开局突然性已丧失，左翼失去了突击势头。芒然集团军7月18日取得4英里左右进展，7月19日稍事推进后，在苏瓦松侧面，也就是靠近德军突出部的"颈静脉"处陷入停顿。因此，德军为争取喘息空间顽强奋战，赢得了他们需要的时间，把主力撤出口袋。尽管如此，他们还是被俘2.5万人，丢弃了大批物资。8月2日，待德军顺利退回沿韦勒河构设的一条拉直的、大幅度缩短的防线，鲁登道夫觉得可以命令麾下军队做好准备，恢复佛兰德地区和蒙迪迪耶东面的进攻。

六天后，他的进攻梦终于破灭了，但具有历史重要性的是，我们必须知道，粉碎鲁登道夫梦想的不是号称"福煦伟大反攻"的第二次马恩河交战。7月18日这场反攻，是贝当构想、福煦修改后实施的，并没有取得决定性战果。也许是福煦的急躁让他丧失了大获全胜的良机，而贝当的过度谨慎也屡屡受到批评，本来他可以扎紧一个更大的口袋，从而赢得更丰盛的战果。

不过，尽管这场交战没有起到明显的决定性作用，可联军经历了惨烈的失败，首次尝到胜利的滋味，这针精神兴奋剂的价值无可估量。而德军士气

受到的破坏性影响，可能比乍看上去更加严重。因此，福煦可能对这个结果
深感满意，他只关心精神因素，这个因素是无法用数学方式计算的。他获得
并保持了主动权，这就够了，战果无关紧要。他采用的战略非常简单，完全
不像传说中那样，是种复杂的艺术杰作。他本人的生动阐述，清晰地说明了
这种战略："战争就是这样。这是个斜面，一场进攻就像沿斜面滚下的圆球。
圆球在滚动中获得动力，你不阻止的话，它会越滚越快。如果你强行挡住圆球，
它就会丧失动力，不得不从头再来。"

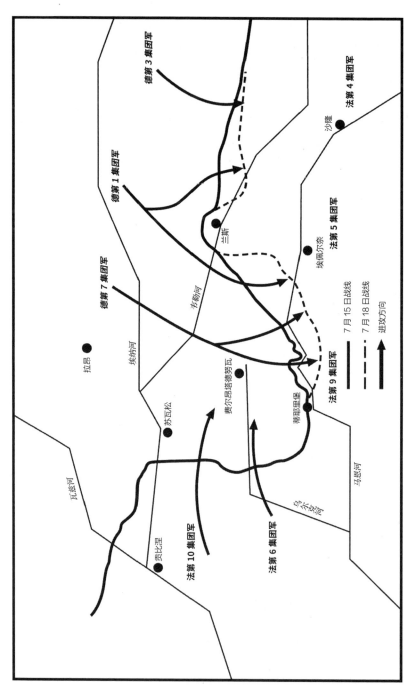

第二次马恩河交战（1918年）（ZVEN 制）

第五节

8月8日，德国陆军倒霉的一天

1918年8月8日，这个日子在历史学家眼中的重要性与日俱增。就西线战局而言，如果说有一起事件深具决定性，那么，这就是8月8日发生在亚眠以东的大举突袭。最重要的是，这种决定性证明，精神因素在战争中占据主导地位。

这是因为，虽说8月8日是"一场著名的胜利"，是英国军队在这场世界大战中最辉煌的一战，更妙的是，英军以最小的代价赢得了胜利，可这场交战的战术战果或可见的战略战果，都不足以解释其精神影响。英军首日俘获1.6万名俘虏，整场交战共俘虏2.1万名德军官兵，与英军以往任何一场攻势相比，这个战绩相当漂亮，但考虑到联军部署在西线的庞大军力，这场胜利算不上重大，也无法与昔日的伍斯特战役、布伦海姆战役、罗斯巴赫战役、奥斯特里茨战役或色当会战的大捷相提并论。英军起初取得6～8英里突破，最终进展达到12英里，以1915—1917年的标准看，这是个出色的战果，但1918年3月，德军朝相反方向突破38英里，却没能取得任何决定性战果。看看地图就会发现，英军8月8—21日的推进，仅仅拉平了阿拉斯—蒙迪迪耶—努瓦永这个浅浅的德军突出部的"鼻子"，还导致该突出部一侧"脸颊"凹陷，但远远没到达敌军交通线上任何一处重要枢纽，甚至没切断突出部里的敌军部队。

可这场攻势重挫了德国最高统帅部的精神和士气，促使德皇坦率地承认："我认为我们必须妥协了。我们的资源即将耗尽，必须结束这场战争。"这让鲁登道夫也发表了类似的丧气观点："（我们）不得不结束这场战争了。"

联军7月18日和8月8日这两场戏剧性反攻，给鲁登道夫留下了不同印象，形成了鲜明的对比。通过这种对比，我们可以找到"哪场反攻更具决定性？"的答案。因为7月18日后，鲁登道夫根本没有丧失希望。他似乎认为，这场逆转不过是一起不幸事件而已，直到8月2日还下令为四场新的进攻加以准备，其中包括他最热衷的、对佛兰德地区的打击，尽管与他的初衷相比，这些进攻的规模缩小了许多。

但8月8日后，鲁登道夫这些梦想破灭了。他放弃了恢复进攻的一切想法，更重要的是，他没有采用任何替代方案。面对敌人的反攻，仅仅实施被动抵抗，不能称之为实施战略方案。待他制定计划，打算撤出法国，以此作为在边界线外重新组织战局的初步措施，已为时过晚。此时，德军统帅部丧失了斗志，这种悲观情绪还蔓延到德国民众身上。

战争结束后，鲁登道夫发表了他深思熟虑的观点："8月8日是战争史上德国陆军倒霉的一天。""倒霉"这个形容词特别贴切[1]，因为某人突然遭到打击，必然出现眼前一黑的症状，然后就会丧失意识，昏厥倒地，各项机能随之瘫痪。因此，8月8日这场传奇中最重要的问题是，此轮打击是如何形成的。福煦迫不及待地打算重新发起他期盼已久，但一再推延的进攻，他7月12日建议黑格：

> 首次进攻最好在英军战线遂行，应当从费斯蒂贝尔—勒贝克一线发起，目的是解放布吕艾矿区，封锁埃斯泰尔这个交通中心……

---

[1] black这个词在此处译为倒霉，字面意思是黑暗、黑色。

黑格五天后做出回复，说他认为"在勒贝克与费斯蒂贝尔之间平坦的沼泽地区推进毫无益处"，相反，他提出建议：

> 这场行动至关重要，就像我先前建议过的那样，应当尽快执行，依我看，最好把联军战线朝亚眠东面和东南面推进，这样就能解放该镇和那里的铁路线。实现这个目标的最佳办法是英法军队展开联合行动，法军进攻莫勒伊南面，英军进攻吕塞河北面。

> 为实现这项方案，我秘密制订了计划，打算进攻吕塞河北面，向东攻击前进……为配合这场行动，我认为法国军队应当在莫勒伊与蒙迪迪耶之间展开行动。

档案中找到的这封信件，为战后的争论阐明了几个要点。

首先是关于这场攻势的起源，这封信件不仅证明它完全出自英国人的构想，还表明这是个"有限的"构想：英军打算沿狭窄正面推进，从而确保亚眠和那里的铁路线获得更大的安全保障。研究者经常讨论的问题是，这个构想究竟出自英军总司令黑格，还是第4集团军司令罗林森。"就像我先前建议过的那样"这句话表明，这个构想很可能是黑格提出的，因为英军7月4日在哈梅尔实施的小规模突袭非常出色，揭示出德军士气严重下降的真相，这让罗林森产生了大举进攻的念头。

不过，谁先提出相关构想都不是问题，因为解放亚眠对联军防御的好处显而易见。确实，突袭哈梅尔大获成功，这才激发了罗林森的灵感，可这个事实表明，他对精神因素有更深的认识。充分利用敌军士气的瓦解，从本质上说也是一种进攻目的。

其次是关于联军的进攻方案，黑格的信件，似乎与《道格拉斯·黑格爵士的统率》一书和另一些资料提出的说法相矛盾，这些资料指出，受到福煦逼迫，英国人不得不违心地让法国军队参与行动，这就增加了克劳塞维茨所说的战争中不可避免的"摩擦"。罗林森肯定会对这种说法提出合理的异议，因为这与他寻求的突然性相矛盾。

但黑格的信件表明，法军参与其中是他的建议。的确，他建议英法军队的进攻之间留下个几英里宽的缺口。可两支军队从事的都是正面进攻，从战略上说是齐头并进。英法军队分别进攻阿尔贝北面和蒙迪迪耶南面，也就是对突出部两翼实施向心突击，这样也许能获得更好的进攻前景。但前一片地区位于索姆河旧战场，那里遍布堑壕，难以展开行动，而随后发生的事情并不支持以下观点：另一支军队也能像第4集团军在索姆河南面那样实现突然性。

原定方案的扩大归因于福煦，他8月5日下达指示，如果初步进攻取得成功，就继续向东南方推进，攻往哈姆。亨伯特和芒然集团军分别于8月10日和17日冲击突出部南翼，要是这些进攻与英军的行动相配合，本来有可能获得更大的实质利益。可实际情况是，德伯内集团军与英军毗邻，该集团军的紧密配合，无法弥补实现突然性的方案的固有缺陷。这是因为，缺乏坦克，就不能取消初期炮火准备，不实施炮火准备，待英军向前推进后，法军就会丧失全面突然性。

但更大的实质利益也无法加剧德军统帅部8月8日受到的精神影响。这种影响源于震惊，而德国人的震惊，是联军在这场战争中实现最彻底的突然性造成的。这种突然性是如何实现的，对后代军人来说是个鉴戒，与军事史上粉碎敌军士气的所有杰作一样，这种突然性是诸多欺骗因素巧妙组合的结果。许多人经常把突然性视为偶然事件，他们认为只要简单地选择日期和地点就能实现。

联军实现突然性的基础是突然投入大量坦克（共456辆），以此替代一切炮火准备。[5] 去年十一月，英军在康布雷首次采用这种打法。1918年7月18日，法军如法炮制。而在亚眠前方，联军又采用多种手段加强这种打法。为保密起见，联军战前各次会议总是在不同地方召开，各种侦察隐蔽进行，直到准备工作的最后一刻才把计划告知执行者：师级指挥官7月31日才知道即将发动进攻，而战斗部队到进攻发起前36小时才接到命令。就连伦敦的战时内阁也蒙在鼓里，八月份召开的会议上，澳大利亚总理休斯强烈要求把澳军撤出前线，这时相关电报带来个意想不到的消息，说澳大利亚军队部署在战线另一端。同一天上午，友邻集团军的一位将军，回国休假的途中给罗林森的司令部打电话，不经意间问道，前线怎么会传来那么猛烈的炮声。

为欺骗敌人，英军的一切运动都在夜间进行，他们以飞机巡逻相关地区，检查一切疏漏；后方的防御工作持续进行到最后一晚；他们调整炮火射击时间和速率，没有明显增加每日正常的炮火数量，借此把越来越多的火炮悄然调入隐蔽阵地。通过这些手段，英国第4集团军的实力几乎翻了一倍：8月1—8日，6个新锐师、2个骑兵师、9个坦克营、1000门火炮集结在敌人始料未及的地域。在只有两条铁路线可用的情况下，这场集结使用了290辆专列，其中60列运送弹药，其余的运送部队。

因此，英军8月8日清晨4点20分发起进攻前，第4集团军的实力增加到13个步兵师，3个骑兵师，17个空军中队，10个重型、2个轻型坦克营（共360辆重型坦克和96辆轻型坦克），2000多门加农炮和榴弹炮，包括672门重型火炮。三分之二重型火炮用于反炮兵连斗争，有效地瘫痪了敌军炮兵。

分散敌军注意力也是达成突然性的重要组成部分，这项任务主要由加拿大人执行。敌人认为加拿大军队是突击力量，往往把他们的出现视为联军即将发动进攻的征兆。此时，加拿大军部署在阿拉斯附近，部分力量（2个营、2个伤员运输站、无线电部门）北调到佛兰德地区的克梅尔。在那里，英军额外构设的机场和骑兵无线电设施，也传递出他们即将发动进攻的"暗示"。与此同时，加拿大军主力沿索姆河悄然而下，他们的出现在英军部队里引发了各种深具想象力的传言。

第4集团军把主要突击置于索姆河南面，由部署在右侧的加拿大军（柯里）和部署在左侧的澳大利亚军（莫纳什）遂行，对岸的第3军（R. H. K. 巴特勒）朝河流北面攻击前进，掩护主要突击的侧翼。但加拿大军队直到进攻开始前几小时才开入前线，与此同时，澳大利亚人把他们的防线向南延伸到亚眠—鲁瓦公路，换下法军部队，给德国人造成一种虚假的安全感。他们认为，对方以防御姿态展开，怎么可能发动进攻呢？

整条进攻线的宽度约为14英里，部署在战线对面的是冯·德·马维茨将军第2集团军辖内6个实力虚弱的师，每个师的平均兵力只有3000人。

德军虚弱的防御工事加剧了他们的兵力劣势，粗陋的前进防线上没有挖掘常见的那种深邃的避弹壕，因而无法保持部队的士气，这种状况一直持续到对方发动进攻。

英军展开进攻五天前，德军实施突袭，占领一座澳军哨所。三天后，他们又发动局部进攻，突破第3军防线，俘虏了200名英军官兵。可敌人掌握的这些情况，只是进一步欺骗了自己。另外，德国飞机频频受到英国战机滋扰，一连数周没能侦察英军防线后方的情况。唯一的可疑迹象是夜间传出不少噪音。德军部队几次报告，他们听见坦克的动静，可"集团军司令部大肆奚落前线部队屡屡发作的坦克恐慌症"。实际上，德军部队提交报告这几天，附近地区确实没有坦克，这些"狼来了"的喊声，加剧了德军高级指挥部门怀疑、漠然待之的态度。

因此，8月8日拂晓前一小时，英军坦克隆隆向前，步兵跟随弹幕同时投入进攻，这场打击确实实现了最大程度的突然性。浓雾笼罩下的这场突击，落在敌人头上，对方根本没有挖掘战壕加强自己的防御阵地。英勇的加拿大和澳大利亚突击部队，势不可挡地扑向敌人靠前部署的几个师。仅在索姆河北面，由于投入的坦克较少，英军的进攻部分受阻。为加快突击势头，英军刚刚展开进攻就着手调动所有预备队，这完全是德军3月21日进攻行动的翻版。很快，英军装甲车辆沿各条道路疾进，在德军战线后方大肆散播混乱，甚至在普罗亚尔捣毁了对方正在吃早餐的一个军级指挥部。

除了最右翼和最左翼，英军沿整条战线的大部分地段实现了当日的最终目标，取得6~8英里进展。但次日，他们没能赢得太大战果，还承受了间歇性压力。此后，英军的进攻闪烁不定，前景忽明忽暗。为何会出现这么奇怪的对比？英军为何没能以戏剧性结局，彻底实现一场完美的突破？从某种程度上说，发生这种情况似乎是因为英军到达1916年索姆河旧战场边缘，这片乱糟糟的荒芜之地遍布生锈的铁丝网和废弃的战壕，妨碍了军队的运动、增援、补给。我们最好记住，这场世界大战期间，一直没能解决保持进军连续性的问题。英军又一次没能拓宽最初的进攻线，这场世界大战中几乎所有的成功推进，似乎都受到突破长宽比率的限制，也就是说，突破深度大约是进攻正面宽度的一半。这种情况很能说明问题。

另一个原因是，和康布雷一样，英军缺乏预备队。第4集团军投入局部预备队非常及时，但集团军辖内13个师悉数参战后，可用力量只剩黑格集结在该地区的3个师。相比之下，德国人8月11日前以18个预备队师加强他们原先的6个师，这股力量比英方估计的多10个师。

英军这场攻势止步不前的第四个原因是进攻模式存在缺陷。这种进攻严格地沿正面进行，越是逼退敌军，就越是加强对方的抵抗。这是正面进攻的固有缺陷，除非以一股有组织的力量穿过敌军防线，进入他们后方。一如既往，英军骑兵受领了发展突破的任务。此次进攻，英军骑兵为夺取某些地点并坚守到步兵开抵提供了有益的帮助，但与以往历史中骑兵发挥的作用相比，这些帮助实在不值一提。要是采纳坦克军的建议，把发展突破的任务交给96辆轻型坦克，以这股力量独立展开行动，穿过缺口部，全力攻往东南方，打击法军对面的德国军队后方，也许能赢得更大战果。

但从更大的战略角度看，英军陷入停顿固然有缺乏预备队的原因，但也与他们采用另一种打法有关——或者说，这种打法正在形成。8月10日，黑格视察这条战线，近距离研究了战场态势。因此，福煦敦促第4集团军继续施加正面压力时，黑格提出异议，认为此举纯属浪费部下的性命。黑格在8月14日的信中告诉福煦，他已停止为次日的进攻做准备，打算以第3集团军在阿尔贝北面发动进攻。

福煦反对以这种替代措施延误主要进攻，但次日在萨尔屈召开的会议上，黑格坚持己见，他的观点最终占据上风。就这样，第3集团军8月21日发动进攻，第1集团军8月28日在更北面投入行动，敌人的注意力被分散了。第4集团军趁机恢复进军，澳大利亚军队8月31日夺得圣康坦山和佩罗讷，就此打破索姆河上游的屏障。这些行动标志着一种新策略：在不同但紧密相关的地点连续发动进攻，每场进攻耗尽初期势头陷入停顿后，立即在其他地方展开新的进攻。

许多英国作家声称，黑格发明了这种策略，这种说法不太公正。因为很明显，法国军队在南面早已实施这种连续进攻：德伯内集团军左翼8月8日发动进攻，右翼 9 日投入战斗，亨伯特集团军 10 日展开进攻，芒然集团军 8 月 21 日出击。但黑格似乎率先意识到了这种打法的潜在好处：可以节约兵力。福煦一门心思保持压力，而黑格想的是，最大限度地降低己方伤亡，同时保持对敌人的压力。8 月 8—12 日，英国第 4 集团军俘虏 2.1 万名敌军官兵，自身只伤亡 2 万人。

这种策略之所以取得成功，主要归功于英军 8 月 8 日达成的突然性，以及这种突然性对德军统帅部造成的影响。震惊之余，他们的本能反应是把所有可用援兵匆匆调往交战地域，这样一来就耗尽了手头的预备力量。鲁普雷希特王储的集团军群，辖内预备队师守卫的防线从海边延伸到索姆河地区，到 8 月 16 日，其兵力从 36 个师下降到 9 个师。一些德国集团军司令惊慌失措地决定撤往索姆河上游后方，鲁普雷希特严令他们不得退却，他的决心在很大程度上阻止了英军的推进。但这种解决方案，最终可能让德国人付出了更高的代价。

因此，总的说来，英军 8 月 8 日赢得的决定性胜利，归功于这场进攻打乱了贯穿德军统帅部整个领导层的思维或意志，或二者兼而有之。1914—1918 年的这段历史，重复了所有历史的经历，也就是说，除了对付筋疲力尽或已然丧失士气的敌人，战争中的决定性胜利只能通过突然性来实现。而这种突然性，无疑是多种因素的巧妙组合带来的。

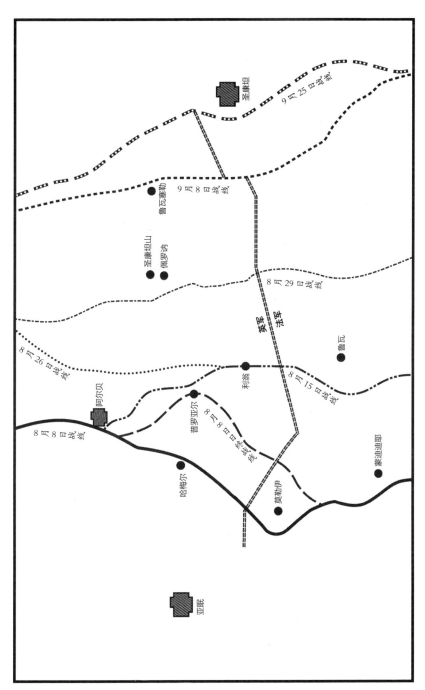

亚眠（1918年8月8日）（ZVEN 制）

第六节

米吉多——土耳其军队覆灭

★

　　联军 1918 年 9 月 19 日发起的行动，堪称历史上速度最快的决定性战局，也是最彻底的决定性交战之一。几天内，盘踞在巴勒斯坦的土耳其军队实际上已不复存在。这场行动，究竟应该视为一场战局，还是通过追击完成的交战，这是个存有争议的问题。行动开始时，两支军队发生了接触，因此，似乎可以把它归为交战；但这场行动主要是以战略手段完成的，战斗发挥的仅仅是次要作用。在那些信奉克劳塞维茨派"流血牺牲是胜利的代价"教条的人看来，这个事实不值一提，他们据此推断，不付出重大牺牲的胜利不是真正的胜利。但恺撒在伊莱尔达、西庇阿在乌提卡附近、克伦威尔在普雷斯顿、毛奇在色当（尽管有些机会主义成分，而不是主动为之）赢得的胜利，都没有付出重大牺牲。上述每一场会战，发挥重要作用的都是战略，而战斗是次要的，但没人能否认这些会战在胜利和历史进程中起到了决定性作用。巴勒斯坦这场最后的战局 / 交战严重"贬值"的另一个原因是，艾伦比占有二比一的兵力优势，兵器方面的优势更大。[6] 另外，土耳其人的士气严重下降，以至于经常有人辩称，艾伦比只要伸出手，土耳其军队就会像熟透的李子那样落入他手中。这些观点很有力，但从伍斯特到色当，近代历史上的大多数胜利，几乎都源于胜利者与失败者之间兵力和士气的巨大差距。1918 年，艾伦比不得

438

不智胜利曼·冯·桑德斯、穆斯塔法·凯末尔这些才能出众的指挥官，他们可不是把头贸然伸入色当口袋的那种莽夫。

即便彻底扣除 1918 年 9 月的有利条件，我们得出的结论依然是，鉴于广阔的视野和处理手法，凭借米吉多不朽名声而流芳百世的这场胜利，堪称历史杰作之一。虽然胜利画作的主题不难勾勒，但英军完美地执行了一个完美的构想，这幅画面几乎可以说是独一无二的。

老生常谈的问题是：谁提出的这个构想？它是出自那位名义上的指挥官，还是源于某位才华横溢的下属？谈论兴登堡在俄国前线赢得的胜利时，街头巷尾的人都认为鲁登道夫的策略出奇制胜，而研究战争的学者更进一步，苦苦思索霍夫曼的军事天才产生的难以估量的影响。但米吉多之战不同，借助那些最密切相关者完全一致的证词，我们可以祛除怀疑。无论艾伦比的助手因为制定出执行细节而获得怎样的功劳，整个概念完全出自艾伦比的构想。的确，"逐渐形成"这个词比"源于"更好，因为最初构想的是一场规模较小的作战行动：突破海岸附近的土耳其军队防线，转身朝内陆攻击前进，迂回对方位于犹太山的侧翼。但艾伦比某日外出研究问题，驱车返回后，突然提出个规模让人叹为观止的方案。这项方案完全符合拿破仑的格言："战争艺术的奥秘，在于控制交通线。"艾伦比占有兵力优势，他打算利用这种优势，控制土耳其人的每一条交通线。艾伦比这个企图，之所以取得成功，很大程度归因于这样一个事实：他已采取充分的措施，牢牢控制住己方交通线。

三个所谓的土耳其"集团军"，单个实力几乎不超过一个师，仅仅依靠一条"茎蔓"吸收养料，也就是从大马士革向南延伸的汉志铁路。在德拉，一条铁路支线向西递延，在拜桑北面的迈杰米桥跨过约旦河，这条铁路支线在埃斯德赖隆平原的埃富莱分岔，一条铁路线通往海边的海法，另一条铁路线向南延伸，再次穿过撒马利亚山，通往梅苏迪耶枢纽站。这条铁路线为土耳其第 7（穆斯塔法·凯末尔）、第 8 集团军（杰瓦德）提供补给，这两个集团军守卫着约旦河与地中海之间的防线。约旦河东面的土耳其第 4 集团军（杰马尔），依靠汉志铁路这条主干线获得补给。

切断敌军交通线，从而打乱对方的实体组织；封锁敌军后撤路线，从而瓦解对方的士气；破坏敌军下达命令、呈交报告的内部交通／通信线，切断敌人大脑与躯体之间的必要连接，从而在精神上瓦解敌军。——现在，艾伦比打算实现三个，而不是一个破坏，第三点位列最后，但对这份方案的成功非常重要。

由于公路和铁路线交汇，德拉、埃富莱，较小程度上还包括拜桑，成为土耳其军队后方的交通要地。控制埃富莱和拜桑，就能切断土耳其第 7、第 8 集团军之间的交通线，还能封锁对方的后撤路线，除非敌人渡过约旦河向东退却，沿一条极为复杂的路线撤往荒芜地区。英军夺取德拉，也能切断三个土耳其集团军的交通线，封锁第 4 集团军的最佳后撤路线，但德拉距离英军战线太远。

埃富莱和拜桑离英军战线不到 60 英里，因而都在骑兵战略"跃进"的范围内，他们可以毫不中断或毫不延误地到达这些交通要地。第一个问题是需要找到一条没有天然障碍的进军路线，第二个问题是必须确保敌人无力封锁这条进军路线。这些问题该如何解决？平坦的滨海沙龙平原，提供了通往埃斯德赖隆平原和耶斯列河谷的走廊，埃富莱和拜桑都位于这条走廊上。遮断这条走廊的仅仅是狭窄的山区地带形成的单扇门，目前没有土耳其军队据守，这片山区地带把滨海沙龙平原与内陆埃斯德赖隆平原隔开。但土耳其防线上的堑壕，牢牢封锁了走廊入口。艾伦比打算以他的步兵强行打开这扇紧锁的门户，把铰链上的单扇门推向东北方，从而为他的骑兵肃清一条通道。不过，穿过前门后，他们还得穿过后门。土耳其人接到警报后，如果时间来得及的话，完全可以轻松封闭后门。对英军骑兵而言，速度至关重要，但这还不够，必须把土耳其预备队的注意力引开。即便实现这一点，依然存在风险。以往的战争经历表明，阻挡骑兵很容易，投入少量部队和机枪就足以封锁穿过中间山区地带的两座山口。为避免这种风险，必须让土耳其统帅部变得又聋又哑又瞎。彻底瘫痪土耳其最高统帅部，堪称米吉多大捷的主要意义和历史价值所在。

我们来看看这一点是如何实现的。在达成这个目的方面，艾伦比有两件相对新颖的工具：飞机和阿拉伯人。费萨尔的阿拉伯人，在劳伦斯上校指挥下，沿汉志铁路线长期滋扰土耳其军队，破坏对方的运动，导致敌军士气低落。现在，他们会为英军最后一场打击提供更直接的支援。9 月 16 日和 17 日，这些阿拉伯人犹如幻影般从沙漠中现身，炸毁了德拉北面、南面、西面的铁路线。这给土耳其人带来实质性影响，暂时切断了他们补给物资的运送，对这片战区而言，"暂时"就是全部。这场破坏还造成精神影响，迫使土耳其统帅部从寥寥无几的预备队中腾出部分力量，直接派往德拉。

英国空军做出的贡献分为两个部分。首先，他们通过持续交战，把敌机逐出天空。这场空中战局进行得非常彻底，英国战斗机最终守在土耳其人的杰宁机场上方，以防敌机起飞。因此，英军准备期间，空军彻底遮蔽了敌人的空中之眼。其次，英军着手实施艾伦比的方案时，英国空军猛烈轰炸敌军指挥部设在埃富莱的电报电话交换站，导致对方变得又聋又哑，罗斯－史密斯在这场突袭中帮助英国创造了历史，他后来因为直飞澳大利亚而闻名世界。另外，敌人设在纳布卢斯和图勒凯尔姆的两个集团军司令部也遭到轰炸。更重要的是，英国飞机炸毁了图勒凯尔姆的通信线，导致该集团军司令部与拿撒勒和沿海地区辖内各师的联系彻底中断了一整天。另一种较早的空中活动，虽然不那么具有军事性，但很可能起到更大的战略作用。在这种行动中，英国飞机投下的不是炸弹，而是大批配有图片的宣传手册，阐明沦为战俘的土耳其官兵受到的优待。这种宣传，对饥肠辘辘、衣衫褴褛的土耳其官兵产生了难以估量的吸引力。

虽说阿拉伯人和空军是破坏敌人相关准备工作的两个最重要因素，但艾伦比的方案还构想了多种不同目的的计谋，堪称军事史上的杰作。艾伦比希望通过这些手段，把敌军注意力从沿海地区转移到约旦河侧翼。当年春季，英军两次试图朝约旦河以东进军，攻往安曼和萨勒特，这两场失败的行动为艾伦比实现自己的意图提供了帮助。随后的整个夏季，虽然定期换防，可他始终把一股骑兵力量留在酷热难耐的约旦河河谷，以此吸引敌军注意力。这股骑兵悄然调到河流另一侧后，他不仅继续保留原先的营地，还增添了新营地，同时以帆布制作的1.5万匹假马填满马厩。骡子拖曳的雪橇扬起滚滚烟尘，各个营昼间开赴河谷、夜间乘车返回——这种行动周而复始，作为疑兵之计。英国人还在耶路撒冷征用了一座旅馆，精心准备后装作总司令部设在此处的模样。此外，新的架桥和无线电活动激发了土耳其人的想象，劳伦斯也派出特工，在安曼地区为购买大批草料讨价还价。

这些日子，越来越多的部队通过夜间行军，悄然开赴海岸附近的另一侧，隐蔽在橘林或已设立的营地里。通过这些手段，艾伦比加大了局部的兵力优势，整条战线的兵力比为二比一，而重要地段的兵力优势高达五比一，而且整个过程没有惊动敌人。利曼·冯·桑德斯早就料到对方会发动大规模进攻，他确实想过主动后撤到加利利海附近的后方防线，以此挫败对方的企图。"我放弃了这个想法，因为这样一来，我们不得不弃守汉志铁路……而且，我们再也无法阻止阿拉伯人在我军后方的叛乱的进展。鉴于土耳其士兵有限的行军能力，以及所有驮畜低下的机动性，我认为，与其让士气低落的土耳其军队实施漫长的后撤，倒不如在既有阵地坚守到底，这种前景对我们更有利。"

虽然利曼·冯·桑德斯担心英军会在海岸附近发动进攻，但他更害怕对方在约旦河东面展开行动产生的影响，甚至到最后一刻，一名印度逃兵9月17日首度发出的警告，也被阿拉伯人在德拉攻击重要铁路线这种实实在在的消息抵消。先入之见欺骗了他，实际上，他怀疑那名逃兵是英国情报机构派的间谍，他交代这些是为了掩盖艾伦比的真实意图。另外，利曼·冯·桑德斯否决了沿海地区指挥官雷费特·贝伊的建议，雷费特希望把自己的部队后撤1英里，这样一来，英军的炮火准备很可能浪费在空空如也的战壕里。利曼·冯·桑德斯禁止雷费特后撤哪怕是一英寸，可他却为了自己的安全，转移到100英里外的提雷，他丢下了自己的军队，任由麾下官兵阵亡或被俘。

9月18日夜间，英军着手实施"分散注意力"准备工作的最后一步，以及实际行动的第一步。构成艾伦比最右翼的第53师，从约旦河谷边缘高地跃进。因此，这个师已投入行动，待英军的主要突击完成包围意图，该师就封闭土耳其人仅剩的后撤路线，这条退路穿过约旦河向东延伸。

西面的海岸附近，一切都很平静。但清晨4点30分，385门火炮朝预先确定的突击正面开炮轰击。猛烈的炮火准备只持续了15分钟，随后，弹幕迅速前移，掩护步兵前进。英军步兵几乎没有遭遇抵抗，迅速打垮了惊诧莫名的守军，一连突破两道堑壕体系，以西线的标准看，这些堑壕太浅，布设的铁丝网也不足。他们随后转向内陆，犹如铰链上的一扇大门转动开来。这扇门上，一支法国分遣队和英国第54师形成铰链。然后，以5英里的间隔，印度第 3 师、英国第 75 师、印度第 7 师形成中间面板，位于海边的英国第 60 师形成外板。傍晚前，第 60 师到达图勒凯尔姆。但土耳其第 8 集团军残部早已后撤，一群群混乱不堪的溃兵和运输车辆穿过隘路逃往梅苏迪耶。英国战机随即以炸弹和机枪猛烈打击这些倒霉的乌合之众。

与此同时，沙漠骑兵军（肖韦尔）辖内 3 个骑兵师，穿过敞开的门户疾进。傍晚前，他们已到达卡梅尔山这扇"中间门户"，派出搭乘装甲车的几个支队，控制了两个山口。次日晨，他们已越过这道山脊。一个骑兵旅突袭拿撒勒，那里的敌军总司令部，对过去 24 小时发生的事情一无所知，因为他们与战斗部队的一切通信都告中断。不过，由于英军没有封锁该镇北部出口，利曼·冯·桑德斯侥幸逃脱。经过激烈的巷战，英国骑兵被迫撤离。

但真正的战略要点，目前不在拿撒勒，而是位于埃富莱和拜桑。英军分别于上午 8 点和下午 4 点 30 分到达这两地。第 4 骑兵师 34 小时内前进 70 英里抵达拜桑，尾随其后的澳大利亚骑兵师穿过卡梅尔山脊，随后向南赶往杰宁，在土耳其军队的后撤路线上构设更紧密的封锁屏障。敌人唯一的逃生路线是向东渡过约旦河，这是条湍急的河流，浅滩寥寥无几，穿过一道深邃曲折、位于海平面下 1300 英尺的低谷，到达死海顶端。要不是英国空军付出努力，敌人本来是有可能逃脱的，因为面对土耳其后卫部队的顽强抵抗，英国步兵穿过山脊的进展非常缓慢。9 月 21 日清晨，英国飞机发现两个土耳其集团军残部组成的大股队列，正沿纳布卢斯通往约旦河的陡峭峡谷蜿蜒而下。持续四小时的轰炸和扫射，导致土耳其军队的行军陷入停滞，火炮和运输车辆混乱不堪。这些残兵败将沦为四散奔逃的难民。从这一刻起，土耳其第 7、第 8 集团军可以说灰飞烟灭，接下来仅仅是英国骑兵展开搜捕。

土耳其人只剩约旦河东面的第 4 集团军了。这个集团军耽搁得太久，直到 9 月 22 日才开始后撤。但铁路线已中断，阿拉伯人横跨在他们退往大马士革的后撤路线上。四天后，第 4 骑兵师从拜桑向东开进，赶去拦截敌军，另外两个骑兵师直接奔向大马士革这个目标。逃脱已不复可能，但土耳其第 4 集团军的命运与另外两个集团军不同，不是覆灭于干净利落的交战，而是在持续不断的袭击下迅速消耗殆尽。追击期间，沙漠骑兵军首次遇到真正的沙漠盟友，双方展开合作，此前，这个盟友始终是个不为人知的无形因素。一名传令兵的报告披露了他们的存在和身份："山顶上站着个阿拉伯人，那里还停着辆劳斯莱斯；他怒气冲冲，说一口流利的英语！"劳伦斯发怒的原因是，他敦促阿拉伯人攻往梦寐以求的那座城市，但追击速度无法满足他的激情。一名善于言辞的英国骑兵军官称，阿拉伯人的行军看上去"就像德比赛马日，埃普索姆旧赛道上一场赛马的怪异东方版本"。可这些阿拉伯人很快就超过了第4骑兵师。

英军最终在大马士革附近截住、俘虏了土耳其第4集团军残部，10月1日占领大马士革。守军前一天企图穿过巴拉达河谷（圣经中的阿巴纳河）逃窜，结果被澳大利亚骑兵师截获。澳大利亚轻骑兵占据突出的峭壁，用机枪扫射敌军溃兵队列头部，把他们赶回大马士革，那里形成的口袋，最终俘虏2万名敌军官兵。

英军的下一个行动，为这个历史章节画下了完美的句号。第5骑兵师奉命与阿拉伯人相配合，赶往200英里外的阿勒颇。他们以装甲车开路，驱散了途中遭遇的轻微抵抗，10月23日到达阿勒颇郊外。两天后，先遣骑兵旅到达。他们决定次日晨发动联合突击，但阿拉伯人夜间溜入镇内，凭一己之力夺得该镇。英军实力太弱，无法阻止守军逃窜，只得等待大马士革派来援兵，但土耳其10月31日投降，这场战局就此结束。短短38天内，英军取得350英里进展，俘虏7.5万名敌军官兵，自身伤亡不到5000人。

这场大战期间，很少见到突然性和机动性，战争艺术的这些要旨，其价值最终得到明确无误的证实，至少在一个战区是这样。英军利用突然性和机动性，几乎没有从事交战就赢得了胜利。值得注意的是，土耳其人始终能挡住英国步兵的冲击，直到后方遭受的"战略性炮击"变得众所周知，对他们的士气造成不可避免的影响，这种情形才发生变化。

鉴于存在堑壕战的初步条件，有必要以步兵和重型火炮打破僵局。但战争的常规状况恢复后，骑兵、飞机、装甲车、阿拉伯人这些机动因素完全可以赢得胜利，而他们仅仅是艾伦比总兵力的一小部分。这场胜利，不是靠人力，而是借助机动性实现的，这种机动性粉碎了敌军的士气。这是对拿破仑"精神对物质的比重是三比一"这句格言的新诠释。

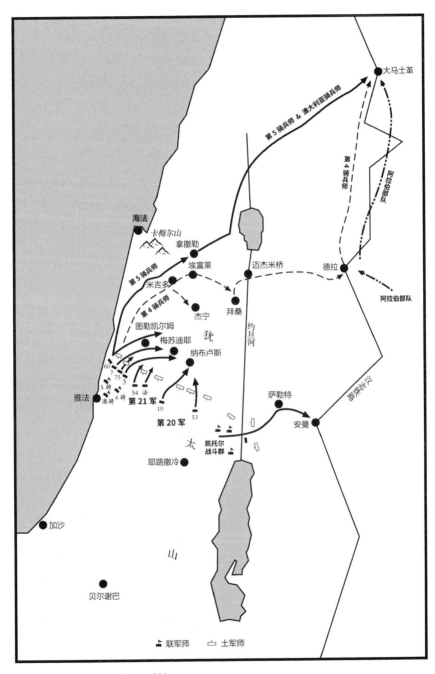

米吉多交战（1918 年）（ZVEN 制）

第七节

圣米耶勒——梦想之战

　　四年来，一根 16 英里深的楔子，深深嵌入几个法国主力集团军侧翼。这是瑞士边境与比利时海岸之间，整条不规则战线上最明显、最"丑陋"的特征。这条漫长、犬牙交错的堑壕线上，一个个突出部数量众多，大小不一，但最尖锐的突出部从瓦夫尔高地而下，一路延伸到圣米耶勒的默兹河河段，甚至递延到河流对岸。长期以来，这个突出部给法方造成严重困扰，这是因为，虽说该突出部不会成为德军发动新攻势的方便跳板，可如果德国人在凡尔登另一侧插入根新楔子，这个突出部就很容易成为威胁。更严重的是，它破坏了法军攻入洛林的一切前景。因为这样一场进攻，无论从凡尔登还是从南锡地区发起，都不仅会受到后方圣米耶勒的威胁，还很难为部队提供补给——圣米耶勒突出部切断了巴黎到南锡、凡尔登到南锡的铁路线。这种困难 1916 年间清晰无误地暴露出来，守卫凡尔登的法军处于半窒息状态，始终面临被突然扼死的危险。

　　凡尔登守军苦苦挣扎，两年来不得不忍受半窒息的痛苦。1918 年 9 月 12 日凌晨 1 点刚过，3000 门火炮的轰鸣声传递出救援守军的信号。震耳欲聋但令人振奋的炮击持续 4 小时后，美国第 1 集团军的步兵跃出战壕，跨过敌军堑壕控制的、已炸为齑粉的地面。24 小时后，美军从突出部两侧插入的两股铁钳在中途会合，一举拔掉了这根丑陋的尖牙。

这是美国第 1 集团军从事的第一场交战，也是他们首次赢得胜利。这番成就不仅是个好兆头，还证明了美国军队的能力，特别是潘兴的才干。此次胜利对从事交战的美军和他们背后的整个国家来说，不啻一针宝贵的强心剂，与之对应的是德国人破灭的幻想，与同盟国其他盟友相比，德国人对美国是否有能力创建一支强大的军队，抱有更强烈的怀疑。

显然，拔掉圣米耶勒这颗尖牙，是战争期间战略"牙科"最完美的杰作之一。实际上，这场手术不尽如人意，残留的牙根后来制造了麻烦。手术不完美的原因是牙钳动作错误，牙医也难辞其咎，但更重要的原因是一个长期不为人知的事实：牙医的胳膊被轻轻推了一把。不过，我们还是要提出这样一个问题：如果牙医没受到干扰，手术会不会更加完美？

要回答这个问题，我们必须审视这场手术的原因和过程。此次交战实现了一个梦想和一份方案，几乎与美国参战同时发生。的确，潘兴和他的司令部 1917 年 6 月抵达欧洲，他们的目光盯着圣米耶勒，心思放在圣米耶勒后方的梅斯。他们知道，英国人决心在佛兰德地区和法国北部采取行动，虽然这片战区存有缺陷（特别是泥泞），但距离己方基地最近，与英吉利海峡各港口之间的交通线也最短。法国军队的进攻战役都在巴黎以北地区遂行，他们集中兵力掩护本国首都，这一点无可厚非。对美国军队来说，梅斯对面和侧翼的东部地区是个理所当然的选择，因为此处与友军补给线的冲突最小，而且也很容易从他们设在比斯开湾的几座基地港开入。另外，这片地区显然是德国人最敏感的地方，因为从此处展开突击，只要突破很短一段距离，就能破坏德军在法国境内整个阵地的稳定性，这片阵地形成个庞大的突出部，伸向南面的伊珀尔与凡尔登之间。切断梅斯—莫伯日这条大型横向铁路线的东端，至少能限制德军预备队和补给物资自由运动，更重要的是，此举可以迂回德军所有连贯防线的侧翼，这些防线是德国人撤回本国边境的最短路线。另外，这样一场突击有望赢得重大经济利益，不仅能解放布里埃铁矿区，还对萨尔盆地构成威胁，德国的弹药生产，对萨尔盆地的依赖性很强。切断圣米耶勒突出部，不仅是发动可靠攻势的必要前提，也是一场局部交战，非常适合充当一支新参战的军队的首次考验。

　　但美国远征军打算保存实力，待自身力量超过英军后再投入战斗。他们的准备耗时一年，而德军在其他地方的干预，迫使美军进一步推延计划中的攻势。直到 1918 年 8 月，德军大潮开始消退，潘兴才得以集结分散在各处、协助阻挡德国军队的各个师，将其编为第一个全美国人的集团军。即便如此，该集团军的大部分炮兵还是要靠法军接济，部分飞机由法国和英国空军提供。

　　7 月 24 日，联军在邦邦召开集团军司令会议，商讨后续作战事宜。这场会议的成果很有限。福煦没有好高骛远，只是提出以一连串局部进攻收复横向铁路线。第一场进攻 8 月 8 日在亚眠前方发动，戏剧性地证明，德国军队低落的士气改变了整个态势。8 月 11 日，新组建的美国第 1 集团军司令部迁入圣米耶勒地区，他们大力扩展作战方案，新方案远比邦邦会议的既定方针更具雄心，也就是说，从解放法国横向铁路线变为威胁德军。美国人不仅打算切断突出部，还计划突破突出部的底线，德军在那里构设的米歇尔防线是一道内部屏障，用于防止他们的防线突然破裂。作战方案由美国远征军参谋长休·德拉姆将军制定，他打算使用 15 个美国师（每个师的兵力是英国或法国师的两倍多）和 4 个法国师。潘兴 8 月 15 日批准了这份方案，两天后，福煦也签字同意。另外，福煦不仅增拨 6 个法国师提供支援，还扩大进攻正面，把作战目的拓展为"尽可能施以最猛烈的打击，确保赢得最大战果"。

　　但 8 月 30 日，福煦赶到利尼昂巴鲁瓦的美国远征军总司令部，带来一份截然不同的作战方案。方案的变更源于黑格的干预。8 月 8 日的交战及其后续事件，让黑格清楚地认识到德军的衰落，他没有理会英国政府要求他谨慎行事的忠告，打算验证自己的判断，以自己的名声为赌注，进攻恶名昭著的兴登堡防线，这是整条德军防线防御最严密的地段。但黑格急于降低失败的风险，加大成功的希望，为此，他敦促福煦把美军的主要突击，从分路进击改为向心突击。黑格估计，与他对峙的德国军队会做出更快、更强烈的反应，对方分兵就能缓解自己的压力，而他同样能减轻美军的任务负担。

　　福煦更愿意接受黑格的观点，因为他也怀有雄心壮志。他现在认为，战争有可能在 1918 年，而不是 1919 年结束。福煦对此信心十足，充满热情，因而把不同地段展开交替打击的做法改为同时发动总攻——"每个人都去战斗！"他似乎希望这种方式不仅能拉伸、打破德军的抵抗，甚至能以向心突击的铁钳（一侧是英军，另一侧是美军）切断、包围德国军队。征询各方意见时，贝当倒是很乐意接受作战方案的更改，这似乎有望把德军预备队调到两翼，在中央地段给法军创造一条更加畅通的进军路线。

因此，福煦来到利尼昂巴鲁瓦，建议修改圣米耶勒方案，作战目标仅限于消灭突出部。这场行动是美军后续主要突击的初步措施和保障，主要突击现在改为攻往西北方的梅济耶尔，而不是东北面的梅斯。福煦进一步指出，潘兴的军队在阿戈讷以西、地形更有利的地区展开行动之际，法国指挥官率领的一支法美联军，应当进攻阿戈讷森林与默兹河之间地形更复杂的地区。他还建议派德古特将军担任潘兴的副手，为潘兴的战术决策提供指导。

作战方案的变更令潘兴深感震惊，福煦另外几条建议更是让他倍感侮辱。双方言辞激烈，会谈气氛越来越紧张。福煦暗示，他要向威尔逊总统发出呼吁，一如既往，这种威胁对潘兴没什么作用。福煦隐晦地指责潘兴企图推卸战斗的责任，潘兴反驳道，他已充分做好"率领美国军队投入战斗"的准备。福煦语带讥讽地指出，即便对付圣米耶勒突出部，潘兴也没能组建一支全美国人的军队，在火炮、坦克、飞机方面不得不依靠友军。潘兴反唇相讥，他提醒福煦，春季危机期间，是联军要求美国人只把步兵和机枪运抵战场即可。

福煦明智地停止了争论，让潘兴"再好好想想"。潘兴认真思考，次日写信给福煦。他承认向心突击的潜在价值，但也详述了美军参与其中的困难。"自我们到达法国以来，我们的作战方案……始终基于圣米耶勒—贝尔福防线上的美军编组。我们设立的所有仓库、医院、训练区和其他机构，都与这条防线密切相关，更改作战方案不是件容易事。"他随后谈到福煦的第二项建议，认为"目前对联军而言更恰当的做法是，暂时为美国军队提供所需要的勤务和辅助设施，而不是进一步延误美军完成编组"。

潘兴毫不掩饰他对限制圣米耶勒进攻战役的厌恶之情，同时指出，不该立即转向默兹河—阿戈讷地区，应当充分发展圣米耶勒这场进攻，尔后，必要的话，可以在"贝尔福或吕内维尔地区"发动新攻势。潘兴没有预见到战争会在当年秋季赢得胜利，因而在信中指出，美军的最终目标是"次年一月和二月，在从圣米耶勒到瑞士边境这片地区"发动进攻。他还写道："不过，决定作战策略是你的职责，我遵从你的决定。"

但有个问题潘兴毫不让步。"我不能再同意涉及分割使用我方军队的任何方案。""简单地说，有过一次经历后，我方官兵都不再愿意并入其他军队……这种分割使用，严重破坏了美军官兵的优良士气。""如果你想以美国军队攻往梅济耶尔方向，我接受这项决定，哪怕这会导致维持补给体系和照料伤病员的问题更加复杂，但我坚持认为，这个美国集团军必须整体投入战斗。"

结果是，福煦、贝当、潘兴9月2日召开会议，潘兴放弃了自己的计划，受领福煦方案分配的任务，而福煦接受潘兴完整使用美国军队的主张。福煦之所以做出让步，是因为他意识到，美军不参与的话，自己的右钳就会虚弱无力。潘兴更倾向于进攻阿戈讷以东地区，虽说那里的地形更复杂，但补给工作比较容易，福煦接受了这项建议。

悬而未决的问题是如何处理圣米耶勒。福煦希望最迟在9月20日发动总攻，还建议放弃圣米耶勒进攻战。潘兴和他的参谋人员认为，必须先拔掉圣米耶勒这根楔子，以此掩护他们默兹河—阿戈讷进攻行动的后方。福煦再次让步，但这意味着美军无法把编成内的若干师，从一场交战及时调入另一场交战，默兹河—阿戈讷进攻战役不得不使用许多菜鸟师。另外，圣米耶勒进攻战役的进度落后于计划时间表两天，默兹河—阿戈讷进攻战役落后六天。

各场进攻相互干扰，导致情况更趋复杂。最先受到影响的是美军的战役布势。尽管他们有15个兵力两倍于联军的美国师，可此次进攻只使用7个师。虽说这股力量相对于他们受领的任务来说绰绰有余，完全能确保对德军八比一的兵力优势，但实际布势很奇怪。因为他们以6个师（包括2个正规师）构成右钳，仅以1个国民警卫队师构成左钳。针对这种情况，他们没有更改整个战役布势，而是大幅度削减左钳的进攻规模，严格限制作战目标。实际上，福煦曾建议放弃左翼的进攻。

美军的详细方案如下：利格特第1军部署在最靠近铰链部的最右翼，迪克曼第4军清晨5点进攻突出部东侧；利格特以第82师威慑铰链部，同时以左侧的第90、第5、第2师攻往突出部底线；在他们左侧遂行进攻的是迪克曼麾下第89、第42、第1师；上午8点，卡梅伦第4军[①]辖内第26师攻入突出部西侧，作战意图是与第1师会合。在此期间，法军对突出部的"鼻子"施加适度的压力，以此牵制守军，直到他们的后撤路线被切断。

但德国人策划数周后，准备抢在联军进攻前后撤。美军9月12日展开突击，德国人实际上已于夜间开始退却。基于这个事实，有人不无讽刺地把圣米耶勒称为"美军接替德军的地区"。这种说法虽然有点道理，但不够全面。与德军1917年退往兴登堡防线的更大规模战略后撤不同，此次后撤是在不利于德国人的情况下进行的。虽然德军指挥部和大多数法国居民一样，非常清楚联军的打击即将到来，也没有被其他地方的佯动欺骗，但他们犹豫了很久才做出后撤的决定，相关准备工作毫无紧迫感。因此，德军部分炮兵力量后撤时被逮个正着，尽管美军的炮火准备（投入2971门火炮，主要由法军提供）大多浪费在空荡荡的战壕里，可远程炮火还是困住了后撤途中的一些德军官兵。另外，美军炮火准备持续的时间较短，主要因为利格特坚决主张实现突然性，这导致德国人没能顺顺当当地执行后撤方案。特别是美国第2、第42师的迅猛冲击，打乱了对方有条不紊的后撤部署。

但潘兴的方案也过于死板。中午前，利格特麾下各师已到达他们的最终目标，没过多久，他们又在泰于库尔北面高地实现了次日的目标。利格特指示各部队全力向前，不要为了与友邻部队保持平齐而停下脚步，这道命令加快了美军的前进速度。德军被打得晕头转向，而且没得到己方炮兵支援，因而几乎没有实施抵抗。但潘兴觉得自己受到福煦所下达指令的束缚，拒不批准利格特继续前进的请求——此举本来也许能突破米歇尔防线。迪克曼和卡梅伦向心突击的两个军，也都轻而易举地实现了当日目标。但他们对潘兴过于唯命是从，因而停止前进，等待后续命令。

---

① 应为第5军。

潘兴打算利用眼前出现的机会，但为时已晚。虽说德军撤离突出部的各条道路严重堵塞，但潘兴进入突出部的道路同样如此。他指示迪克曼和卡梅伦恢复进军的命令，直到天黑后才传达到各部队。因此，两个美国军次日上午在维尼厄勒会师并扎紧袋口前，口袋里的 4～5 万名德军官兵，除 4000 人外，都已逃离。尽管如此，利格特还是抓获 5000 多名俘虏，另外两个美国军和法国军队也在进攻期间俘虏了同样多的德军官兵。俘虏总数达到 1.5 万人，更引人注目的是，他们还缴获 443 门火炮，自身伤亡不到 8000 人。虽说美国人对这个结果不太满意，但聊以自慰的是，他们的首次行动，与联军以往的进攻战役没什么不同，都没能通过初期胜利取得重大战果。

9 月 13 日和 14 日，迪克曼和卡梅伦掉转方向，法国第 2 殖民地军夹在他们之间，赶去与面对米歇尔防线的利格特会合。此次交战在那里戛然而止。唯一一场激烈的战斗是利格特军遂行的，他们的进军方向深具威胁，故而遭到德军反突击，德国人愿意撤离突出部，但不想让对方穿过突出部底线。

要是潘兴没受到阻挠，顺利执行原定方案的话，会发生些什么？毫无疑问，德国人对潘兴没有发展胜利深感宽慰，或许在他们看来，美军朝这个方向继续挺进，构成的威胁远远超过阿戈讷攻势中向梅济耶尔方向的挺进。潘兴本人的观点很有力："无疑，立即继续向前挺进本来能让我们远远越过兴登堡防线（米歇尔防线是兴登堡主防线的延伸），甚至有可能进入梅斯。"迪克曼的看法更辛辣："我们拥有压倒性兵力优势，却没能从圣米耶勒向北攻击前进，我始终认为这是个战略失误，福煦元帅和他的司令部难辞其咎。这是个明显的例子，充分证明有限目标政策荒谬不堪……"

利格特堪称美国陆军最具才干的理性主义者和最坚定的现实主义者，他宣称："依我看，这场交战如果按照原定方案进行，有可能夺取梅斯及周边地区，前提是我们的军队是一部运转顺畅、充分协调的机器，可我们不是。"他还指出，虽然默兹河与阿戈讷之间的进攻达成了更大的突然性，可德军迅速投入预备队，第三天就封闭了最初的突破口。即便突破米歇尔防线，美军从圣米耶勒展开的推进，随后也会遭遇新障碍，特别是右侧的梅斯防御。德国集团军群司令冯·加尔维茨将军成熟的结论同样重要："我认为他们不可能攻克米歇尔阵地。要占领这片阵地，需要一场更大规模的行动。"我们最好记住，要想赢得决定性战果，潘兴至少要到达横向铁路线的隆吉永—蒂永维尔地段，此处位于米歇尔防线前方 20 英里，远远地越过这条铁路线，才能截断德军从隆吉永穿过卢森堡的后撤路线。这样一场突破，深度和速度要求远甚于联军以往在西线取得的一切战果。对一支没有经受过考验的军队来说，这无疑是个遥不可及的梦想。

但有个因素是各种批评意见都没有考虑到的，这个因素让潘兴的原定方案具有独特的优势。战争期间，几乎每个突破企图都基于单一渗透的想法。也有少数例外，例如 1915 年 9 月 25 日，联军同时进攻阿图瓦和香槟地区。但这场进攻，尽管形式上是双重渗透，可实际效果却是两场单独的渗透，因为这两场进攻相距太远，无法造成两处之间地段的内陷和崩溃。福煦朝阿戈讷和康布雷实施向心突击的新方案，也具有双重性的表象，但两处的距离更大。

双重性现在已成为战争的精髓，奇怪的是，这个因素被忽略了。所有人都承认，即便是一名轻量级拳手，用两个拳头对付独臂对手时也具有优势。因此，在战争中使用两个拳头的力量堪称无价之宝。以一个拳头佯攻，另一个拳头施以打击，就能取得优势，但更大的优势在于两个拳头的转换：如果对手发现自己的意图，就把佯攻变为真正的打击。双重性也不仅限于军力方面。进攻目标的双重性（谢尔曼就是这种战术的倡导者），能让对手进退维谷，通过迷惑对方可以获得出敌不意的机会。这样一来，如果对方集中力量守卫一个目标，进攻方就可以夺取另一个目标。只有发挥这种在目标上的灵活性，我们才能真正适应战争的不确定性。

言归正传，我们发现，圣米耶勒突出部在近乎完美的条件下，为双重突破这种尚未经受过考验的战术提供了尝试的机会。如果两路强有力的进攻突破突出部侧翼，甚至向左右两侧深入的话，那么，中央地带的守军就会陷入混乱，被牢牢地困在口袋里。进攻方随后可以投入新锐力量，在两翼获得掩护的情况下，沿畅通的路线穿过敌军崩溃的中央地区。突出部底线的防御不够完整，德军完善防御需要更多时间，这些情况表明，至少在 9 月 12 日和 13 日，美军完全能沿一条宽大战线攻破突出部底线。从某种程度上说，美军的进攻实现了这一点，但仅限于此，因为他们的两翼随后被德军挡住，他们也没有投入新锐力量穿过中央地区。

另一个问题是，如果美军穿过突破口，他们能挺进多远？其主要决定因素不是敌军及其防御，而是补给物资。鉴于美军在这场有限进军期间实际遇到的路障和运输困难，我们显然无法做出乐观的回答。最终结果很可能证明利格特的观点和拿破仑那句格言正确无误："一支新军队也许能攻克强大的阵地，但无法策划或执行一份作战方案。"战争最后几周的战事表明，即使一支经验丰富的军队，即便在几乎不遭遇抵抗的情况下，也无法解决持续挺进期间维持补给的问题，因为军队的庞大抵消了他们的经验。

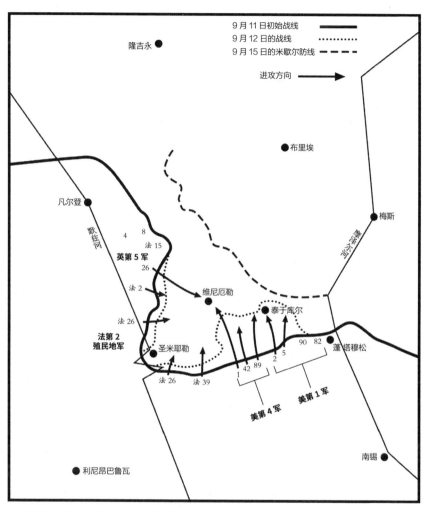

圣米耶勒突出部（1918 年）（ZVEN 制）

第八节

噩梦般的默兹河—阿戈讷之战

与圣米耶勒突出部之战相比，默兹河—阿戈讷交战的规模更大，可如果不考虑对参战人员的影响，这场交战的意义却不及前者。从战略和历史角度看，默兹河—阿戈讷交战甚至可以视为圣米耶勒突出部之战未完成的、部分内容未见诸文字的故事的附录。

首先，默兹河—阿戈讷交战的最终目标更具理想主义，而不是现实主义。这场交战的指导思想是：阿登地区形成法国境内庞大的德军突出部难以逾越的后墙，联军如果到达并封闭东西面出口，就切断了突出部里的德国军队。但阿登地区的复杂性被严重夸大，特别是在黑格的报告中。实际上，许多道路和几条铁路穿过阿登地区，因此，虽说切断东西面的路线有可能给德军的后撤带来麻烦，可这种威胁只有在联军迅速实现目标的情况下才会形成。

从默兹河—阿戈讷地区前出到横向铁路线，美军必须推进30英里。要想让行动发挥效力，他们的进军速度必须比当初从圣米耶勒地区的出击更快，因为这场进军的目标靠近几个德国主力集团军，而当初计划中的圣米耶勒进军，靠近的是德国边境。从这个角度看，此次行动的意图和期望严重脱离实际。要穿越30英里地形复杂的地区，他们首先要突破德军防线，尔后在后方大约8英里处，他们会遭遇兴登堡防线克里姆希尔德地段完好无损的防御。

潘兴可能对他那支没经受过考验的军队的能力满怀信心，但与法国人 1914—1915 年遭遇的情况一样，这种信心在敌人机枪火力形成的铜墙铁壁上撞得粉碎。虽说贝当低估了其他因素的影响，可他的估计更接近现实，他认为冬季到来前，美军也许能完成三分之一行程。

其次，默兹河—阿戈讷进攻战役没有实现当前目标，灵光闪现的黑格提出这个目标，潘兴为此放弃了自己的方案。这是因为，没等默兹河—阿戈讷进攻战役调离英军战线前方任何一个德国师，联军左翼的进攻就突破了兴登堡防线最强大的康布雷—圣康坦地段。因此，这种战果证明了黑格的信心，而不是他的防范措施，表明他的军队完全能在不获得间接帮助、肃清道路的情况下取得突破。守军低落的士气严重抵消了防御的力量。

以下事实加剧了战果的讽刺性：57 个德国师面对 40 个英国师和 2 个美国师的左路突击，而 13 个美国师和 31 个法国师（总兵力至少相当于 60 个常规兵力师）的右路突击，与之对抗的只有 20 个德国师。战果之所以存在巨大差异，部分原因是作战部队的经验各不相同，另一个原因是作战条件不同。左路突击发起时，英军已逼近兴登堡防线，而右路的美国军队，必须先克服一连串纵深防御，才能对他们受领的兴登堡防线相关地段展开突击，没等他们到达预定地域，这场进攻已丧失势头。

此后，虽然美军付出高昂的代价顽强进攻，迫使德国人从法军战线调离 16 个师，但总的说来，其战略影响微乎其微。这是因为，位居中路的法国人具有敏锐的战略眼光，他们意识到，获得决定性战果取决于两翼铁钳的迅速突破和合拢，故而没有过度逼迫当面之敌加快后撤速度。法国军队的推进相当娴熟，通常落后于两侧联军一步，只有在敌人被侧翼联军逼退的情况下，他们才会连续向前跃进。战争头两年，法军承担了战斗的主要重负。尽管法军指挥官学习减少伤亡的过程较为缓慢，可他们和他们的部下现在都掌握了相关技巧。保存实力的做法也许不太妥当，但临近傍晚才投入战争的新人，无权抱怨自拂晓起就参战、经受了昼间酷热的老人过于谨慎。

另一方面，默兹河—阿戈讷进攻战役早早受阻，令人失望的战果受到批评，但人们很容易忽略美军经验不足这个不利因素。问题不仅仅是作战部队过于稚嫩，更重要的也许是相关部署缺乏经验。美军真正用于准备工作的时间只有一周，与 1915 年、1916 年，甚至 1917 年英法军队进攻前几个月就开始准备形成了惊人的对比。尽管德军战斗力和士气正在下降，可如此仓促的准备工作，无疑会给任何一支军队带来超乎寻常的压力。而现在承受这种压力的是新近编成的新军队。舆论可能会对这部机器频频发生故障大加抱怨，但堪称奇迹的是，这部机器没有报废，而是在迅速修复后重新运转起来。

进攻伊始就达成高度突然性，美军高级指挥部门同样值得称赞。这种初期战果很大程度上归功于情报部门的创造力，他们在东面的孚日山脉附近营造出最具欺骗性的佯攻。

因此，美军发起真正的进攻时，20 英里的突击正面，只有 5 个德国师据守，这些师严重减员，除了 1 个师，其他师辖内都是些素质低劣的部队。针对这股敌军，美国人投入 9 个师，另外 3 个师担任近距离预备队，兵力优势高达八比一。另外，集团军预备队还有 3 个师。但由于从圣米耶勒撤出、调整部队较为困难，美军起初只有 1 个正规师可用，先前参加过战斗的也只有 3 个师。

美军步兵跟随 189 辆轻型坦克投入进攻前，2700 门火炮猛烈开火，炮火准备持续三小时。值得注意的是，这场进攻投入的坦克，远远少于联军 7 月15 日和 8 月 8 日的进攻。同样值得注意的是，鉴于潘兴在圣米耶勒突出部之战前对福煦做出的暗示，此次进攻使用的火炮都是法国制造的，其中半数由法国人操作，47 辆坦克同样如此。

潘兴的作战方案意义深远，的确不能视为目光短浅、格局狭小的产物，因为这份方案要求作战部队首日到达并突破克里姆希尔德防线，这段路程超过 8 英里，夜间还要发展突破。这样一来，他们次日上午就能到达开阔地带，几乎完成通往色当和横向铁路线的半数路程。可惜，潘兴下达的命令语焉不详。

福煦在他的私人笔记中指出，美国集团军不能被友邻军队（古罗指挥的法国第 4 集团军）的前进速度束缚，他还补充道："决不能止步不前……没接到新命令就不穿过敌军战线，这种限制性指令会剥夺发展胜利的机会……"

可惜，无论潘兴的目标多么远大，他下达给麾下各军的命令就是具有这种限制倾向。位于右侧的布拉德第 3 军和位于左侧的利格特第 1 军，负责楔入蒙福孔制高点两翼，以此协助中路的卡梅伦第 5 军，第 5 军的任务是席卷蒙福孔，"不必等待第 3、第 1 军"，径直攻往克里姆希尔德防线。这是条明智的规定，不幸的是，第 3、第 1 军的进军"视第 5 军的进展而定"，这就给美军后来的止步不前埋下了种子。

这是因为，美军 9 月 26 日清晨 5 点 30 分展开突击后，两翼获得掩护的第 5 军，进展远不及友邻兵团，尽管该军辖内左翼师（第 91 师）是个让人高兴的例外。第 5 军右侧，布拉德第 3 军辖内的正规军第 4 师，深深地穿过蒙福孔侧翼，默兹河附近的第 80 和第 33 师也取得不错的进展。集团军左翼力量受领的任务最艰巨，那里的地形非常复杂，利格特下达的命令为良好的开端铺平道路。因此，第 35 师实施迂回，巧妙地避开了沃屈瓦的强大障碍，尔后与左侧第 28 师协同，在阿戈讷森林东面的艾尔河谷插入根 4 英里深的楔子。第 77 师穿过森林，该师受领的艰巨任务是与西侧的法国军队建立联系。

但潘兴随后命令，各军到达目标后停止前进，这道指令相当于给美军的挺进踩下刹车，耽搁 6 小时后，他们很难恢复突击势头。围攻战期间采用这种做法是合理的，但利格特指出，面对实力虚弱、一时间士气低落的敌人，这是个错误的做法。迄今为止，美国军队从来没有接受过相关训练，根本不会从事有条不紊的围攻战，他们的战斗编组也不是为这种战术制定的，因此，美军赢得决定性胜利的最佳方法就是借助突然性，抢在敌人调来援兵前以人潮淹没对方的防御。上级部门过早踩下刹车，美军的前进速度减缓，变成沿整条战线的间歇性推进。火炮无法前移支援步兵，指挥控制失效，物资补给频频发生问题，地形构成的天然障碍因为美军缺乏经验而加剧。

这些因素有助于德军成功发挥自己的战术，一举拔除美军插入的利刺。德军重演了他们的弹性防御，也就是说，他们在防线后方几英里处实施真正的抵抗。猝不及防的美军士兵一头闯入对方精心布设的火力带，最初的突击势头耗尽，战斗编组发生混乱。虽说第 79 师次日攻克蒙福孔，但第 5 军仅仅与两个侧翼军拉平，当日几乎没取得什么后续进展。美军在这场大规模攻势中已竭尽全力，接下来几天，几个德军新锐师开抵后发起发突击，在各处逼退杂乱无章的进攻方。美军 10 月 4 日重新发起总攻，除了左侧，几乎没取得太大进展，这种情况再次表明，没有足够的火力支援或突然性，靠血肉之躯对抗机枪是一种愚不可及的行为。但利格特第 1 军辖内正规军第 1 师也展现出训练的价值，该师在艾尔河东岸插入根深而窄的楔子。这种情况促使利格特 10 月 7 日展开独特而又大胆的机动，他把第 82 师调到第 1 师身后，让这个师转身对付艾尔河西面的敌军侧翼，尔后向北进击。尽管这场机动的执行情况不尽如人意（第 82 师只投入十分之一兵力），因而丧失了切断阿戈讷地区敌军部队的机会，可这种威胁至少迫使敌人尽早撤离森林。到 10 月 10 日，美军战线越过森林，肃清了这片棘手的障碍。

在此期间，美军没能完成预定方案这种显而易见的挫败，在后方引起轩然大波。克莱蒙梭拜访福煦时悻悻地说道："这帮美国佬会把我们冬季前赢得重大胜利的机会搞砸的！他们乱成一锅粥。你必须让潘兴明白这一点。我们现在得把这个情况告诉威尔逊总统。"鉴于古罗集团军的进展远远落后于美军，可以说克莱蒙梭的抱怨很不公平。但福煦更有雅量，或者说他更充分地认识到潘兴的地位牢不可破，故而回答道："美国人还需要学习一段时间。他们正在学习，学得很快。"实际上，贝当已提出具有战略合理性的建议，要求把负责阿戈讷森林地区战事的军队编为独立集团军，半数为法军，半数为美军，交给希尔绍尔将军指挥。可潘兴只看到其中的新政治动机，故而严词拒绝了这项建议。

不过，潘兴全面整顿了他的军队和各级指挥官。默兹河东面不活跃的兵团编入美国第 2 集团军，由布拉德指挥，利格特接掌第 1 集团军，全面负责默兹河—阿戈讷进攻行动。潘兴本人总揽两个集团军，休·德拉姆继续担任利格特的参谋长。迪克曼接替利格特，出任第 1 军军长，海恩斯接替了布拉德，而萨默罗尔替换了卡梅伦。各级指挥官在潘兴这柄"镰刀"下迅速倾倒，速度快得就像他们的部下在德军机枪火力下成批阵亡。

不过，这些变化暂时没给德国人带来太大影响。美军 10 月 14 日再次发起的总攻，代价高昂，进展甚微，不仅大批官兵阵亡，就连那些将领也声望扫地，这场失利甚至让高级指挥部门意识到，进攻已陷入僵局。美军企图继续前进，但已人困马乏，另外交通线也混乱不堪，他们根本无法施加更大的压力，为其他联军部队提供切实有效的支援。另外，联军发动的攻势中（美国第27和第30师参与其中），英军构成的左翼突破了兴登堡防线最后的防御，到10月5日已进入开阔地带，阻碍他们前进的只有自然障碍、远远的路程，以及遭到战火蹂躏的地表。

接掌指挥工作的利格特明智地意识到，当前情况下的最佳做法是休整、重组麾下部队，尽快恢复一场可靠的跃进，而不是浪费兵力，遂行不可能完成的任务。利格特利用这段喘息之机，不仅补充兵力和补给物资，而且改善己方交通状况、整顿作战编组，同时展开局部行动，为新的跃进夺取更有利的出发线。另外，利格特重新制订了战术和作战方案。潘兴建议美军左翼率先出击，右翼几个军随后投入。这就意味着战斗首先在阿戈讷正北面，自然条件恶劣、林木茂密的勃艮第森林打响，敌人最强大的力量就部署在那里。利格特倾向于在中路插入根宽大的楔子，从而迂回勃艮第森林，并与西面推进中的法国第4集团军相配合，构成包围勃艮第森林的威胁。

这是个很好的构思，因为利格特11月1日投入他的军队时，敌人只在这片地区实施了抵抗，到次日，此处的敌军后卫力量已消失，后撤速度与美军战线其他地段的德军部队一样快。尽管德军遂行了些许抵抗，可美军的快速追击超越了侧翼的法国军队，给德国人带来很大压力，美国第1集团军这部机器的大修颇见成效，使之运转得比前一阶段更加顺畅。尽管整个集团军实施了最艰巨的机动，可在追击过程中，他们逐渐转向右面，准备攻往东北方，打击默兹河与西耶河之间强大的敌军阵地，德国人已撤往那里。这场转向是美军攻往梅斯的前奏，但停战协定此时落下了帷幕。

从战略上说，美军这场机动至关重要，因为德国人对此处的战事发展，远比对联军左翼偶然到达横向铁路线的卡里格南—色当地段更加敏感。早在11月3日，这条铁路线就落入联军炮火打击之下。四天后，联军步兵到达铁路线，可德国人已溜出口袋。的确，联军前出到此处，虽说是令人振奋的胜利，但更重要的是，这种情况预示着最终的"解放"。潘兴多少有点唐突地无视了法国人的情感，他在电报中称，虽然美国军队目前位于法军作战地域，但他希望美军获得"开入色当的荣誉"。他还火上浇油地补充道:"我不认为分界线有什么约束力。"这封电报下达给各军,利格特对此毫不知情,结果,集团军左翼第 42 师奔向色当。但潘兴含糊的措辞造成了违反军事规程,甚至有点滑稽的结果。潘兴最青睐的第 1 师隶属中路军,接到命令后连夜动身,直接穿过第 1 军辖内各师,这种鲁莽举动让这些师产生了混乱。这场闹剧的

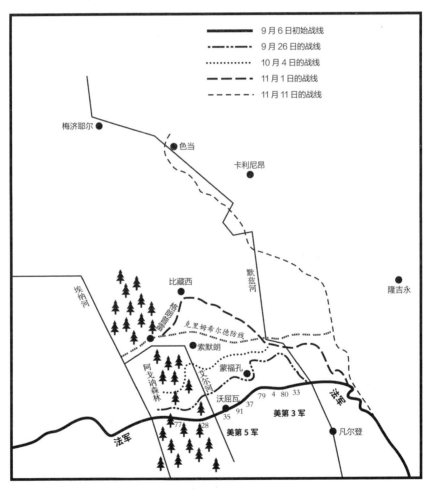

默兹河—阿戈讷交战(1918 年)(ZVEN 制)

高潮是他们竟然俘虏了第42师师长。但利格特迅速介入，严令两个师停止前进，礼貌地请法国军队率先进入色当，一扫他们1870年的苦涩记忆。

研究战争整体进程的历史学家肯定知道,始于11月1日的这场最终攻势,只具有补充影响，因为鲁登道夫已下台，他在德国边境重新实施抵抗的建议遭否决，利格特发动进攻前，德国人已求和。不过，停战协定拖延了很长时间,足以让11月1日的攻势顺利进行,这倒是件好事。因为它消除了默兹河—阿戈讷之战第一阶段（更确切地说是第一场交战）的痛苦记忆，还证明美国军队经历战火洗礼后，焕然一新的指挥能力和参谋作业，完全配得上美国民众武装组成的作战部队付出的英勇牺牲。

注释

1. 9月25日，也就是福煦发动总攻前夕，圣康坦与朗斯之间，沿兴登堡防线布防的57个德国师面对40个英国师和2个美国师。默兹河—阿戈讷地区，20个德国师面对31个法国师和13个大编制美国师，这股法美军力至少相当于60个常规编制的联军师。各个德国师严重缩水，编制小得可怜，可这个事实并不影响联军这场攻势右钳与左钳分别遇到困难这种历史对比。

2. 这场反攻的先遣力量由芒然第10集团军构成，10个师部署在第一线（包括美国第1、第2师），6个师和罗比洛骑兵军位于第二线，英国第15和第34师担任预备队。7月18日这个黑暗、雾气蒙蒙的清晨，4点35分，芒然投入进攻，他采用了康布雷的打法，没有实施炮火准备，而是投入大量坦克。德古特第6集团军左翼，位于芒然集团军内翼，实施了初步炮击，一个半小时后投入进攻。以下事实说明了德古特集团军的辅助作用：他的一线力量只有7个师（包括美国第4、第26师），二线力量只有1个师；他后来获得美国第42、第32、第28师加强，这几个师在攻往韦勒河的最终阶段受领了主要任务。面对芒然集团军的是德军5个师和6个预备队师，面对德古特集团军的是德军6个师和2个预备队师。但这些德国师的实力都很虚弱，据说半数以上的师没太大战斗价值。

3. 贝特洛指挥的法国第5集团军编有9个师，面对德军11个师和1个预备队师。

4. 德米特里指挥的法国第9集团军编有6个师，包括美国第3师、美国第28师和一个担任预备队的法国师，面对德军6个实力虚弱的师和3个预备队师。

5. 冯·库尔将军是联军对面的德国集团军群指挥官，他对战争所做的分析研究指出，联军这场进攻之所以取得压倒性效果，是因为英国人已学会如何实现突然性。他还补充道，实现突然性，"最重要，最具决定性的因素是坦克"。这个说法非常重要，因为这是相关事件发生十年后，当事人冷静反思后得出的结论。

6. 艾伦比的作战力量是1.2万柄佩刀（骑兵）、5.7万支步枪（步兵）、540门火炮。他估计土耳其军队的兵力是3000柄佩刀（骑兵）、3.2万支步枪（步兵）、402门火炮。这个数字是利曼·冯·桑德斯估计的两倍，但似乎是个宽泛的计算，没有计入机枪手。

后记

　　每个停战周年纪念日都激发起情感和回忆，对英国人来说，一年中没有哪个日子具有这种魔力。因为经历过四又四分之一年战争岁月的人，绝不会厌烦一再重复的纪念活动。但他们纪念这场战争的心境发生了微妙的变化。刚刚停战时，绝大多数人长长地松了口气，最克制者跻身于那些最有理由如释重负的人当中，而对停战深感失望的人群里，往往能见到那些干劲十足的家伙。

　　早期的停战纪念日受到两种相反情绪支配。一方面是失去战友的悲痛——这种更强烈的情感现在渐行渐远。另一方面是赢得胜利的喜悦，极少数情况下甚至有些洋洋自得，可不管怎么说，这是击败敌人后加强的胜利感——这种情绪也已渐渐消逝。

　　停战日已成为纪念而不是庆祝。时光飞逝，净化、融合了早期的情感，因此，我们一方面缅怀故人，默默感恩，另一方面也证明我们仍有源源不断的力量，足以应对比以往任何历史时期更加严重的危机。更重要的是，我们现在意识到了战争对世界和文明的整体影响。也许最重要的是，我们认识到战争的起因和进程都源于愚蠢和虚弱，而不是蓄意的人性之恶。

　　已成为历史的这场战争，可以从历史的角度审视。我们仍需要领导者，可能比过去更加需要，但我们知道他们也是凡人，这种被唤醒的认知可以防止我们寄予过多期望或过度信任他们。过去十年涌现的大量证据，披露的事实、文件、回忆录，对历史和子孙后代大有裨益。大多数亲身经历者仍在世，他们为筛选证据提供了宝贵的意见，而历史学家一直沉浸在战争气氛下，因而对抽象的理论具有一定的免疫力，这就让五十年后的历史学家所做的潜心研究节省了许多功夫。我们几乎知道应该知道的一切。唯一的缺点是，相关文件档案实在太多，只有学者能应对如此繁复的调查研究工作。

德国突然间崩溃，随后宣布投降，就此解除欧洲噩梦般的战争重负，这种堪称奇迹的惊人转变是什么原因造成的？要想得出满意的答案，仅仅分析11月11日前谈判和军事胜利忙乱的几周是不够的。即便从军事角度看，我们也应该回到8月8日，德军统帅部充满失败主义情绪的那天，还要回到7月18日，当日堪称这场战争明显的转折点。如果我们进一步回顾，就必须退回到3月21日，这是因为，不提及德军1918年春季一连串大规模攻势到达的顶点，以及他们消耗的军事资源，就无从解释德国军事力量的衰退。

但我们应当进一步回溯。的确，如果未来的历史学家必须选择一天，作为这场世界大战结局的决定性日子，他可能会选中英国还没有参战的1914年8月2日，当日凌晨1点25分，温斯顿·丘吉尔给英国海军下达动员令。英国海军没有赢得特拉法尔加海战那种大捷，但与其他因素相比，他们为协约国赢得战争起到的促进作用更大。因为海军是封锁工具，随着战争的迷雾消散于战后岁月里更清晰的视野，历史学家越来越清楚地认识到海上封锁为这场斗争做出的重大贡献。这种封锁就像美国监狱对付不听话的囚犯使用的"束身衣"，逐渐收紧的过程中，先禁锢犯人的动作，然后让他呼吸困难，束身衣收得越紧，收束持续得越久，犯人的抵抗力就越小，这种收缩感会让他越来越丧失斗志。

无助引发了绝望，历史证明，决定战争问题的是丧失希望，而不是人命消耗。没有哪位历史学家会低估德国民众饥肠辘辘的直接影响，这种状况导致德国大后方最终土崩瓦解。可撇开国内革命在多大限度上造成军事失败，或军事失败在多大限度上引发了国内革命的问题不谈，封锁这个触摸不到但又无处不在的因素，确实渗入了对军事态势的一切考量。

面对徒劳无获的进攻不断加剧的成本，如果战事陷入僵局，协约国最终会倾向于达成一场妥协的和平吗？为实现这种和平，德国交出比利时和法国北部后，协约国有可能承认对方在东线获得的部分或全部利益吗？我们提出这个问题，而且难以在军事上得出乐观的答案时，无疑会想起制海权这个因素。缺乏重要和平举措的情况下，英国海军的封锁，迫使德国1918年发动自杀式进攻。逐渐衰弱的幽灵挥之不去，最终导致德国败亡。

德国如果在1914年马恩河交战后，甚至在1915年后，继续沿用他们当年暂时采用的"西线防御，东线进攻"政策，也许能让协约国更加焦头烂额。这是因为，一方面，德国本来有可能实现她的"中欧梦"，另一方面，英国的海上封锁仍很松散，只要美国继续置身战争之外，英国就无法有效收紧封锁圈。但1918年，德国丧失了最佳机会。

另一个经常引发争论的重大问题是，即便到了1918年秋季，德国是否能避免投降。如果11月11日后战争继续进行，德军战线会崩溃吗？投降不可避免吗？德国军队能顺利后撤，并在本国边境线实施坚决抵抗？大多数德国人对后一个问题的回答是"能"，还把德国的投降归咎于大后方。协约国许多豁达、勤勉的战争研究者也倾向于同意这种观点，他们认为从军事角度看，德国确实有可能做到这一点。但我们得再次留意海军这个因素。即便德国军民付出最大努力，在本土实施顽强抵抗，设法挡住联军的进攻，也只是推延必然到来的失败结局而已。历史最有可能做出的让步是，德国人勒紧裤带坚持到底，疲惫不堪的协约国厌倦了战争努力，因而提出比凡尔赛和约更有利于德国的条款。

解决了这些假设，强调了停战的根本原因（英国的海上力量，是她的历史性武器，也是历史上任何一个国家使用的武器中最致命的一款），我们再来看看造成停战的直接原因。胜利是如何到来的？军事行动在这方面发挥了很大作用。除了海军，另一些因素也做出贡献。我们就算无法全盘接受，也不能过度忽视协约国（特别是英国）卓有成效的宣传工作对德国人产生的影响。战争后期，这种宣传得到巧妙的指导和大力发展。

现在，尽管战时的激情已消散，某些曾被大肆利用的"事实"扰乱了我们的公平竞争感——这种回忆令人不安——可我们同样意识到，这种宣传形式既没有鼓舞本国民众，也没有让敌人灰心丧气。实际上，德国民众接受的是一些更大问题重要本质的核心，这些促使他们质疑领导层的诚实和胜利的希望，削弱了他们继续付出牺牲的意愿。

不过，尽管我们应该承认这种更需要鉴别能力的宣传的价值，可它的作用是补充、完善军事上的胜利，而不是为胜利铺平道路，就像德国发言人经常争辩的那样。关于这个问题的重要证据，可以在马克斯亲王的回忆录中找到。不经意间，他在某些很容易错过的段落透露，德国军队暂时处于优势时，狂喜的德国民众忘乎所以，就连最清醒的人也置身其中。

1918 年 3 月，他甚至引用了一名和平主义者兴高采烈的欢呼："再也不用担心了！……难忘的经历！……一统天下！"另一名温和派代表若有所思的说法泄露了天机："看来我们再也不用放弃布里埃和隆维了。"这句话流露出德国人精神上的陶醉，这种陶醉远比一切险恶用心更应为德国的战争罪行负责。

面对如此广泛的陶醉，宣传工作与军事行动相比，只能居于次要地位。因此，我们得出确定的结论，联军赢得的胜利，是促成德国 11 月 11 日投降最主要的直接原因。

这个结论并不一定理所当然地意味着，双方签订停战协定时，德国军队处于崩溃边缘。停战协定也不像联军某些人士说的那样是个错误的让步，这些人擅长打嘴仗，当时强烈反对停战。

更确切地说，经过彻底筛选，最后一百天的档案记录证实了历史亘古不变的教训：战争真正的目标是打击敌军统帅部和政府的精神，而不是对方作战部队的躯体，胜利与失败之间的平衡，取决于精神影响，躯体遭受的打击只起到间接作用。就像拿破仑说过，福煦深表赞同的那句话，战争中"重要的是个别人，而不是一群人"。

战争的最后阶段重申了这个真理。联军在七月份的马恩河交战中扭转了颓势，这深深刺激了鲁登道夫，可他继续策划、准备新的攻势。他虽然失望不已，但没有表现出当年四月赢得利斯河之战这种表面胜利后的幻想破灭感。

但英国第 4 集团军 8 月 8 日在亚眠前方突如其来的进攻，给德国人带来了混乱的精神打击。马克斯亲王把 8 月 8 日定义为"转折点"，从心理上说，这种界定正确无误。尽管如此，德国人的失败心态发展到被迫投降的绝望心境，还需要更多外部推力。这种推力不是来自西线，而是来自备受轻视的次要战区萨洛尼卡，长期以来，协约国军方对这片战区颇多指责，德国人更是轻蔑地把萨洛尼卡嘲笑为联军"最大的俘虏收容地"。但保加利亚崩溃后，这扇通往奥地利、土耳其，以及穿过奥地利进入德国的后门敞开了。

德国统帅部 9 月 29 日的精神状态决定了这场战争中最直接的问题。鲁登道夫和他的同僚身心俱疲，这种震荡一路向后蔓延，最终席卷了整个德国。没有什么能挽救或阻止这种状况。德国统帅部也许能振作精神，改善当前的军事处境，但与以往战争发生的情况一样，精神方面受到的影响深具决定性。

不过，我们必须再次强调，产生决定性结果的根本原因，远比立即造成这种结果的行为更加多样化。

事实是，没有一个原因具有或可能具有决定性。西线、巴尔干战线、坦克、封锁、宣传都被视为协约国赢得胜利的原因。这些说法都有道理，但没有一项是完全正确的，尽管封锁位列首位，而且是最早发起的。诸多国家投入其中的这场战争，胜利归功于军事、经济、心理武器所做贡献的累积效应。胜利来自，而且只能来自现代国家利用并整合一切既有资源，胜利果实的大小取决于协调多种活动的方式。

究竟哪个国家打赢了战争，这种问题更是无稽之谈。法国没有赢得战争，但英国军队正从事准备工作、美国参战仍是梦想之际，要不是法军坚守堡垒，从这场军国主义噩梦中拯救文明是不可能做到的。英国没有赢得战争，可要是英国没有掌握制海权，没有提供财政支援，没有自 1916 年起接下战争的主要重负，协约国的失败本来是不可避免的。美国也没有赢得战争，可要是没有他们提供的经济援助缓解压力，没有美军赶来扭转兵力对比，更重要的是，要不是他们参战后振奋了联军的士气，胜利也是不可能实现的。我们更不能忘记为拯救盟友多次牺牲自己的俄国，他们为协约国赢得最终胜利打下的基础，无疑也为自己的瓦解铺平了道路。

参考书目

当然，这里附上的书目，与我自战争以来的 15 年间阅读或参考过的书籍完整目录相差甚远。列出这份清单的目的是指出具有重要历史意义的书籍。书目包括我在本书中使用的那些事实或引文的出处，以及对我了解整场战争起到直接帮助的书籍和资料。这些年间，我有幸阅读了大量英国和外国文件，这些文件还没有发布，此前也没人使用过。我还荣幸地收集了许多个人陈述，这些人是当初许多重要行动和重要决定的参与者。这些资料让本书的写作受益良多，我把它们列为"未发布的文件"或"个人证词"。虽然目前没办法做出更全面的鉴定，但我已经把这些资料记录下来，私下里做了分类编目工作，最终会交给历史学者使用。

总结这份参考书目的序言时，我借此机会感谢让所有认真研究战争史的学者受益良多的《陆军季刊》，特别是这份刊物中的"外国战争书籍注解"。过去 10 年间，已出版的各种资料浩如烟海，这份注解作为路标和探照灯的价值无可估量。没有哪个国家的哪份军事或历史期刊，曾为战争史学者留下或标出如此清晰的路径。

第一章

起源

J. W. Headlam—Morley, *The Outbreak of War*. Foreign Office Documents (1926)

G. P. Gooch and H. Temperley, *British Documents on the Origins of the War*, vols. i–v (1927)

Haldane (Viscount), *Before the War* (1920)

Grey of Fallodon (Viscount), *Twenty–Five Years, 1892–1916* (1925)

G. Buchanan, *My Mission to Russia* (1923)

H. Wickham Steed, *Through Thirty Years, 1892–1922* (1924)

R. W. Seton—Watson, *Sarajevo* (1926)

G. P. Gooch, *Recent Revelations of European Diplomacy* (1927)

H. W. Wilson, *The War Guilt* (1928)

B. Hendrick, *The Life and Letters of W. H. Page* (1922–5)

P. Renouvin, *Les Origines Immediates de la Guerre* (1925)

R. Poincare, *Au Service de la France*, vols. i–iv (1926–7)

M. Paleologue, *An Ambassador's Memoirs* (Eng trans 1923–5)

German Foreign Office, *Die Grosse Politik der Europäischen Kabinette, 1871–1914* (1926) (Eng selection and trans in 4 vols. *German Diplomatic Documents, 1871–1914*, 1928–)

K. Kautsky, M. Montgelas and W. Schücking, *Die Deutschen Dokumente zum Kriegsausbruch* (1919) (Eng trans 1924)

A. von Tirpitz, *Memoirs* (Eng trans 1919)

The Kaiser's Letters to the Tsar (Eng trans 1920)

M. Montgelas, *The Case for the Central Powers* (Eng trans 1925)

K. Lichnowsky, *My Mission to London, 1912–1914* (1918)

Generaloberst Helmuth van Moltke, *Erinnerungen–Briefe–Dokumente 1877–1916* (1923)

W. von Schoen, *The Memoirs of an Ambassador* (Eng trans 1922)

Diplomatische Aktenstücke zur Vorgeschichte des Krieges, 1914 (1919) (Eng trans *Austrian Red Book*, 1920)

Conrad von Hötzendorf, *Aus meiner Dienstzeit*, vols. i–iv (1922–5)

Czernin, *In the World War* (Eng trans 1920)

How the War began in 1914, being the diary of the Russian Foreign Office ... july, 1914 ... published by the Russian Soviet Government (Eng trans 1925)

S. Sazonov, *Fateful Years, 1909–1916* (Eng trans 1927)

Un Livre Noir, diplomatie d'avant guerre d'après les documents des archives russes (1922–3)

第二章至第七章
总论

W. S. Churchill, *The World Crisis*, 4 vols. (1923–7)

John Buchan, *A History of the Great War*, 4 vols. (1921)

Oxford and Asquith (Earl of), *Memories and Reflections* (1928)

G. Arthur, *Life of Lord Kitchener*, vol. iii (1920)

Esher (Viscount), *The Tragedy of Lord Kitchener* (1921)

C. àC. Repington, *The First World War, 1914–1918*, 2 vols. (1920)

W. R. Robertson, *From Private to Field Marshal* (1921)

——, *Soldiers and Statesmen, 1914–1918* (1926)

Beaverbrook (Lord), *Politicians and the War, 1914–1916* (1928)

N. Macready, *Annals of an Active Life* (1926)

C. E. Callwell, *Experiences of a Dug–Out, 1914–1918* (1921)

C. P. Lucas, *The Empire at War*, 3 vols. （涵盖了自治领和殖民地付出的战争努力）

Royal Engineers' Institute, *The Work of the R.E. in the European War, 1914–1919*, 9 vols. (1921–7)

War Office, *Statistics of the Military Effort of the British Empire, 1914–1920* (1922)

R. van Overstraeten, *Des Principes de la Guerre*, vol. ii（第二卷涵盖了这场世界大战）

C. Seymour, *The Intimate Papers of Colonel House*, 4 vols. (1926–8)

J. W. Gerard, *My Four Years in Germany* (1927)（美国大使）

E. Ludendorff, *Urkunden der Obersten Heeresleitung, 1916–1918* (1920)

Kuhl, *Der Deutsche Generalstab in Vorbereitung und Durchführung des Weltkrieges* (1920) [French condensed trans my Douchy, *Le Grand État–Major Allemand avant et pendant la Guerre Mondiale*]

M. Erzberger, *Erlebnisse im Weltkrieg* (1921) [French trans *Souvenirs de guerre*]

J. V. Bredt, *Die Belgische Neutralität und der Schlieffensche Feldzugsplan* (1929)（《陆军季刊》的精彩摘要，1929 年 7 月）

E. von Falkenhayn, *General Headquarters, 1914–1916 and its Critical Decisions* (Eng trans 1919)

Stürgkh (Graf), *Im deutschen Grossen Hauptquartier* (1921)（奥地利军事代表的私人印象和人物特写）

Zwehl, *Erich von Falkenhayn* (1925)（包含日记摘录）

Groener, *Das Testament des Grafen Schlieffen* (1927)

H. von Hentig, *Psychologische Strategie des Grossen Krieges* (1927)（对德国战争政策和战略的批评相当尖锐）

L. Gehre, *Die deutsche Kraftverteilung während des Weltkrieges* (1928)（提供了每个月 15 日和最后一天，所有德国师的驻地）

Bauer, *Der Grosse Krieg in Feld und Heimat* (1922)（战争期间德国最高统帅的详情）

M. Schwarte, *Der Grosse Krieg, 1914–1918*, 11 vols. (1921–)

Buat, *L' Armée Allemande pendant la Guerre de 1914–1918* (1920)

西线

J. E. Edmonds, *Military Operations, France and Belgium*, vols. i–v (1922–32) [*British Official History*, vols. i–ii, 1914; iii–iv, 1915; v, 1916]

The Despatches of Lord French, 1914–1915 (1917)

French (Viscount), *1914* (1919)（他的指挥记录，很不准确）

J. H. Boraston (Ed.), *Sir D. Haig's Despatches, 1915–1919* (1919)

G. A. B. Dewar and J. H. Boraston, *Sir Douglas Haig's Command, 1915–1918* (1922)

H. L. Smith–Dorrien, *Memories of Forty–Eight Years' Service* (1925)（涵盖了他在战争第一阶段担任军长和集团军司令的服役经历）

C. E. Callwell, *Field–Marshal Sir Henry Wilson*, 2 vols. (1927)（包含 1914—1919 年间，威尔逊坦率得让人吃惊的日记摘录）

F. Maurice, *The Life of General Lord Rawlinson of Trent* (1928)（涵盖了整场战争）

J. Charteris, *Field–Marshal Earl Haig* (1929)

Huguet, *Britain and the War* (Eng trans 1928)（1914—1915 年间，驻英军总司令部的法国代表的印象）

C. E. W. Bean, *The Australian Imperial Force in France, 1916* (1929)（澳大利亚官方史）

J. Monash, *The Australian Victories in France in 1918* (1920)

A. W. Currie, *Canadian Corps Operations during 1918* (1920)

A. A. Montgomery, *The Story of the Fourth Army* (1920)（1918 年下半年的战局）

A. de Schryver, *La Bataille de Liège* (1922)（要塞参谋长撰写）

Deguise, *La Défense de la Position Fortifiée d'Anvers en 1914* (1921)（比利时指挥官撰写）

E. Menzel, *La Vérité sur l'Évacuation d'Anvers en 1914* (1925)

C. Merzbach, *La Vérité sur la Défense de Namur en 1914* (1927)

Duvivier and Herbiet, *Du rôle de l'Armée de Champagne et des Forteresses*

Beiges en 1914 (1929)（牵制德军的作用）

Les Armées françaises dans la Grande Guerre, Tome I, vol. ii (covers operations up to eve of the Marne, 1914); Tome VII, vol. i (covers period June 18th–September 25th, 1928)（法国官方史）

B. E. Palat, *La Grande Guerre sur le Front Occidental*, 14 vols. (1921–30)

P. Renouvin, *Les Formes du Gouvernement de Guerre* (1929)（法国政府与指挥官的关系）

R. Poincaré , *Au service de la France*, vol. v, *L'Invasion, 1914* (1929)

Lanrezac, *Le Plan de Campagne Français et le Premier Mois de Guerre* (1920)

V. Margueritte, *Au bard du Gouffre* (1920)（法国 1914 年的作战方案）

F. Engerand, *La Bataille de la Frontière (août 1914) Briey* (1920)（法国 1914 年的作战方案）

Percin, *1914 Les Erreurs du Haut Commandement* (1922)（法国 1914 年的作战方案）

Tanant, *La Troisiè me Armée dans la Bataille. Souvenirs d'un Chef d'État-major* (1928)（详细阐述了 1914 年的开局交战）

Toussan, *Historique des corps de cavalerie commandés par le général Conneau du 14 août 1914 au 2 mars 1917* (1924)

E. Valarché , *La Bataille de Guise* (1928)

A. Grouard, *La Conduite de la Guerre jusqu'à la Bataille de la Marne* (1922)（著名军事评论家的严厉批评，他就德国的作战方案对法国总参谋部发出警告，但没得到重视）

Camon, *L'Effondrement du Plan Allemand en Septembre 1914* (1925)

Mermeix, *Joffre–1cr Grise du Commandement*

——, *Le Commandement Unique*

Rousset, *La Bataille de l'Aisne*（1917 年的尼韦勒攻势）

P. Painlevé , *Comment j'ai nommé Foch et Pétain* (1924)

Laure, *Au 3áeme Bureau du troisiá eme G.O.C. 1917–1919* (1922)

L. Madelin, *La Bataille de France*（1918 年战局）

Koeltz, *L'Offensive Allemande de 1918* (1928)

Jean de Pierrefeu, *G.Q.G. Secteur I*, 2 vols. (1921)

——, *Plutarque a Menti* (1923)

N. Domè ge, *En Marge de Plutarque*

Mordacq, *Le Commandement Unique, Comment il fut ré alisé*

——, *La Vérité sur l'Armistice* (1929)

Reichsarchiv, *Der Weltkrieg 1914–1918*, vols. i, iii, v, vi (1924–29)（德国官方史，涵盖 1914 年）; vii and viii（涵盖 1915 年）

Reichsarchiv, *Antwerpen, 1914* (1921)（关于围攻战的德国官方专刊）

Reichsarchiv, *Ypres, 1914*（德国官方专刊，1919 年的英译本）

Crown Prince Rupprecht of Bavaria, *Mein Kriegstagebuch*, 3 vols. (1928)

Krafft von Delmensingen, *Die Fuhrung des Kronprinzen Rupprecht von Bayern auf dem linken deutschen Heeresflugel bis zur Schlacht in Lothringen im August, 1914* (1925)（阐述了洛林的开局交战）

Die Schlacht in Lothringen (1929)（巴伐利亚官方史）

German Ex-Crown Prince, *Meine Erinnerungen aus Deutschlands Heldenkampf* (1923)

Generaloberst Helmuth von Moltke. *Erinnernngen–Briefe–Dokumente 1877–1916* (1923)

W. Foerster, *Graf Schlieffen und der Weltkrieg* (1920)

Kluck, *The March on Paris, 1914* (Eng trans 1920)

Army Quarterly, October, 1921, *General Ludendorff on the German Plan of Campaign, August, 1914*（信件摘录）

The Memoirs of Prince Max of Baden (Eng trans 1928)（特别是他对战争最后阶段的阐述）

Final Report of Gen. J. J. Pershing (1919)

First Army Report (printed 1923)

Shipley Thomas, *History of the American Expeditionary Force* (1920)

R. L. Bullard, *Personalities and Reminiscences of the War* (1925)

J. G. Harbord, *Leaves from a War Diary* (1926)

J, W. Thomason, *Fix Bayonets* (1927)

J, T. Dickman, *The Great Crusade* (1927)

Hunter Liggett, *Commanding an American Army* (1925)

——, A.E.F. (1928)

T. M. Johnson, *Without Censor* (1928)

T. C. Lonergan, *It might have been lost* (1929)（英国官方文件摘录，内容涉及潘兴为维护美国远征军的统一性所做的斗争）

俄国战线（另可参阅第四章第二节）

Reichsarchiv, *Der Weltkrieg, 1914–1918*, vol. ii (1924); vol. v (1929)（德国官方史，涵盖 1914 年）

E. Ludendorff, *My War Memories* (Eng trans 1920)

P. von Hindenburg, *Out of my life* (Eng trans 1920)

A. von Cramon, *Quatre Ans au G.Q.G. Austro–Hongrois* (French trans.1922)

M. Hoffmann, *The War of Lost Opportunities* (Eng trans 1924)

——, *War Diaries and other Papers* (Eng trans 1929)

Russian Historical Commission, *La Grande Guerre. Relation de l'État–major Russe* (French trans 1927)

Conrad von Hötzendorf, *Aus meiner Dienstzeit*, vols. iv–v (1925–6)（涵盖 1914 年战局）

François, *Gorlice, 1915* (1922)（1915 年的突破）

A. Arz, *Zur Geschichte des Grossen Krieges, 1914–1918*（康拉德继任者的回忆录）

J. E. Edmonds in *Army Quarterly*, July, 1921, *The Austrian Plan of Campaign, 1914, and its development*

K. F. Novak, *Der Weg zur Katastrophe* (1920) (French trans)（康拉德的陈述）

Buat, *Hindenburg et Ludendorff Stratèges* (1923)

Camon, *Ludendorff sur le Front Russe 1914–1915* (1926)

Y. Danilov, *La Russie dans la Guerre Mondiale, 1914–1917* (French trans 1927)

Sukhomlinov, *Erinnerungen* (1924)

B. Gourko, *Russia in 1914–1917* (Eng trans 1918)

A. Knox, *With the Russian Army, 1914–1917* (1921)

——, *Hindenburg's Second Offensive in Poland* (in *Army Quarterly*, July, 1921)（罗兹）

C. E. Callwell, *Experiences of a Dug–Out, 1914–1918* (1921)

C. Maynard, *The Murmansk Venture* (1928)

意大利战线

L. Cadorna, *La Guerra alia fronte Italiana* (1921)

Capello, *Note di Guerra* (1920–21)

Vigano, *La Nostra* Guerra (1921)

A. Tosti, *La Guerra Italo–Austriaca, 1915–1918* (1925)

Kuntz, *La Psychologie du G.Q.G. Italien sous le Général Cadorna* (1923)

A. Krauss, *Die Ursachen unserer Niederlage* (1921)

A. Arz, *Zur Geschichte des Grossen Krieges, 1914–1918* (1924)（涵盖 1917 年和 1918 年）

A. von Cramon, *Quatre Ans au G.Q.G. Austro–Hongrois* (French trans 1922)（德国首席代表）

Kerchnawe, *Der Zusammenbruch der Oester–Ungar: Wehrrnacht im Herbst* (1921)（奥地利文件）

J. F. Gathorne–Hardy in *Army Quarterly*, October, 1921, *A Summary of the Campaign in Italy and an Account of the Battle of Vittorio Veneto*（英国总参谋部）

R. H. Beadon in *Army Quarterly*, Jan, 1925, *An Operation of War*（卡波雷托战役后，英军开赴意大利）

巴尔干战线

Wolfgang Foerster, *Graf Schlieffen und der Weltkrieg*, Part III (1921)

O. Landfried, *Der Endkampf in Macedonien, 1918* (1925)

Nedeff, *Les Opérations En Macédoine. L'épopée De Doiran, 1915–1918* (1927)

Feyler, *La Campagne de Macédoine*, vol. i, 1915–16; vol. ii, 1917–18（使用了塞尔维亚和希腊的资料）

Jouinot–Gambetta, *Uskub ou Du rôle de la Cavalerie d'Afrique dans la Victoire* (1920)（最终突破）

Robert David, *Le Drame Ignoré de l'Armée d'Orient* (1928)（特别是政治方面）

Les armées françaises dans la Grande guerre, Tome VIII, vol. i (1928)

OEhnnchen, *Essaz sur la Doctrme de Guerre des Coalitions. La Direction de la Guerre* (Nov, 1914–Mars, 1917) (1927)（霞飞对萨洛尼卡战局的影响）

Sarrail, *Mon Commandement en Orient, 1916–1918* (1920)

L. Villari, *The Macedonian Campaign* (1922)

达达尼尔海峡
（参见第五章第一、第二节）

巴勒斯坦
（包括埃及和阿拉伯地区）

G. MacMunn and C. Falls, *Military Operations Egypt and Palestine* (1928)（英国官方史）

C. E. W. Bean, *Official History of Australia in the War*, vol. i

H. S. Gullet, *Official History of Australia in the War*, vol. vii (1923)

A. P. Wavell, *The Palestine Campaigns* (1928)

R. M. P. Preston, *The Desert Mounted Corps* (1921)

T. E. Lawrence, *Revolt in the Desert*

T. E. Lawrence in *Army Quarterly*, October, 1920, *The Evolution of a Revolt*

W. T. Massey, *The Desert Campaigns* (1918)

M. Bowman-Manifold, *An Outline of the Egyptian and Palestine Campaigns* (1922)

G. E. Badcock, *History of the Transport Services of the E.E.F.Army, Navy and Air Force Gazette*, 18th June, 1927

Reichsarchiv, *Yilderim* (1925)

Kress von Kressenstein, *Zwischen Kaukasus und Sinai* (1922)（涵盖1915—1917年）

Liman von Sanders, *Five Years in Turkey* (Eng trans 1928)（涵盖 1918 年）

Rafael de Nogales, *Vier Jahren unter dem Halbmond* (1926)

美索不达米亚战线

F. J. Moberley, *The Mesopotamia Campaign, 1914–1918*, vols. i–iv（1923–7）（英国官方史）

Report of the Commission on Mesopotamia (1917)

C. V. F. Townshend, *My Campaign in Mesopotamia* (1920)

Erroll Sherson, *Townshend of Chitral and Kut* (1928)

Ketsling, *Mit Feldmarshall von der Goltz Pascha in Mesopotamien und Persien* (1922)

Rafael de Nogales, *Vier Jahre unter dem Halbmond* (1926)

Schraudenbach, *Muharebe* (1926)

Gleich, *Vom Balkan nach Bagdad* (1922)（关于库特围攻战）

R. H. Dewing, *Army Quarterly*, January, April, July, 1927, *Some Aspects of Maude's Campaign in Mesopotamia*

Edmund Candler, *The Long Road to Baghdad*

L. C. Dunsterville, *The Adventures of Dunsterforce* (1921)

W. Marshall, *Memories of Four Fronts* (1929)

C. E. Callwell, *Life of Sir Stanley Maude* (1920)

海军

J. S. Corbett, *History of the Great War* (Naval Operations), vols. i–iii (1920–21)

H. Newbolt, *History of the Great War* (Naval Operations), vol. iv (1928)

C. E. Fayle, *Seaborne Trade*, 3 vols. (1920–)

A. Laurens, *Précis d'Histoire de la Guerre Navale* (1929)

W. S. Churchill, *The World Crisis*, 4 vols. (1923–7)

Jellicoe (Viscount), *The Grand Fleet*, 1914–1916 (1919)

J. E. T. Harper, *The Truth about Jutland* (1927)

G. Campbell, *My Mystery Ships* (1928)

W. S. Sims, *The Victory at Sea* (1920)

R. Scheer, *Germany's High Seas Fleet in the World War* (Eng trans 1920)

G. von Hase, *Kiel and Jutland* (Eng trans 1926)

空军

W. A. Raleigh, *The War in the Air*, vol. i (1922)（官方史）

H. A. Jones, *The War in the Air*, vol. ii (1928); vol. vii (1930)（官方史）

C. F. Snowden–Gamble, *The Story of a North Sea Air Station* (1928)

A. Rawlinson, *The Defence of London* (1923)

E. B. Ashmore, *Air Defence* (1929)

E. A. Lehmann, *The Zeppelins* (Eng trans 1928)

H. Ritter, *Der Luftkrieg* (1926)

Keller, *Die Heutige Wehrlosigkeit Deutschlands im Lichte seiner Verteidigung gegen Fliegerangriffe im Kriege, 1914–1918* (1926)（德国的防空组织）

新闻和宣传

E. T. Cook, *The Press in War–Time* (1920)

C. Stuart, *Secrets of Crewe House* (1920)

N. Lytton, *The Press and the General Staff* (1921)

C. E. Callwell, *Experiences of a Dug–Out, 1914–1918* (1921)

H. D. Lasswell, *Propaganda Technique in the World War* (1926)

经济和大后方

M. Consett, *The Triumph of Unarmed Forces, 1914–1918* (1921)

R. H. Gretton, *A Modern History of the English People, 1910–22* (1929)

A. Hallays, *L'Opinion Allemande pendant la Guerre, 1914–1918* (1923)

第四章

第一节 马恩河

J. E. Edmonds, *Military Operations. France and Belgium*, vol. i（英国官方史）

Reichsarchiv, *Der Weltkrieg, 1914–1918*, vols. iii and iv (1926)（德国官方史）

Kluck, *The March on Paris, 1914* (Eng trans 1920)

J. E. Edmonds in *Army Quarterly*, January, 1921, *The Scapegoat of the Battle of the Marne*

Militär–Wochenblatt, 18th September, 1920（关于针对亨奇上校所作所为的调查法庭）

M. von Poseck, *Die deutsche Kavallerie in Belgien und Frankreich, 1914* (1922)

Baumgarten–Crusius, *Marneschlacht, 1914* (1919)

——, *Deutsche Heerführung im Marnefeldzug, 1914* (1921)（完整摘录了亨奇上校的报告）

Bülow, *Mein Bericht zur Marneschlacht* (1920) (French trans)

Zwehl, *Maubeuge–Aisne–Verdun* (1921)

Helfferich, *Weltkrieg*, vol. ii

Tappen, *Bis zur Marneschlacht*

François, *Marneschlacht und Tannenberg* (1920)

Foerster, *Graf Schlieffen und der Weltkrieg*, Part I (1920)

Kuhl, *Der Marnefeldzug, 1914* (1920) (French trans)

Crown Prince Rupprecht of Bavaria, *Mein Kriegstagebuch* (1928)

German Ex–Crown Prince, *Der Marnefeldzug, 1914* (1927)

Hausen, *Souvenirs de la Campagne de la Marne en 1914* (French trans 1922)
（萨克森第 3 集团军司令）

Reichsarchiv, *Das Marnedrama, 1914* (1928-9)（德国官方专刊，分成五个部分，长篇概述收录于 1928 年 7 月，1929 年 1 月、4 月、10 月，1930 年 10 月的《陆军季刊》）

Müller–Loebnitz, *Die Sendung des Oberstleutnants Hentsch* (1922)（亨奇使命的官方记述）

Generaloberst van Moltke, *Erinnerungen–Briefe–Dokumente, 1877–1916* (1923)

Palat, *La Victoire de la Marne* (1921)

Dubail, *Journal du Campagne*, vol. i, *1ère Armée*

J. Charbonneau, *La Bataille des Frontières et la Bataille de la Marne vues par un Chef de Section* (1929)

Mémoires du Maréchal Galliéni: Défense de Paris (25 août–11 septembre 1914) (1926)

Clergerie and Delahaye d' Anglemont, *Le Rôle du Gouvernement Militaire de Paris de 1 au 12 septembre, 1914* (1920)

Marius–Ary le Blond, *Gallié ni Parle* (1920)

Les Armées Françaises dans la Grande Guerre, Tome I, vol. ii (1927)
（法国官方史）

Toussan, *Historique des corps de cavalerie commandé s par le Général Conneau du 14 août 1914 au 2 mars 1917* (1924)

J. de Pierrefeu, *Plutarque a menti* (1922)

Hirschauer and Klein, *Paris en État de Défense 1914* (1928)

H. Carré , *La Véritable Histoire des Taxis de la Marne* (1921)

Boëlle, *Le 4e corps d'Armée sur l'Ourcq* (1925)（关于莫努里的部分）

Dubois, *Deux ans de Commandement sur le Front de France, 1914–1916* (1920)（关于福煦的部分）

Bujac, *Le Général Eydoux et le XI Corps d'Armée* (1925)（关于福煦的部分）

de Castelli, *Le VIIIe Corps en Lorraine août–octobre, 1914* (1926)（关于法军右翼和圣米耶勒沦陷）

Army Quarterly, October, 1922, *Another Legend of the Marne, 1914*

Private Evidence

第二节 坦能堡

Reichsarchiv, *Tannenberg* (1927)（德国官方专刊）

E. Ludendorff, *My War Memories* (Eng trans 1920)

P. von Hindenburg, *Out of my Life* (Eng trans 1920)

Army Quarterly, October, 1921, *An Echo of Tannenberg*

H. von François, *Marneschlacht und Tannenberg* (1920)

——, *Tannenberg* (1926)

Y. Danilov, *La Russie dans la Guerre Mondiale* (French trans 1927)

M. Hoffmann, *The War of Lost Opportunities* (Eng trans 1924)

——, *Tannenberg wie es wirklich war* (1927)

——, *War Diaries and other Papers* (Eng trans 1929)

E. Ironside, *Tannenberg* (1925)

Russian Historical Commission, *La Grande Guerre. Relation de l'État–Major Russe* (French trans 1927)

Noskov, *Militär Wochenblatt 1st August, 1926* [a Russian view]

A. Smirnoff in *Army Quarterly*, April, 1926, *A New Light upon the Invasion of East Prussia by the Russians in August, 1914*

第五章

第一、第二节 达达尼尔海峡

C. F. Aspinall–Oglander, *Military Operations, Gallipoli*, vol. i (1929)（英国官方史）

The Final Report of the Dardanelles Commission (1919)

Ian Hamilton, *A Gallipoli Diary*, 2 vols. (1920)

C. E. Callwell, *Experiences of a Dug–Out, 1914–1918* (1921)

J. Masefield, *Gallipoli* (1923)

Wester Wemyss (Lord), *The Navy in the Dardanelles Campaign* (1924)

E. Ashmead–Bartlett, *The Uncensored Dardanelles* (1927)

W. Marshall, *Memories of Four Fronts* (1929)

Compton Mackenzie, *Gallipoli Memories* (1929)

Liman von Sanders, *Five Years in Turkey* (Eng trans 1928)

H. Kannengiesser, *The Campaign in Gallipoli* (Eng trans 1928)

Reichsarchiv, *Dardanellen, 1915* (1927)

Turkish Official History, Campagne des Dardanelles (1924)（长篇概述收录于 1926 年 1 月和 4 月的《陆军季刊》）

Army Quarterly, October, 1929, *The First Turkish Reinforcements at Suvla, August 7th–9th, 1915*（使用了土耳其的资料）

The Times, February 14th, 1925, *The Suvla Bay Failure. New Evidence*

S. Sazonov, *Fateful Years, 1909–1916* (Eng trans 1927)（阐述了俄国的态度）

Les Armées Françaises dans la Grande Guerre, Tome VIII, vol. i (1928)（法国官方史）

Private Evidence

第三节 伊珀尔的毒云

J. E. Edmonds, *Military Operations. France and Belgium, 1915*, vol. iii

Les Armées Françaises dans la Grande Guerre, Tome III (1927)

Huguet, *Britain and the War*

C. E. Callwell, *Field–Marshal Sir Henry Wilson*, vol. i

Volonté (Paris) April 25th, 1929（记述了费里将军的警告）

Hanslian and Bergendorff, *Der Chemische Krieg* (1925)

Falkenhayn, *General Headquarters, etc*

Unpublished Documents

Private Evidence

第四节 洛斯交战

J. E. Edmonds, *Military Operations. France and Belgium, 1915*, vol. iv

Les Armées Françaises dans la Grande Guerre, Tome III (1927)

Army Quarterly, July, 1924, *The Fight for Hill 70*（使用了德国的资料）

Crown Prince Rupprecht of Bavaria, *Mein Kriegstagebuch* (1928)

Palat, vol. ix. *Les Offensives de 1915*

Huguet, *Britain and the War*

Oxford and Asquith, *Memories and Reflections*

Maurice, *The Life of General Lord Rawlinson of Trent*

J. Charteris, *Field–Marshal Earl Haig*

Private Evidence

第六章
第一节 凡尔登

Reichsarchiv, *Die Tragödie van Verdun, 1916* (1926–9)（德国官方史）

Wolfgang Foerster, *Graf Schlieffen und der Weltkrieg*, Part III (1921)

German Ex–Crown Prince, *Memoirs*

Crown Prince Rupprecht, *Mein Kriegstagebuch*

Zwehl, *Maubeuge–Aisne–Verdun*

Ludwig Gehre, *Die deutsche Kraftverteilung während des Weltkrieges* (1928)

de Thomasson, *Les Pré liminaires de Verdun, août, 1915–février 1916* (1921)
（包含大量档案资料）

Pétain, *La Bataille de Verdun* (1929)

J. Poirier, *La Bataille de Verdun* (1922)

A. Grasset, *Verdun, le Premier Chocà la 72e Division* (1926)

B. E. Palat, *La Ruée sur Verdun* (1925)

第二节 布鲁西洛夫攻势
（相关资料参阅"俄国战线"）

第三节 索姆河

C. E. W. Bean, *The Australian Imperial Force in France, 1916* (1929)（澳大利亚官方史）

J. Charteris, *Life of Field–Marshal Earl Haig*

Maurice, *Life of Lord Rawlinson of Trent*

Dewar and Boraston, *Sir Douglas Haig's Command*

J. F. C. Fuller, *Tanks in the Great War*

Army Quarterly, January and July, 1924, *The German Defence during the Battle of the Somme* (July 1st)

Army Quarterly, January, 1925, *Mametz Wood and Contalmaison 9th–10th July, 1916*

Army Quarterly, October, 1925, *Delville Wood, 14th–19th July, 1916*

Army Quarterly, October, 1926, *The German Defence of Bernafoy and Trônes, 2nd–14th of July, 1916*

Palat, *Bataille de la Somme*

Schwarte, *Der Grosse Krieg*, vol. ii

Reichsarchiv, *Somme–Nord 1 Theil* [July 13th]

——, *Somme–Nord 2 Theil* [July 14th–31st]

Rupprecht, *Mein Kriegstagebuch*

Constantin Hierl, *Der Weltkrieg in Umrissen* (1927)（德军防御方式）

Unpublished Documents

Private Evidence

第四节 坦克发展初期的困难

C. and A. Williams–Ellis, *The Tank Corps* (1919)

A. Stern, *Tanks, 1914–1918. The Log Book of a Pioneer* (1919)

J. F. C. Fuller, *Tanks in the Great War* (1920)

D. G. Browne, *The Tank in Action* (1920)

E. D. Swinton, *Tanks*（《不列颠百科全书》，1922 年版）

W. S. Churchill, *The World Crisis*

Evidence given before the Royal Commission on Awards to Inventors

Evidence given in the case of Bentley V The Crown, 1925

Unpublished Documents

Private Evidence

第五节 罗马尼亚沦亡
（部分资料也可参阅"俄国战线"）

E. von Falkenhayn, *Der Feldzug der 9 Armée gegen die Rumanen und Russen, 1916–1917*, 2 vols. (1921)

M. Sturdza, *Avec l'Armée Roumaine, 1916–1918*

第六节 攻占巴格达
（相关资料参阅"美索不达米亚战线"）

第七节 日德兰

The Admiralty, *Official Documents and Despatches, Battle of Jutland* (1920)

J. S. Corbett, *History of the Great War* (Naval Operations) (1921)

Jellicoe (Viscount), *The Grand Fleet, 1914–1916* (1919)

C. Bellairs, *The Battle of Jutland* (1920)

R. Bacon, *The Jutland Scandal* (1925)

H. W. Wilson, *Battleships in Action* (1926)

J. E. T. Harper, *The Truth about Jutland* (1927)

W. S. Churchill, *The World Crisis, 1916–1918*, Part I (1927)

R. Bacon, *Mr Churchill and Jutland* (1927) [in The World Crisis: A Criticism]

H. S. Altham, *Jutland* (《不列颠百科全书》)

R. Scheer, *Germany's High Seas Fleet in the World War* (Eng trans 1920)

G. von Hase, *Kiel and Jutland* (Eng trans 1926)

第七章
第一节至第四节 阿拉斯、梅西讷、帕森达勒、康布雷

B. E. Palat, *La Grande Guerre sur le Front Occidental*, vol. xii (1927)

Rousset, *La Bataille de l'Aisne*

R. Normand, *Destructions et Devastations au Course des Guerres* (1929)

W. S. Churchill, *The World Crisis*

Dewar and Boraston, *Sir Douglas Haig's Command*

J. F. C. Fuller, *Tanks in the Great War* (1920)

Reichsarchiv, *Flanders, 1917* (1919)

E. Ludendorff, *My War Memories*

Rupprecht, *Mein Kreigstagebuch*

C. E. Callwell, *Field–Marshal Sir Henry Wilson*

F. Maurice, *The Life of General Lord Rawlinson of Trent*

Laure, *Au 3ié me Bureau du troisieme G.Q.G.*

Mermeix, *Nivelle et Painleve–2e Grise du Commandement*

P. Painlevé , *Comment j'ai nommé Foch et Pétain* (1924)

Unpublished Documents

Private Evidence

第五节 卡波雷托
（相关资料参阅“意大利战线”）

Also Private Evidence

第八章
第一节 最初的突破

E. Ludendorff, *My War Memories*

Rupprecht, *Mein Kriegstagebuch*

Wolfgang Foerster, *Graf Schlieffen und der Weltkrieg*, Part III

Albrecht Philip, *Ursachen des deutschen militärischen Zusammenbruch, 1918* (1925)（议会调查摘要）

Kuhl, Entstehung, *Durchführung und Zusammenbruch der Offensive von 1918* (1928)

Schwertfeger, *Die politischen und militärischen Verantwortlichkeiten im Verlaufe der Offensive von 1918* (1928)

Bruchmüller, *Die deutsche Artillerie in den Durchbruchschlachten des Weltkrieges* (1921)

Joachim, *Die Vorbereitung des deutschen Heeres für die Grosse Schlacht in Frankreich im Frühjahr 1918* (1927)

Fehr, *Die Märzoffensive 1918 an der Westfront* (1921)（透露了韦策尔对鲁登道夫战略的影响）

Kuhl, *Der deutsche Generalstab*

German Ex–Crown Prince, *Memoirs*

M. Erzberger, *Erlebnisse im Weltkrieg*

E. Gugelmeier, *Das Schwarze Jahr* (1917)（食物状况）

Rudolf Binding, *A Fatalist at War* (Eng trans 1928)

Laure, *Au 3ié me Bureau du troisié me G.Q.G.*

Koeltz, *La Bataille de France, 21 mars–5 avril, 1918*

——, *L'Offensive Allemande de 1918*

L. Madelin, *La Bataille de France*

Dewar and Boraston, *Sir Douglas Haig's Command*

C. E. Callwell, *Field Marshal Sir Henry Wilson*, vol. ii

F. Maurice, *The Life of General Lord Rawlinson of Trent*

C. Falls, in *Nineteenth Century*, Oct–Nov 1921

C.à C. Repington, *The First World War, 1914–1918*, vol. ii

J. Charteris, *Field Marshal Earl Haig*

Seymour, *The Intimate Papers of Colonel House*, vol. iii

Unpublished Documents

Private Evidence

第二节 佛兰德的突破

增补资料：

La Bataille des Flandres d'aprés le journal de marc he et les archives de la IVe Armée Allemande (9–30 avril, 1918) (1925)（所缴获文件的法文译本）

Unpublished Documents

第三节 马恩河突破

增补资料：

Unpublished Documents

Personal Evidence

第四节 第二次马恩河交战

增补资料：

Les Armées Françaises dans la Grande Guerre, Tome VII, vol. i（法国官方史）

Zwehl, *Die Schlachten im Sommer, 1918* (1922)

Private Evidence

第五节 8月8日

增补资料：

A. A. Montgomery, *The Story of the Fourth Army*

J. Monash, *The Australian Victories in 1918*

M. Daille, *La Bataille de Montdidier* (1922)（法军参与的行动）

C. Falls in *Army Quarterly*, July, 1928, *An Aspect of the Battle of Amiens, 1918*（法国军队的协同）

Unpublished Documents

Personal Evidence

第七节至第八节 圣米耶勒、默兹河—阿戈讷

Final Report of Gen. John J. Pershing

First Army Report

Frederick Palmer, *Our Greatest Battle* (1919)

R. L. Bullard, *Personalities and Reminiscences of the War*

Hunter Liggett, *Commanding an American Army A.E.F.*

T. M. Johnson, *Without Censor*

J. G. Harbord, *Leaves from a War Diary*

J. T. Dickman, *The Great Crusade*

Wellmann, *Das I. Reserve–Korps in der letzten Schlacht* (1925)

Passaga, *Le Calvaire de Verdun* (1928)

Personal Evidence

1930—1934 年的额外资料

起源

Bülow (Prince von), *Memoirs* (Eng trans 1931)

Österreich–Ungarns Aussenpolitik von der Bosnischen Krise 1908 bis zum Kriegsausbruch 1914, 8 vols. （奥匈帝国外交文件）

Beyens, *Deux Annéesà Berlin, 1912–1914* (1932)

总论

The War Memoirs of David Lloyd George, vols. i and ii (1933); iii and iv (1934)

C. Addison, *Four and a Half Years* (1934)

F. J. Moberly, *History of the Great War (Military Operations) Togaland and the Cameroons 1914–1916* (1931)

M. Palé ologue, *Une Prélude à l'Invasion de las Belgique* (1933)

A. Neirnann, *Kaiser und Heer* (1930) （这份辩文阐述了德皇对战前作战方案和战争期间作战行动的影响）

Schäfer, *Generalstab und Admiralstab* (1931)

Kuhl, *Der Weltkrieg, 1914–1918, dem deutschen Volk dargestellt* (1929) （摘要收录于 1930 年 4 月号的《陆军季刊》）

J. J. Pershing, *My Experiences in the World War* (1931)

Peyton C. March, *The Nation at War* (1932)

L. S. Viereck, *The Strangest Friendship in History–Woodrow Wilson and Colonel House* (1932)

C. Seymour, *American Diplomacy during the World War* (1934) （这是对新旧证据最出色、最重要的总结）

西线

The Memoirs of Marshal Foch (Eng trans 1931)

Liddell Hart, *Foch—The Man of Orleans* (1931)

The Memoirs of Marshal Joffre (Eng trans 1932)

E. L. Spears, *Liaison, 1914* (1930)

J. Charteris, *At G.H.Q.* (1931)

C. B. Baker—Carr, *From Chauffeur to Brigadier* (1930)

Hubert Gough, *The Fifth Army* (1931)

C. E. W. Bean, *The Australian Imperial Force in France*, vol.iv , 1917 (1933)

J. Fabry, *Joffre et son Destin* (1932)

G. Galliéni and P. B. Gheusi, *Les Garnets de Galliéni* (1932)

Les Armées Françaises dans la Grand Guerre. Tome II（涵盖 1914 年 11 月—1915 年 5 月，僵局的第一阶段，还阐述了霞飞 1914 年 12 月大规模攻势的惨败）, Tome IV, vol. i（涵盖 1916 年 2—5 月）

Mordacq, *Pouvait—on signer l'Armisticeà Berlin* (1930)

——, *Le Ministére Clemenceau. Journal d'urté moin* (1932)

General XXX, *La Grise du commandement unique. Le confiit Clemenceau, Foch, Haig, Pétain* (1931)

R. Poincaré, *Au service de la France*, vols. vi, vii（1915 年）; and viii（1916 年）(1930–32)

Herbillon, *Du général en chef au gouvernement. Souvenirs d'une ofjicier de liaison* (1930)

E. Mayer, *Nos Chefs de 1914*

F. Gazin, *La Cavalerie Française dans la Guerre Mondiale, 1914–1918* (1930)

Castelli, *Cinq Journées au 8e Corps* (1931)（谈及 1914 年间的五起关键事件，该军当时隶属法国第 1 集团军）

Lucas, *Le 10e Corps à la Bataille de Charleroi* (1931)

J. Delmas, *Mes hommes au feu* (1931)（阐述了法军攻往洛林的拙劣行动）

——, *L'Infanterie de la Victoire, 1918* (1932)

M. Caracciolo, *Le truppe ltaliene in Francia*

P. Azan, *Les Beiges sur l'Yser* (1930)（阐述了霞飞 1914 年 10 月竭力说服阿尔贝国王离开沿海地带，进军内陆的趣事）

Galet, Albert, King of the Belgians, in the *Great War* (Eng trans 1931)（1914年最重要的证据资料）

Historical Section, Belgian General Staff, *La Defénse de la Position Fortifiée de Namur en août, 1914* (1931)

A. Cerf, *La Guerre aux frontié res du Jura*（阐述了德国军队穿过瑞士领土的可能性）

Der Waffenstillstand, 1918–1919 (1931)（德国停战文件，三卷本）

W. Foerster, *Aus der Gedankenwerkstatt des Deutschen Generalstabes* (1931)（对比研究了施利芬和毛奇的影响）

Poseck, *The German Cavalry in Belgium and France, 1914*（美国发行的英译本）

俄国战线

Army Quarterly, April and July 1931, *The Lemberg Campaign*

W. S. Churchill, *The World Crisis. The Eastern Front* (1931)

A. A. Brusilov, *A Soldier's Notebook, 1914–1918* (1931)

Danilov, Grossf ü rst Nikolai Nikolajewitsch, *Sein Leben und Wirken* (1931)

L. Trotsky, *The History of the Russian Revolution.* vol. i (Eng trans 1932)

Reicharsarchiv, *Gorlice* (1930)（德国官方专刊）

Österreich–Ungarns letzter Krieg, 1914–18, vol. i (1930) covers 1914; vol. ii (1932) and vol. iii (1933) cover 1915（奥地利官方史）

意大利战线

L'Esercito ltaliano nella Grande Guerra (1927) , vol. i, preliminary, vol. ii, 1915（意大利官方史）

L. Villari, The War on the Italian Front (1931)

巴尔干战线

C. Falls, *Military Operations; Macedonia*. vol. i (1933)（英国官方史）

Cordonnier, *Ai–je trahi Sarrail?* (1932)

Pétin, *Le Drame Roumain, 1916–1918* (1933)

Österreich–Ungarns letzter Krieg, 1914–1918, vol. i (1929–30), Parts I and V（奥地利官方史）

巴勒斯坦

Liddell Hart, *'T. E. Lawrence'–In Arabia and After* (1934)

E. Bré mond, *Le Hedjaz dans la Guerre Mondiale* (1932)

A. H. Burne, in *The Fighting Forces, April 1932–Feb 1933, Notes on the Palestine Campaign*

海军

H. Newbolt, *History of the Great War* (Naval Operations), vol. v (1931)（潜艇战及其失败）

L. Guichard, *The Naval Blockade, 1914–1918* (Eng trans 1930)

A. Laurens, *Le Commandement Naval en Mediterranée pendant la Guerre de 1914–1918* (1933)

空军

J. Poirier, *Les bombardements de Paris, 1914–1918* (1930)

C. F. Snowden Gamble, *The Air Weapon* (1931)

P. R. C. Groves, *Behind the Smoke Screen* (1–34)（战争中滥用空中力量的重要启示）

经济和大后方

W. Beveridge, *Food Control in War Time* (1928)

Landwehr, *Hunger die Erschöpfungsjahre der Mittelmachte, 1917–1918* (1931)（奥匈帝国饥荒状况的详情）

Kohn and Mayendorff, *The Cost of the War to Russia* (1933)

马恩河

Liddell Hart, *Foch–The Man of Orleans* (1931)

——, *The British Way in Warfare* (Chapter iii) (1932).

G. Lestien, *L'Action du Général Fochà la Bataille de la Marne* (1930)

Muller, *Joffre et la Marne* (1931)（霞飞副官提供的重要证据，但没能得到证实）

E. Valarché, *Le Combat du Petit Morin ... au l0e Corps d'Armée*

Koeltz, *L'armée von Kluck à la Bataille de la Marne* (1932)

A. H. Burne, in *The Cavalry Journal*, 1934, *The German Cavalry on the Marne*（对德方证据资料的出色分析，阐述了联军错失的良机）

坦能堡

W. Elze, *Tannenberg*（提供了源自德国档案的许多文件，都是官方史中没有罗列的）

达达尼尔海峡

C. F. Aspinall–Oglander, *Military Operations, Gallipoli*, vol. ii (1932)（官方史）

伊珀尔的毒云

Les Armées Françaises dans la Grande Guerre. Tome II（这是一份很有价值的比较研究，充分说明官方历史学家出于爱国主义立场，完全可能伪造历史）

Mordacq, *Le Drame de l'Yser. Surprise des gaz, Avril, 1915* (1933)（一位战地旅长撰写的真实的非官方史）

凡尔登

R. Poincaré , *Au service de la France*, vol. viii. Verdun 1916 (1932)

Paquet, Verdun, *Janvier–Février 1916. Le rôle de la Photographie et de l'Observation terrestre* (1930)

J. Rouquerol, *La Drame de Douaumont, 21février–24 octobre, 1916*

H. Wendt, *Verdun, 1916* (1932)（整合了法国和德国的资料）

索姆河

J. E. Edmonds, *Military Operations. France and Belgium, 1916* (1932)（涵盖了索姆河进攻战役的发起）

Army Quarterly, July 1933, *The Somme: 15th of September, 1916*

——, January 1934, *The Capture of Thiepval, 20th of September, 1916*

坦克发展初期的困难

E. D. Swinton, *Eyewitness* (1932)

R. Mortier, *Les Chars d'assaut. Comment ils furent realisés*（揭示了法国 1915 年为研制翻越堑壕的装甲车辆进行的实验）

阿拉斯、梅西讷、帕森达勒、康布雷

C. E. W. Bean, *The Australian Imperial Force in France*, vol. iv, 1917 (1933)

J. Charteris, *At G.H.Q.* (1931)

Hubert Gough, *The Fifth Army* (1931)

Army Quarterly, July 1930, *Cambrai: The Action of the German 107th Division*

Reichsarchiv, *Die Tankschlacht bei Cambrai, 1917* (1929)（官方专刊）

——, *Die Osterschlacht bei Arras, 1917* (1930)

最初的突破

Liddell Hart, *Foch– The Man of Orleans* (1931)

Hubert Gough, *The Fifth Army* (1931)

H. Rowan–Robinson, *Belated Comments on a Great Event* (1932)

Thierry d'Argenlieu, *La Bataille de l'Avre*（涵盖了德伯内集团军的作战行动，该集团军为英军提供支援）

马恩河突破

Reichsarchiv, *Deutsche Siege, 1918*

——, *Das Verdringen der 7 Armee über Ailette, Aisne, Vesle und Ourcq bis zur Marne: 27 Mai bis 13Juni*（德国官方专刊）

——, *Wachsende Schwierigkeiten, 1918*（涵盖六月初马恩河与索姆河之间突出部的无效进攻）

第二次马恩河交战

Reichsarchiv, *Der letzte deutsche Angriff. Reims 1918*

——, *Schicksalswende. Von der Marne dis zur Vesle, 1918*（德国官方专刊）

8月8日

Grasset, *Montdidier, le 8 août 1918 à la 42e Division* (1931)

Reichsarchiv, *Die Katastrophe des 8 August, 1918* (1932)（德国官方专刊）